세계의 역사 교육 논쟁

National History Standards : The ploblem of the Cannon and the future of Teaching History(2009)
Edited by Linda Symcox and Arie Wilschut
Copyright@2009 IAP-Information Age Publishing, Inc
Korean Translation copyright@2012 by Purunyoksa

이 책의 한국어판 저작권은 Information Age Pubishing, Inc와의
독점 계약으로 푸른역사에 있습니다. 저작권법에 의해 한국 내에서 보호를 받는
저작물이므로 무단전재와 복제를 금합니다.

린다 심콕스 /
애리 윌셔트 엮음

이길상 /
최정희 옮김

세계의
역사 교육 논쟁

푸른역사

HISTORY

1

서론

_ 린다 심콕스Linda Symcox
미국 California State University at Long Beach 교육학 교수. 미국 국가 역사 표준 프로젝트 참여. *Whose history? The struggle for National Standards in American Classrooms*(2002)의 저자.

_ 애리 윌셔트Arie Wilschut
네덜란드 Hodgeschool van Amsterdam 역사교육학 교수. *Joined up history: New directions in history education research*(2015)의 저자.

역사를 가르친다는 것은 항상 정치적 문제이기도 하다. 학교에서 가르치는 다른 어떤 과목과 달리 역사는 여론, 의회, 그리고 지배 집단 내에 토론을 불러일으킬 수 있다. 19세기 서구의 교육과정에, 그리고 그 후 다른 나라의 교육과정에 역사 과목이 도입된 것도 분명히 어떤 정치적인 의도에서 나온 것이었다. 국가의 일체성을 강화하기 위해서는 국민국가의 구성원들이 하나의 공동체에 속해 있다는 느낌을 가져야 하고, 공통의 과거사를 공유하는 것이 그러한 느낌을 신장시킬 수 있다는 믿음이 있었다. 이로 인해, 많은 전통적 역사 교육과정은 독립투쟁, 민족전쟁, 민족적 대재앙의 극복과 같은 국가적 이슈, 아니면 해당 국가가 문화적, 경제적, 혹은 사회적 발전의 측면에서 이루어 낸 진보의 사례들에 초점을 맞추었다. 이런 사례들에서 핵심적 역할을 했던 역사 속 인물들은 대개 국가적 영웅이 되었다.

그러나 이러한 전통적 역사 교육은 이제는 진부하다(Grever 2007; Kocka 1977, 15; Marsden 1989). 페로Ferro(1984)는 (인종차별 통치 하의) 남아프리카공화국, 구소련, 미국, 유럽연합, 인도, 일본, 기타 여러 나라들에서 학생들에게 교육되는, 이념적으로 편파적인 역사 이야기들에 관한 아주 흥미로운 연구보고서를 발표한 바 있다. 모든 사례에 담겨진 정치적 메시지가 꼭 민족주의적인 것은 아니었다. 소련식 역사에서는 세계 무산자계급이 중요한 역할을 했다. 정치적 영향을 받은 많은 교육과정의 또 다른 목표는 책임 있고, 합리적이며, 윤리적인 인간, 시민사회의 가치 있는 구성원을 창조하는 것이었다. 이러한 목표들을 언급하는 교육자들은 대개 독일 역사 교육의 대부인 프레드리히 콜라우쉬Fredirch Kohlrausch와 같은 계몽사상가의 이념을 반영하고 있는 것으로 보인다(Jeissmann 1978). 콜라우쉬는 1818년 "자기 학생들을 넓은 세계로 내보내는 날까지, 교사들은 학생들이 다양한 종류의 교훈, 경고 그리고 훈계들을 만나게 해 준다"고 주장했다. "넓은 역사의 지평 위에서 교사는 학생들이 무엇에 매달려야 하고, 무엇이 그들에게 위로를 주고, 무엇이 그들의 후원자가 될 것인지, 그리고 허슬 춤만큼이나 복잡하고 격렬한 인생 속에서 용기를 잃지 않기 위해서 계속해서 무엇에 손을 대야 하는지를 보여준다"(Jeissmann 1978, 66). 영국에서는 뉴베리J. Newbery가 1763년에 자기의 "어린 친구들young friends"이 다른 사람들의 사례에 의해 "현명하고 행복하게" 되라는 취지에서 역사교과서를 간행했는데 뉴베리는 이것이 "역사의 진정한 목적"이라고 보았다(Reeves 1980, 2). 몇 년 후에 윌리엄 메이버William Mavor가 젊은 독자들을 위해 위인전집을 썼는데 그 책에서 그는 젊은 이들이 본받을 만한 인물들의 삶에 대한 탐구를 통해 "근면과 인내라는 길을 지나 명예의 전당"에 들어가도록 격려했다(Reeves 1980, 2~3).

정치적 영향을 받은 역사 교육과정은 그것이 어떤 성격을 지니든(민족주의적, 사회주의적, 계몽주의적) 항상 과거로부터 현재로, 나아가 미래로 이어지는 분명한 노선을 제시하는 폐쇄적인 이야기에 기초하고 있었다. 토르피Torpey(2004)는 민족주의자들이나 사회주의자들을 그렇게 강하게 만들었던 것은 국민국가 혹은 프롤레타리아 국제동맹의 밝은 미래상이었다고 주장한다. 이 두 관점에 더해 계속 진보하는 인류의 미래를 설정하고 있는 계몽주의적 관점도 있다. 토르피는 우리의 역사의식에 위기를 가져온 것은 바로 이러한 미래에 대한 비전의 붕괴라고 주장한다. 아주 분명하게 그려진 이야기가 그럴듯한 방식으로 우리의 현재를 과거와 연결시키고, 그것의 논리적 연장으로 우리가 자신 있게 우리의 미래에 대처할 수 있다는 것을 더 이상 믿을 수 없게 된다면, 우리는 도대체 역사를 무엇에 사용한단 말인가?

역사 교육의 위기는 1960년대와 1970년대에 매우 명료하게 드러났다(Heuss 1959; Little 1990, 320; Price 1968; Süssmuth 1972). 이 시기에는 인간의 본질과 인류사회를 이해하는 데는 사회과학이 훨씬 더 유용하고 실용적인 것처럼 보여 역사는 더 이상 유용하지 않다는 것이었다. 게다가 전례 없이 빠른 현대화를 경험하고 있는 시대에 과거에 대한 지식이라는 것은 유용성이 거의 없는 것처럼 보였다. 역사는 새로운 것을 추구하는 데 방해가 되기 때문에 현대 인류에게 짐처럼 여겨졌다. 학생들의 의견은 이런 관점을 보여주었다. "악몽같이 힘든 등차수열에서 진행되는 변화를 가지고 고민하는데 2차 세계대전 이전에 태어난 사람들의 경험이 나에게 무슨 소용이 있나? 그 문제를 해결하는데 우주시대 이전에 있었던 무엇이 도움을 줄 수 있을까?"(Reeves 1980, 3). 교육과정 책임자들은 역사 교육과 역사 교사들에게서 등을 돌리고 역사 과목을 학교의 교과목에서 제외하거나 적어도 일반사회 과목에 통합하려고 시도했다. 일반사회 과목은 훨씬 합리적이고, 신뢰할 만하며, 실용적인 사회과학에 기초하고 있는 새로운 과목이었다.

역사 교사들을 향한 이런 도전은 역사 교육의 역사에서 아주 특이한 에피소드를 만들어 냈다. 1960년대와 1970년대는 적어도 서구 국가들에서는 역사 교육에 어떤 정치적 관심도 없었던 유일한 시대였다. 정치권과 사회가 현 시대에 별 소용이 없다는 이유로 역사 과목을 경멸했다. 이는 두 가지 결과를 낳았다. 첫째, 역사를 다루고 있는 교사들과 교육자들이 방어적인 자세를 취하면서 역사 과목이 결국은 유용하다는 것을 증명하기 위한 노력을 시작했다. 그들은 역사 교육에 대한 새로운 접근방법을 발전시켰다. 유럽에서는 전문적인 "역사 교수법History didactics"이 정립되었고, 많은 역사 교육 전문가들이 대학 수준의 교육기관에 새로 임명되었다. 둘째, 정치적인 간섭이 전혀 없는 상황에서 "새로운 역사 교육"이 발전될 수 있었기 때문에 새로운 교육과정은 최초로 역사적인 사고 그 자체에 기초할 수 있었다. 미국과 캐나다에서는 역사적 사고와 인식 연구를 중심으로 학자 집단이 형성되었다. 물론 이들은 유럽보다는 약간 더 정치적으로 물든 분위기 속에서 좀 더 정치적인 간섭에 직면하기는 했었다(Bain 2000; Levstik & Barton 2004; Stearns, Seixas & Wineburg 2000). 교육자들은 다음과 같은 질문에 답을 하기 위해 이 과목의 본질로 관심을 돌렸다. 역사는 인간에게 무엇을 할 수 있으며, 역사적 사고가 도움을 주고자 하는 정치적이거나 이념적인 목표조차 없는 경우에 어떻게 유용할 수 있나?

영국 역사 교육의 변화는 더 좋은 사례다. 1964년에 새로운 교육방법을 촉진하기 위해 설립된 학교평의회The Schools Council는 활동 초기부터 역사를 일반사회 과목에 통합하는 안과 역사 과목을 공식적인 교과목에서 제외하는 안을 선호했다. 역사 교육 자체의 갱신에 초점을 맞추는 프로젝트를 학교평의회가 승인하기 위해서는 역사 과목 지지자들에 대한 설득이 어느 정도 필요했다. 이는 결국 잘 알려진 학교평의회 역사13~16프로젝트SCHP(Schools Council History Project 13~16)로 귀결되었다. SCHP는 1984년에 학교평의회가 해산된 이후 학교역사프로젝트Schools History Project로 지속되었다(SCHP 1976; Sylvester 1994, 14~15). SCHP는 영국의 국가 역사에 초점을 맞춘, 아주 전통적이고, 연대기적으로 구성된 교육과정을 거부했다. 역사는 연대기적으로 정렬된 지식의 결합체라기보다는 과거에 인간이 무엇을 했는지에 관한 느슨하게 구조화된, 방대한 양의 지식으로 여겨졌다. 중요한 것은 역사는 하나의 사고와 추론방법이었고, 과거의 이미지를 창조하는 하나의 탐구방법이었다(SCHP 1976, 16~17). 교육과정은 이러한 방식의 사고와 탐구 그리고 학생들의 요구에 기초해야 하는 것이었다. 이런 움직임은 (학생들로 하여금 그들이 살고 있는 세계를 이해할 수 있게 해 주는) "현대세계 탐구", (학생들이 다른 시대에 살았던 사람들을 진정으로 이해할 수 있게 도와 주는) 선정된 주제에 대한 "심도 있는 학습", (학생들이 역사에서의 연속성과 변화를 이해하고 역사적 인과관계에 대한 통찰력을 발전시킬 수 있도록 하는) "장기적 역사 발전에 대한 탐구", 그리고 (여가 시간을 유용하게 채우게 해 주는 역사 과목이 되도록 도와 주는) "우리 주변의 역사"로 구성된 교육과정 제안을 가능하게 했다(SCHP 1976, 19~20). 교육과정을 구성할 이 네 가지 핵심 요소들은 구체적인 학습, 자료가 될 많은 사례들을 통해 구현될 수 있었다. 이는 SCHP가 구체적 사실들, 이름들, 그리고 날짜들의 선택을 이차적으로 중요한 문제로 간주했다는 사실을 잘 보여준다. 예컨대 "장기적 역사 발전에 대한 탐구"를 위한 사례로서는 "의학의 역사"가 선정되었지만, "여성사" 혹은 "교육사"도 좋은 사례가 될 수 있다. 그러나 교육과정의 핵심 요소는 역사적 사실들의 집합이 아니라 역사적 사고를 이루는 기본적 개념들로 이루어졌다. 예컨대 증거, 연속성과 변화, 인과관계, 그리고 감정이입 등과 같은 것이었다.

1960년대와 1970년대에 다른 서구 국가들에서도 비슷한 발전이 있었다. 예컨대 1971년 네덜란드에서는 역사 교육을 위한 "탐구방법"이 처음으로 제안되었다(Dalhuisen & Korevaar 1971). 1984년에는 역사적 사고에 필요한 일련의 기초 개념과 탐구 기술들을 국가 표준 필기시험의 기준에 반영하기 위한 국가 프로젝트가 출범했다. 10년간의 실험 후에—SCHP 교육과정에서 강조하는 핵심 내용과 유사한—기초 개념과 탐구 기술들은 1993년에 국가시험에서 의무적으로 반영해야 하는 사항이 되었다. 미국에서는 일반사회와 다문화주의가 역사를 대신해서 교육과정의 핵심으로 자리 잡았다.

역사 교육에서의 새로운 방법은 사실적이고 연대기적인 역사 지식을 희생하면서 역사학적 사고와 역사학적 탐구방법을 강조하는 결과를 가져왔다. 이는 오래전부터 해 온 국가를 기준으로 한 연대기적 역사가 학교 프로그램에서 점차 찾아보기 어렵게 되었다는 것을 의미했다. 교사들은 가끔 이해하기 어려운 주제를, 폭넓은 역사적 배경과 따로 떼어서 심도 있게 가르쳐 줄 것을 요청받았다. 이는 어려움과 걱정을 가져왔다. 특히 역사 교육이 방황하고 있다는 느낌을 갖고 있던 구세대에게는 그러했다. "기초로 돌아가자Back to basics"는 반응이 눈앞에 와 있었다.

1980년대와 1990년대의 새로운 정치와 사회적 환경은 역사 교육에 대한 전통적 관심을 재정립하게 했다. 현대 역사 교육자들에 의해 만들어진 난해하고 "이상한weird" 교육과정 때문에 느끼는 심리적인 불편함은 여러 이유 중 하나에 불과했다(Anderson 1983; Cheney 1987; Finn & Ravitch 1987; Hirsh 1987; Granatstein 1998; Windschuttle 1994). 세계화, 이민, 그리고 다문화주의와 같은 20세기 후반 수십 년 동안 조성된 주요 경향으로 인해 점차 예전의 국민국가라고 하는 배경은 잘 보이지 않게 되었다. 유럽에서 이러한 과정은 유럽통합의 급속한 진전과 유럽 이슬람European Islam(유럽에서 논의되고 있는 이슬람의 교리와 유럽의 고유한 문화적 가치를 결합한 새로운 형태의 이슬람-옮긴이)의 창립에 의해 더욱 고조되었다. 이런 환경 하에서 개별 사회들의 완전한 분해를 어떻게 막을 것인가?

정치인들은 국민 형성nation-building이라는 오래되고 잘 알려진 해법으로 되돌아갔다. 그것은 시민정신과 애국심을 배양하기 위한 공통 역사와 공통 유산에 관한 이야기였다. 중앙정부는 역사 교육과정에 대한 장악을 재확인하기 위한 일련의 조치들을 취했다. 영국에서는 1988년에 국가 교육과정National Curriculum을 도입했는데, 이 교육과정에서는 영국 역사를 아주 크게 부각했다(Phillips 1998). 미국에서는 1990년대에 교과서 집필에 대한 국가 기준을 둘러싼 논쟁이 전개되었는데, 이 논쟁은 전통적인 미국사 중심의 역사 학습이 교육에서 핵심적인 역할을 해야 하느냐, 아니면 좀 더 세계화되고 다문화적인 교육과정이 개발되어야 하느냐라는 기본적인 질문을 둘러싼 "문화전쟁"을 불러일으켰다(Nash, Crabtree & Dunn 1997; Symcox 2002). 네덜란드에서는 정부 산하에 두 개의 위원회가 설립되어 역사 교육과 관련하여 '사회가 가지고 있는 기대'와 실제 역사 교육 사이에 왜 그런 큰 간격이 존재하는지를 탐구했다. 첫 번째로 구성되었던 "드 루이 위원회Commissie De Rooij"는 2001년 보고서를 통해 보편적인 역사의 틀을 만들어 내기 위해 연대기적 순서에 따라 시대를 10개로 구분한 국가 교육과정을 제안했는데(Wilschut 2002), 이 제안에서는 역사적 사실이나 역사적 사건이 일어난 날짜 혹은 국가 역사를 강조하지 않았다. 그런데 이 제안은 전에 없이 강해진 정치적 요구에 충분히 응답할 수는 없었다. 특히 정치적이고 문화적인 동기에 의해 2002년과 2004년에 벌어진 2건의 참상(극우 정치인과 반이슬람 영화제작자 피살 사건)이 이 작은 유럽 국가의 그렇게도 평화롭고 안정적인 정치 지형을 움직인 후로는 더욱 그러했다. 네덜란드 정부는 2006년 중요한 역사적 사실과 날짜로 구성된 '국가적 정전national canon'을 만들 것을 정식 결정했다(Oostrom 2006).

이러한 과정들을 거쳐, 역사 교육과정에 관한 논쟁에서 세 가지 경향이 분명하게 드러났다.

1. 시민의식과 애국심을 배양하기 위해 과거 역사와 관련된 복잡하지 않고 단순한 국가/민족주의적 서사를 제공하려고 하는 전통적이고 보수적인traditional or conservative 경향.
2. 과거 역사에 관한 다문화주의적 접근의 여지를 제공하는, 즉 세계주의적 관점에 기초한 다원적 교육과정을 추구하는 "진보적 '현대세계progressive modern world'"를 지향하는 경향.

3. 바람직한 역사적 사실중심의 교육과정에는 크게 관심이 없고 오히려 역사적 사고와 학술적 개념들에 더 큰 의미를 부여하고, 역사학적 훈련 그 자체의 가치를 더 인정하는 "교육주의적 '역사 교육educationalist teaching of history'" 경향.

국가 교육과정에 관한 논쟁은 주로 첫 번째와 두 번째 경향의 지지자들 사이에서 전개되었으며, 세 번째인 교육주의적 경향을 지지하는 집단을 가끔씩 나타나는 방관자 수준으로 여겼다. 그러나 첫 번째와 두 번째 경향 모두 보수적이냐 진보적이냐의 차이만 있을 뿐 역사 교육이 특별한 정치적 목적에 봉사하기를 원한다는 점에서는 양측 모두 "전통적인" 입장을 드러내고 있다. "역사적 사고란 무엇인가, 역사적 사고의 용도는 무엇인가, 역사적 사고는 어떻게 가르쳐야 하나?"라는 질문을 논쟁의 출발점으로 여기는 본질적으로 비정치적인 입장을 옹호하는 교육주의자들은 앞으로 교육과정 논쟁에서 결정적인 역할을 할 수도 있을 것이다. 역사 교육에 대한 새로운 접근법인 교육주의적 접근에서는 일반적(연대기적) 준거 기준을 배제했는데, 그 이유는 그런 준거 기준이야말로 학생들이 역사적인 사고를 전개하는 것을 어렵게 만들기 때문이다. 전체적인 내러티브 속에서 사고하는 것이 역사적 시간의 관점에서 사고를 발전시키는 데 결정적으로 중요해 보인다. 따라서 초기의 전체적인 내러티브가 없는 경우에 다른 내러티브를 상상하는 것 자체가 어렵게 되었다(Shemilt 2000). 역사 교육에 관한 교육적 담론에서 "준거 기준"에 관한 지식이 새로운 주제가 되었고, 어떤 면에서는 "규범적" 혹은 "국가 기준"에 관한 지식을 둘러싼 토론을 방해했다. 준거 기준이 되는 지식은 역사적 사고의 발전에 기여하고, 국가 기준이나 규범들은 시민의식이나 애국심을 촉진하기 위해 설계되었다고 하지만, 실제로 역사 교육 현장에서 이 두 가지 사이의 차이점은 정확하게 무엇일까?

이것이 2006년 10월에 네덜란드의 우트레치Utrecht에서 개최된 소규모 원탁토론회의 배경이었다. 위낸드 민하르트Wijnand Mijnhardt, 린다 심콕스Linda Symcox, 애리 윌셔트Arie Wilschut 등 이 행사의 주도자들은 두 집단의 상호 작용이 어떤 결과를 만들어 낼지 알아보기 위해 교육주의적 담론을 지지하는 집단과 함께 (정치적) 기준을 주장하는 집단의 대표들을 초청하고자 했다. 로스 던Ross Dunn과 린다 심콕스는 1990년대 중반에 있었던 미국에서의 역사교과서 국가 기준 논쟁에 깊이 관여했었고, 위낸드 민하르트와 애리 윌셔트는 네덜란드의 '역사와사회과학위원회Commission on History and Social Sciences'의 위원이었으며(Wilschut 2001), 가이스페 리쿠페라티Giuseppe Ricuperati는 이탈리아 역사교과서 집필 기준의 개발에 관여한 바 있었다.[1] 피터 리Peter Lee와 데니스 쉬밀트Denis Shemilt는 영국의 학교역사교육프로젝트Schools History Project(1972년에 역사 분야의 교육과정과 평가체제 개발을 위해 정부기구인 Schools Council에 의해 설립된 연구조직–옮긴이)에서 주요 역할을 담당했고, 따라서 교육주의적 경향의 지지자로 볼 수 있

---

[1] 가이스페 리쿠페라티Giuseppe Ricuperati의 발표논문이 이 책에 수록되지 못한 것은 유감이다. 그의 역사 교육과정에 관한 관점을 이해하려면 그의 다음 저서를 참고하라. Giuseppe Ricuperati, *Apologia di un Mestiere Difficile: Problemi, Insegnamenti e Responsabilità della Storia*(Rome–Bari: Editori Laterza, 2005).

다. 독일과 유럽 청소년의 역사의식에 대한 폭넓은 연구를 수행해 온 보도 폰 보리스Bodo von Borries에 관해서도 똑같이 말할 수 있다. 키스 바튼Keith Barton은 미국의 교육주의적 경향을 대표했다. 반면에 한나 쉬슬러Hanna Schissler는 독일의 교육과정 전문가로서 약간은 정치적 관점을 보여주었다. 조크 반 델 리우-루르드Joke van der Leeuw-Roord 는 교육과정 개발에 대해 유럽의 일반적인 정치적 입장을 대변한 반면, 벨기에의 카트 윌스Kaat Wils는 교육주의적 경향 혹은 문화 해설자 입장을 보여주었다.

이 책에는 2006년 10월 이들이 우트레치에서 발표했던 글들을 싣고 있다. 논문을 준비하는 지침으로 이들 발표자들에게 제시되었던 질문은 정치적인 성격의 교육과정 논쟁과 교육주의적인 담론으로 명료하게 나누어졌다.

1. 정치적 논쟁: 세계화 시대의 사회적, 정치적, 그리고 지적인 현실과 공통의 과거사, 공통의 문화, 그리고 공통의 정치 운명을 지닌 국민국가의 시민으로서 한 개인이 지역적으로 활동해야 할 필요성을 어떻게 조화시킬 것인가?
2. 교육주의적인 논쟁: 하나의 준거 기준frame of reference을 만드는 것이 역사 교육의 책무인가? 그렇다면 그 준거 기준은 어떤 종류의 것이어야 하나? 준거 기준 지식은 규범적 지식canonical knowledge이나 역사 지식 전체와는 어떻게 연결되는가?

이 책을 구성하고 있는 4개 부문은 이틀간 열렸던 학술회의의 네

분과를 그대로 반영한 것이다. 첫 분과 "탈민족/탈국가 세계에서의 새로운 교육과정"에서 카트 윌스, 로스 던, 그리고 린다 심콕스는 탈민족/탈국가 세계에서 새로운 교육과정을 설계하기 위한 다양한 방안들에 대해 토론했다. 이 책의 2장에서 카트 윌스는 진보주의, 두 차례의 세계대전, 그리고 지역주의가 벨기에의 국가적 통일성이라는 생각을 조금씩 훼손시켜 오면서 20세기 전 기간을 통해 벨기에에서 국가주의적 규범national canon이 나타났다 사라지는 과정을 추적하고 있다. 이어서 그녀는 벨기에에서 점점 강해지고 있는 역사교과서의 '교수화didacticization' 경향을 비판하고 있다. 특히 적절한 역사적 배경을 제시하지 않은 채 "학생들의 적극적인 참여"를 권유하는 방향으로 교과서가 설계되는 방식을 비판한다. 배경 지식이나 관련 질문을 제시하지도 않은 채 교과서에서 1차적 자료의 사용을 절대시하고 있다는 것이다. 윌스는 1차 자료에 대한 학습은 반드시 내러티브식 접근이나 역사적 문맥과 균형을 이루어야만 한다고 주장한다. 3장에서 린다 심콕스는 미국에서의 국가주의적 교육과정의 배후 세력을 묘사하고, 이어서 대안으로서 세계주의적 접근법을 제안하고 있다. 사회 정의에 대한 세계적 개념에 기초하고 있는 심콕스의 세계주의적 틀에서 보면 학생들은 스스로 다원적, 교차적 시민정신을 가진 존재로 보게 된다. 가족, 이해 집단, 지역, 국가, 지구, 그리고 우주 생물권의 구성원이면서 동시에 한 사회의 시민이 되는 것이다. 4장에서 로스 던은 세계사 교육에 관한 두 개의 팽팽한 주장을 소개하고 있다. 하나는 학자 공동체 안에서 벌어지는 주장이고 다른 하나는 초중고 교사들 사이에서 벌어지는 논쟁이다. 문명의 상호 연결성을 두드러지게 강조하고 있는 학자들의 주장이 초중고 교육과정에 반영되어, 일개 시민 양성을 강조하는 시대에 뒤떨어진 사고를 억제해야 한다는 것이 그의 주장이다.

우트레치 학술회의 두 번째 분과의 핵심 주제는 새로운 교육과정으로 나아가는 데 놓여 있는 함정이었다: "전통적 교육과정의 지속". 5장에서 조크 반 델 리우-루르드는 유럽 전역에서 역사는 어떻게 가르쳐지고 있는지를 알아보기 위해 40개 이상의 국가에서 유럽역사교사 모임Euroclio이 수행한 역사 교육에 관한 조사 결과를 분석하고 있다. 국가 교육과정이 모든 곳에서 지배적인 영향력을 미치고 있고, 세계사는커녕 유럽이 공통의 역사를 지니고 있다는 느낌조차 거의 없다는 것이 그녀의 주장이다. 6장에서 한나 쉬슬러는 세계화와 시장중심적 개혁이 독일에서 역사 교육과정을 어떻게 억누르고 있는지를 논의하고 있다. 그녀의 주장에 따르면 학생의 성취도를 통제하고 측정하려는 현재의 열정은 창의성, 즉 "독립적 사고를 가능하게 함으로써 자아를 강화하는 것"을 막아 버리고 교양Bildung을 파괴한다. 정전화 canonization는 학생들이 스스로 질문하는 것을 막기 때문에 진실한 학습을 제한한다.

우트레치 학술회의의 두 번째 날에는 교육적 혹은 교육학적 담론이 전개되었다: "역사를 가르치는 방법에 대한 교육적 토론". 이제는 학생들의 생각이 출발점이 되었다. 애리 윌셔트는 "문화전쟁"과 역사 교육방법에 관한 교육적 토론 사이에 다리를 놓고자 했다. 7장에서 윌셔트는 내용과 방법이 어떻게 상호 연결되는지를 보여주는 "준거기준 접근법frame-of-reference approach"을 사용하고 있다. 학생들에게 스스로를 역사적 시간 속으로 이끌 수 있는 능력을 요구하고 있다는 것이 윌셔트의 주장이다. 2001년의 네덜란드 개혁[De Rooij]에 기초해서 그는 어떻게 네덜란드가 과거사를 이해하기 위한 틀로서 10개의 역사시대를 고안했는지를 설명하고 있다. 8장에서 데니스 쉬밀트는 역사의식을 배양하는 사례를 보여주기 위해 영국 학생들을 대상으로 지난 30년간 진행된 역사적 이해에 관한 연구에서 자료를 추출했다. 쉬밀트는 "필요한 것은 학생들을 안내하여 그들로 하여금 그들이 얻은 개별 정보들 사이의 관계를 이해하게 하고, 이를 통해 그들에게 과거에 관해 일관성 있고 유용한 생각을 부여하는 것"이라고 주장했다. 마지막으로 9장에서 쉬밀트의 연구동료인 피터 리는 진정한 문제는 국가 표준에 대한 압력에 있는 것도 아니고 "사실facts"이냐 "기술skills"이냐에 대한 오랜 논쟁에 있지도 않다는 입장이다. 그것보다는 학생들로 하여금 역사는 증거의 활용, 그리고 인과관계와 변화를 이해하기 위한 적절한 규칙을 지닌 탐구 분야라는 것을 이해하게 해 주는 이른바 "역사적 방향성historical orientation"을 제공해 주는 데 실패한 것이 문제라는 것이다. 리는 학생들에게 전체적인 관점을 제공해 주고 그들로 하여금 그들의 지식을 조직하고 역사를 그 자체의 관점을 지닌 학문 분야로 제대로 이해하게 해 주는 "큰 그림big pictures"을 주장하고 있다. 쉬밀트와 리는 역사가 시민교육이나 정체성 형성의 도구 역할을 하는 것을 거부한다.

학술회의를 마감하는 분과 "학생들이 역사를 배우는 방법에 관한 토론"에서, 키스 바튼과 보도 폰 보리스는 학습자의 관점에서 의미 있는 교육과정에 대해 회고했다. 10장에서 키스 바튼은 우리가 역사를 연대기적 내러티브로서 가르치려 하는 것에 대해 경고했다. 학생들은 특별한 순서 없이 주어진 시대 혹은 "준거점"을 공부함으로써, 그리고 그들 사이를 비교하거나 구분함으로써 더 잘 배우게 된다는 것이 그의 주장이다. 북아일랜드에서 행한 그의 연구에 기초해서 바튼은 "자기들과 비슷한 사람들"에 관하여 가르침으로써, 특히 그들이 연결 지을 수 있는 역사적 순간에 관해서는 그렇게 함으로써 역사를 학생들에게 더 의미 있는 것으로 만들 수 있다고 주장한다. 그는 또한 역사의 역할이 단순히 시대와 사건에 관한 무미건조한 학습에 있기보다는 민주적 시민의 양성에 있다는 입장을 취했다. 11장에서 보도 폰 보리스는 역사를 연대기적 내러티브라기보다는 "하나의 사고양식"이라고 정의했다. 역사는 현상이 왜 지금 이런 모습인지를 설명한다. 그는 역사 교육이 마땅히 다양한 관점을 반영해야 하고, 역사는 아동 자신의 요구와 경험을 통해 가르쳐져야 한다고 주장한다. 이렇게 볼 때 역사 교육과정은 변화의 과정, 학생들에게 특별히 중요한 특별한 사건, 그리고 연구방법들을 탐구하는 방향으로 나아가야 하는 것이다.

우트레치 학술회의를 마감하면서 위낸드 민하르트는 발표된 논문들에 관해 몇 가지 결론을 내렸다. 민하르트의 종합논평은 이 책의 12장에 수록되어 있다. 그에게 가장 큰 문제는 연구방법skills이 사실facts을 대체했다는 현상 자체가 아니고, 교육과정이 학술적인 탐구 방식을 통해 역사적 사고를 배양해야만 한다는 과제 그것이다. 결국, 그가 주장하는 것은 역사 교육과정이 학생들로 하여금 역사를 하나의 학문 분야discipline로 이해하도록 해야지, 역사를 통해 특정한 가치를 배양하거나 특정한 사회를 만드는 과정에 학생들을 참여시키려 해서는 안

된다는 것이다.

 "규범의 문제와 역사 교육의 미래"에 관한 우트레치 학술회의는 참
가자들 사이에서 아주 생산적인 토론을 이끌어 냈다. 두 개의 경쟁적
인 담론(정치적 그리고 교육적/교육학적)이 드러났는데, 이 두 관점은 어
떤 주제에 대해서는 예상한 대로 의견이 일치했고 다른 많은 주제들
에서는 의견이 갈라졌다. 모든 참가자들은 역사가 일반 교육과정에서
중심적 지위를 차지해야 한다는 것, 그리고 이 과목이 학생들에게 의
미 있게 되기 위해서는 업데이트 된 방법론들을 동원해야 할 필요성
이 있다는 것에 동의했다. 그러나 그들은 역사 교육이 봉사해야 할 상
이한 목적들에 대해서는 크게 의견을 달리했다. 어떤 참석자는 역사
가 공민적 가치와 바람직한 (지역에서 국가, 그리고 세계적 수준으로 확대
되는) 시민정신을 배양해야 한다고 주장했다. 반면에 다른 참석자들은
역사는 시민교육의 도구로서가 아니라, 역사적 의식을 배양하고 학생
들에게 풍부한 탐구방법을 소개하는 지적인 탐구 분야로서 가르쳐야
한다고 주장했다. 마지막으로 모든 참석자들은 어떤 규범적인 표준을
통해서가 아니라 맥락화contextualization(문맥을 설명하는 방식—옮긴이)
를 통해 학생들이 그들 주변의 세계를 이해할 수 있도록 하는 방식으
로 역사를 가르칠 필요가 있다는 데 동의했다.

● 참고문헌

Anderson, M. (1996). *Impostors in the temple: A blueprint for imposing higher education in America.* Stanford, CA: Hoover Institute Press.

Cheney, L. V. (1987). *American Memory: A report on the humanities in the nation's public schools.* Washington, DC: National Endowment for the Humanities.

Dalhuisen, L. G., Korevaar, C. W.(1971). *De methode van onderzoek in het geschiedenisonderwijs* [The Method of inquiry in history education]. The Hague, The Netherlands: van Goor.

Ferro, M. (1984). *The use and abuse of history, or how the past is taught to children.* London: New York: Routledge & Kegan Paul. (Translated from French: *Comment on raconte l'hisoire us enfants à travers le monde entier.* Paris: Payot 1981).

Finn, C. E., & Ravitch, D. (1989). *What do our 17 years olds know?: A report on the first national assessment of history and literature.* New York: Harper & Row.

Granatstein, J. L. (1998). *Who killed Canadian history?* Toronto, Canada: Harper−Collins.

Grever, M. (2007). De natiestaat als pedagogische onderneming[The nation−state as a pedagogical enterprise]. In M. Grever, & K. en Ribbens (Eds.), *Nationale indentieteit en meervoudig verleden* [National identity and multiple pasts](pp. 35~60). Den Haag/Amsterdam: WRR/Amsterdam University Press.

Hirsch, E D., Jr.(1987). *Cultural literacy: What every American needs to know.* Boston: Houghton Mifflin.

Heuss, A. (1959). *Verlust der Geschichte*[Loss of history]. Göttingen, Germany: Vandenhoeck & Ruprecht.

Jeissmann, K.−E. (1978). Friedrich Kohlrausch(1780~1867). In S. Quandt(Ed.), Deutsche Geschichtsdidaktiker des 19. und 20. Jahrhuderts[German History−Educationalists of the 19th and 20th Century](pp.41~83). Paderborn, Germany: Schöningh.

Kocka, J. (1977). Gesellschaftliche Funktionen der Geschichtswissenschaft[Social Foundations of the Science of History]. In W. Oelmüller(Ed.), *Wozu noch Geschichte?* [Why history yet?] (pp.11~33). München, Gemany: Wilhelm Fink.

Levstik, L., & Barton, K. (2004). *Teaching history for the common good.* Mahwah, NJ: Erlbaum.

Little, V. (1990). A national curriculum in history: A very contentious issue. *British Journal of Educational Studies, 38*(4), 319~334.

Marsden, W. (1989). All in a good cause: Geography, history and the politicization of the curriculum in 19th and 20th century England. *Journal of Curriculum Studies,* 21(6), 509~526.

Nash, G. B., Crabtree, C., & Dunn, R. E (1977). *History on trial: Culture wars and the teaching of the past.* New York: Knopf.

Oostrom, F. van (2006). *A key to Dutch history: Report by the Committee for the Development of the Dutch Canon.* Amsterdam: Amsterdam University Press.

Phillips, R. (1998). *History teaching, nationhood and the state: A study in educational politics.* London: Cassell.

Price, M. (1968). History in danger. *History,* 53(79), 342~347.

Reeves, M. (1980). *Why history?* London: Longman.

Schools Council History Project 13~16. (1976). *A new look at history.* Edinburgh, England: Holmes MacDougall.

Shemilt, D. (2000). The Caliph's coin: The currency of narrative framework in history teaching. In P. N. Stearns, P. Seixas, & W. Wineburg (Eds.), *Knowing, teaching & learning history: National and international perspectives* (pp.83~101). New York: New York University Press.

Stearns, P. N., Seixas, P., Wineburg, S. (Eds.). (2000). Knowing, teaching & learning history: National and international perspectives. New York: New York University Press.

Süssmuth, H. (Ed.). (1972). *Geschichtsunterricht ohne Zukunft?* [History educatin without future?] (Vol.2). Stuttgart, Germany: Klett Verlag.

Symcox, L. (2002). *Whose history? The struggle for national standards in American classrooms*. New York: Teachers College Press.

Sylvester, D. (1994). Change and continuity in history teaching 1900~93. In H. Bourdillon (Ed.), *Teaching History*(pp.9~23). London: Routledge.

Torpey, J. (2004). The pursuit of the past: A polemical perspective. In P. Seixas(Ed.), *Theorizing historical consciousness* (pp. 240~255). Toronto Canada: University of Toronto Press.

Wilschut, A. (2002). *Historical consciousness as an objection in Dutch history education. English summary of the proposals by the Commission on History and Social Sciences* CHSS ('De Rooij'). Retrieved October 1, 2006, from http://www.ivgd.nl/Engels/chss.htm.

Windschuttle, K. (1994). *The killing of history: How a discipline is being murdered by literary critics and social theorists*. Paddington, England: Macleay.

1 부

탈민족/탈국가 시대의 새로운 교육과정

2

사라진 규범과 과대평가된 사료:
벨기에의 역사 교육

_ 카트 윌스Kaat Wils
벨기에 University of Leuven 문화사 교수. *De omweg van de wetenschap: het positivisme en de Belgische en Nederlandse intellectuele cultuur*, 1845~1914(2005)의 저자.

이 장에서는 19세기 초 이래 지금까지 벨기에 역사 교육에서 나타났던 학습 주제와 교육방법의 변천 상황을 종합적으로 검토한다. 벨기에에서는 국가 표준이 존재했었다는 말을 할 수 없을 정도로 20세기에 다음 두 가지 요인으로 인해 완전히 사라졌다. 첫째는 교육정책의 지역화였고, 두 번째는 (사회사적 관점에서 볼 때) 역사 과목의 세계화와 역사 교육의 민주화에 대한 점증하는 요구였다. 이런 변화와 밀접하게 필적했고 부분적으로 이런 변화에 도움을 주기도 했던 역사 교육의 "교수화didacticisation" 현상은, 결국 보다 현재 지향적인 형태의 역사 교육을 가져왔다. 그 속에서는 학생들의 적극적인 참여가 중심적 요소가 되고 역사적 사료를 탐구하는 것이 중요한 초석으로 인정된다. 물론 이런 접근법에 문제가 없는 것은 아니다. 특히 사료를 탐구하는 것은 역사 교육의 실제에서는 맥락화contextualization의 부족으로 인해 실패할 위험이 있다. 맥락과 내러티브를 중시하는 역사 접근법에 의해 균형이 맞추어질 때 사료의 활용도 효과를 기대할 수 있다. 지역 역사, 국가 역사, 그리고 세계 역사 사이의 균형을 맞추어야 하는 도전에 응함에 있어서 교사들과 학생들에게 보다 많은 선택의 기회, 그리고 보다 많은 유연성을 부여한다면 그것 자체가 이미 사라진 역사 표준의 역할을 대신할 수도 있는 것이다.

역사 교육에 관해서는 많은 오해가 있다. 예컨대, 오래되고 진부한 견해 중 하나는 학교 역사 교육은 국가 역사 속에서 영웅적 행위를 칭송하고 소수 엘리트의 정치사에서 나오는 "무미건조한dry" 사실들을 암기하는 것으로 구성되어야 한다고 주장한다. 이런 견해는 역사 교육은 비판적 이해력, 민주적 태도, 그리고 다문화적 개방성의 훈련을 이상으로 해야 한다고 생각하는 진보적 지식인들의 태도와는 상반된다. 교육 개혁가라는 사람들도 학생들의 독립적인 생각은 최소한만 인정하는 순응주의conformism나 학문중심주의encyclopaedism에 경도된 일방적인 교육체제의 이미지를 생성해 내고 있다. 결국, 교실에서의 보다 자발적인 활동을 강조하는 운동을 영원히 절실하게 필요하고 혁신적인 운동으로만 남아 있게 만드는 것이 바로 이런 고착된 교육의 이미지인 것이다.

이 장에서 나는 역사 교육의 일반적 이미지 속에 내포된 두 가지 기본 구성요소를 역사적 관점에서 탐색할 것이다. 지난 2세기 동안 벨기에의 역사 교육이 어느 정도 국가의 과거에 초점을 맞추어 왔는가? 그리고 학생들은 지난 2세기 동안 전쟁들을 하나하나 기억하고 조약이나 왕에 대해 연대기적으로 작성된 긴 명단을 그대로 외우는 수동적 태도를 어느 정도 강요받아 왔는지? 다른 말로 하자면, 새로운 형태의 역사 교육이 벨기에에서 어떤 발판이라도 마련했는지? 뒤의 두 질문을 받아서 나는 요즘 교육 현장에서 새로운 교육방법들이 취하고 있는 교육형태에 대해 많이 언급할 것이다. 그렇게 함으로써 이른바 "현대적" 그리고 "우수한" 역사 교육의 토대라고 여겨지기도 하는 사료의 활용이라고 하는 것이 실제로는 문맥 속에서 역사를 생각하는 데 방해가 될 수 있다는 점을 주장하고자 한다.

과거의 규범canon

역사 교육에 대한 국가주의적 경향에 대한 질문으로 시작해 보자. 오늘날 역사 교육은 아주 강하게 국가주의적 관점에서, 혹은 준국가주의적sub-nationally 관점에서 정의된다. 미국 학생들에게는 미국혁명이 역사 교육의 출발점인데, 이것은 프랑스 학생들에게 프랑스혁명이 출발점인 것과 같다. 스페인 학생들이나 멕시코 학생들에게 1492년이 학교에서 공부하는 역사에서 핵심적인 주제가 되지만, 두 나라에서 이 사건이 주는 의미는 완전히 다르다. 영국에는 네 가지 아주 다른 역사 교육과정이 존재한다. 잉글랜드, 북아일랜드, 스코틀랜드, 그리고 웨일즈가 그것인데 이 네 가지 역사 교육과정은 정도의 차이가 있지만 국가 속의 국가인 각 지역에 도움이 되는 역사를 가르친다. 미국에서의 기초교육은 자유와 진보를 성취한 국가의 이야기를 강하게 지지하는 대표적 사례이고, 북아일랜드에서의 역사 교육은 상대적으로 국가에 대해 초점을 덜 맞추는 사례가 된다. 다양성이나 갈등이라는 문제를 어떻게 선택해서 다루느냐의 차이로 인한 것이다(Carretero, Jacott & Lòpez-Manjòn 2002; Barton 2001; Phillips, Goalen, McCully & Woods 1999).

국가 혹은 민족정신을 강조하는 것은 국민국가nation-state만큼이나 오래되었는데, 대체로 19세기부터 시작되었다고 한다. 세계적으로 보아 이런 해석은 합당하다. 최근 역사학자 지니 보브아-카우체핀 Jeannie Bauvois-Cauchepin은 19세기 프랑스와 독일의 역사 교육이 "국가주의화"되는 과정을 상세하게 비교분석했다. 비교법을 활용한 이러한 엄밀한 분석은 이런 국가 지향성이 각 나라에서 어떻게 나타났는지를 정확하게 보여주면서도, 동시에 이런 경향이 19세기의 불변의 성격은 아니었다는 것을 보여주고 있다. 독일에서는 독일제국 시대 이전에도, 강력한 프러시아 중심의 탁월하고 신화적인 국가 역사가 예견되고 있었다. 반면에 프랑스에서는 역사 교육의 국가주의화가 1870년의 패전 후에나 시작되었다. 프랑스는 이후 곧 이런 경향의 절정을 경험했다. 반면 독일은 crispation identitaire, 즉 직역하면 "정체성 경련"이 바이마르공화국 동안의 일정한 비판을 거친 후인 1930년대에 최고조에 이르렀다. 독일의 역사 교육이 지역적 의미의 고향 (독일어의 Heimat, 혹은 영어의 homeland)이란 느낌에 의해 조성된 감정적이고 보다 반동적인 국가주의의 영향을 받은 반면, 프랑스의 역사 교육에서는 지역적 감정은 지워 버리고 보편적인 공화국 이념으로 대체했다. 20세기의 시작과 함께 오랜동안 정치적 불만세력에게 힘을 주어 왔던 프랑스혁명이 사회 진보와 민주주의를 상징하는 국가의 명확한 기준 시점이 되었다. 프랑스혁명을 통해 학생들에게 시민정신을 배양하기를 원했다. 2차 세계대전 후에는 로마 가톨릭 교과서가 널리 이런 방식의 사고를 또한 촉진했다. 그러나 1960년대 이후 세계대전이 프랑스혁명을 역사의 독점적 기준점 자리에서 끌어내렸다. 프랑스의 저항주의résistantialisme가 새로운 이념이 되었다. 이는 지금까지 적지 않게 문제가 되었던 비시 임시정부Vichy(독일 지배 기간 동안의 임시정부가 있던 중부 도시 이름. 임시정부 시기와 임시정부 자체를 상징하는 단어로 사용됨-옮긴이)와 탈식민지운동에 대한 기억이 주는 부정적 의미를 조금 해소시켜 줄 수 있는 새로운 이념이었다. 달리 말하면, 독일이 2차 세계대전 이후에 과거의 역사 교육체제를 완전히 폐기하고 시민교육이라는 이념을 조심스럽게 부각시키고 있던 것에 비해, 프랑스에서는 더 늦게 이런 국가 신화에 대해 문제가 제기되었다(Bauvois-Cauchepin 2002).

벨기에에서도 19세기의 역사 교육은 그 성격이 국가의 과거 역사를 "정전화canonization"하는 작업이었다. 그래서 초등교육에서 역사 교육과정은 거의 전적으로 벨기에 역사에 초점이 맞추어져 있었다. 중등 교육과정은 역사 과목이, 무엇보다도 먼저 국가제도나 법령에 대한 복종심을 만들어 냄으로써 조국에 대한 사랑에 기여를 해야 한다고 명시적으로 규정했다. 그러나 역사 과목이 살아남은 것은 일반교육이 추구한 시민 인문학civil humanities이라는 이상 덕분이었다. 19세기 중반부터 역사 교육에 하나의 긴장이 조성되었다. 그것은 역사를 고대사와 동일시하는 경향이 있는 고전적 인문학과, 역사가 좀 더 자율성을 지닌 상태에서 중세와 그 이후 역사를 함께 다루기를 주장하는 좀 더 현대화된 역사 교육을 주장하는 사람들 사이의 긴장이었다. 19세기 말 경에 이르러, 두 번째 경향이 더 많은 지지를 받았고, 이는 국가 역사에 좀 더 많은 기회를 주게 되었다(Van Eekert 2007). 이는 남자 아이들을 위한 기술 교육에서 역사 과목이 차지해 온 지위를 보면 명백하다. 2차 세계대전까지 남자 아이들을 위한 기술 교육에서 역사는 정규 교과목에 포함되지 않았었다. 이와는 대조적으로 반사회주의적 해석이 지배적이었던 정치경제학은 개설이 유용한 과목으로 여겨졌다. 여자 아이들을 위한 교육에서는 상황이 아주 달랐다. 직업 교육이 실제로 여자 아이들을 대상으로 한 유일한 형식의 교육이었고, 또한 중·상위계급 여아들을 위한 일종의 보편 교육의 역할을 했기 때문에 역사 과목이 학습되었다(D'hoker & Henkens 2002).

일반교육의 역사 과목 속에서 국가사가 차지하는 실제적 중요성이 과장되어서는 안 된다. 1880년대까지 공립학교(중앙정부가 설립한 "rijksonderwijs")에서는 6년 과정 중 오직 1년만 벨기에의 역사를 공부하도록 되어 있었다. 그런데 대부분의 학생들은 4학년 이후 학교를 그만두기 때문에 중등 교육과정에서는 벨기에 역사를 접할 기회가 거의 없었다(Van Eekert 2007). "무상으로 운영하는", 그리고 공립학교보다 더 많은 학생들이 입학하는 로마 가톨릭 학교에서는 6년 과정 중에서 벨기에 역사가 1년 이상을 차지하지 않았다. 나머지 기간에는 보다 "일반적인" 혹은 "보편적인" 역사를 가르쳤다. 역사는 주로 유럽에 초점을 맞추었고, 서양 문명의 요람이자 하나의 도덕적 모범으로서 고대사에 집중했다. 따라서 고전시대인 그리스와 로마의 과거를 배우고 뛰어넘어야 할 위대하고 도덕적인 인물의 사례를 집대성해서 보여주는 "표준exampla"의 형태로 제시되었다(네덜란드와 관련해서는 Toebes(2001)을 참고). 최근의 세계 역사와 관련해서는 다른 지역의 "정전화된" 역사가 외국에 대한 인식에 영향을 미쳤다. 예컨대 비스마르크와 같은 인물에 대해서는 독일에서와 마찬가지로 벨기에에서도 거의 지성적이고, 신비한 의미를 부여하게 된다.

19세기에 중등교육뿐 아니라 초등교육에서 가르쳐진 벨기에 역사는 몇 가지 고정된 성격이 있었다. "목적 원인론finalism"이 그 가운데 하나였다. 몇몇 사람들은 벨기에의 독립은 이미 2,000년의 역사를 지닌 벨기에적 특성이 실현된 것이라고 주장했다. 시저와 타키투스가 기술한 "벨기에 사람들Belgians"은 현대 벨기에 국민의 조상이라고 할 만하다는 것이었다. 1830년에 세워진 벨기에라는 나라는 아직 젊은 나라이지만 그것은 아주 오래된 조국을 현실에 구현한 것이었다. 조국의 진화 이야기는 성격상 주로 군사적이고 정치적이었다. 연대기적으로 구분된 장들은 교훈과 관습, 예술, 과학, 상업, 그리고 산업에 관한 간단한 글들로 마무리됐다. 1860년대부터는 교과서의 열거식 성격이 그 어느 때보다 더 벨기에인들의 정체성을 강조하는, 좀 더 낭만적인 이야기 형식으로 대체되었다. 벨기에의 원시시대protohistory 또한 이제는—국민들이 인정하는 정당한 권력을 행사한 왕들이 아닌—적대적인, "외국" 지도자들의 역사가 되었다. 이 시점 이후로부터 벨기에의 역사는 연속적으로 이어진 왕정으로 짜였고, 왕들의 성격이 벨기에 역사에 강한 인상을 남기게 되었다(De Schryver 2002; Hoebanx 1982).

1차 세계대전 이후에도 조국과 그 제도들에 대한 애정이 여전히 역사 교육의 중요한 목표였지만, 특히 중등교육에서 많은 변화가 이루어졌다. 왕조가 더 이상 벨기에 역사를 구성하는 기본 원리가 아니며, 왕들의 역할 또한 몰개성화, 정치화되었다. 학술계의 제안에 부응하고 여학생들의 관심을 반영한다는 차원에서 지금까지 압도적인 지위를 차지했던 군사적이고 정치적인 이야기들이 경제와 사회의 발전, 문화와 종교 등을 의미하는 "문명의 역사"로 대체되었다(Van Eekert 2007). 1차 세계대전의 발발로 제기된 국가주의 그리고 과도한 국가중심의 역사 교육에 대한 국제적인 비판이 벨기에에서도 반응을 얻었다. 지식인협력국제위원회Commission Internationale de Coopération Intellectuelle가 1926년 작성한 지침은 특히 심각하게 받아들여졌는데 이 지침은 국가 간에 증오를 불러일으킬 수 있는 모든 자료를 교과서에서 제거해야 한다고 주장했다. 비록 애국주의가 중요한 하나의 목표로 남아 있었고 벨기에의 모든 학교가 전쟁 중에 사망한 영웅적인 학생들을 기억하는 것은 중요한 일이었지만 정부는 지나치게 맹목적인 애국주의의 위험성 또한 지적했다. 그 결과는 벨기에 역사가 보다 적극적으로 유럽 역사에 통합되는 것이었다. 이런 흐름은 2차 세계대전 동안에도 크게 변하지 않았다. 독일 점령군은 프랑스 교과서의 수입을 금지하고 벨기에 교과서에서 반독일적이라고 생각되는 문장들을 제거하는 정도에 머물렀다. 그들의 관심은 대체로 20세기에 국제적으로 독일이 수행한 역할, 그리고 미약하지만 독일의 침략 시기에 그쳤다. 대체로 점령자들은 역사 교육에 비교적 작은 영향을 미치는 데 그쳤다.

언뜻 보기에 2차 세계대전이 벨기에의 교육정책에 미친 영향은 애국적 정신을 조금 수정한 것이었다. 벨기에의 교육제도가 공공의 책임감을 강화하는 데 실패했다는 사실에 대해서는 전쟁 직후에 일종의 공감대가 형성되어 있었다. 많은 젊은이들의 독일 점령군과의 영합, 그리고 보다 폭넓게 진행된 도덕적인 붕괴는 이런 교육의 불가피한 결과로 인식되었다. 이후의 교육부 장관들은 전통적 역사 교육정책 commemorative policy(역사적 인물이나 사건을 기념하는 방식의 역사 교육정책—옮긴이)을 옹호했을 뿐 아니라 동시에 공민교육을 역사 교육에 통합하는 정책도 제안했다. 그러나 이 두 가지 방향의 정책은 전통적이고, 낭만적이며 감성적인 요소와 계몽적이고 이성적인 특성을 놀라울 정도로 조합해 보여주었다. 따라서 전통적 역사 교육정책은 정치와 군사 분야에서의 국가적 영웅들을 기념하는 동시에 루이 파스퇴르와 프랭클린 루즈벨트와 같은 국제적 인물들도 기억하는 것, 즉 국제적이고 민주적인 이상을 지지하는 것을 함께 목표로 내세웠다. 1949년의 새로운 학교 교육과정은 이와 유사하게 애국주의와 공민의 책임을 목표로 했을 뿐 아니라 국가의 역사를 일반 역사 속에 통합하고 좀 더 비판적인 정신을 함양할 것을 요구했다(Beyen 2002).

현재가 주는 압력

이후 수십 년 동안 계몽적이고 합리적인 역사 교육 방식은 더 각광을 받는 분위기였다. 이런 방식의 대표적인 사례는 현대에 대한 강조였다. 그리고 민주주의 제도에 대한 책무로 표현되는 공민교육을 실시하려면 역사적 기초에 대한 필요성은 상대적으로 줄어들어야 했다. 1960년대로부터 교육 분야 논쟁의 핵심 주제였던 민주주의적 패러다임에서도 이런 측면이 적용되었다. 역사 과목은 젊은 벨기에인들이 그들이 속해서 살아갈 복잡한 현실사회에 대해 준비시키는 데 효과적이지 않기 때문에 현실적이지 않다는 비판에 직면해 있었다. 역사 교육은 민주주의적 가치를 훈련하는 수단이 될 수 없었기 때문에 교육과정으로부터 배제될 위기에 처했다. 물론 반대가 없지는 않았지만,

1970년대로부터 도입된 개혁 프로그램에서 역사는 부분적으로 사회교육 과목에 의해 대체되었다. 당시 사회교육 과목은 역사와 연결하려는 시도를 했지만 사실 그 과목에서 역사적 지식이나 역사인식을 필요로 하지는 않았다. 역사 과목은 이제 완전히 그것이 지니고 있던 국가주의적 틀을 벗어 버리고, 적어도 서류상으로는 절대적으로 "세계 역사"에 의해 대체되었다. 이 세계 역사는 현대적 이슈들을 출발점으로 하는 것이었다. 좀 더 구체적으로 설명하면 이런 세계 역사는 무엇보다도 유럽을 중심으로 해서 민주주의에 오점을 남긴 전쟁이나 식민주의라고 하는 "잘못된" 역사에 대한 탐구로 나타났다. 국가주의적 혹은 민족주의적으로 채색된 과거 역사교과서에서의 전형적인 서술방식에 대한 혐오감이 이번에는 현대사회의 도덕적 기준으로 역사를 색칠하는 반응을 불러일으켰다. 그래서 중세의 십자군전쟁에 대한 이해는 말 그대로 고귀한 소명에서 부끄러운 식민지 경영으로 차츰 바뀌어 갔다(Albicher 2005 ; De Baets 1994).

역사 교육을 세계화해야 한다는 시대적 요청은 벨기에 교육정책의 지역화와 시기적으로 어느 정도 일치했다. 1970년에 시작된 벨기에의 연방식 국가 전환 노력은 1989년에 공식적으로 교육 분야의 권한을 세 개의 벨기에 "공동체"인 네덜란드Dutch, 프랑스French, 그리고 아주 작은 독일German 공동체로 이전하는 결과를 가져왔다. 다시 말하면 온전한 "벨기에" 역사 교육은 더 이상 존재하지 않았다. 그 이전에도 언어가 다른 이 지역들은 교육은 같지 않았으며, 특히 1960년대 이후에는 이미 언어권마다 항상 다른 교육정책을 채택하고 있었다. 1830년대부터 1950년대까지 역사교과서는 여러 언어로 되어 있었지만 같은 표준교과서를 번역하여 사용하는 것이 보통이었다. 정부의 언어정책에 대한 플랑드르 운동Flemish movement(1830년대부터 네덜란드어 계열인 플라망어를 사용하는 벨기에인들이 지배 집단인 프랑스어 사용 민족에 대항해 벌여온 민족주의 운동—옮긴이) 세력으로부터의 "정당한" 불만에 대해 19세기 후반부터 네덜란드어로 된 교과서에서 조심스럽게 언급되기 시작했지만 이것이 결코 벨기에의 국가주의적 방침인 주류 중심의 역사 서술정책을 모호하게 하는 정도는 아니었다. 역사적으로 벨기에는 하나가 아니라 두 "민족들"로 구성되었다고 하는 19세기 말에 형성된 확신조차도 항상 통일성을 목표로 하는 회유적인 사고의 틀 안에서 해석될 뿐이었다. 1930년대부터는 보다 공개적인 친플라망적이고 반프랑스적인 입장이 몇몇 교과서 속에서 나타났고, 오랫동안 플라망 인들의 권리를 인정하지 않아 온 정부가 비난을 받기도 했다. 그렇지만 이런 교과서는 매우 예외적인 것이었다. 역사 교육에서 플라망드 지역을 너무 강조하는 것에 대해 프랑스어를 사용하는 일부 지역에서 불만이 나타났던 것도 이 시기였다. 그들은 남부 지역(프랑스어를 사용하는 지역—옮긴이)의 역사적 역할에 대해 관심이 너무 적었다고 주장했다(Hoebanx 1982; Hogge 1994; Jadoulle 2001). 이론적으로 1989년 이후 지역별로 완전히 독립된 과목을 기획할 수 있게 되었다. 그러나 이런 일은 아주 소규모로 이루어졌을 뿐이다.

20세기의 마지막 20년 동안 역사 교육이 교육에서 좀 더 분명하고 안정적인 지위를 다시 얻기는 했지만 1970년대의 교육 개혁에서 추구했던 내용들은 프랑스어 사용 지역뿐 아니라 플라망어 사용 지역에서도 대부분 실현되지 않은 채 그대로 남아 있다. 현재 지역정부에서 설정한 성취 목표는 역사 교육이 성취해야 할 최소한의 목표들을 비교적 잘 표시하고 있다. 프랑스어 지역뿐 아니라 플라망어 지역에서도 두 개의 대표적인 교육단체가 활동 중인데, 이들의 역사를 보는 시각에는 큰 동질성이 형성되어 왔다. 정부로부터 자유로운 가톨릭 네트워크와 정부가 조직한 상대적으로 더 작은 네트워크가 아직도 별도의 교육과정을 유지하고 있지만, 각각의 언어 지역 안에서는 동일한 성취 목표를 지향하고 있다(프랑스어 지역 상황에 관해서는 Jadoulle (2004)).

성취 목표를 규정하는 데 있어서 프랑스어 지역과 플라망어 지역 모두 지식의 열거가 되지 않게 하기 위해 세심한 선택이 이루어져 왔다. 목표는 주로 역사자료를 이해하는 기술과 태도를 지향하고 있고, 주제를 선택할 기준을 제시하고 있다. 플라망어 지역의 성취 목표에서는 "역사적 준거 기준historical referential framework"이라는 개념이 사용되었는데 이 개념은 학습 내용이 분명하게 드러나는 실체적인 substantive 성격이 아니라 형식적이고 구조적인formal and structural 성격의 개념이다. 그것은 시간적 차원, 지리적 차원, "사회적 영역"(예를 들면 정치, 경제학)과 관련된 차원, 그리고 일반적인 개념틀(예를 들면 전쟁, 혁명, 경제)을 포함하는 것으로서 서서히 채워져야 할 하나의 준거를 의미한다. 이런 준거 기준의 전체적인 모습은 다양한 네트워크별로 고유한 교육과정이 가능하도록 충분한 여유를 주어야 한다는 측면과 함께 하나의 학문 분야인 역사학이 지닌 "사회과학적" 관점을 함께 충족시키는 방향에서 결정되는 것이다. 이런 과정 속에서 대규모로 "반복되는" 사회적 과정이나 구조들에 우선순위가 주어지게 된다. 우연적이거나 예외적인 사건은 시각에서 사라진다. 무엇이 좋은 역사 교육이고, 좋은 역사 교육이어야만 하는지를 결정하는 출발점은 바로 현대사회가 된다. 비판적 시민정신이 아주 중요한 목적이다. 학교를 졸업하는 플라망어 지역의 학생들에게 기대하는 것은 무엇보다도 "과거와 현재에 대한 학습에 기초해서 사회 문제에 관한 자신의 의견을 입증하기 위한 사고력을 발전"시키는 것이다. 나아가 그들은 "개인과 집단이 사회적 과정에 참여하고 영향을 미친다는 사실을 역사적으로 이해함으로써 변화하는 사회에 적극적이고 건설적으로 참여"하도록 준비해야 하는 것이다.[1]

오늘날 교육에서 강조하는 시민정신이라는 이상은 어떤 특수한 지리적인 영역과는 전혀 관련이 없는 것이다. 반복해서 설명하자면, 플라망어 지역의 역사 교육에서는 매년 적어도 하나의 비유럽 사회에 대해 토론해야 하는 의무를 부여함으로써, 지나친 유럽중심의 역사에 대해 경계하고 있다. 가톨릭 학교제도는 그렇게 하는 것이 세계사에 대한 완전한 이해를 하게 하려는 의도가 아니라 여러 사회 사이의 접촉과 영향뿐 아니라 비서구 문명의 특성에 관심을 기울이게 하려는 것이라고 명시하고 있다. 가장 중요한 목표는 서양이 단지 인류 문명의 중심지 중의 하나일 뿐이라는 것을 학생들이 이해하게 하는 것일

---

[1] 플라망어 지역의 역사 교육이 추구하는 성취 목표를 알려면 여기를 참고하라. http://www.ond.vlaanderen.be/DVO/secundair/index.htm. 플라망어 지역의 성취 목표에서 "historical referential framework"이라는 개념의 의미에 관해서는 Goegebeur, Vielfont, & Gijsenbergh, 2007을 참고하라.

지도 모른다. 역사교과서는 아주 의식적으로 이런 관점을 반영하여, 유럽 역사에 관한 주요 서술에 더해서 다른 문화에 관한 서술 부분과 문화적 접촉에 관해 토론하는 영역도 제공한다.

국가의 정체성은 토론의 핵심 주제는 아니다. 플랑드르 운동과 "벨기에라는 국가의 틀 안에서 플라망어 지역의 해방"에 관한 학습은 플라망어의 공립학교에서는 마지막 학년 교육과정의 한 부분이지만 이런 주제들은 전체 교육과정에서 불과 몇 시간 정도를 차지할 뿐이다. 플라망어 지역에 있는 가톨릭 교육에서 사용하는 아주 개방적인 교수 요목에서는 어떤 주제를 공부할지를 미리 선택하여 제시하지도 않고, 국가 정체성이라는 주제가 어떤 식으로든 제시되지도 않는다. 그러나 학생들이 마을 간, 지역 간, 국가 간의 상호관계, 그리고 지구적 문제에 대한 통찰력을 얻는 것을 기대하기는 하지만 교사는 학생들이 스스로 해석을 하도록 내버려둔다.[2] 또한 공부할 주제를 선택하는 데 있어서 가장 중요한 역할을 하는 것이 역시 교과서인데 플라망어 지역에서 최근에 나온 역사교과서에서 국가주의적 시각은 미미하게 제시되고 있을 뿐이다. 벨기에혁명이나 2차 세계대전과 같은 국가적으로 중요한 핵심적 사건들이 토론되기는 하지만 주로 더 넓은 유럽 혹은 지구적 주제의 한 부분으로서 다루어질 뿐이다.

프랑스어 지역의 학업 목표와 교육과정 속에서도 기본 준거 기준은 역시 유럽과 세계다. 플라망드와 대조적으로 이 지역의 학습 목표에서는 프랑스에서처럼 역사 교육의 "세습적 기능patrimonial function"이 조

---

[2] 두 종류의 교육 네트워크에 관해서는 www.rago.be와 www.vvkso.be를 참고하라.

금 내재되어 있기는 하다. 나아가 이곳에서는 역사 교육이 "정체성 탐구"와 지역의 "뿌리"에 관한 의식 형성에 기여하도록 되어 있는 편이다. 지역 민족주의regional nationalism가 플라망 지역에 비해서는 최근 들어 나타나기 시작했고, 전시 부역이라는 역사의 얼룩이 조금은 덜한 프랑스어권 벨기에 지역에서는 교육을 통해 지역 정체성을 형성하는 데 있어서 나타나는 장애물이 플라망어 지역에 비해서는 확실히 강하지도 않다. 그럼에도 불구하고 이 지역 교과서에서 지역 정체성이 어떤 위치를 차지할 것인지는 여전히 분명하지는 않고, 왈론 지방 Wallonia(프랑스어와 독일어가 주로 사용되는 벨기에 남부 지역─옮긴이)이나 벨기에에 대한 언급 또한 매우 제한적이다. 최근 프랑스어로 된 대부분의 교과서에서 역사 교육에서의 세습적 기능이 강조되고 있는데, 이는 부분적으로는 지역 정체성과 연결되고 있는 듯하다. 이들 교과서들은 벨기에 역사나 왈론 지역 역사에 대한 이야기를 제공하지는 않지만 그들 지역의 문서, 사물, 유적지, 그리고 예술품들에 학생들이 친숙해지도록 아주 분명한 선택을 하고 있는데, 이런 것들은 분명히 왈론 지역을 상징한다(Jadoulle 2001; Georges & Jadoulle 2005~2007).

이러한 교과서들이 보통 역사책에 나오는 국가 수준의 내러티브를 하고 있지 않다는 사실은 지난 수십 년 동안 국가의 규범canon이 얼마나 사라졌는지에 대해 말하고 있는 것이다. 뿐만 아니라 최근 몇 년간 내러티브 자체가 교과서에서 어느 정도 사라졌는지를 보여준다. 요즘의 교과서는 읽기 위한 책이 아니라 보고 뛰어 놀면서 그 안에서 학생이 스스로 역사에 적극적으로 참여하도록 하는 책인 것이다. 이것은 두 번째 주제, 학생의 적극적 참여에 대한 희망으로 연결된다.

현대 역사 학습의 주춧돌인 사료의 활용

이런 희망은 19세기 후반에 시작되었고 20세기 초반에 벨기에 교육 개혁가들에 의해 개혁 의제에 올려졌다. 벨기에에서 학생 참여는 1926년의 공립학교 역사 교육과정에서 첫 번째로 실천되어야 할 정책으로 선정되었다. 거기에서 이미 질의응답을 통한 학습, 문서의 활용을 통한 주제 학습, 역사 지도 그리기와 역사 수필 쓰기 등이 언급되었다. 그 이후 계속해서 역사 교육은 "덜 학구적이고less scholaristic" 백과사전적encyclopaedic이어야 하며, 보다 참여적이고 사례중심적이어야 한다는 점이 거듭 강조되었다. 1936년의 초등학교 교육과정은 이 방향으로 더 진행되었다. 출발점은 학생들의 관심을 불러일으키는 것이었다. 자신의 인근 지역에서의 현장 학습을 권장함으로써 역사는 아주 지역적으로 해석되었다. 혁신적인 성격으로 인해 이 교육과정은 국제적인 명성을 얻었다(Depaepe, DeVroede & Simon 1992). 2차 세계대전은 이 프로그램이 중등교육에서 실행되는 것을 방해하기도 했지만, 의외의 방식으로 이미 출범한 이 교육과정이 잘 전개되는 데 기여했다. 영양실조와 비정규적인 철도 교통과 같은 전쟁 상황을 고려하여 공교육부Department of Public Education는 교육은 기본에 충실해야 한다고 명했다. 역사의 경우에 이것은 모든 백과사전적인 목표를 제거해야 한다는 것을 의미했다. 이해가 학습의 중심이어야 하고 사실은 가르쳐질 개념을 설명하기 위해서만 언급되어야 하는 것이다(Beyen 2002). 전후 교육과정은 1930년대의 영감 위에 만들어졌다. 역사 교육은 수많은 개념을 중심으로 구성해야 했고, 시각적 자료들을 활용해야 했으며, 박물관 탐방과 지역 환경에 대한 설명을 권장해야 했으며, 아동의 심리적 발달을 존중해야 했고, 상이한 과목들 사이에 놓인 장애물들을 해체해야 했다. 그런데 아쉽게도 이처럼 명료하고 적극적인 교육은 너무나 자주 죽은 문서로만 남았다는 것이다. 이후 계속 발표되는 새로운 교육과정 속에서 이러한 교훈적인 지혜들은 더욱 강조되면서 반복되었을 뿐이다.

1930년대에 교육 개혁가들이 역사 교육에 대해 제시했던 아주 중요한 지침의 하나가 바로 현실을 잘 반영해야 한다는 점이었다. 그래야만 이 과목이 낡은 이미지를 벗고 더 이상 책으로만 학습하는 잘못된 경향에 빠지지 않게 될 것이었다. 결국 역사는 삶에 관한 것이어야만 했다. 교훈적인 지침처럼 보이기는 하지만 이 주장은 분명히 역사 교육과정의 내용에 관련되어 있었다. 그러한 현상은 과거를 분석하는 데 있어서 민주주의와 인권이 기준이 된 1970년대 이후의 역사 교육에 아주 분명하게 나타났다. 역사가 현실적 문제를 반영해야 한다는 주장을 실천하는 모습은 매우 다양하게 나타났지만, 이런 주장 자체에 대해 의문이 제기된 적이 없었다는 것은 아주 놀랄 만하다. 역사가가 하는 일métier이 점차 참여적인 교육의 모범이 된 1980년대 이후에도 그것에 대해 의문이 제기된 적은 없었다.

역사적 연구방법과 역사적 비판에 관한 학술 서적들은 이제 "사료"를 다루는 지침서가 되어 버렸다. 학생들이 배워야 할 것은 정보를 어떻게 수집하고, 사료를 어떻게 비판적으로 분석하고 역사학적인 결론에 도달하느냐 하는 것이 되었다. 1990년대 이후 등장한 구성주의적 방법으로 인해 이런 접근 방식은 더욱 발전했다. 구성주의적 학습 개념에서 가장 핵심이 되는 것은 학생들에게 적합한 학습 환경이 주어지면 지식과 기술을 스스로 축적할 수 있다는 확신이다. 역사학 연구법과의 유사점은 아주 명료하다. 과거에 관한 지식은 고정된 것이 아니고 새로운 역사가들이 사료를 통해 끊임없이 재구성하는 것이다. 학생들이 문서와 함께 공부하도록 하는 것 자체가 그들 스스로 지식의 재구성 과정에 참여하게 하는 것이다. 그러나 실제로 그것을 실천하기는 그렇게 말처럼 쉽거나 간단하지는 않다. 선행 연구물에 대한 폭넓은 학습을 하지 않거나, 동일한 사료를 다룬 다른 역사가들에 대해 미리 탐구하지 않고 곧 바로 사료를 다룰 수 있는 역사가는 없다. 또 사료는 역사가가 접근하기조차 어려운 경우가 많다. 사료를 판독하기 위해 높은 수준의 기술적 지식이 요구되기도 한다. 사료의 배경이나 문맥에 대한 폭넓은 이해도 그 사료를 제대로 이해하기 위해서는 항상 필요하다. 학생들은 보통 이런 능력이나 경험을 갖고 있지 않다. 따라서 학급에서 문서를 다룬다는 것은 아주 위험한 일이 되어 버린다. 사료가 학급에서 활용되려면 우선 사료들을 특정한 역사적 맥락으로부터 주의 깊게 추출하고, 분류하고, 그런 다음에 정리와 요약이 되어야 하는 것이다. 공부하는 동안 사료를 통해 뭔가 확실히 발전을 하려면 사료 속에서 답을 찾을 수 있는 질문을 하는 것이 아주 중요하다. 그렇지만 이것이 오히려 의도했던 것과는 반대의 결과를 가져오지는 않을까? 역사 교육의 목표가 학생들에게 역사적 지식이 구성되는 방법을 가르치는 것임에도 불구하고, 오히려 과거는 "사료로부터 읽어 낼 수 있다"는 것을 암시하지는 않을지? 비록 수습교사들이 구성주의를 학생들의 참여를 확대하는 새로운 교육방법의 하나로 보면서도 현실적으로는 그것을 학급에서 역사에 접근하는 하나의 자극제로 여기지 않을 수 있다는 점이다(Tutiaux-Guillon 2006).

이와 관련된 문제는 역사 교육에서 사료가 가지는 불분명한 위상이다. 대부분의 교과서에서 모든 종류의 2차 자료, 즉 전문 역사가, 평론가, 그리고 언론인들이 과거를 보는 시각들도 사료에 포함시키기도 한다. 이것 자체가 문제는 아니다. 역사가는 그들이 과거에 관해 묻고 있는 질문이 무엇인지를 알아야만 사료가 무엇인지를 결정할 수 있다. 예컨대 네덜란드에서 자행된 집단학살에 대한 다양한 반응을 연구하는 사람에게 1970년대부터 역사가들이나 다큐멘터리 작가들이 진행한 연구들은 하나의 "사료"가 된다. 반면에 같은 연구물들이 2차 세계대전에 관한 사실적 자료를 수집하는 사람에게는 "2차 문서"가 되는 것이다. 그러나 문제가 되는 것은 모든 역사교과서에서 학생들은 역사적 질문과 상관없이 "역사적 비판정신"을 사료에 적용하도록 요구받고 있다는 사실이다. 놀랍게도, 이상적이고 "비판적인" 학생은 주로 판단하고 결정하는 역할을 잘하는 학생인 것으로 알려져 있다. 학생들이 어떤 사료가 어느 정도 믿을 만하고 얼마만큼 주관적인지를 판단할 줄 아는 능력을 배우는 것이 사료 학습에서 가장 중요한 것처럼 여겨진다. 여기에는 주관성subjectivity과 비신뢰성unreliability이 동의어라는 가정이 숨어 있다. 이런 관점은 모든 문서는 그것이 얼마나 주관적인가와 무관하게 그 자체가 어떤 의미를 만들어 내고 사회 문제를 보는 특정한 시각을 함축하고 있다는 사실을 간과하고 있는 것이다. 사회 문제를 보는 시각은 또한 그것을 탄생시키는 배경과 분리해서 생각할 수 없다. 그러나 사료를 비판적으로 다루는 방법을 배우는 것이 자칫하면 결과적으로는 역사적 인물들의 신뢰성을 떨어뜨리거나 혹은 반대로 외견상 사실처럼 보인다고 해서 특정 문서를 신뢰할 만한 문서로 만드는 것을 배우는 데 머무를 수도 있다. 교과서에 나오는 역사적 문서에 관해 문서가 만들어진 배경 지식을 제대로 제공하지 않는 좋지 않은 관행으로 인해 학생들에게 역사적으로 사고하는 방식을 가르치겠다고 하는 희망이 처음부터 허사로 돌아가게 되는 것이다. 게다가 문서나 이미지 사료의 언어학적 특성이나 배경을 설명하는 법을 배우는 것은 아주 긴 학습과정을 필요로 한다. 샘 와인버그Sam Wineberg가 잘 이야기했듯이, 역사 사료에 대한 평가방법을 배우는 학습 상황에서 학생들은 보통 배경 정보에 관심을 두려고 하지 않는 경향이 있다. 반면에 전문 역사학자들은 사료를 읽기 전에 이러한 배경 정보를 적극적으로 보려고 한다. 따라서 학생들은 실제로 역사적 사료의 관점성perspectivity(모든 역사사료는 어떤 관점에서 만들어졌다는 시각—옮긴이)을 적극적으로 활용하는 데 어려움을 겪게 된다. 역사학자들이 가장 풍부하다고 여기는 역사사료를 학생들은 아주 믿을 수 없는 자료로 격하시키는 경향이 있다. 학생들 입장에서 "권위의 근거"가 문서 안에 존재하는 반면, 역사가들에게 권위의 근거는 역사가들이 문서와 관련하여 묻는 질문 안에 존재하는 것이다(Wineberg 2001).

현대 역사 교육에서의 현재라는 시점의 강조와 그 결과로 나타나는 과거에 대한 평가적 접근으로 인해 과거에 대해 비역사적으로 이해하는 경향이 오히려 확대되고 있다. 교훈적 원리와 내용에 관한 전제들이 상호 강화 작용을 하는 것으로 보인다. 관용, 자유, 평등과 같은 현대적 규범들과 어울리지 않는 "잘못된" 과거는 공격의 대상이 되어야 하고, 그러기 위해서는 어린 학생들에게 이런 잘못된 과거가 문서로 잘 표현된 사료를 제공해 주는 것이 최선의 방법이다. 이것이 적어도 오늘날 일부 교과서를 뒷받침하는 논리로 보인다. 니콜 투티오-길론Nicole Tutiaux-Guillon의 연구가 보여주듯이 현재라고 하는 시점이 교실에서의 하루하루 수업에서 아주 잘 나타나고 있는데, 심지어는 앙시앵 레짐Ancien Régime(프랑스혁명 이전의 구체제—옮긴이)을 다루는 수업에서도 그렇다. 사회사는 현대사회에 기여하는 방식으로 가르쳐진다. "고대사회"는 일반적인 현대사회의 이상에 대한 부정적인 의미의 비교 대상으로 사용된다. 교실에서 학생들은 과거에 관해 아주 강하게 평가적인 방식으로 얘기를 해야 하고, 이런 분위기 속에서 현대라고 하는 시점에 의해 강하게 영향을 받는다(Tutiaux-Guillon 1998). '청년과 역사Youth and History'라는 대규모 유럽 지역 조사에 의하면 젊은 사람들은 과거의 상황에 대해 아주 쉽게 도덕적으로 판단을 하고 이 과정에서 주로 현대사회의 인권에 의지하게 되는데, 심지어는 판단 대상이 중세사회인 경우에도 그러하다(Körber & McAleavy 1998).

오늘날의 교과서를 간단히 살펴보기만 해도, 더 많은 양의 역사적 사료가 꼭 더 훌륭한 역사적 사고를 가져오지는 않는다는 다소 역설적인 결론을 쉽게 확인할 수 있다. 교과서들은 풀기 어려운 퍼즐처럼 이미지, 문서사료, 도표, 그리고 연표의 모음으로 제시된다. 다시 말하면, 교과서의 "학술적 성격 강화"는 지식에 대한 접근 가능성을 크게 방해하는 결과를 가져왔다. 간략한 설명문overview texts들이 아직도 책의 여백에 제시되고는 있지만 너무 간단하기 때문에 중요성이 떨어진다. 이런 종류의 하이퍼텍스트hyper-informative text(일반 문서에 정지된 그림이나 움직이는 그림과 소리 그리고 음악 등을 삽입하고, 하나의 문서 내에 관련되는 여러 문서를 연결시켜서 읽는 사람이 쉽게 원하는 문서를 참조할 수 있게 만든 문서―옮긴이)는 또한 읽은 즐거움을 크게 주는 것도 아니다. "백과사전주의encyclopaedicism"(백과사전처럼 다양하고 많은 지식의 제공을 중요하게 여기는 경향―옮긴이)에 빠지는 것을 피해야 한다는 생각 때문에 과거에 있었던 현상을 설명하는 데 도움을 줄 수 있는 자세한 사실들, 그리고 더 넓은 배경은 무시된다. 결론은 언제나 과거에 대한 정형화된 표현이 될 위험이 있다(Baquès 2006). 게다가 도입부 설명문은 많은 문서의 내용에 대한 안내문으로서의 역할을 하고, 그렇기 때문에 의도와는 달리 본문master text에 대한 보충자료 정도로 취급된다(Tutiaux-Guillon 2002). 간략설명문이 말 그대로 간략하기 때문에 역사를 다양성과 고유성이란 관점에서 묘사할 수 있는 여지가 거의 없다. 의문을 제기하거나 역사 해석에 제동을 걸 수 있는 여지도 물론 없다. 과거가 가지고 있는 다양성multiformity과 간혹은 완벽하게 이해하기는 힘든 특성impenetrability이, 거의 문맥도 없이 사료를 제시하고 그와 함께 간단한 요약문만 표시된 지금의 교과서 체제에서보다는 읽기 편하도록 훨씬 정교하게 서술된 교과서에서 더 잘 표현되지 않을까 하는 의문이 제기된다.

역사 교육을 현재의 규범에 맞추고자 하는 욕구와 학술적인 역사학을 발전시키고자 하는(현재라고 하는 시야로부터 역사를 떼어내려고 하는) 욕구 사이에 어떤 모순도 보이지 않는다는 것은 놀라운 일이다. 1990

년대부터 역사 교육에서 커지기 시작한, 역사가 지닌 "구성적인" 속성에 대한 관심에 입각해서 보면 이런 모순은 적어도 이론적으로는 해결되어야 한다. 예컨대 역사가 지닌 현대 지향적 성격이라는 것은 현대사회는 역사에 관한 다양한 이미지가 존재하고, 이들 사이에 상호 경쟁한다는 것을 인정하는 것으로부터 시작된다. 학생들에게 다양한 사회 집단들(혹은 역사가들)이 이런 다양한 관점을 어떻게 갖게 되는지를 보여주기 위해서 학문으로서의 역사학이 동원된다(Seixas 2000). 물론 사료는 여전히 사용된다. 그러나 목표가 이제는 더 이상 "사료들로부터" 과거를 추출하는 것이 아니고 학생들에게 사료가 어떻게 금광이 될 수 있는지, 그러나 동시에 덫이 될 수도 있는지, 사료를 해석하기 위해서는 얼마나 많은 배경을 이해하는 것이 필요한지, 그리고 올바른 질문을 하는 방법을 배우는 것이 얼마나 중요한지를 보여주는 것이다. 그런 접근방법은 분명히 많은 시간을 요구하고 몇 주 안에 그것을 깊이 있게 익히는 것은 불가능할 것이다. 과거를 보는 다양한 관점을 보여주는 이야기식의 역사와 결합된다면 미래에 대비한 좀 더 희망적인 방안이 될 수도 있다.

결론

지난 수십 년 동안 진행되어 온 역사 교육의 교수화didacticisation 경향에 대한 지금까지의 문제 제기는 조국의 영광스러운 이야기로서의 역사로 "되돌아가거나" 아니면 그런 역사를 새로 만들어 내자는 주장을 하고 있는 것인가? 역사가로서 역사는 하나의 끝이 없는 의미부여 과정이라고 확신하는 누구라도 교육을 위해 어떤 하나의 고정된 규범canon이 있어야 한다는 것을 지지할 수는 없을 것이다. 그 규범이 국가주의적인 것이든 아니면 세계주의적인 것이든 마찬가지다. 그러나 네덜란드 역사학자 애리 윌셔트Arie Wilschut가 표현했듯이, "요구에 따라 이용할 수 있는available on demand", 지식의 방향을 제시하는 틀은 분명히 유용한 교수적 도구임에 틀림없다. 그것을 이용해 학생들은 교실에서 이해를 얻고 의미를 부여하는 것이 가능하다(Wilschut, Van Straaten & Van Riessen 2004). 덧붙여 말하면 지난 20년 동안 벨기에 역사 교육에서 그러한 준거틀의 적합성에 관한 토론이 더 이상 없었다. 지식의 방향을 제시하는 틀의 내용은 어떤 특정의 "규범화canonizing" 위원회에 의해 결정되지 않는 것이 더 좋을 것이며, (벨기에처럼 중앙관리시험이 없는 나라에서는 특히) 개별 교사들의 지혜에 맡겨져야 한다. 물론 실제로는 교과서가 아주 중요하게 규범을 제시하는 역할을 하고 있다. 이론적으로 교사는 준거틀을 실제 학습 내용에 맞출 수 있는데, 학습 내용은 또한 이상적으로 보면, 교실 현장에서 학생 집단이 지닌 태도나 특징에 의해 결정되어야 할 것이다.

이런 학습의 내용이 또한 "세계사"와 일치해야 하느냐 하는 것은 더 어려운 질문이다. 21세기 접어들어서 세계화를 지향한 역사 서술에 대해 합리적인 비판이 제기된 적은 별로 없었다. 그러나 철저하게 구성되고 아주 강하게 사회경제학적 경향을 띠고 있는 세계사 프로그램을 볼 때마다 문화사 전공자로서 그리고 역사 교수법 관찰자로서 나의 마음은 편하지 않다. 그들 또한 역사에서 현재의 시점이 중요하다는 생각에 사로잡혀 있는 듯하다. 지지자들의 주장은 아주 명료하다. "세계화된 경제 속에서 시민정신을 준비해야 하는 학생들은 현대세계에서 작동하고 있는 역사적 진실에 대한 이해를 해야 한다"(Roupp 2005). 이런 방향의 세계사 프로그램이 폭넓은 지식을 제공한다는 점에서는 장점이 있다는 것을 부인할 수 없다. 그러나 그 대신 지식의 깊이에서는 손해를 감수해야 할 뿐 아니라 역사를 재미있고 매력적으로 만드는 데 있어서도 손실이 불가피해 보인다. 역사란 개인에 관한, 개인과 그를 둘러싼 환경 사이의 상호관계에 관한 이야기이자 개인과 집단이 자신의 존재에 의미를 부여하는 방식에 관한 이야기다. 그리고 오늘날의 역사에 의미를 부여하는 난관에 관한 다양한 이야기들이기 때문이다.

분명히 말하지만 이런 주장을 한다고 해서 내가 역사 교육이 가까운 지역적 배경 너머 먼 곳을 쳐다보아서는 안 된다고 주장하는 것은 아니다. 모든 학생들이 평등한 방식으로 수업에 참여한다는 것을 전제로 한다면, 다문화사회에서 역사도 다문화적인 무엇이 되지 않을 수는 없다. 학생들의 다양성으로 인해 역사 교육의 내용과 관련해 역사 교사들의 역할은 더욱 어려워지고 있다. 동시에 그것은 과거를 보고 이해하는 상이하고 경쟁적인 접근방법에 관한 토론을 가능하게 만들기도 한다. 원칙적으로는 외국에서 태어난 학생들이 소중히 여기는 그들만의 "사적인private" 역사가 다양한 역사인식과 "미세이론mini-theories"의 사례로서 교실에서 소개되고 토론될 수도 있다. 사실 모든 어린 학생들은 이런 사례를 하나씩 가지고 수업에 참여한다고 볼 수 있다.[3] 다양한 문화를 비슷하게 정리하여 보여주는 세계사와는 대조적으로 이런 종류의 역사는 문화가 갖는, 충돌하고 부딪히는 특성을 잘 드러낼 수 있다. 도전이 작지는 않겠지만 학생들뿐 아니라 역사 과목 자체도 이런 방식에 큰 도움을 받게 된다고 믿는다.

---

[3] 다문화 환경에서의 "사적인" 역사에 관해서는 Seixas(1993)를 참고하라. 학생들이 학급에 가져오는 많은 미세이론에 관해서는 Husbands(1996, 73~87)를 보라.

● 참고문헌

Albicher, A. (2005). *Verleden in de ban van het heden*. Over de valkuilen van het Vlaams geschiedenisonderwijs. *Kleio. Tijdschrift van de Vereniging van Docenten in Geschiedenis en Staatsinrichting in Nederland, 46*(6), 8~11.

Baquès, M. C. (2006). L' enseignement de l' histoire en France: Du côté de la noosphère. In E. Erdmann, R. Maier, & S. Popp (Eds.), *Geschchtsunterricht international/Worldwide Teaching of History/L' enseignement de l histoire dans le monde*(pp. 15~34), Hannover, Germany: Verlag Hahnsche Buchhandlung.

Barton, K. C. (2001). History education and national identity in Northern Ireland and the United States: Differing priorities. *Theory into Practice, 40*, 48~55.

Bauvois−Cauchepin, J. (2002). *Enseignement de l histoire et mythologie nationale. Allemagne−France du début du XXe siècle aus années 1950.* Bern, Swtzerland: Peter Lang.

Beyen, M. (2002). *Oorlog & Verleden, Nationale geschiedenis in België en Nederland, 1938~1947.* Amsterdam: Amsterdam University Press.

Carretero, M. & Jacott, L., & López−Manjón. A, (2002). Learning history through textbooks: Are Mexican and Spanish students taught the same story? *Learning and Instruction, 12*, 651~665.

De Baets, A. (1994). *De figuranten van de geschiedenis. Hoe het verleden van andere culturen wordt verbeeld en in herinnering gebracht.* Berchem, Belgium: Epo.

Depaepe, M., De Vroede, M., & Simon, F. (1992). L' implantation des innovations pédagogiques: le cas du Plan d' Etudes de 1936. In R. Poupart (Ed.), *François Bovesse et l Education* (pp. 37~57). Mons, Belgium: Universtié de Mons−Hainaut.

De Schryver, R. (2002). Nederlandstalige schoolboekjes. Over vaderlandse geschiedenis in het jonge België. In R. Bauer, M. De Smet, B. Meijns, & P. Trio (Eds.), *In de voetsporen van Jcob van Maerlant. Liber amicorum Raf De Keyver. Verzmeling opstellen over middeleeuwse geschiedenis en geschiedenisdidactiek* (pp. 466~476). Leuven, Belgium: Leuven University Press.

D'hoker, M. & Hekens, B. (2002). Geschiedeis als algemene–vormingscomponent in het technisch oderwijs, ca. 1830–2000. In R. Bauer, .De Smet, B. meijns, & P. Trio (Eds.), *In de voetsporen van Jcob van Maerlant. Liber amicorum Raf De Keyver. Verzmeling opstellen over middeleeuwse geschiedenis en geschiedenisdidactiek* (pp. 477~504). Leuven, Belgium: Leuven University Press.

Dickinson, A. K., Gard, A., & Lee P. J. (1978). Evidence in history and the classroom. In A. K. Dickinson & P. J. Lee (Eds.), *History teaching and historical understanding* (pp. 1~20). London: Heinemann.

Georges, J., & Jadoulle, J. L. (Eds.). (2005~2007). *Construire l histoire* (Vols. 1~3). Namur: Didier Hatier.

Goegebeur, W., & Vielfont P., & Gijsenbergh, M. (2007). Geen canon voor het Vlaams Geschiedenisonderwijs, wel een referentiekader. Maar welk referentiekader ······? In L. van Looy, M. Coninx & K. Lochtman (Eds.), *Onderwijsonderzoek: redelijk engenzinnig*?! (pp. 87~123). Brussels, Belgium: VUB Press.

Hoebanx, J. J. (1982). L'histoire de Belgique dans quelques manuels scolaires. In H. Hasquin (Ed.), *Histoire et historiens depuis 1830 en Belgique* (pp. 61~80). Brussels, Belgium: Université libre de Bruxelles(*Revue de l Université de Bruxelles, nr.* 1/2).

Hogge, T. (1994). Des Wallons sans histoire? Le passé belge conçu par les manuels d' histoire de l'enseigement primaire avant 1914. In L. Courtois & J. Pirotte (Eds.), *L' imaginaire wallon. Jalons pour une identité qui se construit* (pp. 53~68). Louvain–la–Neuve, Belgium: Fondation Wallonne Pierre–Marie et Jean–François Humblet.

Husbands, C. (1996). *What is history teaching? Language, ideas and meaning in learning about the past.* Philadelphia: Open University Press.

Jadoulle, J. L. (2001). Enseignement de l'histoire et enraciement wallon. In L. Courtois & M. D. Zachary (Eds.), *Enseigner la Wallonie et l Europe. Pour une éducation citoyenne.*

Ouvrge publié en l honneur de Jean−Emile Humblet pour ses 80 ans (pp. 95~108). Louvain−la−Neuve, Belgium: Fondation wallonne Pierre−Marie et Jean−François Humblet.

Jadoulle, J. L. (2004). Apprendre l'histoire à l'heure des compétences. Regard sur l' enseignement de l'histoire en Communauté française de Belgique. *Le Cartable de Clio. Revue Romande et Tessinoise sur les Didactiques de l histoire*, 4, 209~221.

Körber, A., & McAleavy T. (1998). Can our pupils fit into the shoes of someone else? In J. van der Leeuw−Roord (Ed.), *The state of history education in Europe. Challenges ad implications of the "Youth and History" survey* (pp. 123~142). Hamburg, Germany: Körber Stiftung.

Phillips, R., & Goalen, P., & McCully A., & Wood, S. (1999). Four histories, one nation? History teaching nation, nationhood & a British identity. *Compare, 29, 153~169*.

Roupp, H. (2005). World history in the classroom. *International Society for History didactics. Yearbook*, 17~24.

Seixas, P. (1993). Historical understanding among adolescents in a multicultural setting. *Curriculum Inquiry, 23*, 301~327.

Seixas, P. (2000). Schweigen! Die Kinder! Or, does postmodern history have a place in the schools?. In P. N. Stearns, P. Seixas, & S. Wineburg (Eds.), *Knowing, teaching, and learning history: national and international perspectives* (pp. 19~37). New York: New York University Press.

Toebes, J. (2001). Deugd en beschaving. De Oudheid in 19e−eeuwse schoolboeken. *Tijdschrift voor Geschiedenis*, 114, 515~537.

Tutiaux−Guillon, N. (1998). *L' enseigement et la compréhension de l histoire sociale au collège et au lycée. L' exemple de la société d Ancien Régime et de la société du XIXe siècle*. Villeneuve d'Ascq, France: Presses Universitaires du Septentrion.

Tutiaux−Guillon, N. (2002). Histoire et mémoire, questns à l'histoire scolaire ordinaire.

Le Cartable de Clio. Revue Romande et Tessiniose sur les Didactiques de l Histoire, 2, 89~96.

Tutiaux-Guillon, N. (2006). L' enseignement de l' histoire en France: Les pratiques de classe. In E. Erdmann, R. Maire, S. Popp (Eds.), *Geschichtsunterricht international/ Worldwide Teaching of History/L' enseigement de l histoire dans le monde* (pp. 301~322). Hannover, Germany: Verlag Hahnsche Buchhandlung.

Van ekert, M. (2007). *De eeuw van het geschiedenisonderwijs. Geschiedensionderwijs in het officieel middelbaar onderwijs in België* (1830~1914). Unpublished masters thesis, University of Antwerp, Belgium.

Wilschut, A., Van Straaten, D., & Van Riessen, M. (2004). *Geschiedenisdidactiek. Handbook voor de vakdocent.* Bussum, The Netherlands: Coutinho.

Wineburg, S. (2001). On the reading of historical texts. Notes on the breach between school and academy. In Idem (Ed.), *Historical thinking and other unnatural acts. Charting the future of teaching the past* (pp. 63~88). Philadelphia: Temple University Press.

3

미국 역사 교육과정의 세계화: 국가/민족주의로부터 세계주의로

_ 린다 심콕스Linda Symcox

미국 California State University at Long Beach 교육학 교수. 미국 국가 역사 표준 프로젝트 참여. *Whose history? The struggle for National Standards in American Classrooms*(2002)의 서사.

이 장에서는 미국의 국가주의적 교육과정의 배후에서 작용하는 전통적인 요소들을 분석한다. 이런 요소들은 점차 심화되어 온 신자유주의적 경향의 경제 및 교육 논의에서 아주 주요한 요소로서 지난 30여 년 동안 꾸준히 강화되어 왔다. 국가중심적 교육과정에 대한 하나의 대안으로서 저자는 세계주의적 교육과정 틀을 제안한다. 이 교육과정에서 학생들은 자신이 동시에 가족, 이익 공동체, 지방, 국가나 민족, 지구, 그리고 생태계의 시민이며 구성원이 되게 된다. 이런 식으로 학생들은 스스로 여러 수준의 공동체의 참여자가 되고, 중첩되는 권리와 의무를 지니게 된다. 삶의 터전인 지역과 국가에 대한 변함없는 애착과 적절하게 균형을 이루고 있는 이런 세계주의적 교육과정은 사회정의에 대한 세계주의적 개념에 기초하고 있다.

서론

이 장의 목적은 두 가지다. (1) 미국에서 역사 교육과정이 처한 상황을 분석하고자 한다. 국가주의적 경향을 더욱 강화하라는 끊임없는 압력과 좀 더 세계주의적 형태의 교육과정을 지향한 새로운 경향을 서로 비교하고자 하는 것이다. 그리고 (2) 탈국가화하고 있는 세계에서 역사 교육을 위한 세계주의적 틀을 구성하기 위해 하나의 대안을 제시하고자 한다. 지난 30년 동안 좀 더 세계주의적 역사 교육경향은 전통적인 국가중심적 교육과정과 어깨를 나란히 하며 미국 학교에서 나름 지반을 넓혀 왔다. 그것이 가능했던 것은 학문 분과로서 세계사의 발전이 있었기 때문이었다(이 책의 4장에서 이 분야의 선구자라고 할 수 있는 로스 던에 의해 잘 기술되어 있다). 물론 국가주의적 역사 교육과정과 세계주의적 역사 교육과정 중 어느 것을 가르칠 것이냐 하는 문제는 미국에만 특수한 것은 아니다. 이러한 문제는 발전된 국가 어디에서나 다양한 형태로 제기되고 있다. 그러나 미국에서는 2001년 9월 11일 세계무역센터 공격으로 인해 애국열의 고삐가 풀리면서 이 주제에 관한 토론에서 새로운 전기가 마련되었다. 이처럼 고조된 정치 환경 속에서 토론은 잠시 얼어붙었고, 새로 등장하고 있던 세계주의적 교육과정에 대한 주장들은 무대 뒤로 사라졌다. 부통령 딕 체니Dick Cheney의 부인인 린 체니Lynne Cheney가 이끄는 일단의 보수적 인사들이 외쳐 댄 좀 더 애국주의적이고 유산 기반적인 교육과정에 대한 새로운 요구들 때문이었다(American Council of Trustees & Alumni 2001; Cheney 2001). 이러한 요구의 근원은 1960년대 중반 이래 뚜렷한 형태를 띠기 시작한 자유주의적이고 다문화주의적 교육과정에 대한 저항으로서, 1980년대와 1990년대에 등장한 "문화전쟁" 기간에 고조되었던 캠페인으로까지 거슬러 올라갈 수 있다. 보수적 교육자들은 새로운 교육과정이 학생들의 애국심을 훼손하고 전통적으로 미국 사회를 결속시켜 온 문화적 연대감을 와해시킨다고 비판했다(Bennett 1994;

Bloom 1987; Cheney 1987; Hirsch 1987; Ravitch & Finn 1987). 9·11로 촉발된 애국적 감정은 보수주의자들의 주장에 활력을 불어 넣었고 지난 20~30년 동안 세를 얻어 가고 있던 세계주의적 교육과정을 지지하는 움직임을 잠정적으로 중단시켰다.

따라서 지금 내가 호소하고자 하는 문제는 바로 어떻게 하면 세계주의적 역사 교육과정을 향한 움직임을 활성화시킬 것이냐 하는 것이다. 왜냐하면 나는 우리가 살고 있는, 세계화되고 탈국가주의화된 세계에서는 그러한 교육과정이 필요하다고 믿기 때문이다. 이와 관련된 문제들을 잘 이해하기 위해서 우선 미국의 국가주의와 그것이 만들어 낸 교육과정과 다른 서유럽 국가들의 국가주의적 동향과 국가주의적 역사 교육과정을 비교하고자 한다. 그런 다음에는 미국에서 교육정책이 어떻게 형성되는지를 살펴보고, 이어서 교육과정을 만들기 위해 힘을 합치고—때로 경쟁하는—많은 형식적·비형식적 제도들을 설명할 것이다. 마지막으로 미국의 학교 교육에서 사용될 세계주의적 역사 교육과정의 바람직한 방향을 모색해 볼 것이다. 이미 이론화된 결과 위에 새로운 이론을 구축하고, 나아가 바람직한 미래 발전방향을 제시하기 위해서 일찍이 18세기로부터의 전례들을 먼저 회고할 것이다. 그리고 사회정의라는 주제에 특별한 주의를 기울이려고 한다. 어떤 세계주의적 교육 의제도 반드시 사회정의에 관한 세계적 관점에 기초해야 한다고 믿기 때문이다(Habermas 1998; Nussbaum 1994, 1996, 2006; Parker 2007).

미국의 국가주의와 역사 분야 국가 교육과정 논쟁

미국의 국가주의는 다른 서유럽 국가들의 국가주의와는 근본적으로 다르다. 그것은 아주 다른 경로를 밟은 미국식 국가 형성nation building 의 산물이다. 미국의 국가 형성은 현재 유럽 국가들을 특징짓는 지역 차이의 여지를 거의 없애 버리고, 유럽 민족국가들과는 전혀 다른 정치문화를 창조했다. 미국의 국민은 처음부터 지리적인 고립과 경제적인 자급으로부터 출발하였다. 독립 후 불과 100년 안팎의, 새로운 나라가 만들어지기에는 너무나 빠른 속도로, 그리고 그 과정 초기의 매스컴과 대중교통의 발전은 이질적 이민 집단의 대량유입에도 불구하고 높은 수준의 문화적 동질성을 가져왔다. 이런 요인들이 초기 식민지 주민들이 살던 시대 이래 국민정서 속에 들어 있는 예외주의 exceptionalism(다른 나라나 민족과는 다르다는 미국인들 고유의 우월의식— 옮긴이)를 강화했다. 초기 식민지 주민들은 스스로 나머지 인류를 위한 등대로서 봉사하기 위해 "언덕 위에 도시"를 세우라는 신성한 섭리에 의해 선택되었다고 믿었다.

미국의 발전하는 국민의식은 외부의 적으로부터 큰 도전을 받지 않은 채 성장해 왔다. 2001년 9월 11일 이전에 미국은 1812년에 외세인 영국에 의해 딱 한 번 공격을 받았을 뿐이었다. 미국은 자기 땅에서 단 한 번 남북전쟁(1861~65) 동안에 전쟁의 공포와 파괴를 경험했다. 이 전쟁과 무관한 서부 개척지에서의 원주민과의 전쟁을 제외하고 미국이 참전한 전쟁들은 모두 외국 땅에서 이루어졌고 이런 전쟁들은 (베트남전쟁만을 예외로 하고) 모두 미국의 승리로 끝났다. 20세기에 미국은 두 차례의 세계대전에서 진정한 승리자가 되었고 이어진 냉전에서도 승리했다. 이런 연이은 승리는 미국의 아주 강한 국가주의적 감정을 강화했다. 서유럽에서는 두 차례의 파괴적인 세계대전 이후에 국가주의가 위축되어 가고 있는 상황이었다. 2차 세계대전 이후에 대부분의 미국인들에게 20세기는 보수주의 언론인 헨리 루스Henry Luce가 예언했듯이 "미국의 세기"가 된 것이 분명해 보였다(Herzstein 1941). 냉전에서의 승리 이후에 그의 이 표현이 일명 "새로운 미국의 세기 프로젝트Project for the New American Century"를 만든 신보수주의자들에 의해 다시 제창되었다. 그들은 세계적 문제에 있어서 미국의 부드럽고 (그러나 미국에 이익이 되는) 주도적인 역할을 강조했고, 이런 이념적 지향은 국내 정치에도 적용되었을 뿐 아니라 역사 교육에 관한 오랜 논쟁에도 영향을 미쳤다(Kagan 2003; Kristol & Kagan 1997).[1]

그러나 1989년 냉전 종식 이후에는 조금은 다른, 이른바 세계주의적 경향이 등장했다. 냉전 종식은 미국이 진정으로 세계주의적인 "새로운 세계질서"를 창조하는 지도적 역할을 할 수 있을 것이라는 전망을 낳았다. 미국이 "유일 강대국"이라는 신보수주의 관점은 새로운 국제협력 시대를 이끄는 미국이라는 상반되는 관점에 의해 균형을 이루게 되었다. 경제적인 의미에서뿐 아니라 문화적인 의미에서 세계화 globalization라는 새로운 용어가 정치 용어 목록에 등장했다. 그 지지자들은 미국의 "부드러운 힘"—대중문화와 민주주의 제도의 세계적 영

---

[1] 로버트 캐건Robert Kagan이 이런 느낌을 표현한 대표적 인물이다. 그에 따르면 유럽 사람들은 "영구적 평화"라고 하는 칸트의 용어로 사고를 하는 반면 미국인들은 홉스식(보편적 평화보다는 자국의 이익만을 추구하는—옮긴이)으로 사고하기 때문이다.

향력—을 군사력이라고 하는 "딱딱한 힘"보다 더 효과적인 정책 수단이라고 칭송했다. 새로 등장하는 세계 공동체의 지도자로서의 미국의 잠재적 역할이라고 하는 새로운 느낌으로부터 세계주의cosmopolitanism가 나타났고, 이런 흐름은 1990년대를 통해 미국의 학교와 대학에서 세계사 교육을 향한 끊임없는 움직임 속에 반영되었다. 미국 역사 교육과정을 보충함으로써 미국 밖의 세계에 대한 내용을 확대하고, 세계 속에 미국을 위치지우기 위한 교육과정 개혁이 이루어졌다. 출판업자들은 증대하는 요구에 부응하기 위해 새로운 세계사 교과서를 서둘러 생산했다(Bender 2000). 그런 상황에서 9·11이 닥쳤다. 그것은 "모든 것을 바꾸었다." 세계주의는 아마도 그날의 첫 번째 희생자였을 것이다. 세계주의는 "문명의 충돌"이라는 논리에 밀려 공적 담화public discourse에서 사라졌다(Huntington 1996, 2004; Kagan 2003).

반면, 유럽에서 국가주의는 반대방향으로 전개되었다. 두 차례 세계대전으로 그들은 국가주의의 대가가 공포스러울 정도로 큰 규모의 살육과 파괴라는 것을 배웠다. 그래서 그들은 국가주의적 열정이 지닌 위험한 독이빨을 제거하기 위한 협약에 착수했다. 1951년 '독불 석탄과 철 공동체Franco-German Coal and Steel Community' 형성을 시작으로, 1958년 공동시장Common Market, 그리고 결국 1993년 유럽연합EU에 이르게 되었다. 그렇지만 유럽에서 모든 것이 다 정리된 것은 아니다. 마스트리히 조약Maastricht Treaty(1992년 네덜란드 마스트리히에서 체결된 유럽연합조약Treaty on European Union의 별칭—옮긴이)의 이행 실패, 제안된 유럽헌법에 대한 여러 회원국의 거부, 그리고 여러 구소련 국가들의 회원 가입으로 야기된 최근의 긴장과 갈등이 보여주듯이 아직도 갈 길은 멀어 보인다. 유럽연합은 의심할 여지없이 회원국 시민들을 번영하게 했지만, 강하고 중요한 정치제도를 건설하는 데는 실패했다. 유럽연합은 아직도 실제로는 드골De Gaulle이 말한 "조국의 유럽Europe des Patries"(Europe des Patries는 프랑스의 드골이 주장한 개념으로 유럽의 각 국가가 독자적 권위를 유지한 채 공동체를 구성하자는 주장. 영국의 대처도 같은 의견이었음—옮긴이)에 머물러 있었다. 그럼에도 불구하고 초국가적 공동체의 건설은 20세기 전반에 유럽을 유린한 치명적인 국가주의를 추방했다. 유럽에서의 국가주의의 약화와 미국에서의 국가주의의 지속이라는 차이는 아주 큰 것이고, 이 차이는 국가 주도의 역사 교육과정에 대한 토론에도 영향을 미치고 있다.

이 책의 여러 필자들이 거론하고 있듯이 국사를 어떻게 가르칠 것인가라는 질문이 서유럽에서는 다양한 답을 이끌어 낼 수 있다. 예컨대 2장 카트 윌스의 벨기에에 관한 글, 그리고 애리 월셔트의 네덜란드에 관한 7장을 보라. 조크 반 델 리우–루드가 쓴 5장 유럽역사교사 모임EUROCLIO에 관한 글에서는 유럽연합에서의 경향을 추적하고 있는데 유럽연합이 팽창함에 따라 계속적인 변화가 예상된다. 이런 논쟁들은 1990년대 중반에 국가 역사 표준National History Standards을 둘러싸고 미국에서 전개되었던, 그리고 오늘날에도 그 여운이 남아 있는 격렬한 논쟁에 필적한다고 생각한다. 이 논쟁의 핵심은 학교에서 가르쳐지는 역사에서 애국적 가치가 차지하는 위상이었다. 사실 여기서 말하는 애국적 가치란 추정되는 가치일 뿐 실제로 규정되기는 어려운 것이다. 미국에서 국가 역사 표준은 1989년에 국가인문학기금NEH(National Endowment for the Humanities)을 이끌고 있던 린 체니

Lynne Cheney에 의해 보수적 교육개혁 프로젝트의 하나로 설계되었다 (Nash, Dunn & Crabtree 1997; Symcox 2002). 교육과정에 대한 결정은 연방정부가 아니라 각 주정부의 책임이었기 때문에 국가 역사 표준은 구속력 있는 문서가 아니라 단지 전국의 학교에서 역사 교육을 위해 제안된 하나의 청사진으로 역할할 것으로 의도되었다. 그러나 국가 역사 표준은 체니가 의도했던 대로 되지 않았다. 왜냐하면 그것의 초안 작업은 대학교수와 교사들로 이루어진 팀이 맡았고, 그들은 최근의 미국 사회 및 문화사 분야에서의 업적 혹은 보도 폰 보리스Bodo von Borries가 이 책의 11장에서 서술하고 있는 "인류학적 역사"에서의 연구에 기초해서 문서를 만들었기 때문이다. 이것은 결코 체니가 예상했던 국가의 영광스런 과거를 기념하는 서술celebratory narrative은 아니었기에, 1994년 10월 문서의 간행과 동시에 체니는 국가 역사 표준에 대해 애국적 가치를 지지하는 데 실패했고, 너무나도 많은 공간을 여성, 소수자, 그리고 빈곤계층의 역사에 할애했으며, 미국의 역사에 대한 그들의 해석에 "어둡고 우울함"이 가득하다는 이유로 공격을 시작했다(Cheney 1994). 그녀의 공격 시점은 우연이 아니었다. 미국 정치에서의 크나큰 변화와 일치했다. 공화당은 1994년 11월의 놀랄 만한 선거 승리를 앞두고 있었다. 체니는 자신이 강력한 보수의 물결을 타고 있다는 것을 알았고, 그것을 최대한 이용했다. 1995년 1월 미국 상원은 99대 1로 국가 역사 표준을 비난했다. 보수적 논객들과 교육 전문가들은(대부분 읽어보지도 않고) 차례로 국가 역사 표준을 비난하는 데 혈안이 되었다. 국가 역사 교육과정을 위한 새로운 표준은 보수진영의 잘 짜인 비판운동에 의해 좌초하고 말았다. 보수주의자들의 이른바 "자유주의적" 편견 때문이었다(Nash, Crabtree & Dunn, 1997; Symcox 2002).

여기서는 체니의 국가 역사 표준에 대한 공격이 미국에서 교육정책이 만들어지고 교육과정이 만들어지는 과정과 얼마나 잘 맞아떨어지는지를 설명하려고 한다. 국가 역사 표준의 초기 발의는 NEH로부터 나왔는데 NEH는 그 명칭이 의미하듯이 K-12(유치원에서 12학년까지-옮긴이) 학교 교육정책에 대해서는 관심이 없었고, 주로 학술 연구를 후원하는 데 관심이 있던 단체였다. 1989년 체니는 이 단체의 장이라는 지위를 이용해 국가 역사 표준 프로젝트를 만들고 기금을 모았는데, 그녀는 다이앤 래비치Diane Ravitch, 체스터 핀Chester Finn, 에릭 허쉬Eric D. Hirsch, 디네쉬 드수자Dinesh D'Souza, 그리고 해롤드 블룸Harold Bloom 같은 보수적 교육전문가 집단에 의해 지지를 받는 그런 종류의 교육과정 개혁을 염두에 두고 있었다. 그들은 1980년대에 미국 학교의 "실패"를 비판함으로써 이름을 떨쳤던 인물들이었다. 이 프로젝트는 따라서 교육정책 결정의 정상적 궤도 밖에서 체니의 아주 개인적인 주도 하에 자기가 지지하는 특정 압력단체의 목표를 지지하기 위해 출범되었던 것이다. 체니의 동지인, 당시 연방 교육부 차관이었던 다이앤 래비치도 이 프로젝트에 공동기금을 내놓았다. 이 프로젝트는 처음부터 미국에서 교육정책이 만들어지는 정상적인 절차를 무시했다.

교육정책과 교육과정에 대한 궁극적인 권위는 개별 주에 주어졌지 연방정부에 있지는 않으며, NEH나 교육부는 연방정부의 부서이거나 소속 단체였다. 연방정부 수준에서 의회는 입법적 권위를 통해, 그리고 예산에 대한 권한을 가지고 정책을 만든다. 2001년에 "낙제학생방지법NCLB(No Child Left Behind Act)"을 통과시켰던 것이 그 예다. 비록 미국의 교육부가 최소한의 예산(연방정부가 학교 예산 전체의 7퍼센트 정도를 차지)을 가지고 정책을 지도하고 영향을 미치기는 하지만 미국 연방헌법은 학교 교육에 대한 최종 권한은 50개의 주정부에 부여하고 있다. 교육정책과 교육과정에 대한 결정은 지역 수준에서 만들어진다. 왜냐하면 각 주에서는 지역 학교위원회school boards(미국 전체에 약 1만 6,000개 정도)가 교육과정을 설계하고 교과서를 선정하는 폭넓은 재량권을 향유하고 있기 때문이다. 물론 주정부가 미리 세워 놓은 대체적인 한도 이내에서의 재량권이다. 이 재량권이 어느 정도 범위에 이르는지를 보여주는 극단적인 사례가 최근에 있었던 펜실베이니아 주 도버Dover의 학교위원회 사례다. 이 학교위원회의 다수를 차지하고 있던 근본주의 기독교도들이 교실에서 진화론을 보완하기 위해서 ─실제로는 대체하기 위해서─이른바 "지적 설계론intelligent design" (생명체의 구조나 정보가 누군가에 의해 설계되었다는 주장─옮긴이)을 가르쳐야 한다고 요구하기에 이르렀다(Humes 2007).

이것이 미국에서 교육정책의 방향을 결정하는 공식적이고 제도적인 구조다. 그렇지만 많은 비공식적인 주체들 또한 정책 결정과 교육과정 디자인에 깊은 영향을 미친다. 첫 번째로는 각 주, 특히 텍사스, 캘리포니아, 그리고 뉴욕과 같은 규모가 큰 주의 교육 관료들과 긴밀한 관계를 설정하고 있는 교과서 출판사를 지적하고자 한다. 이들 출판사들은 이렇게 큰 주가 자기들의 교과서를 채택하도록 하기 위해서 교과서 내용을 각 주의 교육과정 구조에 맞춘다. 그러면 작은 주들은 따라해야만 한다. 그래서 비록 이들 민간 회사들이 공식적인 관계는 맺지 않고 있고 정치적으로 책임도 없지만 교과서 시장의 힘을 통해 교육과정 설계에 폭넓은 영향력을 행사하는 것이다. 이와 유사하게, 학업성취도 검사와 대학 입학시험을 관리하는 회사들, 예컨대 교육평가원ETS(Educational Testing Service)과 몇몇 대형 교과서 출판사들은 국가적 수준에서 교육과정 설계에 폭넓은 비공식적 권위를 지니고 있다. 왜냐하면 그들이 만드는 기준은 국가 전체적으로 표준이 되기 때문이다. 그들 역시 민간, 비영리기업으로서 정치적 책임을 지지 않는다(Lehman 1999).

우리가 교육사업business of education이라고 부를 수 있는 부문에 관련된 이러한 수십억 달러짜리 사업 네트워크 이외에 지난 30년간 교육정책 결정에 광범위한 영향력을 행사해 온 또 다른 주체들이 있다. 집필가, 지식인, 텔레비전 방송인, 비평가들인 이들은 대체로 정치적 성향이 아주 보수적이다. 이들은 미국의 대학에서 입지를 굳히고 있던 1960년대의 자유주의에 대해 비판을 쏟아 냈던 장본인들이다. 보수주의자들은 점차 학계로부터 배제되고, 인문학과 사회과학의 다양한 분야에 스며들어 있는 가치들로부터 소외되었기 때문에, 자신들의 생각이 알려질 수 있는 새로운 기반을 만들기 시작했다. 보수적인 교육이론가들은 한편에서는 올린Olin 가문(1938년 대표적 보수 재단인 올린 재단Olin Foundation을 세운 프랭클린 올린Franklin W. Olin 가문—옮긴이), 혹은 헤리티지 재단Heritage Foundation(맥주업자 조셉 쿠어스Joseph Coors가 세운 보수 재단—옮긴이)이나 미국기업연구소American Enterprise Institute(체니가 NEH를 떠난 후에 활동을 하고 있는 본거지. 1943년에 설립된 보수적 성격의 싱크탱크-옮긴이)와 같은 부유한 민간 기부단체들로부터 경제적인 후원을 받고, 다른 한편에서는 레이건 행정부의 지지를 받음으로써 이들의 시끄럽고 효과적인 로비가 1980년대의 교육 논쟁에서 우위를 점령했고 이후 계속해서 그 분위기를 이끌어오고 있다. 1991년에 역사 분야 국가 표준을 만들기 위한 린 체니의 배후에서 지적인 자극을 제공했던 것은 바로 이들 보수적 성향을 지닌 단체와 전문가 집단이었고, 3년 후에 국가 역사 표준의 출판을 맞아 그녀와 함께 비난의 합창을 했던 것도 바로 그들이었다(Spring 1997, 1998; Symcox 1997, 2002, 2006).

역사 표준을 둘러싼 광분은 애국적인 역사를 지지하는 자들의 승리였다. 그들의 눈에 역사 표준은 미합중국 창시자들로부터 미국이 세계인들의 부러움을 사는 민주적 제도로 초강대국으로 등장하는 20세기의 영광에 이르기까지의 상향적 진보upward progress와 민주적 발전을 이야기해야만 했는데 그렇지 못했다. 역사 표준에 대한 잘 조율된 거부운동은 하나의 정치적 이정표가 되었다. 당시 클린턴Clinton 행정부에 적대적이면서 냉전에서의 승리 이후 무소불위의 미국의 힘을 느끼며 들떠 있었던 새로 등장한 신보수주의자와 신자유주의자 세대의 합세와 함께 역사 표준에 대한 토론에서 보수적 진영의 지적 우세가 강화되었다. 그들의 승리는 역사 표준에 대한 논쟁을 끝냈다. 많은 주와 교육구에서 세계사 과목을 계속해서 아주 조금씩 채택하는 것을 제외하고는, 애국주의를 약화시키고 세계주의를 조금이라도 확대하는 방향에서 교육과정을 조정하기 위한 어떤 노력도 이루어지지 않았다.

애국적인 미국의 역사 교육과정

린 체니가 국가 역사 표준에 대한 공격을 시작한 지 이제 14년이 경과했다. 교육과정에 대한 이전의 많은 공격과 마찬가지로 체니의 비난과 이것이 몰고 온 애국적 반응은 정치적으로는 좌익이 아니라 우익 진영으로부터 나왔다. 비록 학교에서의 교육과정이 분위기나 내용에서 전통적인 경향을 띠고 있었음에도 불구하고, 우리가 역사를 가르치는 방식에 대한 비판이 그런 방향에서 제기된 적이 거의, 아마도 전혀 없다(Nash, Crabtree & Dunn 1997; Symcox 2002). 다시 부활한 정치적 우익들이 1980년대의 문화전쟁에서 새로운 캠페인을 시작한 이후에도 좌익은 방어적이었다. 우익의 공격에 대해 단지 간헐적이고, 천천히 그리고 무능력하게 대응해 왔을 뿐이고, 자체의 대응논리를 개발하는 데 분명히 실패했다(Gitlin 1995).

　미국 역사에 대한 보수적 관점은 역사라는 것이 미국이라는 국가가 세계 초강대국으로 등장하는 과정을 추적하고, 나아가 국가 전체를 하나로 결속시키는 문화적 접착제로서의 능동적 기능을 해 주는, 그야말로 희망을 주는 애국적 이야기가 되어야 한다는 것이다(Bloom 1987; Hirsch 1987; Schlesinger 1992). 그렇지만 이런 애국적 사고방식은 요즘과 같은 다국적 기업, 즉시적 통신, 그리고 개방적 국경을 특징으로 하는 세계화 시대에서는 점차 쓸모없게 된다는 것이 나의 생각이다. 얼마 전부터 역사가들과 사회학자들은 민족국가nation-state라는 개념 자체를 문제삼아 왔다. 그들의 주장에 의하면 사실 그 개념은 최근에 만들어진 것이고, 그 개념은 기껏해야 18세기 프랑스혁명 시대 정도로 거슬러 올라갈 수 있다. 19세기 중엽에 이르러서야 사회적, 문화적 그리고 정치적 생활의 자연적이고 유기체적인 기반으로서 받아들여졌다. 그리고 결국 20세기 중반 즈음에 역사적 정점에 이르렀다(Anderson 1983; Geary 2003; Smith 2000). 그러나 세계화와 미시적 국가주의micro-nationalism로 인해 민족국가의 주권이 위와 아래에서 동시에 침식되고 있다는 주장도 제기된다. 바스크Basques(스페인 북부와 프랑스 남부에 거주하는 민족-옮긴이), 브르타뉴Bretons(프랑스의 한 소수민족-옮긴이), 스콧Scots(영국의 스코틀랜드 민족-옮긴이), 퀘벡Québécois(캐나다 동부 지역에 사는 민족-옮긴이), 혹은 미국의 많은 소수민족 집단들이 민족국가를 아래로부터 약화시키고 있는 반면, 위로부터는 지구적 차원의 자본주의, 그리고 세계무역기구WTO, 국제연합UN, 혹은 유럽연합EU과 북미자유무역협정NAFTA, 그리고 인터넷에 의해 위협을 받고 있다. 사실 우리는 현재 급격히 탈국가화 되어 가는 세계에 살고 있는 것이다. 그러나 보수적인 교육이론가들, 그리고 그들을 지지하는 미국의 일반 대중들은 아직도 민족국가의 패러다임에서 벗어나지 못하고 있다. 토마스 쿤Thomas Kuhn의 표현(1962)을 빌리면, 그들에게 민족국가는 "정상 과학Normal Science"이고, 따라서 그들은 그것을 대체하는, 세계화된 정치 경제라고 하는 새롭게 등장하는 "코페르니쿠스적" 모델을 인정하지 않으려고 한다. 문화전쟁에서 문제가 되는 아주 중요한 이슈가 바로 이것이다. 자유주의 교육자들은 새롭게 등장하는 탈국가적이고, 초국가적이며, 지구촌화 된, 세계주의적 시대에 어울리는 새로운 국가 정체성 개념을 형성하려고 하고 있다. 반면에 보수적 교육이론가들은 민족국가 역사에 바탕을 둔 전통적인 국가주의 문화이념을 재확인하려고 노력하고 있다.

지난 10년간 신보수주의의 지적 우세로 인해 교육과정을 지배하는 많은 입법 조치가 만들어졌다. 이들 중 가장 중요한 것이 상원의 중진인 윌리엄 비어드William Byrd가 주도해 만든 미국역사교육TAH (Teaching American History) 장학금, 그리고 부시 대통령이 자랑스럽게 여기는 2001년의 교육개혁 법안인 NCLB이다. 비어드가 주도했기 때문에 아주 풍부한 장학금이 주와 지방 교육기구에 들어왔고, 이를 통해 "전통적인 미국 역사"에 집중하는 역사 교사들에게는 전문적인 발전의 기회가 주어졌다. 이 법은 1990년대의 역사 표준 와해에 대한 부분적인 해독제, 그리고 교육과정의 중심에 있는 역사 과목의 중요성을 되살리기 위한 시도로 이해되었던 것 같다. 결국 비어드는 상원의 역사가인 셈이다. 그러나 역설적이게도 비록 TAH 장학금의 당초 계획서는 전통적인 미국 역사의 성격에 맞는 주제를 위주로 작성되었음에도 불구하고 실제 장학 프로그램들은 마치 국가 역사 표준 프로젝트에서 일어났던 것의 재생처럼 지난 30년간의 보다 진보적인 연구들을 반영하고 있다. 즉 사회사, 여성사, 세계사 그리고 전통적인 주제에서 조금 거리가 있는 그런 주제들이 주목을 받았다. 애국적 프로젝트를 지지하고자 하는 정치적 욕구가 다시 예전과 비슷한 장애물을 만난 것이다. 그 욕구는 이념적 경향을 공유하고 있지 않은 전문적인 역사가들에 의해 충족되어야만 하는 운명이다.

반면에 NCLB는 하나의 의도하지 않았던 심각한 결과로 나타났다. NCLB는 "기초적인" 읽기와 수학 능력을 집중적으로 강조하기 때문에(모든 학생들이 2014년까지 이들 과목에서 100퍼센트를 성취할 것이 요구된다), 초등학교에서 역사 교육을 축소시켰고, 결과적으로 대부분의 초등학교 교육과정에서 역사 과목은 추방되었다. "꼭 필요하지는 않은" 다른 과목들도 함께 사라졌다. 이민 비율이 높고, 공립학교 재학 중인 학생 중 영어가 모국어가 아닌 학생이 70퍼센트에 달하는 캘리포니아와 같은 주에서 특히 이런 현상이 나타났다. 쓰기와 발음중심의 읽기 학습 프로그램이 학교 수업 전체를 자지하고, 지속적인 성적 향상을 보여주어야 하는 모의고사가 몇 주에 한 번씩 치러진다. 발음 연습과 수학 공부라고 하는 뻐꾸기가 역사라는 과목을 교육과정이라는 둥지로부터 밀어 내는 이상한 역설을 만들어 냈다. 한편에서는 연방정부가 전례 없이 많은 돈을 중고등학교에서의 역사 교육의 향상을 위해 배정하고 있지만(지난 7년간 약 10억 달러), 다른 한편에서는 초등학생들은 역사를 읽기 교과서 속의 동화를 통해 우연하게 스치듯 조금씩 맛볼 뿐이다. 이렇게 다루어지는 역사 이야기의 선택은 어떤 역사적인 논리도 없이, 완전히 무작위로 이루어지고 연대기적인 순서를 벗어난 채, 그리고 학년별 표준과 상관없이 가르쳐진다(이런 표준들이 많은 주에서는 실제로 아주 훌륭하다). NCLB의 순수한 결과는 역사가 초등학교에서 뒷전으로 밀려났다는 것이다.

이번에는 주 차원에서 다른 개혁 조치가 취해졌고, 이는 더욱 흥미로운 예상 밖 결과를 가져왔다. 왜냐하면 이 개혁안은 명시적으로 애국적 역사와 역사적 객관성을 섞어 놓았기 때문이다. 플로리다 주의 새로운 "사회생활 표준"(Craig, 2006)은 학생들이 반드시 공부해야 할 이른바 객관적인 역사 "사실들"의 시리즈를 설정하고 있다. 그런데 동시에 명시적으로 역사적 자료는 누구나 자유스럽게 해석할 수 있다는 것을 부인하고 있다.

미국 역사는 구성되는 것이 아니라 사실적인 것으로 여겨져야 하며, 이해 가능하고 교육 가능하며 측정 가능한 것으로 여겨져야 하고, 독립선언에 명시되어 있는 보편적 원리들에 기초해서 새로운 국가가 세워진 것으로 표현되어야 한다(두 번째 문단).

이런 엄중한 권고는 아마도 전통주의자들이 즐겨 쓰는 귀류법 reductio ad absurdum(증명하려는 명제의 결론이 부정이라는 것을 가정했을 때 모순되는 가정이 나온다는 것을 보여, 원래의 명제가 참인 것을 증명하는 방법—옮긴이), 미국 역사에 관한 애국적 개념, 그리고 그것을 어떻게 가르쳐야 할 것인지를 잘 표시하고 있다. 그것은 역사란 지적으로 타당한 결론으로 연구를 이끄는 다양한 탐구 원리들을 가지고 있는 하나의 학문 영역이라는 생각을 부인하고 있다. 세계적 관점의 작은 흔적 하나도, 역사적 경험이 국민국가라는 좁은 한계를 벗어나 전체로서의 인류로까지 확대될 수도 있다는 어떤 생각도 결여되어 있다는 것이 놀라울 뿐이다. 다른 말로 표현하면 탈국가 시대에 필요한 세계주의의 결핍이다. 역사적 해석을 명시적으로 금지하는 반면, 플로리다 주의 역사 표준은 암묵적으로 학생들과 교사들에게, 토론의 가능성을 완전히 배제한 채, 하나의 아주 특수한 해석을 강요하고 있다. 이 표준은 서로 관계없는 주제들, 그리고 모호한 역사적 가치들이 뒤범벅된 것이기도 하다. 국기 교육, 알코올과 마약의 영향, 미국 경제에서 자유기업의 성격과 중요성, 인격 발달, 그리고 참전용사들이 행한 희생의 중요성 같은 것들이다. 애국심, 그리고 시민 규범의 배양은 플로리다 주의 새로운 교육과정의 핵심 주제들이다. 역사적 사고가 지적인 질문과 증거에 대한 조심스런 평가를 통해 학생들이 결론에 도달하도록 하는 자유롭고 개방적이며 비판적인 탐구활동으로 이해되는 한 역사적 사고는 플로리다 주의 교육과정에는 설 자리가 없다 (역사적 탐구에 관한 자세한 토론은 쉬밀트Shemilt가 쓴 8장, 그리고 리Lee와 호손Howson이 쓴 9장, 그리고 폰 보리스von Borries가 쓴 11장을 보라). 플로리다 주의 교육과정에는 또한 세계주의적 관점, 역사를 특정한 하나의 민족이 아니라 모든 인류에게 공통적인 어떤 세계적 과정으로 보는 시각이 결여되어 있다.

새로운 세계주의적 교육과정을 향하여

이러한 문제점에 직면해서 나는 플로리다 주의 역사 표준이 보여주었듯이 국가주의 이념에 바탕을 두고 있는 현재 미국 역사 교육과정(그리고 아마도 다른 많은 나라의 교육과정)의 한계를 넘어서는 새로운 세계주의적 역사구조의 윤곽을 제시하려고 한다. 나의 제안은 잠정적이고 대체로 개괄적이라는 점을 분명히 해야 할 것 같다. 내가 제안하는 것이 지금까지 제기한 문제에 대한 완벽한 해결책이 되기는 어렵지만 본질적으로 세계주의적 성격을 지닌 하나의 거시인지적metacognitive 접근법이라고 보는 것이 옳다.

첫째, 내가 제안하는 교육과정에서는 역사를 국가주의적인 것이 아니라 글로벌한 것으로 취급한다. 내가 생각하기에 위대한 계몽시대 역사가들에게서 배울 만한 것이 있다. 당시는 세계주의적 시대였다 (Jacob 2006). 민족국가라는 개념은 이미 발생은 했으나 아직 지배적인 정치형태로 굳어지지는 않았었다. 당시는 초기적 형태의 세계화 시대였다. 유럽의 상인들, 선교사들 그리고 식민지 주민들이 머나먼 비유럽 지역에까지 영향력을 확대했다. 볼테르Voltaire(1766/1965), 아담 페르그송Adam Ferguson(1767/1966), 혹은 요한 고트프리트 헤르더Johann Gottfried von Herder(1784~91/1968)와 같은 사상가들이 그들의 대표적이고 아주 영향력 있는 저술들을 통해 역사를 오직 하나의 특정한 나라 혹은 유럽 사람들만의 경험이 아니라 아시아, 아메리카 그리고 제한적이지만 아프리카를 포함한 전체 세계인들의 경험으로 설명하고 분석하려 했던 것을 발견하게 된다. 물론 계몽시대의 역사가들은 활용할 수 있는 정보의 부족으로 인해 방해를 받았지만, 인류의 역사를 하나의 전체로서 서술하려는 그들의 의식적인 노력은 우리가 지금 본받으려고 하는 종류의 접근 방식 혹은 도식으로 가는 길을 보여주고 있다. 18세기의 초기 세계화보다는 오늘날의 세계화가 훨씬 더 완전하다는 것을 이해한다. 그래서 그 시대로부터 접근방법과 결론을 단순하게 본받을 수는 없다. 그러나 당대인들이 보여주었던 중요한 점은 세계주의적 관점에서 역사를 쓴다는 것이 바람직할 뿐 아니라 가능하다는 것, 그리고 역사 연구가 좁은 민족국가의 틀 안에 갇혀서는 안 된다는 것이다.

둘째, 지난 두 세대 동안 세계사 영역을 빠르게 성장시킨 주역들이 발전시킨 접근방법에 기초해서 새로운 교육과정을 설계해야 한다는 점이다(Dunn 2000). 우리가 선택할 수 있는 다양한 접근방법들을 발견할 수 있다. 문화적, 사회적, 경제적 그리고 기타 접근법이다. 어떤 것은 세계체제world-systems 개념에 기초하고 있다(예를 들면 Abu-Lughod 1989; Braudel 1972; Wallerstein 1976, 1980, 1989). 또 어떤 것은 역사인류학에 기초하고 있다(Wolf 1997). 어떤 것은 이주 유형 혹은 장기적 문화 그리고 상업적 교류에 기초하고 있다. 그리고 어떤 것은 인종이나 성과 같은 아주 특수한 학술 연구법과 관련지어 조직되기도 한다. 나는 이러한 다양한 접근 방식 중에서 어느 하나를 따르는 것에 찬성하지 않는다. 각각의 방식은 나름대로 장점이 있고 다른 접근 방식들과 어울려서 사용되어야 한다. 내가 보기에 이런 다양한 접근법들은 그들이 공유하고 있는 초국가적 관점에서, 그리고 역사에 대한 지리, 기후, 그리고 환경의 영향을 강조하는 방식에서 가치를 찾을 수 있다. 전통적인 역사 기술에서 무시되었던 이러한 공간적이고 환경적인 차원은 역사 교육에 대한 그 어떤 세계주의적 접근법에서도 기본적인 요소를 차지해야만 한다. 그러나 동시에—카트 윌스와 다른 저자들과 마찬가지로—내가 보기에도 세계사 전공자들의 다양한 접근법은 공통적인 단점을 갖고 있다. 그것들은 종종 대단히 추상적으로 만들어진다. 결과적으로 역사가 가진 인간적 측면이 총괄적인 이론 속에 녹아서 사라져 버리게 된다. 큰 것이 지배하는 것이다. 작은 것 혹은 인간적인 이야기는 사라진다. 따라서 일반적인 것과 특수한 것을 하나의 새로운 교육과정 속에 종합함으로써 이런 작고 인간적인 이야기들을 반드시 회복시켜야 한다.

셋째, 어떤 틀의 역사 교육에서도 사회정의라는 개념을 중심에 놓아야 한다. "사회정의"란 국가중심적 틀이 아니라 인간중심적 준거틀을 의미한다. 인간중심적 준거틀에서는 지난 50년간 서명된 여러 국제적 인권선언문에 묘사된 것과 같은 사회정의의 원칙들이 역사 교육에 관해 제기되는 질문들의 방향을 결정해야 한다.[2] 이런 원칙들은 삶의 기회에 대한 균등한 접근, 그리고 그들의 출생지, 사회계급, 인종과 종족 집단, 젠더, 성적 지향성, 혹은 장애와 관계없이 주어져야 할 지구상에 있는 모든 민족과 동물들의 복지를 규정하고 있다. 이 책의 여러 필자(리Lee, 민하르트Mijnhardt, 쉬밀트Schemilt, 그리고 윌셔트Wilschut)와는 달리 나는 역사 교육이 사회적이고 시민적인 목적에 기여해야 하고, 역사 교육은 학생들이 한 나라의 시민으로서뿐 아니라 책임 있는 세계 시민으로서 적극적으로 참여하도록 준비시켜야만 한다고 믿는다. 이러한 넓은 의미의 시민정신은 내가 속한 장소, 공동체, 그리고 국가에 대한 존경과 애정뿐 아니라 지구, 살아 있는 모든 존재, 그리고 우리가 함께 숨 쉬고 있는 생물권에 대한 존경에도 초점을 맞출 것이다. 사회정의를 중심에 놓는, 21세기형 세계주의적 교육과정을 위한 기초로서 주로 마르타 누스바움Martha Nussbaum(1994, 1996, 2006)과 데이비드 헬드David Held(1995, 1997, 204)의 저술로부터 이끌어 낸 일련의 원칙들을 제시하고자 한다.

---

[2] 여기에서 나는 세계인권선언Universal Declaration of Human Rights과 같은 국제적 합의를 생각하고 있다. 몇 개만 예를 든다면 국제연합의 인종차별철폐국제조약Conventions on Racial Discrimination, 여성차별철폐협약Discrimination Against Women, 아동권리협약the Right of Child, 그리고 장애인권리협약the Rights of Persons with Disabilities, the Coolangatta Statement; the Earth Charter; 혹은 동물권선언the Animals' Platform 등이다.

《애국을 향하여?*For the Love of Country?*》에서 누스바움은 역사를 가르치고 배우는 모든 일과 연관된 아주 중요한 질문을 제기하고 있다.

학생들에게 그들이 무엇보다도 미국(혹은 다른 어느 나라) 시민이라는 것을 가르쳐야 하는가? 아니면 그들이 인류가 사는 세계의 시민the oikoumene of the Stoics이라고 가르쳐야 하나? 그리고 학생들이 우연히 미국에서 살게 되었지만 다른 나라 시민들과 이 세계를 공유해야 하는가? …… 어느 나라에 태어났다고 하는 것은 바로 그런 것, 하나의 사건일 뿐이다. 어떤 인간도 다른 나라에 태어날 수도 있었다(Nussbaum 1996, 6~7).

누스바움은 우연히 나와 같은 국경 안에 살게 된, 그러나 만나본 적이 없고 공통점이 없는 낯선 사람에게 느끼는 애정의 배후가 되는 의심스러운 논리(국가주의 감정–옮긴이)에 의문을 제기하고 있다. 여기에서 유추해 보면 우리가 서로 다른 나라에 살지만 실제로는 동일한 관심사, 민족성ethnicity, 종교, 혹은 가치를 지니고 있을 수도 있는 사람으로부터 느끼는 소원함도 이해하기 어렵다. 국가 경계라고 하는 것은 인위적으로 만들어진 것인데(Anderson 1983; Gellner 1983, 1997; Hobsbaum 1990), 왜 우리의 준거점을 국가에서 세계 공동체로 옮기지 않는가? 왜 우리는 모든 인간, 동물, 그리고 자연, 세계와 비슷한 연결감을 느끼지 않는가? 세계 시민이라는 개념은 너무 멀고, 너무 추상적이고, 그 속에 인간적인 이야기가 너무 부족해서 감정적인 유대감, 충성심, 그리고 적극적인 참여를 불러일으킬 수 없다는 주장에 반대한다. 세계 시민이라는 것을 표현할 수 있는 민주적인 장이나 법적인 기반이 없다는 주장도 제기된다. 이런 주장에 대해 누스바움은 스스로를 세계 시민이라고 생각한다고 해서 자기의 도덕적 척도와 공감대 형성의 근거가 되는 지역적 정체성, 관계나 소속까지 포기할 필요는 없다고 대응한다. 오히려 그녀는 "학생들은 가족, 인종, 성, 종교, 그리고 지역적 정체성을 통해 편안함과 풍부함을 즐기도록, 그러면서도 동시에 자기의 대화와 관심 대상에 모든 인간을 포함시키도록 가르쳐야 한다"(Nussbaum 1994, 4)고 주장한다.

이를 실천하기 위한 한 방법은 "유연한 시민성flexible citizenship" 개념을 활용하는 것이다(Ong, 2004). 첫째, 학생들은 그들이 어떻게 다른 사람들과 연계되어 있고, 그래서 그들이 실제로는 복합적이고 개방적인 정체성과 공통의 관심사를 가지고 있다는 것을 공부할 것이다. 사람, 자본 그리고 자원들의 세계적 움직임으로 인해 국경은 점차 의미가 없어지고 있다. 한마디로 말해서 학생들은 자기가 상호 관련된 여러 공동체의 시민이지 자기가 태어난 나라의 시민만은 아니라는 것을 배울 것이다. 둘째, 학생들은 또한 이들 여러 이익 공동체 사이에서, 그리고 그들이 공유하고 있는 다양한 관심거리 사이에서 지적이면서 상상력을 풍부하게 잘 발휘하는 방법을 배울 것이다. 이런 "동심원적concentric" 혹은 "복합적multiple" 시민성의 개념을 바로 학생들이 터득해야 할 비판적 사고 기술의 하나로 가르쳐야 한다고 나는 믿는다. 따라서 교육과정은 자기가 속한 지역과 물려받은 유산과 함께 국적을 넘어 인간에 대한 상호 존중과 관심에 기초한 세계주의를 거시인지적metacognitive으로 이해하는 능력을 길러주어야 한다(Appiah 2006; Nussbaum 2006). 한 사람의 세계주의적 시민성은 마치 개인이 여러 사람과 관심사를 공유하듯이 서로 겹치고 중복될 수 있는 것이다.

누스바움(2006)은 세계에 대한 세계주의적 이해는 나 자신으로부터 밖으로 발전시킬 것을 제안하고 있다. 따라서 교육과정은 학생으로부터 밖으로 퍼져나가는 일련의 동심원처럼 설계될 수 있다. 사회과 교육과정에서 "팽창하는 환경expanding environments" 접근이라고 불려왔던 것을 출발점으로 삼는다면, 세계주의적 역사 교육과정은 시민성의 동심원 구조 안에 조직되어야 한다. 유치원 단계에서는 자아와 친계 및 방계 가족 수준에서 시민성을 배우기 시작하고(나는 이것을 "가족 시민성domestic sphere and family citizenship"이라 부른다), 그리고 학년이 올라가면서 이웃, 지역 집단, 혹은 민족, 언어, 역사, 직업, 성 정체성이나 이들의 결합에 기초한 선택된 공동체에 바탕을 둔 시민성("공동체 시민성community citizenship"), 그리고 같은 국민으로서의 시민성("국가 시민성national citizenship")으로 확대되는 과정을 밟는다. 누스바움의 이런 구도에 나는 전체 인류사회를 의미하는 하나의 원을 추가하고("세계 시민성Global sphere and global citizenship"이라고 부른다), 나아가 나에게 가장 중요한 관심사라고 할 또 하나의 원 혹은 시민성 영역을 더하려고 한다. 내가 "생태 시민성eco-citizenship"이라고 부르는 것에 포함되는 우리 인간과 다른 모든 생명체를 지탱해 주는 "생물권"과 지구다(이러한 여러 시민성 영역에 대한 설명과 그들이 어떻게 상호 연관되어 있는지를 알려면 〈그림 3-1〉을 보라).

시민성의 정의를 국가에서 세계 공동체 그리고 생물권으로 확대하면 시민성이 부정적이고 배제적인 힘이 아니라 좀 더 긍정적이고, 포

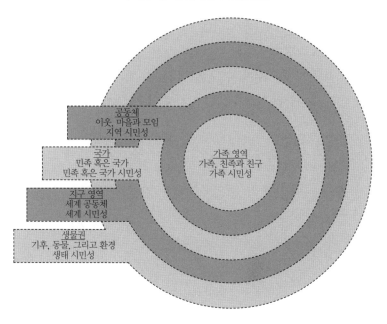

용적인 힘으로 바뀐다. 모든 이런 다양한 층의 시민성은 끊임없이 이어지는 환류고리를 통해 상호 연결되어야 하며, 과거의 팽창하는 환경이론에서처럼 하나의 단순하고, 밖으로 향하는 일방향 운동으로 여겨져서는 안 된다. 학생들은 반드시 어떻게 "지구적으로 생각하고, 지역적으로 행동하고, 지역적으로 생각하면서 지구적으로 행동하는지"를 이해해야 한다. 학생들은 모든 이러한 요소들이 어떻게 교육과정 안에서 서로 조화를 이루는지, 어떻게 다양한 층의 시민성이 그들의 일상생활에 영향을 주는지, 그들의 행동이 어떻게 바깥층의 시민성에

영향을 주는지, 바깥층이 어떻게 자신들에게 영향을 주는지, 그리고 왜 그것이 모두 문제가 되는지를 이해해야만 한다. 교육과정 개발가들은 직선적인 방식이 아니라 끊임없는 대화 방식으로, 지역적인 것을 지구적인 것에 연결하고, 그리고 역으로 지구적인 것을 지역적인 것에 연결하는 단원 구성과 역사적 사례 연구들을 잘 설계해야 한다. 학생들은 이런 상호관계가 역사를 통해 항상 작용해 왔다는 것을 이해할 때까지 역사 속에서 새로운 시대와 주제를 탐구할 때마다 이러한 역동적 상호관계로 다시 돌아가야 한다.

이즈음에서 나는 제롬 브루너Jerome Bruner(1962)의 나선형 교육과정 spiral curriculum 개념과 비교할 수 있을 것 같다. 브루너는 만약 적합한 인지적 수준에 맞게 가르친다면 당신은 모든 연령 수준에서 학생에게 어떤 개념이라도 가르칠 수 있다고 주장한다. 학생들이 교육과정을 통해 성장하고 발전함에 따라 이해의 깊이를 높여 가도록 해야 한다는 것이다. 일단 학생들이 동심원적이고 상호 연결된 시민성이라는 거시인지적 틀을 형성하고 나면 그 동심원들 사이를 아주 쉽게, 이리저리 유연하게 옮겨 다닐 수 있게 된다. 이때 학생들은 자기 친구와 지역에 대한 애정을 잃지 않으면서 세계주의적 시각을 갖게 된다.

누스바움(1996)은 학생들이 국가나 민족적 경계를 넘어서 생각하고, 이런 경계가 변경할 수 없는 실체가 아니고 인공적이고 만들어진 것이라는 것을 알도록 가르쳐야 하고, 그럼으로써 교육과정의 핵심에 자리 잡고 있는 국가나 민족의 위치를 다시 설정해야 한다고 제안하고 있다. 특히 발전한, 산업세계의 학생들은 대기오염, 자연자원의 낭비, 그리고 개발도상국가를 상징하는 경제적 부채를 지금 그대로 방치해 둔다면 그들의 높은 생활수준도 더 이상 유지될 수 없다는 것을 이해할 필요가 있다.

> 모든 인류가 동등하게 창조되었고 어떤 빼앗을 수 없는 권리를 부여받았 다는 것을 믿는다면, 우리를 둘러싼 세계와 함께, 그리고 그 세계를 위해서 우리가 무엇을 하는 것이 옳은지를 도덕적으로 생각해 보는 것이 마땅하 다(Nussbaum 1996, 13).

누스바움은 이렇게 주장한다. 우리의 마음과 상상 속에서 국가의 경계를 넘어서도록 아이들을 가르치지 못한다면 우리가 인권에 관해 그들에게 가르치고 있다고 말할 수는 없다. 비록 우리가 말로는 모든 인류를 존중해야 한다고 하더라도 "우리가 실제로 의미하는 것은 오 직 미국인들만이 특별한 존경을 받을 가치가 있다는 것일 뿐이다" (Nussbaum 1996, 5).

동심원적이고 유연한 시민성의 개념을 일단 터득한다면, 지리와 기 후가 이 새로운 교육과정에서는 중심적 위치를 차지해야 하고, 더 넓 은 세상을 보는 렌즈가 되어야 한다는 것이 명료해질 것이다. 페르낭 브로델(1972)이 이미 오래전에 사건은 시간적으로뿐만 아니라 공간적 으로도 발생하는 것이라는 사실을 상기시켰음에도 불구하고, 역사학 자들은 아직도 오직 시간 문제에만 관심을 집중하고 있고, 위치 문제 는 대체로 무시한다. 미국에서 역사 교육은 전통적으로 이런 식으로 설계되어 왔다. 그러나 우리가 사회정의라는 개념에 따라 교육과정을 설계하려고 한다면, 공간적 차원도 마땅히 흡수해야만 한다. 왜냐하면 지리와 기후는 항상 인류의 문화적, 사회적, 그리고 경제적 다양성의 발전에서 핵심적 요소들이었기 때문이다. 세계사 전공자들은 이미 지리와 기후가 역사에 미치는 깊은 영향을 밝혀 왔었다; 우리도 마땅히 그들의 길을 따라야 하고 이러한 요소들을 모든 역사 교육의 중심에 두어야 한다. 이런 방식으로 설계된 교육과정은 그것을 통해 학생들이 그들이 우연히 살고 있는 공동체나 나라의 한계를 넘어 세계를 하나의 전체로 볼 수 있게 해 주는 렌즈로서의 역할을 하게 될 것이다: 우리는 이것을 총체적으로 생물권biosphere이라고 부른다.

생물권이라는 개념을 포함시킴으로써 역사 교육은 반드시 생태적 요소를 포함하게 될 것이다. 우리가 호흡하는 공기와 우리가 마시는 물, 그리고 우리와 지구를 공유하고 있는 동물과 식물은 국가 경계를 따를 필요가 없기 때문에, 아주 어린 아이조차도 인류 공동체의 운명이 생물권의 운명과 밀접히 관련되어 있는 하나의 세계에 우리가 살고 있다는 것을 인식하도록 가르쳐야 한다. 오염도 공유하고 있다. 물과 다른 자연자원도 공유하고 있지만 공평하지 않게 배분된다. 비록 이런 모습이 지구촌 시대에는 점차 현실화되고 있지만, 인류 역사를 통해서 보면 그것은 언제나 진실이었다. 식물flora, 동물fauna, 기근, 가뭄, 홍수, 그리고 유행병이 세계 도처로 확산되었듯이 말이다 (Diamond 2005; McNeill 1976). 따라서 학생들은 상호 의존성, 지속 가능한 자원과 지속 불가능한 자원sustainable and unsustainable resources, 그리고 공유하고 있는 지구의 미래, 다른 말로 하면 세계적 관점의 사회정의의 개념을 이해할 필요가 있다. 교육과정 안의 몇 단원을 가지고도 인류 역사에서 생태 변화가, 이주, 전쟁, 유행병, 그리고 대규모 인구학적 변화를 초래함으로써, 인류 전체에 어떤 영향을 미쳤는지를 설명할 수 있다. 다시 강조하지만 학생들은 대규모 혹은 소규모로 이루어진 역사적 사례 연구들의 활용을 통해 스스로 사회정의의 원칙들과 친숙해져야만 한다.

데이비드 헬드(1995, 1997, 2004)는 정치이론가로서 그의 연구는 세계 시민성이라는 이상을 중심으로 세계주의적 교육과정을 어떻게 창조할 것인가라는 문제와 직접 관련되어 있다. 그는 민주주의를 초국가적이며 국제적인 수준에서 다시 생각했다. 왜냐하면 많은 인간 행동이 국가 수준이 아니라 지역적 혹은 세계적 수준에서 진보적으로 조직되어 왔기 때문이다. 헬드는 국가 간 그리고 국제적 세력들 사이의 복잡한 상호관계를 생각한다면, 국민국가가 민주적 사고의 중심으로 더 이상 남아 있을지에 대해 의문을 제기하고 있다. 그는 이러한 상호관계의 사례로 에이즈의 확산, 개발도상국의 부채 증가, 금융자원의 불균등한 흐름, 마약거래와 국제범죄, 다국적 기업, 대중매체, 언론의 세계화, 인터넷, 그리고 공유하는 생태계 등을 지적하고 있다(Held 1997, 1). 정치적, 경제적 힘이 영향을 미치는 장소가 더 이상 국민국가에 한정된다고 할 수 없고, 이렇게 영향과 이해가 미치는 영역이 중복되기 때문에 민주주의적 사고의 중심에 딜레마가 생긴다는 것이 그의 결론이다. 사실 생활기회life chances(개인이 삶의 수준을 향상시킬 수 있는 기회—옮긴이)를 결정하는 기본적 요소들 중 일부는 개별 국민국가의 힘이 미치는 범위 밖에 있으며, 지역적이고 세계적인 협력을 요구하고 있다.

헬드(1995, 1997)는 "개인은 점차 복잡하고 다층적인 정체성을 갖게 되었고" 나아가 경제적 요소와 정치적 변화의 세계화에 어울리는 "운명 공동체"를 공유한다는 것, 그리고 이러한 중첩적인 정체성은 새로운 사회운동을 통해 "세계 시민사회"에 참여할 수 있는 기초를 제공할 수 있다는 것을 인정하고 있다. 예컨대 지구적 차원에서 민주적 참여의 가능성을 열어 가는 환경운동, 여성운동, 비정부 조직, 그리고 다른 초국가적 시민연합체들이 있다. 다른 말로 하면, 헬드는 초국가적 시민사회가 세계 공통 관심사를 중심으로 발전하기 시작했다고 믿고 있다. 그의 민주주의 개념에서는 국민국가의 중요성은 계속 인정한다(예컨대 과세와 법률 집행 등에서의 고유 권한). 반면에 유럽연합EU 혹은 개혁된 국제연합과 같은 초국가적인 지배체가 국가의 주권을 제한할 것을 요구하고 있다. 드러낼 수 있는 초국가적 성과가 분명하게 보이는 영역 혹은 지역적이거나 세계적인 협력을 요구하는 그런 특정한 활동 영역에서는 이러한 초국가적 기구들이 국민국가의 역할을 가리게 될 것이다. 이런 얘기는 지나치게 이상적으로 보이겠지만, 이런 세계주의적 목표를 향해 가는 하나의 통로는 세계적 시민성을 키우기 위한 교육이며, 이 과정에서, 내가 지금 시도하는 대로 변화한다면, 역사 학습은 중심적 위치를 차지해야 한다. 세계주의적 역사 학습은 학생들에게 지금 우리가 살고 있는 초국가적이고 경제적으로 통합된 세계가 어떻게 등장했는지를 이해하도록 지리적, 현세적, 생태적, 정치적, 경제적, 그리고 역사적 틀을 제공함으로써 지구적 혹은 세계주의적 시민성의 개념을 준비시켜 줄 것이다. 이것이 세계 시민사회의 감정을 만드는 데 있어서 첫 번째 필요한 단계라고 나는 믿는다.

지금까지 나는 세계를 중심에 놓는 새로운 역사 교육과정의 창조에 기여할 수 있는 몇 가지 원칙들을 그려보았다. 그것은 아직도 미국에서 지배적인 영향력을 미치고 있는 국가중심적 교육과정에 대비되는 것이다. 국가주의적 교육과정이 가지고 있는 지적 부적합성, 세계적 차원의 사회정의의 부인, 그 안에 내포된 정치적 위험성, 그리고 탈국가적, 상호 의존적 세계에서의 부적합성을 고려할 때, 이와 같은 세계주의적 사고를 역사 교육과정의 중심에 위치시키는 것은 아주 중요하다. 일종의 "현재주의적 사고presentist thinking"는 물론 피해야 하지만, 그럼에도 불구하고 과거에 구조를 부여하고, 과거를 분석하고, 궁극적으로는 과거를 제대로 이해하기 위해서는 현재의 관심사를 도구로 삼아야만 한다(von Borries 11장). 우리의 관심으로부터 도출한 7개의 핵심 원칙들을 아래에 제시했다. 이 원칙들은 내가 구상하는 세계주의적 교육과정을 개발하는 데 활용할 수 있다.

세계주의적 역사 교육과정을 설계하기 위한 7원칙

1. 특정 지역에 대한 애정과 함께 인류 전체를 위한 상호 존중과 관심에 바탕을 둔 세계주의를 잘 이해하기 위해 설계되어야 한다.
2. 동심원 혹은 유연한 시민성 영역들로 조직되어야 한다. 유아원이나 유치원에서는 자신과 친족으로 시작해서 그리고 학년이 올라가면서 이웃, 지역 집단, 지역 공동체 구성원, 같은 국민, 인류 공동체, 지구, 그리고 마지막으로 생물권으로 확대되는 과정을 밟는다. 모든 학년에서 학생들은 어떻게 자신들의 중첩되고 동심

원적인 시민성 영역이 상호 연관되는지를 자신의 연령에 맞는 합당한 인지적 수준에 따라 공부해야 한다.

3. 학생들이 역사와 현대세계를 하나의 세계체제 혹은 생물권으로 볼 수 있는 렌즈를 제공해 줌으로써 인간적 그리고 생태적 사건에 미치는 지리와 기후의 영향을 검토해야만 한다.

4. 교육과정에 생태사를 포함시킴으로써 국가의 미래라고 하는 것이 우리가 살고 있는 생물권 전체의 운명에 달려 있는 그런 세계에 우리가 살고 있다는 것을 학생들이 이해할 수 있도록 해야 한다.

5. 학생들에게 국가 경계를 넘어 생각하고 이러한 경계가 주어진 사실이 아니라 인위적으로 만들어진 것이라는 것을 알도록 가르쳐야 한다.

6. 시대착오주의anachronism나 현재주의presentism를 피해야 한다. 비록 역사를 공부하기 위해 21세기의 사회정의를 동원해야 한다고 해도, 학생들이 과거 사람들과 사건들을 현재의 기준으로 평가하지 않도록 가르쳐야 한다. 사회정의에 관한 오늘날의 이상은 과거를 이해하고 공부하기 위한 지적 틀로서만 동원되어야 하며 과거를 판단하기 위해 사용되어서는 안 된다.

7. 교육과정이 미시에서 거시로, 그리고 다시 반대로 반복해서 움직여야 한다. 그래서 학생들이 역사를 인간적인 척도로 공부할 수 있어야 한다. 물론 이런 속에서 인간의 이야기를 좀 더 넓은 정치, 경제, 지리, 생태, 그리고 사회적 문맥에 연결시켜야 한다.

● 참고문헌

Abu-Lughod, J. (1989). *Before European hegemony: The world system A.D. 1250~1350*. New York: Oxford University Press.

American Council of Trustees and Alumni. (2001). *Defending civilization: How our universities are failing America and what can be done about it*. Washington, DC: Author.

Anderson, B. (1983). *Imagined communities: Reflections on the origin and spread of nationalism*. London: Verso.

Appiah, A. K. (2006). *Cosmopolitanism: Ethics in a world of strangers*. New York: W. W. Norton.

Bender, T. (2000). *La Pietra report: A report to the profession*. Bloomington, IN: Organization of American Historians.

Bennett, W. (1994). *To reclaim a legacy: A report on the humanities in higher education*. Washington, DC: National Endowment for the Humanities.

Bloom, A. (1987). *The closing of the American Mind: How higher education has failed democracy and impoverished the souls of today's students*. New York: Simon & Schuster.

Braudel, F. (1972). *The Mediterranean and the Mediterranean world in the age of Philip II* (Siân Reynolds, Trans.). New York: Harper & Row.

Bruner, J. (1962). *The process of education*. Cambridge, MA: Harvard University Press.

Cheney, L. V. (1987). *American Memory: A report on the Humanities in the nation's public schools*. Washington, DC: National Endowment for the Humanities.

Craig, B. (2006). New Florida Law Tightens Control Over History in Schools. *History News Network*. Retrieved August 5, 2008, from http://hnn.us/roundup/entries/26016.html

Diamond, J. (2005). *Guns, germs and steel: The fates of human societies*. New York: W. W. Norton.

D'Souza, D. (1992). *Illiberal education: The politics of race and sex on campus.* New York: Vintage Books.

Dunn, R. (2000). *The new world history: A teacher's companion.* Boston: Bedford St. Martins.

Ferguson, A. (1966). *An essay on the history of civil society.* Edinburgh, England: Duncan Forbes. (Original work published 1767)

Finn, C., Jr., Ravitch, D., & Fancher, R. T. (1984). *Against mediocrity: The humanities in America's high schools.* New York: HolmesMeier.

Geary, P. J. (2003). *The myth of nations: The medieval origins of Europe.* Princeton, NJ: Princeton University Press.

Gellner, E. (1983). *Nations and nationalism.* Ithaca, NY: Cornell University Press.

Gellner, E. (1997). *Nationalism.* New York: New York University Press.

Gitlin, T. (1995). *The twilight of common dreams: Why America is wracked by culture wars.* New York: Henry Holt.

Habermas, J. (1998). *The structural transformation of the public sphere: An inquiry into a category of bourgeois society.* Boston: MIT Press.

Held, D. (1995). *Democracy and the global order.* Stanford, CA: Stanford University Press.

Held, D. (1997). *Democracy and globalization.* MPIfG Working Paper 97/5, May 1997. Max Planck Institute for the Study of Societies. Retrieved August 1, 2008, http://www.mpi-fg=koeln.mpg.de/pu/workpap/wp97-5/wp97-5.html

Held, D. (2004). *Global covenant: the social democratic alternative to the Washington consensus.* London: Polity.

Herder, J. G. von. (1784~91/1968). *Reflections on the philosophy of the history of mankind.* Chicago: University of Chicago Press. (Original work published 1784-91)

Herzstein, R. E. (1994). *Henry R. Luce: A political portrait of the man who created the American century.* New York: Scibner's Sons.

Hirsch, E. D., Jr. (1987). *Cultural literacy: What every American needs to know.* Boston:

Houghton Mifflin.

Hobsbawm, E. (1990). *Nations and nationalism since 1780: Programs, myths and reality*. Cambridge, England: Cambridge University Press.

Hobsbawm, E, & Ranger, T. (Eds.). (1983). *The invention of tradition*. Cambridge, England: Cambridge University Press.

Humes, E. (2007). *Monkey girl: Evolution, education, religion, and the battle for America's soul*. New York: HarperCollins.

Huntington, S. (2004). Dead souls: The denationalization of the American elite. *The National Interest*.

Jacob, M. C. (2006). *Strangers nowhere in the world: the origins of early modern cosmopolitanism*. Philadelphia: University of Pennsylvania Press.

Kagan, R. (2003). *America and Europe in the new world order*. New York: Alfred A. knopf.

Kriston, W., & Kagan, R. (1997). *Statement of principles: Project for the New American Century*. August 1, 2008, from http://web.archive.org/web/20070810113753/www.newamericancentury.org/statementofprinciples.html

Kuhn, T. (1962). *The Structure of scientific revolutions*. Chicago: University of Chicago Press.

Lehman, N. (1999). *The big test: The secret history of the America meritocracy*. New York: Farrar, Straus and Giroux.

McNeill, W. (1976). *Plagues and peoples*. New York: Anchor Press.

McNeill, W. (1991). *The rise of the West: A history of the human community: With a retrospective essay*. Chicago: University of Chicago Press.

McNeill, W. (1993). *A history of the human community: prehistory to the present*. Princeton, NJ: Prentice Hall.

Nash, G. B., Crabtree, C., & Dunn, R. E. (1997). *History on trial: Culture wars and the teaching of the past*. New York: Afred A, Knopf.

Nussbaum, M. (1994). Patriotism and cosmopolitanism. *The Boston Review*. Retrieved July 16, 2006, from http://www.soci.niu.edu/~phildept/kapitan/nussbaum1.html

Nussbaum, M. (1996). *For love of country*? Boston: Beacon Press.

Nussbaum, M. (2006). *Frontiers of justice*: Disability, nationality, and species membership. London: The Belknap Press.

Ong, A. (2004). Higher learning: Educational availability and flexible citizenship in global space. In J. A, Banks (Ed.), Diversity and citizenship education: *Global perspectives* (pp. 49~70). San Francisco: Jossey−Bass.

Parker, W. (2007). *Imagining a cosmopolitan curriculum. A working paper developed for the Washington State Council for the Social Studies*. Retrieved June 2008, from http://education.washington.e어/areas/ci/profiles/documents/CosmoCurriculum.pdf

Ravitch, D., Finn, C. E., Jr. (1987). *What do our 17−year−olds know? A report on the first national assessment of history and literature*. New York: Harper & Row.

Schlesinger, A., Jr. (1992). *The disuniting of America: Reflrection on a multicultural society*. New York: W. W. Norton.

Smith, A. (2000). *The nation in history: Historiographical debates about ethnicity and nationalism*. Cambridge, England: Polity Press.

Sprng, J. (1997). *Political agendas for education: From the Christian Coalition to the Green Party*. New Jersey: Erlbaum.

Symcox, L. (1997). A case study in the politics of American Educational Reform in the U. S.: The storm over The National Standards for History: *Annali di Storia Moderna e Contemporanea*, 4, 479~502

Symcox, L. (2002). *Whose history? The struggle for national standards in American classrooms*. New York: Teachers College Press.

Symcox, L. (2006). Dispatches from the Culture Wars, 1994~2004. In M. Crocco & G, Maeroff (Eds.), *Social studies and the press: Keeping the beast at bay*? Greenwich, CT: Information Age.

Voltaire, F. (1965). *The Philosophy of history*. New York: The Citadel Press. (Original work published 1766)

Wallerstein, I. (1976). *The modern world-system: Capitalist agriculture and the origins of the European world-economy in the sixteenth century*. New York: Academic Press.

Wallerstein, I. (1980). *The modern world-system II: Mercatilism and the consolidation of the European world-economy, 1600~1750*. New York: Academic Press.

Wallerstein, I. (1989). *The modern world-system III: The second era of great expansion of the capitalist world-economy, 1730~1840s*. San Diego: Academic Press.

Wolf, E. (1997). *Europe and the people without history*. Berkeley: University of California Press.

4

두 개의 세계사

_ 로스 E. 던Ross E. Dunn

미국 San Diego State University 세계사 명예교수. 미국 국가 역사 표준 프로젝트 참여.
The Adventures of Ibn Battuta(2005)의 저자.

미국에서 초중등학교의 세계사 교육을 둘러싼 논쟁은 대체로 두 개의 독립된 무대에서 벌어지고 있다. 이 두 개의 무대에서 교육자, 지식인, 그리고 정책 입안자들은 서로를 충분히 이해하지 못하거나 서로 충실한 관계를 맺고 있지도 않다. 한쪽에는 세계사 교육에서 주된 탐구 분야는 지구 전체여야 한다는 생각, 그리고 가르치는 사람은 마땅히 특별한 문화와 문명의 역사뿐 아니라 문명 간 관계, 대규모의 변화 양태, 그리고 비교 발전 등도 가르쳐야 한다는 데에 동의하는 학자들과 교사들이 속해 있다. 반면에 다른 쪽에 속하는 교육자들은 세계사가 서구 문명을 포함하여 다양한 이름이 붙여진 문명들의 속성과 성과에 대한 연구여야 한다고 생각한다. 이 글에서는 두 번째 계열인 "문명론자civilizationist"에 속하는 교육자들이, 그들 사이에서는 의견이 심하게 다르기도 하지만, 지난 50년간 교육과정에 관한 정책 결정을 대체로 지배해 왔다고 본다. 그러나 그들의 접근 방식은 21세기의 국제교육을 위해서는 부적절하며, 오해의 소지가 있고, 시대에 뒤떨어지는 기반을 갖고 있다. 그렇기 때문에 최근 수십 년간의 혁신적 연구들로부터 지지를 받았던 노력이며, 과거에 대한 좀 더 세계적 규모의 연구를 지지하는 첫 번째 계열의 입장이 교육과정의 설계와 학습 경험에 있어서 지금까지 해 왔던 것보다 더 많은 영향을 미쳐야만 한다는 입장이다.

스노우C. P. Snow의 유명한 에세이 〈두 개의 문명The Two Cultures〉의 제목을 본떠서 나는 학교 교과목의 하나인 세계사에 관한 논쟁이 대체로 두 개의 독자적인 무대에서 전개되어 왔고, 두 입장은 서로를 충분히 이해하거나 충실한 관계를 맺고 있지도 않다고 생각한다. 결론적으로 말해서, 발전하고 있고, 지적으로 활기 넘치는 학문인 세계사가 학교 교육과정에서는 마땅히 해야 할 만큼 충분히 영향을 미치고 있지 못하다. 그와는 반대로, 많은 주의 교육기관들과 교육구에서는 최근 몇 년간 시대에 뒤떨어지고 부적합한 세계사 개념을 포함한 학술적 표준을 작성해 왔다. 전체적으로 공립학교에서의 세계사 교육과정은 학계의 연구 경향에 한참 뒤처져 있고, 미국의 어린아이들이 우리가 살고 있는 유동적이고, 초국가적이며, 경제적으로 통합된 세계가 어떻게 지금과 같은 모양이 되었는지를 더 잘 이해할 수 있게 해주는 핵심적인 질문들을 제기하는 데 실패하고 있다. 이런 상황은 변해야 하는 것이다.

이런 두 종류의 세계사가 형성되는 무대에서 교육자들은 학교 교과목으로서의 세계사를 둘러싼 지적, 교육적, 그리고 정책적 이슈들에 대해 자체적으로 활발하게 토론을 하고 있다. 각각의 무대에 속한 사람들은, 내적인 이견이 있음에도 불구하고, 연구와 교육활동으로서의 세계사 논쟁을 이끌어가는 일련의 공통된 전제와 가정을 공유하고 있다. 그렇지만 이 두 무대의 전제는 아주 다르다. 개인 교육자들은 종종 자기가 속한 무대를 떠나 다른 무대를 방문하지만, 두 집단은 함께 하는 모임을 거의 갖지 않는다.

무대 A에서의 세계사

우리가 무대 A라고 부르는 곳에 모이는 사람들은 세계사 연구의 우선 분야는 반드시 전체로서의 지구, 즉 변화하는 물리적 그리고 자연적 환경 속에 있는 인류여야 한다는 전제를 지지하는 학자와 교사들이다. 이 집단은 증거, 해석, 그리고 교수 전략에 관한 논쟁적인 토론을 벌이지만, 그 대화는 변화무쌍하고, 다원적이고, 그리고 무엇보다도 부드럽게 진행된다. 미국에서 이런 경향을 지닌 대표적인 단체는 '세계사협회World History Association(WHA)', 그리고 이 단체의 지역 모임들이다. 대표적 매체는 '*Journal of World History*', '*World History Bulletin*', 새로 창간된 '*Journal of Global History*', 온라인 저널인 '*World History Connected*', 그리고 'H-World' 이메일 토론 그룹이다. 무대 A에 속하는 교육자들의 다수는 역사학자들이지만 WHA 회의, 하계강습, 연수회, 그리고 다양한 공동과제에는 이들 학자 이외에도 교사들, 출판업자들 그리고 대학의 교육학과 교수들이 일부 참여한다. 고등학교 교사들에게 무대 A의 주요 모임 장소는 지난 몇 년간 '세계사 대학학점 선이수제Advanced Placement World History' 프로그램이었었는데, 이 프로그램은 그 자체의 강습회, 웹사이트, 인쇄자료, 그리고 이메일 활동을 지원하고 있다.

무대 A에서의 토론은 인간사회 사이의 관계와 상호 작용의 역사, 그리고 특정한 나라나 문명을 가로지르고 뛰어넘는 변화의 유형, 세계를 배경으로 한 사회 연구, 그리고 지구의 다른 지역에서 일어나는 역사 현상에 대한 비교 등에 집중된다. 무대 A에 속한 사람들은 또한 세계화, 즉 지난세기의 현상만이 아니라 장기적 역사과정으로서의 사람들 그리고 사회 사이의 관계 형성을 탐구하는 경향이 있다.

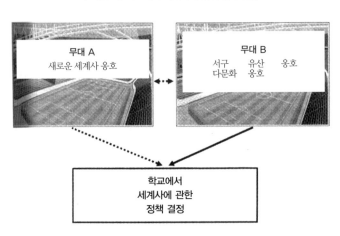

〈그림 4-1〉 학교에서 세계사에 관한 정책 결정

무대 A에 속하는 대부분의 사람들은 인류 전체의 통합적 역사를 구성하는 것보다는 제한된 시간과 장소의 틀 속에서 유형, 관계 그리고 비교를 탐구하는 데 관심이 있다. 반면에 그들은 국민국가나 문명과 같은 특정한 집단의 역사가 아니라 인류의 과거에 관한 광범위한 수준에서의 총체적 이해가 가능하다는 전제로부터 시작한다. 그리고 비공식적으로 "거대사Big History"라고 알려진 새로운 학문 분야를 중심으로 무대 A의 하위 집단이 형성되었다. 이 새로운 분야는 우리 인류의 역사를 전체 우주에 이르는 대규모 변화 속에 위치지우고 인류의 진화와 문화적 발전에 관한 근본적 질문을 던지는 과학적이면서도 인간적인 원칙들에 의존하고 있다(Christian 2004; Spier 1996; Stokes Brown 2007). 그러나 무대 A를 자주 찾아가는 모든 연구자들은 그가 거대사 Big-History를 하든지 안 하든지 현대 학문이 중요시 여기는 증거의 원칙에 따르는 것을 지향한다. 세계사 학자 패트릭 매닝Partick Manning은 이렇게 기술하고 있다.

> 세계사는 …… 우리 역사를 설명하는 하나의 공식이라기보다는 과거에 접근하는 일련의 접근방법들이다. 그것은 역사적 주제와 방법들을 모두 포괄하는 일종의 우산과 같은 것이다. 경계를 뛰어넘는 상호 연결에 초점을 맞춘다는 점에서는 모두 같기도 하지만 다양하고 심지어는 충돌하는 접근방법과 해석을 허용한다는 점에서는 전혀 다르기도 하다(Manning 2003, 375).

대체로 1960년과 1985년 사이에, 무대 A에서 활동하던 세계사의 선구자들이 이후 이 분야를 발전시키고 이끌게 되는 아주 독창적인 연구물들을 출판했다. 이들 중에는 윌리엄 맥닐William H. McNeill, 마셜 호지슨Marshal G. S. Hodgson, 레프텐 스타브리아노스Leften Stavrianos, 필립 커튼Philip Curtin, 알프레드 크로스비Alfred Crosby, 이마뉴엘 월러스타인Immanuel Wallerstein 등이 포함된다(Crosby 1972; Curtin 1984; Hodgson 1993; McNeill 1991; Stavrianos 1989; Wallerstein 1974~89).

WHA가 정착할 즈음인 1985년 이후 세계사에서의 저술의 수는 급격히 증가했다. 많은 책과 논문 중, 다음 네 편이 이 분야의 역사, 범위, 그리고 목표를 이해하는 데 특히 유용하다. 첫 번째는 제리 벤틀리Jerry Bentley의 작은 책자 *Shapes of World History in Twentieth-Century Scholarship*(1996)이다. 두 번째는 매닝Manning의 *Navigating World History*(2003)이다. 세 번째는 휴즈 웨링턴Hughes-Warrington이 편집한 *Palgrave Advances in World Histories*다. 그리고 마지막으로는 던Dunn의 *The New World History: A Teacher's Companion*인데 이것 또한 이 분야의 개념과 교수법에 관한 56편의 글을 담고 있는 편저다.

무대 B에서의 세계사

무대 A에서 전개되는 저술, 교육, 토론과 마찬가지로 반대편의 무대 B에 속한 교육자들과 정책 입안자들은 아주 독자적인 담론에 종사하고 있다. 그들의 토론 초점은 미국 이외 지역의 역사, 지리, 문화, 그리고 현대 문제와 관련한 주제를 포함하여 미국 학교에서 사회과 교육과정을 어떻게 운영할 것이냐 하는 것이다. 대부분의 주에서 사회과는 하나 이상의 세계사 과정을 포함하고 있다(간혹 "세계 문명" 혹은 "세계 문화"라고 부른다). 예컨대 캘리포니아 주의 교육과정을 보면 6, 7, 그리고 10학년 총 3년 동안 세계사를 배운다. 다른 몇 개의 주에서는 이와 대조적으로 세계사 혹은 외국에 관한 과목이 단지 선택 과목으로 개설되기도 한다. 교육 내용과 방법의 표준이 개발되고 실천됨에 따라 지난 10년 동안 대다수 주에서 중학교와 고등학교 세계사 교육과정이 변화했다.

무대 B에 속한 사람들은 특히 국가가 추구하는 가치와 목적의 표현인 역사와 사회과 표준에 아주 관심이 많다. 그래서 토론은 아주 정치적이다. 세계에 관한 어떤 지식과 이해가 최상의 시민을 양성할 것인가? 어떤 해석의 세계사를 학생들이 배워야 하고, 누가 그것을 만들어야 하나? 연방정부인가? 주인가? 닫혀 있는 교실 문 뒤에 있는 교사인가? 역사 교육은 주로 국가의 과거사와 관련된 국민적 동의를 성취하기 위해 노력해야 하는가 아니면 학생들에게 "공식적" 이야기에 도전하고, 정치적 권위에 의문을 제기하고, 역사의 관점에서 현대적 문제들에 답을 제시할 수 있는 비판적 사고 능력을 심어 주어야 하는가?

무대 B에서의 토론은 무대 A에서보다 더 통렬하고 보다 자극적이다. 왜냐하면 여기서는 주로 관련 위원회, 기관, 기부금, 입법 절차의 통제, 그리고 교과서 판매 등이 핵심 문제이기 때문이다. 게다가 이 안에서 다시 두 개의 아주 반대되는 지지자 집단이 형성되어서 장기적으로 대결적인 분위기를 만들어 냈다. 두 집단 중 한 집단의 주장은 학교에서 역사는 원칙적으로 서구의 정치적, 지적, 문화적 이상을 자라나는 세대에게 전달하여 미국에 대한 그들의 충성심을 강화해야 한다는 전제로부터 출발한다. 미국과 유럽 역사 그리고 누구나 동의하는 미국이 성취한 이야기에 중점을 두고 있는 미국 학교의 교육과정은 훌륭하다는 것이 이들의 주장이다. 왜냐하면 이런 교육과정은 국가의 통합에 기여하고 참여민주주의를 촉진하고 미국을 적대적인 계급과 민족-인종 집단으로 나누려는 사회적 요소들에 대적하기 때문이다. 전 교육부 장관 윌리엄 베넷William Bennet과 이 견해 지지자들에 따르면 미국이 가지고 있는 유럽적인 정치, 철학, 문학, 그리고 미적 유산은 "이 다원적 국가를 함께 묶어 주는 일종의 접착제"다. 교육은 서구의 문명 유산에 관한 심층 탐구를 베풀어야 한다는 생각을 전개하는 다른 전문가에는 폴 가년Paul Gagnon(1987), 다이앤 래비치 Diane Ravitch(2004), 길버트 시월Gilbert Sewall(2004), 그리고 조나단 버락Jonathan Burack(2003, 40~69) 등이 포함된다.

이념적으로 보수적인 주지사, 입법가, 그리고 공공기관의 장들은 보통 공교육이 애국심과 "서구적 가치들"을 학생들에게 주입하고 민주주의적인 문화와 민주주의적이지 않은 문화 사이의 차이를 강조해야 한다고 주장한다. 가장 자유주의적인 정치가들조차도 국가주의 이념의 기본을 지지하기 때문에, "서구를 축소"하거나 혹은 미국사를 세계사에 통합하는 것을 지지하는 듯한 내용의 교육 방안을 외면한다.

무대 B의 서구 유산을 지지하는 교육자, 언론 비평가, 정치인, 그리고 싱크탱크 기관 종사자들이라고 해서 세계사 교육과정이 전적으로 유럽사, 그리고 유럽의 고대 지중해 역사에만 한정되어야 한다고 주장하는 것은 아니다. 그들은 "다른 문화들"에 관한 학습이 학교 수업 시간을 너무 많이 차지해서는 안 되며 두 개 혹은 세 개 정도의 "비서구 문화"에 초점을 맞추어야 한다고 주장하는 편이다. 서구 유산을 지지하는 집단에 속하는 대부분의 사람들은 조나단 버락이 "모든 문화를 평등하게 다루는 운동"이라고 부르는 것을 거절하는 것이며 (Jonathan Burack 2003, 43, 65, 66), 유럽의 정치와 문화사가 적어도 과거 500년간의 모든 인류의 역사를 조직하는 데 설득력이 있고 편리한 모티브를 만들어 준다는 데 있어서는 그의 의견에 동의한다.

무대 B의 다른 한쪽에는 다문화주의 교육자들이 있다. 교육대학의 교수들, 전국사회교과협회NCSS(National Council for the Social Studies)

지도자들, 대학생 수준의 역사가, 그리고 문화적 다양성, 사회정의, 국제적 감각을 지지하고 광란적이고 배타적인 국가주의를 믿지 않는 경향이 있는 다양한 공공기관 종사자들이 이쪽에 속하는 두드러진 사람들이다. 이 집단은 다문화적인 관용, 엄격한 도덕적 평가에 반대되는 의미인 동정심, 현대사회의 국제적 이슈에 대한 비판적 연구를 강조하고 다양한 과거 문명을 교육과정에 포함하려는 사회과 교육을 옹호한다. 서구의 문화 유산을 강조하는 집단은 현대 미국의 이상으로부터 세계사 논의를 시작하는데, 이들에게 미국 문명의 기원은 시간적으로 서구 유럽, 로마, 그리고 그리스로 거슬러 올라간다고 본다. 반면에 보다 자유주의적인 다문화주의자들은 미국이 다양한 민족적-인종적 집단으로 구성된 것으로 보고 있으며, 그 문화적 근원은 유럽뿐만 아니라 라틴아메리카, 아프리카 그리고 아시아까지로 확대된다.

두 무대 사이의 신호등

무대 B에 속하는 서구 유산 우월주의자와 다문화주의자 집단은 무대 A에서 벌어지는 토론을 대체로 무시해 왔다. 그들은 에너지를 자기들끼리 논쟁하는 데 집중했다. 토마스 B. 포담 재단Thomas B. Fordham Foundation의 보고서 〈테러리스트, 폭군, 그리고 민주주의: 우리 아이들이 알아야 하는 것Terrorists, Despots, and Democracy: What Our Children Need to Know〉은 다문화주의자들에 대한 공격의 최근 사례다. 이 보고서에서 윌리엄 데이먼William Damon은 "학교 교육과정을 '다문화주의'라는 이름으로 전염시키고 있는 의도는 좋지만 지적으로는 파괴적인 도덕적 상대주의를 포기해야만 한다"고 쓰고 있다(William Damon 2003, 34~36). 사회과 교육자들은 이런 의견에 격렬하게 도전해 왔다. 예를 들면 루이스 우리에타Luis Urrieta는 2003년에 나온 〈사회과는 어디가 잘못 되었나?Where Did Social Studies Go Wrong?〉이라는 포담 재단 보고서가 "비합리적이고 근시안적이며, 뿌리 깊은 문화적 헤게모니 이념에 바탕을 둔 하나의 선동적 과제"라고 규정하고 있다. 여기서 말하는 문화적 헤게모니 이념이란 사회과 교육과정을 이용해 문화적 헤게모니 체계를 유지하고 되살리려는 시도라고 볼 수 있다(Luis Urrieta 2005, 189).

그럼에도 불구하고 이 두 집단은 상대방의 이념적 입장을 아주 잘 이해하고 있고, 기본적으로는 동일한 토론 용어를 갖고 있다. 양 측은 세계사를 기본적으로 다른 "문화들"에 대한 학습으로 보는 경향이 있는데, 여기에서 문화란 동질성을 지닌 실체로서 그리고 역사적 탐구의 자연적 단위로서 이해된다. 이런 전제에 따르면, 보통 "문명"과 동의어로 이해되고 있는 문화란 특정한 단위 집단에 내재된 작동 원리로부터 나오는 명료하고, 아주 고유한 전통을 지니고 있다. 문화는 인격화되어, 이런 혹은 저런 신념을 지니고 이런저런 행동을 하는 존재가 된다.《문명의 충돌: 세계질서의 재편Clash of Civilization: the Remaking of World Order》의 저자인 사뮤엘 헌팅턴Samuel Huntington은 자연적으로 존재하고 역사적 힘을 가지고 있는 존재로서 서구 문명이라는 개념을 명료하게 표현하고 있다:

서구 문명은 다른 문명과는 다르다. 발전한 방식이 아니라 그것이 지닌 가치관과 제도의 성격에서 명확하게 다르다. 서구 문명의 특징으로는 기독교 정신, 다원주의, 개인주의, 그리고 법치주의가 대표적이다. 이런 것 때문에 서구 사회가 근대화를 성취하고 세계로 뻗어 나가고, 다른 모든 사회의 부러움의 대상이 되도록 만들었다(Samuel Huntington 1998, 311).

그러나 간혹 다문화주의 지지자들은 교육과정에 여러 문화를 폭넓게 포함하자는 주장을 하면서도 본질주의적 입장을 취하기도 한다. 예컨대 어떤 교육자는 "모든 문화는 그 자체의 내적 일관성, 통일성, 그리고 논리"를 지니고 있으며 "어떤 문화도 다른 문화보다 더 낫거나 못하지 않다"고 서술하고 있다. 사실, 모든 인류학자들은 문화가 "일관성, 통일성, 그리고 논리"를 지닌 폐쇄적 체제라는 생각을 이미 포기했다. 그리고 "더 나은가 더 나쁜가"와 같은 질문은 오직 특별한 경우—더 나은 혹은 더 나쁜 지도자, 결정, 정책, 관습, 기술 역량 등에만 적용될 수 있다. 문화를 실체로서 비교한다는 생각은 버팔로가 볼티모어보다 더 좋은가 혹은 덴버가 디트로이트보다 더 나쁜가라는 질문과 유사하다. 이런 비교 질문들은 특별한 요소들과의 관계 속에서만 의미를 갖는다.

무대 B에 속하는 두 주장 어느 쪽도, 특정한 명칭을 지닌 문명들의 업적, 속성, 그리고 차별성에만 집중하는 본질적으로 반역사적인 ahistorical 탐구와는 크게 다른, 즉 전 세계 속에서의 장기적이고 단기적인 변화에 관한 탐구로서의 성격을 지닌 세계사를 잘 이해하고 있는 것 같지는 않다. 서구 유산 중심주의자들은 세계사 교육이 언제나

"모든 문화는 동등하다"는 전제에서 출발하는 것으로 생각하는 것 같다. 그렇지만 내가 아는 무대 A에 속하는 어떤 학자나 교사도 그런 상식 이하의 전제에 동의하지는 않는다. 50개 모든 주의 세계사 표준을 검토하여 작성한 포담 재단 보고서 〈주 세계사 표준의 상황 2006 The State of State World History Standards 2006〉은 세계 여러 민족의 경험을 포함하는, 그리고 학생들이 "자신 있게 다문화 환경 속에서 길을 찾을 수 있게" 도와 주는 그런 교육과정을 강하게 지지하는 입장을 취하고 있다(Mead, Finn & Davis 2006, 5). 그러나 이 보고서는 지난 수십 년간의 세계사 연구나 방법과 관련된 토론을 의식하지는 못하고 있는 것 같다. 제리 벤틀리Jerry Bentley는 이렇게 서술하고 있다. 학교 세계사에 관해 서술하는 정치적 보수주의자와 우익 복음주의자들은 "세계사에서의 대규모 이민, 문화 간 거래, 생물학적 전파, 기술적 이전, 그리고 문화 교류와 같은 초지역적이고 지구적으로 벌어진 역사과정이 갖는 강력한 영향력을 입증해 준 지난세대의 학술적 성과를 너무 쉽게 무시하고 있다"(Jerry Bentley 2005, 62~63). 그의 주장이 확실히 옳다. 내 생각으로는 다문화 교육과정을 선호하는 많은 사회과 교육자들 또한 세계사 연구 성과와 잘 연계되는 것 같지는 않다. 그들이 초지역적이고 지구적인 변화 유형에 관한 연구에 반대하기 때문이 아니다. 다른 요인들이 작용하고 있다. 어떤 교육자들은 문화적 성격의 주제에 지나치게 경도되어 있어서 좀 더 큰 규모의 역사적 문제들을 생각할 시간적 여유나 경향이 없다. 역사는 일반적으로 사회과학 과목들, 특히 현대적 문제를 다루는 과목보다 학교 수업 시간을 덜 배정받

아야 한다고 믿는 교육자들도 있다(Evans 2004, 175).[1]

가장 중요한 것은, 미국사 이외의 역사에 관한 사전교육을 거의 받지 못한 대부분의 사회과 교사들은 별도의 학문 분야로서 세계사에 관해 스스로 공부할 시간도, 자원도 없다는 것이다. 이들 중 일부는 어떤 역사 교육도 받은 적이 없다. 직업 훈련의 기회가 있지만, 지난 6년간 미국사 교사들의 전문성 신장을 위해 연방 교육부가 투자한 6억 8천만 달러와 비교해 보면 정말 보잘것없는 수준이다. 이와는 대조적으로 미국 의회는 세계사 교사들을 돕기 위해 단 10센트도 배정한 적이 없다. 국회는 "무대 B" 정신을 갖고 있는 듯하다. 그들은 학교에서 가르치는 세계사를 다문화주의자 혹은 세계주의자들의 목표를 달성하기 위한 도구로 생각한다. 유권자들은 다문화주의자 혹은 세계주의자를 문화적으로 조화를 파괴하려는 극단적 좌익이라고 여길 수도 있다.

주 세계사 표준: 무대 B에서의 노력

지난 30년 이상, 역사와 사회과학 교육과정과 관련된 대부분의 공공정책과 입법은 무대 B에서 협의되거나 실천되었다. 미국을 결속하기보다는 분열시키는 데 기여하는 학교정책을 지지하지 않는 중도파 혹

---

[1] 에반스Evans(2004)는 역사가 사회과 교육과정에서 너무 큰 부분을 가져갔다고 주장한다. 물론 그는 정치적 우파의 지지를 받는 "전통적 역사"와 대부분의 역사학자의 지지를 받는 탐구중심의 접근방법 사이를 분명히 구분하지는 않고 있다. 그의 책은 세계사에 관한 어떤 명료한 토론도 포함하고 있지 않다.

은 자유주의 정치인들의 성향은 물론, 많은 주 의회와 정부의 보수주의적 경향 때문에 서구 문화 유산 옹호자들은 다문화주의자들보다 교육기관에서 강한 목소리를 내 왔다. 그렇지만 다문화주의자들은 정치적으로는 경건하고 지나치게 유럽중심적인 교육과정에 대해 끊임없이 비판해 왔다. 그들은 학급에서 아프리카, 히스패닉, 아시아, 아메리카 원주민의 오랜 문화를 똑같이 다룰 것을 요구하고 있다. 결과적으로 많은 주에서 비록 묵시적이고 간접적이기는 해도 양 측은 세계사 표준의 전제와 구성에 관해 타협안을 이루어 냈다. 가장 눈에 띄는 것은 캘리포니아, 조지아, 매사추세츠, 미네소타, 버지니아 주의 경우인데 이들 주에서 세계사 표준은 단지 애매한 원칙들이 아니라 중요한 역사적 내용을 일일이 열거하고 있다.

이러한 타협안은 주에 따라 다양했고, 몇몇 경우에는 꼭 세계사 학자는 아니더라도 역사학자들은 전체적으로 부정확하고, 오해를 불러일으키기 쉽거나, 아니면 수준이 낮은 역사 표준의 출판을 막기 위해 개입하기도 했다. 미네소타가 한 사례다. 그럼에도 불구하고 주의 역사 표준들은 대체로 일정한 특성들을 공유하는 경향이 있다. 이런 특성들은 교육 분야의 이익 집단들이 출판한 역사 표준에 잘 나타나고 있는데, 대표적인 사례가 역사교육전국평의회National Council for History Education에서 펴낸 소책자 세계사 교육과정의 건설Building a World History Curriculum(1997)이다.

첫째, 모든 이들 지침들은 아프리카, 아시아, 라틴아메리카에 관한 내용을 포함하고 있지만, 이 지침들은 한결같이 세계사를 문명(혹은 지역)별로 구성하고 있고, 각 단원은 그 자체의 역사적 연표를 수록하고 있다. 결과적으로 문명권이나 통상적인 지역을 가로지르는 역사적 발전은 관심을 적게 받는다. 표준에 포함된 지역 경계를 넘어 발생한 사건은 실크로드나 몽골제국처럼 보통 고대 혹은 중세와 관련되어 있다.

둘째, 역사 표준은 전근대 시대의 많은 문명과 지역에서 벌어졌던 이야기와 그들이 이룬 문화적 업적을 다룬다. 그러나 학생들이 일단 1,500년 전 세계의 여러 지역에 위대한 문명들이 있었다는 것을 배우고 나면, 장면은 바로 유럽으로 옮겨 간다. 그런 다음에는 1500년부터 약 1950년대까지는 유럽을 심층적으로 다룬다. 1950년대에는 "새로운 국가들의 등장"으로 다시 한 번 세계의 다른 지역에 대해 약간의 관심을 갖게 된다. 따라서 세계의 발전이 인간 생활에 보다 큰 영향을 미치게 되는 이 450년 동안은 유럽과 그 내부적 발전, 그리고 해외 진출이 주로 세계사를 대신하게 된다. 인디애나 주 세계사 표준의 주요 표제들은 이런 접근 방식의 전형이다.

1. 인류 사회의 시초
2. 초기 문명: 기원전 4000년에서 1000년까지
3. 그리스와 로마의 고대 문명: 기원전 2000년에서 기원후 500년까지
4. 아시아, 아프리카, 아메리카의 주요 문명, 국가, 그리고 제국들: 기원전 1000년에서 기원후 1500년
5. 중세 유럽과 서구 문명의 성장: 500년에서 1500년까지
6. 유럽에서의 르네상스와 종교혁명, 그리고 서구 문명의 발전: 1250년에서 1650년까지

7. 세계적인 탐험, 정복, 그리고 식민지 건설: 1450년에서 1750년
 까지

8. 과학, 정치, 산업혁명: 1500년에서 1900년까지

9. 제국주의: 1750년에서 1900년까지

10. 국제적 갈등, 도전, 대결, 그리고 변화의 시대: 1900년에서 현대
 까지

11. 역사 연구

(Indiana Department of Education. (n.d.).

http://www.doe.state.in.us/standards/HS-SocialStudies.html).

주 세계사 표준의 세 번째 공통점은 기획과정과 관련된다. 몇몇 예
외가 있기는 하지만, 세계사 표준의 집필에는 세계사를 하나의 새로운
연구 분야로, 그리고 과거에 대한 독자적인 탐구 방식이라고 진지하게
생각하는 사람들이 많이 참여하지 않는다. 그보다는 주의 교육 분야
관료들이 무대 B를 방문해서 자유컨설턴트들, 교사들, 그리고 교육과
정 기획가들을 모아 내부 위원회를 조직하는데, 이들은 대부분 세계사
를 "다른 문화"에 대한 학습으로 보는 사람들이다. 결과적으로 이렇게
만들어지는 세계사 표준은 지난 25년간 이루어진 세계사 분야에서의
생생하고 획기적인 연구들을 거의 고려하지 않게 되는 것이다.

이런 연구의 예를 하나만 들자면, 무대 A에서 활동하는 학자들은
세계를 아우르는 경제가 16세기에 나타났고, 이후 이런 경제는 교통
의 발달, 상업 교류, 그리고 상품 생산으로 인해 점차 복잡해져 갔으
며, 마찬가지로 경제가 세계 모든 사회에 미치는 영향도 커져 갔다는

것을 알고 있다. 그 이전 5000년의 시간과 비교해 보면, 이런 변화가 갖는 가장 중요한 측면은 생산, 무역, 기술 혁신의 중심부로서 서유럽이 놀라울 정도로 갑자기 등장했다는 것이다. 이렇게 시작된 세계 경제의 뒤얽힘 현상, 그리고 이어서 16세기부터 20세기 사이에 벌어진 세계 경제와 군사력 중심의 이동은 우리가 살고 있는 현 세계를 이해하는 데 아주 결정적으로 중요한 주제다. 공간적으로나 시간적으로 범위가 넓은 이런 주제는 수업 시간에 여러 흥미로운 질문을 가지고 검토해 볼 만한 주제임에 틀림없다.

- 동양과 서양 사이의 식용식물의 교류는 세계 경제의 성장에 어떤 영향을 미쳤는가?
- 서아프리카 국가들은 왜 아메리카의 농장으로 수출하기 위해 사람을 파는 것을 자신들의 이익이라고 생각했는가?
- 왜 18세기에 세계 인구가 급증하기 시작했는가?
- 증기기계 산업이 왜 중국이나 인도가 아니라 영국에서 처음으로 발전했는가?

많은 세계사 학자들이 현대 세계 경제의 탄생과 발달에 관해 서술했다. 그리고 여러 학자들이 학술적이면서도 독자 친화적인 책과 논문을 집필했는데, 이런 책을 교사, 교과서 출판업자, 교육과정 전문가, 그리고 세계사 표준 서술자들이 읽음으로써 문명별로 세계사를 서술하거나 유럽중심으로 역사를 서술함으로써 잘 보이지 않게 된 보다 큰 역사적 흐름을 잘 드러나게 해 주는 수업자료를 만들도록 도울 수 있었다(Christian 2004; Crosby 1986; Goldstone 2008; Marks 2007; McNeill & McNeill 2003). 그러나 불행하게도 각 주의 세계사 표준과 대부분의 중고등학교 교과서는 이제까지 이런 차원 높은 질문들을 외면해 왔다. 왜냐하면 이런 질문들은 세계의 어느 특정 부분이 아니라 전세계를 탐구의 핵심 영역으로 삼고 접근해야 하기 때문이었다. 예를 들면, 유럽이 강력한 경제, 기술, 그리고 군사력으로 세계사에 등장하는 것을 설명하는 방법으로는 유럽 내부에서의 변화만을 주로 연구하거나 혹은 서구적 "핵심 가치"를 주로 고려하는 것이 교육적으로 더 쉬울 것이다. 그러나 그런 접근방법은 설득력 있는 답을 제공할 수는 없다. 왜냐하면 너무나도 많은 세계적 규모의 요소들과 변수들, 그리고 영향력들을 무시하고 있기 때문이다.

인류의 세계사를 만들려면

무대 B에 속하는 교육자들 사이의 타협으로 만들어진 교육과정 모델은 고등학교 졸업생들이 지극히 복잡해진 세계 속에서 살아가는 데 필요한 준비를 할 수 있도록 하기에는 충분하지 않다. 따라서 학교 교육은 메소포타미아 혹은 어떤 다른 특정 "문화"가 아니라 세계 그리고 인류로부터 출발해야 한다. 그렇다고 해서 특정 사회에서 벌어진 일을 학습하는 것이 중요하지 않다는 것은 아니다. 모든 사회는 끊임없는 가변성의 상태에 있고 특정한 사회에 관한 이야기는 더 큰 시간과 공간이라는 문맥 속에 끼워 넣어져야 한다는 것을 학생들이 이해해야 한다는 것이다.

무대 B에서 활동하는 사람들은 아마도 새로운 세기에 맞는 세계사 교육과정을 만들어 내기 위해 스스로 많은 노력을 하지는 않을 것이다. 따라서 무대 A에서 활동하는 교육자들이, 이상적으로는 WHA이 주도하여, 정책 결정과정에서 스스로 좀 더 영향력을 행사하기 위해 노력해야 할 것이다.

무대 A 교육자들이 "새로운 세계사"라고 부르는 것을 만들어 내는 데 있어서 어떤 중요한 진척을 이미 이루었는가? 실제로 이루었다. 첫째, "국가 역사 표준National Standards for History"을 개발하기 위한 1990년대 중반의 프로젝트는 바로 교사, 학자, 그리고 대중적 이익 단체들의 거대한 협력작업이었고, 이 프로젝트에는, 기존의 주별 역사 표준 프로젝트와는 달리, 미래 지향적인 세계사 전공자들 다수가 참여했다. 이 연구팀은 특정 사회의 연대기적 역사가 아니라 세계 속에서의 변화의 역사를 지향하는 방식을 보여주었다. 그러나 우익 인사들은 미국과 서양의 정치 영웅들, 제도들, 그리고 역사적 문서들이 갖는 의미를 충분히 드러내지 못했다는 이유로 이 역사 표준에 대해 지속적이고 기본적으로 믿기 어려운 공격을 했다. 이 공격은 "전국인문학기금National Endowments for the Humanities and Arts"과 연방정부 교육부를 폐지시키기 위한 공화당의 "미국과의 계약Contrast with America"(1994년 미국 의회 중간선거에서 공화당이 발표한 선거 캠페인 문서로서 미국 보수층의 이념을 담은 대표적 문서-옮긴이) 전략의 한 영역이기도 했다. 결과적으로 합중국의 어느 한 주에서도 감히 이 표준을 자기 주의 표준을 작성하기 위한 모형으로 받아들이지 않았다. 그럼에도 불구하고 이 국가 표준은 몇 개 주의 미국 및 세계 역사 표준의 구성과 내용, 그리고 다른 많은 교육과정 작성 프로젝트에 중요한 영향을 미쳤다(Nash, Crabtree & Dunn 1997; Symcox 2002).

둘째, 보다 더 의미 있는 성공 사례는 "대학과목 선이수제AP(Advanced Placement)" 프로그램에서 세계사 과목의 획기적 성장이다(Advanced Placement 제도는 고교생이 대학 수준의 교육과정을 대학 입학 전에 미리 이수하고, 이를 일정한 절차를 거쳐 학점으로 인정할 수 있도록 하여 고교와 대학 교육 간의 학습의 연계성 및 수월성을 추구하는 프로그램-옮긴이). 세계사 과목의 AP시험 응시 인구가 프로그램 도입 첫 해인 2002년의 2만 1,000명 내외에서 2007년에는 10만 명 이상으로 증가했다. AP세계사를 개발한 대부분의 역사학자들은 무대 A에 자주 출입한다. 결과적으로 AP세계사는 여러 문명별 연표가 아니라 단일한 연표를 채택하고 있으며, "주요 사회 간의 비교뿐 아니라 지구적 차원에서 발생하는 변화의 성격, 그리고 변화의 원인과 결과를 강조한다"(The College Board 2007, 3). AP프로그램은 수천 개의 고등학교에 세계 역사를 보는 하나의 통합적 접근방법을 소개한 셈이다. 즉 대부분의 주 역사 표준과 중등학교 교과서에 깃들어 있는 문화주의자 모형(대표적인 문명 혹은 문화권별로 역사를 설명하는 방식-옮긴이)에 대한 하나의 대안을 제시한 것이다. AP프로그램 개발자들이 보통 NCSS 회의에 참가하고, 그 프로그램이 세계사 분야 학자들과 국제적이고 다문화적 시각을 지닌 교육자들이 만나는 장으로서의 역할을 한다.

그러나 서구 유산을 강조하는 교육자들은 AP세계사를 밑받침하고 있는 접근 방식에 저항해 왔다. 무대 B에서 서구 유산을 강조하는 그

룹의 대표적 학자인 조나단 버락Jonathan Burack은 포담 재단의 한 보고서에서 AP세계사가 "지구촌 교육이념global educational ideology을 촉진함으로써 세계사 교육 분야에 해로운 경향을 강화할 수 있다"(Jonathan Burack 2003, 42)라고 경고한 바 있다. 이런 공격을 통해 그는 하나의 학문 분야인 세계사와 이른바 상상 속의 급진적 다문화주의를 뒤섞어 버리는 흔해빠진 극단적 국가주의 전략을 전개하고 있다. 그는 급진적 다문화주의를 교육과정의 일관성을 무시하고 서구 문명의 중요성을 축소하려는 의도를 지닌 집단으로 여기고 있다.

모든 문화를 평등하게 다루겠다는 의도는 이 과목에 불가능할 정도로 넓은 범위를 부과함으로써 서술 범위 설정을 더욱 어렵게 만든다. 게다가 서구에 대한 내용을 제한함으로써 이 과목은 세계 역사, 적어도 지난 500년간의 세계 역사에서 하나의 통일된 원리인, 이름 그대로 세계사에서 서구의 중추적 역할을 가르쳐야 한다는 사명을 거부하고 있다(Jonathan Burack 2003, 43).

사실 AP세계사도 "모든 문화를 동등하게 취급"하자고 주장하는 것은 아니다. 실제로 이 프로그램은 "문화들을 취급cover cultures"한다는 태도 자체를 결코 바라지 않는다. 게다가 지난 25년간의 연구를 통해 유럽이 1500년 이래 세계에서 "중심적 역할"을 했다는 통상적인 믿음은 이미 사라졌다. 아메리카 대륙을 제외하고, 유럽의 세계 지배는 19세기에나 성취되었다. 세계 어디에서나 목격되는 경제적 성장, 사회 진보, 혹은 민주주의 실험 등 모든 발전 징후를 자동적으로 "서구화"

의 확산 증거라고 인식하는 본질주의적 관점을 지닌 사람들은 서구의 지배가 지난 수십 년 동안에도 지속되어 온 것으로 여길 수 있다. 이런 경우에 "서구"는 몸집이 확장되는 유기체나 마찬가지다. 포담 재단의 2006년 보고서인 "주 세계사 표준의 상황The State of State World History Standards"이 AP세계사를 하나의 훌륭한 프로그램으로 평가하고 취약한 표준을 가지고 있는 주들에게 이것을 중심으로 세계사 표준을 새로 세울 것을 권고했다는 사실을 강조하고 싶다.

현재 개발 중에 있는 세 번째 세계사 프로젝트는 "모두를 위한 세계사World History for Us All"로서 중고등학교의 세계사를 위한 웹 기반 모범 교육과정이다. "세계사 국가 표준National Standards for World History"에서 영향을 받은 이 프로젝트는 샌디에고주립대학San Diego State University과 캘리포니아대학 로스앤젤레스 캠퍼스UCLA(University of California at Los Angeles)의 "학교역사교육전국센터National Center for History in the Schools"의 협동 과제다. 이 프로젝트는 주마다 새로운 표준을 만들고 있는데 이 표준들이 세계사를 문화 연구로 보는, 실로 1970년대에나 적합할 듯한 개념을 지니고 있다는 염려에서 출발했다. 무료 접속 사이트인 "World History for Us All"(http://worldhistoryforusall.sdsu.edu)는 두 개의 핵심 요소로 되어 있다. 첫째는 지표가 될 만한 사상, 목표, 주제, 그리고 역사 시기에 관한 개념적 틀이다. 두 번째는 이런 지배적인 개념구조에 연결되어 있는 풍부한 단원, 과, 활동, 핵심 문서, 그리고 사료들이다. "World History for Us All"은 아홉 개의 "큰 역사시대"로 구성된 통일된 연표를 가지고 있다. 이렇게 한 이유는 교육자들로 하여금 세계사를 하나의 분명한 탐구 방식, 신석기시대로부터 오늘날까지 교실에서 다루어지는 모든 학습 주제에 대한 하나의 접근방법으로 생각하도록 도와주기 위해서다. 또한 학생들로 하여금 특정한 학습 주제를 더 큰 역사적 현상에 연결하도록 가르친다면 그들은 역사를 보는 더 큰 능력을 갖게 될 것이기 때문이다. "World History of Us All"은 계속 발전해 가고 있으며, 전국의 교사들은 가치 있는 것을 찾으려고 그곳을 뒤지고 있다.

앞에 놓인 길

메이저리그 풋볼이나 야구팀에 견주어 말하면, 미국 젊은이들의 역사와 세계에 대한 이해 향상에 헌신하고 있는 교육자들은 지금까지 설명한 두 개의 오래된 운동장을 대체할 수 있는 새롭고 더 큰 경기장을 짓기 위한 운동을 벌여야 한다. 이 새 경기장에는 세계사 학자들, 다문화주의자들, 지구학 지지자들, 그리고 강한 역사 교육이 우리 자본주의 세계에서 중요하다고 단순하게 믿고 있는 보수적 교육자들이 모두 동참해야 할 것이다. 세계 정부를 세우려 하거나 민족국가를 훼손하려는 것이 아니고, 단지 지구에 살고 있는 모든 사람들은 같은 역사를 공유하고 있다는 것을 인정하면서 말 그대로 인류의 역사를 탐구하자는 것이다. 지금까지의 발전은 대부분 대륙, 지역, 사회, 국가라고 하는 한계 안에서 이루어져 왔다. 그러나 이처럼 끝없이 변화하는 인간 집단들은 언제나 이 둥근 지구의 부분들로 남아 있을 것이다.

● 참고문헌

Bennet, W. (1984). To reclaim a legacy: A report on the humanities in higher education. Washington, DC: National Endowment for the Humanities.

Bentley, J. H. (1996). *Shapes of world history in twentieth-century scholarship*. Washington, DC: American Historical Association.

Bentley, J. H. (2005). Myths, wagers, and some moral implications of world history. *Journal of World History* 16(1), 62~63.

Burack, J. (2003). The student, the world, and the global education ideology. In Leming, J., Ellington, L., & Porter, K. (Eds.), *Where did social studies go wrong?* (pp. 40~69). Washington, DC: Thomas B. Fordham Foundation.

Christian, D. (2004). *Maps of time: An introduction to big history*. Berkeley: University of California Press.

The College Board. (2007). *College Board AP World History Course Description, May 2008, May 2009*. New York: The College Board.

Crosby, A. W., Jr. (1972). *The columbian exchange: Biological and cultural consequences of 1492*. Westport, CN: Greenwood Press.

Crosby, A. W. (1986). *Ecological imperialism: The biological expansion of Europe, 900~1900*. Cambridge, England: Cambridge University Press.

Curtin, P. D. (1984). *Cross-cultural trade in world history*. Cambridge, England: Cambridge University Press.

Damon, W. (2003). From the personal to the political. *In terrorists, despots, and democracy: What our children need to know* (pp. 34~36). Washington, DC: Thomas B. Fordham Foundation.

Dunn, R. E. (Ed.). (2000). *The new world history: A teacher's companion*. Boston: Bedford St. Martin's.

Evans, R. W. (2004). *The social studies wars: What should we teach the Children?* New

York: Teachers College Press.

Gagnon, P. (1987). *Democracy's untold story: what world history textbooks neglect*. Washington, DC: American Federation of Teachers.

Goldstone, J. A. (2009). *Why Europe: The rise of the West in history*. Boston: McGraw-Hill.

Hodgson, M. G. S., & Burke, E., III. (Eds.). (1993). *Rethinking world history: Essays on Europe, Islam, and world history*. Cambridge, England: Cambridge University Press.

Hughes-Warrington, M. (Ed.). (2005). *Palgrave advances in world histories*. New York: Palgrave.

Huntington, S. P. (1998). *The clash of civilizations and the remaking of world order*. New York: Touchstone Books.

Indiana Department of Education. (n.d.). *World history and civilization. Indiana's Academic Standards*. Indiana Department of Education. Retrieved from http://www.doe.state.in.us/standards/HS-SocialStudies.html

Manning, P. (2003). *Navigating world history: Historians create a global past*. New York: Palgrave Macmillan.

Marks, R. B. (2007). *The origins of the modern world: A global and ecological narrative from the fifteenth to the twenty-first century* (2nd ed.). Lanham, MD: Rowman & Littlefield.

McNeill, W. H. (1991). *The rise of the West: A history of the human community: With a retrospective essay*. Chicago: University of Chicago Press.

McNeill, J. R., & Mc Neill, W. H. (2003). *The human web: A bird s-eye view of world history*. New York: Norton.

Mead, W. R., Finn, C. E., Jr., & Davis, M. A., Jr. (2006). T*he state of state world history standards*. Washington, DC: Thomas B. Fordham Foundation.

Nash, G. B., Crabtree, C., & Dunn, R. E. (1997). *History on trial: Culture wars and the teaching of the past*. New York: Vintage Books.

Natoonal Council for History Education. (1997). *Building a world history curriculum*.

Westlake, OH: Author.

Ravitch, D. (2004). *A consumer' s guide to high school history textbooks*. Washington, DC: Thomas B. Fordham Foundation.

Sewall, G. (2004). *World History Textbooks: A Review*. New York: American Textbook Council. Retrieved from http://www.historytextbooks.org.

Snow, C. P. (1993). *The two cultures*. London: Cambridge University Press.

Spier, F. (1996). *The structure of big history: From the big bang until today*. Amsterdam: Amsterdam University Press.

Stavrianos, L. S. (1989). *Lifelines from our past: A new world history*. New York: Pantheon Books.

Stokes Brown, C. (2007). *Big history: From the Big Bang to the present*. New York: New Press.

Symcox, L. (2002). *Whose history? The struggle for national standards in American Classrooms*. New York: Teachers College Press.

Urrieta, L., Jr. (2005). The social studies of dominion: Cultural hegemony and ignorant activism. *The Social Studies*, 96, 189.

Wallerstein, I. (1974~89). *The modern world system*, 3. New York: Academic Press.

2부

전통적인 교육과정의 지속

5

과거에 대한 동경:
재미있고 효과적인
학교 역사 교육과정을 설계하기 위한
유럽 역사 전문가들의 노력

_ 조크 반 델 리우-루드Joke van der Leeuw Roord
네덜란드 역사교사. 유럽역사교사모임EUROCLIO의 창립자이며 회장. *History Changes,
Facts and Figures about History Education in Europe since 1989*(2004)의 편자.

이 장에서는 1989년 이후 역사 교육과정의 변화와 관련된 논쟁을 보는 유럽의 관점을 소개한다. 유럽 전역의 정치가들, 역사가들, 그리고 언론까지 학생들의 역사 지식 부족에 대해 거듭된 비판을 쏟아 냈다. 그러나 구세대의 역사 지식이 더 우수했는지에 관해 정확한 지식은 거의 없다. 유럽의 다양한 사례들을 보면 이런 "과거에 대한 동경"이 어떻게 2008년 현재까지 역사 교육과정의 기본형태에 영향을 미치는지를 알게 된다. 결국 국민국가 단위의 역사에 대한 집중을 초래했는데, 이러한 방식은 역사 지식이 의미 있고 중요하다는 사실을 대중과 학생들에게 심어 주는 데 실패하게 만들었다. 교육과정의 개발과 학생의 지식 수준 향상이라는 전혀 다른 것을 심각하게 혼동함으로써 유럽, 그리고 그 밖의 지역에서 혁신적 교육과정은 더욱 방해를 받고 있다. 결국 연대기적인 역사 서술 방식들이 혁신적 접근 방식에 방해가 된다는 주장을 불러일으키는 결과를 가져왔다. 유럽에서의 역사 교육과정은 결국, 젊은층이 이런 세계화 시대에 대처해야 할 필요성에 적극적으로 부응하려 하기보다는, 1989년 이래 거의 변화하지 않고 오히려 여러 나라에서는 국가중심 역사 서술의 증가를 보여주고 있는 실정이다.

우리는 이해하기 어려운 지식을 회피하기 위해 어떤 인습적 생각에 매달리는 경향이 있다. 대표적인 것이, 가능성이 별로 없음에도, 미래는 과거를 닮을 것이라고 가정하는 습관이다.

-케인즈Keynes(1937)

역사가들은 과거에 대한 자신들의 해석을 확정적 증거에 의거한다. 그러나 과거 세대들이 지니고 있었던 역사 지식의 질을 생각해 본다면, 그들의 의견이 어떤 증거에 의거하고 있었다고 하기는 어렵다: 그들의 생각은 주로 가정에 기초하고 있었을 뿐이다. 내가 1963년에 열세 살짜리 학생들과 함께 네덜란드의 한 체육관에서 들었던 역사 수업에 대한 기억을 떠올려 보자. 정식 역사 교사가 심각하게 아팠기 때문에 아직 대학에 재학 중이던 젊은 교사가 수업을 대신하고 있었다. 교실 맨 앞에는 두 명의 학생이 선생님의 재미있는 이야기에 귀를 기울이고 있었다. 클라세Klaasje와 조크Joke(필자—옮긴이)였다. 다른 학생들 대부분도 매우 활동적이었지만 확실히 열심히 듣거나 필기를 하지는 않았다. 수업이 끝날 즈음에 모든 교과서를 교실 한 구석에, 책가방은 다른 쪽에, 그리고 모든 신발은 교실의 또 다른 구석에 놓았다. 정말 흥미로운 수업!

선생님이 출제한 시험에서 클라세와 조크는 최고점수를 받기 위해 경쟁했고, 몇 페이지를 작성했는지가 성적에 영향을 미칠 것 같았다. 답안지를 제출하자마자, 우리는 우리가 작성한 답안지 장 수를 비교하기 시작했고, 각자 최고점수를 받을 기회를 따져보았다. 그러나 다른 학생들 또한 계속해서 역사를 공부했는데, 당시 네덜란드 교육과정에서 역사는 필수과목이었기 때문이었다. 그리고 몇 해 뒤에 우리는 시험 준비를 위해 다시 교실로 돌아왔다. 나의 급우들은 이제 잘 훈련되어 있었다. 그들은 스스로 어른이 되었다고 생각했다. 우리는 이제 모두 훌륭한, 그러나 좀 지루한 선생님의 이야기에 귀를 기울였고, 노트 필기를 했다. 시험이 다가오자, 나는 나의 아버지 책상에 앉았는데 바로 옆에 전화가 있었다(당시에 휴대전화는 없었다. 전화기는 특정 장소에 고정되어 있었다). 가끔 전화가 울렸고, 설명을 요청하는 친구와 연결되었다. 나는 시험 준비를 위해 이렇게 공부했고 결과는 아주 좋았다. 그래서 나는 역사를 계속 연구하기로 결정했고, 다른 친구들은 나름대로 각자의 전공을 선택했다. 후에 모교 방문행사에서 우리는 학교 시절의 많은 이야기들을 기억했지만 나의 친구들은 실제 역사 수업에 대한 기억이 거의 없었다.

왜 내가 이런 이야기를 하는가? 내 생각에 지난세대들이 가지고 있는 대단한 듯 보이는 역사 지식이라는 것 대부분이 지난날에 대한 향수로 채워져 있고, 실제로는 존재하지 않는 교육적 과거를 낭만적으로 묘사하는 것이라고 볼 수 있기 때문이다. 옛날, 어느 시점의 역사 지식이 얼마나 더 우수했는지에 관해서는 실제적인 정보가 별로 존재하지 않는다. 하나의 (작고 그리 중요하지 않은) 증거가 1996년에, 대표적인 네덜란드 정치인들에게 역사적 지식에 관한 질문을 했을 때 드러났다. 대표적 정치인들의 역사 지식이 당시 학생들의 지식보다 더 나은 것 같지 않았다.[1] 이들 정치인들 중에 많은 사람들은 1968년 이

---

[1] *Historisch Nieuwsblad*(http://www.historischnieuwsblad.nl/00/hn/nl/156_172/

전의 아주 유명한 네덜란드의 전통적 교육제도 하에서 교육을 받았었기에, 그 결과는 오히려 더 참담했다. 당시 역사는 필수과목이었고 후기 중등학교 교육과정에서 가장 중요한 과목이었었다.

낭만적으로 묘사하는 것을 중단하라

역사학자, 역사 교육자, 그리고 기타 비전문가들 사이의 건설적이고 정상적인 토론이 가능하기 위해서는 우리가 이런 과거에 대한 열망, 훌륭했던 옛 시절에 대한 갈망을 포기하고 대다수의 학생들이 그때나 지금이나 역사에 그리 관심이 없었거나 없다는 현실에 정면으로 대응할 것을 제안하고 싶다. 그리고 설사 그들이 역사에 관심이 있다고 하더라도 역사 수업 시간에 배운 대부분의 내용은 쉽게 잊어 버린다. 그들이 수학과 과학, 화학을 잊는 것과 마찬가지다. 학생들이 졸업 후에 정기적으로 복습을 하지 않는 한 사실 모든 과목에 대해 잊게 되어 있다. 오직 역사가들과 역사를 아주 좋아하는 소수의 사회 구성원만이 역사를 읽고 공부하며 역사적 지식을 중요하다고 생각할 뿐이다. 현대사회에서 대다수 사람들은 과거에 거의 관심이 없고 따라서 역사적 지식을 거의 갖고 있지 않다.

이렇게 이야기한다고 해서 내가 요즘 학생 세대 사이의 역사적 무

nieuws/2957/De_spraakmakende_onderzoeken_van_Historisch_Nieuwsblad.htm)에 실린 글을 보라.

관심 문제를 경시하려는 것은 아니다. 반대로 나는 유럽에서 학교 역사 과목이 심각한 문제에 빠져 있다는 것에 아주 깊은 관심을 갖고 있다(Van der Leeuw-Roord 2004, 12~15). 그러나 나는 이 문제가 오늘을 살고 있는 사람들의 관심 부족 때문이라고 생각하지는 않는다. 유럽에서 문화 유산 관광산업은 붐을 이루고 있고, 1945년 이후 유럽에는 박물관들이 우후죽순처럼 생겨나고 있으며, 유럽 문화 유산의 날 European Heritage Days(유럽의 문화적 공통성을 강조하며 유럽 대부분의 나라에서 벌이는 문화 유산 방문을 위주로 한 연례 문화행사—옮긴이)에는 매년 수많은 방문객이 찾아 온다(Ribbns 2002, Chap. 2, 그리고 http://www.ehd.coe.inst/sdx1/jep/index.xsp). 시장중심 사회에서 이런 현상은 사람들이 역사에 관심이 있고 그렇기 때문에 역사 유적이나 박물관을 방문한다는 분명한 표시이다. 그러나 그들이 이런 역사 유적 방문을 학교 역사 수업에서 배운 것과 연결시키는지 여부는 또 다른 문제다.

역사적 지식, 과거에 대한 이해, 그리고 역사적 역량과 역사적 사고가 현대적인 의미가 있고, 우리가 사는 세계를 잘 이해하는 데 결정적으로 중요하기까지 하다는 것을 과거와 현재의 학생들, 그리고 일반 대중들에게 확신시키는 데 실패한 나는 역사가 그리고 역사 교육자의 책임감 때문에 이 문제를 훨씬 더 잘 인식하고 있다.

역사 과목과 역사 지식의 의미에 대한 저평가

불행히도 학교에서 배우는 역사 과목은 중요하게 여겨지지 않는다.

우선 정치가들이 중요하게 여기지 않는다. 교육과정 개혁이 눈 앞에 다가올 때면, 정보 기술 혹은 통신 기술, 현대 언어, 혹은 기타 다른 현대적 의미가 있는 유용한 과목을 위해 역사 과목에 할당된 시간을 줄이는 것이 합리적인지 아닌지를 둘러싸고 논쟁을 벌인다(Van der Leeuw-Roord 2004, 12~15; Lomas 2008).[2] 많은 역사학자들도 학교 교과서와 수업에서 발견되는 단순하고 종종 시대에 뒤떨어진 정보를 경멸한다. 그리고 일반적으로 역사학자들은 역사 교사 준비생이나 역사 교사들과 교류하는 것에 관심이 거의 없다(Ferrari 2006).[3] 거의 모든 유럽 국가에서 역사 교사들은 전문 역사학자들이 학교에서 역사를 가르치는 것과 관련된 문제들에 관심이 결여되어 있다고 불평한다.[4]

또한 많은 학생들도 역사 과목의 의미를 이해하지 못한다(Anrik & von Bornes 1997). 예컨대, 1998년 이전에도 네덜란드의 많은 학생들은 역사는 중요하지 않고, 따라서 좀 더 유용한 과목을 선택하기로 결정하곤 했다(Janssens, 2004).[5] 단지 어떤 과목들이 너무 어려워서 좋은 시

---

[2] 예컨대 영국에서 최근 11~14세 집단의 역사 과목 시간이 7퍼센트에서 3퍼센트로 감소했다. 로마스Lomas(2008)를 보라.

[3] 최근의 사례: 최근 호주의 고등학교 교과서는 학생들에게 운동기의 9·11 테러리스트 사이의 유사성이 있는지를 토론할 것을 주문하고 있다. 교사들은 이런 토론을 지지하지만 역사가들은 이런 비교를 의미없고 역사적으로 부정확한 것으로 취급한다. 페라리Ferrari(2006)를 보라.

[4] NWO 프로젝트 "Paradoxes of De-Canonization. New Forms of Cultural Transmission in History"(http://www.fhk.eur.nl/onderzoek/paradoxes/)는 이런 비난이 항상 유효한 것은 아니라는 것을 보여준다. 이런 행사들이 네덜란드와 기타 나라들에서 학교의 역사 교육에 대한 도전들에 대해 역사학자들의 관심이 확대되고 있다는 징후이기 때문이다.

[5] 네덜란드의 학교 역사 교육의 발전에 관해서는 얀센Janssens(2004)을 보라. 이른바

험 결과를 얻기 힘들 때에야 학생들이 역사 과목을 선택하는 식이었다. 역사는 하나의 쉬운 도피 과목vluchtvak으로 알려지게 되었는데, 물론 학생들이 이런 이름을 지어 낸 것은 아니었다(Ribbens 2002, 63).[6] 최악인 것은 유럽의 많은 역사 수업에서 학생들은 종종 자기들이 역사를 지루한 과목으로 생각한다고 공공연히 말해 왔다는 점이다. 더 심한 경우로서 나는 독일에서 "hass fach(증오하는 과목)"(Schellings 2006, 23~34)이란 말을 여러 번 들었다.[7] 물론 유럽의 수많은 역사 교사들은 학생들을 긍정적인 방향으로 이끌 수 있다. 그러나 대다수 유럽 학생들은 이 과목의 중요성과 그들의 미래 생활에 주는 의미를 이해할 수 없다는 것을 부인할 수는 없다.[8]

따라서 만일 역사학자들과 역사 교사들이 역사를 학교 교육과정에 존치시키고, 나아가 학교의 수업 시간표에서 좀 더 나은 위치를 차지하기를 바란다면 지금까지 했던 것보다 더 설득력 있는 이야기를 가지고 앞으로 나서는 것이 그들의 책임이라고 나는 믿는다. 2008년의

"중등교육법Mammoetwet"을 1968년에 도입한 이후, 역사 과목은 네덜란드의 후기 중등교육에서 선택 과목이 되었다. 1998년에 새로 만들어진 후기 중등교육법은 네 개의 프로파일(시험에서 선택할 수 있는 과목 집단—옮긴이)을 만들었다. 대단한 로비 덕택에, 그중 두 개에 역사가 포함되었다.

[6] 현대언어, 역사, 그리고 지리를 포함하고 있는 한 시험 프로파일은 종종 "프렛파켙pretpakket"(오락 혹은 파티 선택)이라고 호칭된다(Ribbens 2002, 63).

[7] 셸링Schellings(2006)은 학생들이 역사를 이해 과목이 아니라 암기 과목으로 여긴다고 쓰고 있다(Schellings 2006, 23~43).

[8] 독일 외교관 테레사 지흐Theresa Ziehe(2008)는 'History in Action' 학술회의 기간 동안에 이렇게 확인했다. 21세기 초에도 독일 역사 교육은 아직도 매우 전통적이었고, 학생들로부터 제대로 평가받지 못하고 있었다.

시점에서도 유럽, 그리고 그 밖의 지역에서도 학교 역사 과목을 지키는 최고의 지킴이는 아직도 국가의 역사를 크게 강조하는 전통주의자들이라는 것은 불행한 일이다.[9] "국민국가야말로 전통적으로 사회를 결속시키는 문화적 접착제이고 사회적 결속력은 학교에서 국가 공통 문화를 창조하고 가르치는 데 달려 있다"는 그들의 주장은 지난 수년 간 정기적으로 반복되었다(De Rooij 2006). 만일 그런 접근방법이 현재 학교 역사 교육을 지지하는 가장 믿을 만하고 확실한 토대라면 참으로 슬픈 일이다. 만일 그렇다면 역사학자들과 역사 교육자들이 21세기에 역사 과목의 중요성을 보여줄 보다 긴급하고 현실적인 주장을 가지고 현대인들을 대하는 데 실패할 것이 분명해 보이기 때문이다.

---

[9] 영국에서 이런 현상의 좋은 사례로는 2006년에 페이비언협회Fabian Society에서 고든 브라운Gordon Brown이 행한 연설을 보라. 라드비아의 학교 역사 교육은 2004년에 심각한 정치적 압력에 놓이게 되었다. 우익 정치가들이 교육과정이 국사에 기울이는 관심의 부족에 분개했고 당시의 역사 교육과정을 변경하여 라트비아 (언어/인구) 중심적인 교육과정으로 만들 것을 옹호했다. 2005년에 있었던 크로아티아의 독립전쟁 10주년은 역사 교육에 대한 민족주의적 정치 압력을 강화했고, 교육부 장관으로 하여금 그의 포용적인 교육과정 정책을 포기하도록 만들었다. 크로아티아의 민족/국가적 이익에 도움이 되지 않는다는 것이 배경이었다. 2005년과 2006년 사이에 헝가리, 폴란드, 슬로바키아, 그리고 러시아에서 유사한 일들이 벌어졌다. 네덜란드에서도 역사 교육은 네덜란드 역사를 더욱 강조하는 사람들에 의해 지지를 받고 있다.

1989~2005년:
학교의 역사 교육은 실제로 변화했는가?

유럽역사교육자협회EUROCLIO의 위상

EUROCLIO, 즉 유럽역사교육자협회는 1993년에 창립된 이래 역사 교육에 관한 토론에 관여해 왔다. EUROCLIO는 2008년 기준으로 40개 이상의 주로 유럽 국가들에서 활동하는 60개 이상의 조직을 대표한다(EUROCLIO 웹사이트를 보라). 이 협회는 역사와 공민교육에 대한 혁신적이고 포용적인 접근방법의 발전을 지원하는 것을 목표로 하고 있다. 이 협회는 역사 교육을 통해 협동적 가치, 비판적 인식, 상호 존중, 평화, 안정, 그리고 민주주의를 촉진하고, 국가 내부에서나 국가 간에 발생하는 갈등을 방지하고 화해시키는 데 기여하고자 한다. 따라서 이 협회는 역사와 역사 교육의 질, 관련된 직업의 질을 개선하고, 역사 교사들의 조직과 시민사회의 역할을 강화하고, 국가 내 혹은 국가 간 소통, 연계, 그리고 협력을 개선하는 데 특별한 관심을 기울인다.

EUROCLIO는 지역에서 시작해서 지구 차원에 이르기까지 학교의 역사 교육을 통해, 다양한 정치적, 문화적, 경제적, 그리고 사회적 이슈와 다양한 지리적 영역을 균형 있게 가르치는 그런 역사 학습을 지원한다. 역사를 젊은 사람들에게 유용한 지식으로 만들기 위해 역사 교육은 현재의 지식, 경험, 도전, 문제들과 밀접하게 연결시켜야 하는 것이다. 그렇기 때문에 역사를 공부하는 것은 하나의 개방적 과정이며, 학생들은 역사적 지식과 해석이 (어느 정도까지는) 임시적이라는 것을 알아야 한다.

이 조직은 또한 하나의 일반적인 학문 방법론을 명백하게 보여주었는데 그중에서도 역사 분야에 적용될 방법은 명료성과 일관성이 필수적이었다.[10] 역사 연구법에는 명료하게 구조화된 역사적 질문들, 경험적 증거의 비판적 활용, 역사적 자료를 바탕으로 한 해석, 각 시기의 지식·정신·가치에 대한 이해, 그리고 현대사회에 대한 의미와 영향력 파악 등이 포함된다. 역사 교육은 호기심과 탐구정신, 독립적 사고능력, 그리고 자존심 획득을 위한 저항정신 등을 발전시키는 데 초점을 맞추어야 한다. EUROCLIO는 이런 접근방법을 통해 독립적이고 창의적인 학습자를 양성하는 교육을 추구한다.

이런 이상적인 모습의 학교 역사 교육은 분명 유럽과 세계 각국에서 실제로 행해지고 있는 역사 교육의 모습과는 판이하게 다르다. EUROCLIO는 유럽에서의 역사 학습과 교육의 다양한 현실을 어느 정도 이해하기 위해 1997년 이래 매년 유럽 지역의 역사 교육 경향을 파악하는 연구를 추진해 왔다. 이 연구의 주제는 항상 EUROCLIO의 "연례역량강화회의Annual International Training Conference"의 주제와 연결되고 있다. 따라서 지난해의 연구는 학교 역사 교육의 목표와 목적, 학교 역사 교육에 소수자를 포함시키는 문제, 문화 유산 교육의 위상과 역할, 집단학살에 관한 교육, 그리고 유럽연합의 확장이 역사 교육과

---

[10] EUROCLIO의 새로운 역사 교육방법은 곧 www.euroclio.eu에서 볼 수 있을 것이다.

정에 미친 영향 등과 같은 주제들을 다루었다.[11] 엄격한 학술적 기준을 가지고 보지 않더라도, 이 연구에서 사용한 설문조사의 결과만으로도 지난 10년간 유럽에서의 역사 교육이 어떠했는지를 잘 알 수 있다.

2003년의 설문조사는 EUROCLIO 초기 10년을 기념하는 것이었다. 설문조사는 2003년 당시 유럽 지역의 역사 교육의 실태를 묘사하고, 1989년 이래 변화의 과정을 약술하여 선명하게 하는 것이 목표였다. 그 결과 학교 역사 교육에서의 최근 경향, 문제점, 그리고 토론 현황을 이해하는 데 매우 유용한 자료를 도출했다(Van der Leeuw-Roord 2004, chap. 3). 이 자료들은 역사 교육과정의 조직, (국가) 역사 교육과정의 목표와 목적, 지식knowledge이냐 능력competencies이냐, 연대기적 서술이냐 주제별 접근이냐를 둘러싼 토론 등과 관련된 질문들이 전 유럽에서 역사 교육자들의 관심을 끌고 있다는 것을 잘 보여준다(Van der Leeuw-Roord 2001, 28). 2008년에도 같은 주제가 많은 교육과정 관련 토론에서 부각되었다는 명백한 사실을 보면 이런 이슈들은 아직도 해결되지 않은 상태임을 알 수 있다. 1989년 이래 빠른 속도의 변화가 유럽 역사 교육과정 발전의 특징이었고 현재도 그런 변화가 일어나고 있다. 그렇기 때문에 2003년의 연구 결과는 물론 현재의 모습과는 어느 정도 다를 수도 있다.[12]

---

[11] 설문지(조사 결과): http://www.eucoclio.eu/mambo/index.php?option=com_content &task=category&sectionid=5&id=57&Itemid=90

[12] EUROCLIO의 2006년 설문조사 결과는 국가 정체성을 제고하는 것이 유럽에서 학교 교육의 가장 중요한 목표가 되었다는 것을 보여주었다. 학생들이 그들이 사는 세계를 이해하도록 하는 것이 이제는 세 번째 목표가 되었다. "현재 유럽의 역사 교육과정에 명기되어 있는 것 중에서 무엇이 가장 중요한 기술인가"라는 질문에 대한

학교 역사 교육에서 유럽적이고 세계적 차원을 실천하는 데 있어서의 난점들

EUROCLIO가 1993년 이래 유럽에서 역사 학습과 교육을 분석한 핵심 목표는 역사 교육방법에서의 혁신이었다. 그렇다고 해서 회원들이 역사의 내용에 관심이 없었다는 것은 아니다. 오히려 EUROCLIO는 설립 강령에서 학교 역사 교육의 미래방향으로서 유럽적 차원의 탐구를 언급하고 있다. EUROCLIO가 활동을 시작하자마자 그 구성원들은 유럽에서의 역사 교육과정이 일반적으로 유럽 소속감은 말할 것도 없이 유럽적 의식조차 드러내고 있지 않다는 것을 알게 되었다. 1993년에 대부분의 (큰) 유럽 국가들에서의 역사 교육은 아직도 국가중심적 접근법을 견지하고 있었다. 심지어는 1945년 포츠담 선언과 같은 주제를 다루면서도 국가적 관점을 강하게 드러냈다(Van der Leeuw-Roord, 1995). 당시에도 유럽의 역사와 각 나라의 역사를 들여다보는 새로운 방법을 도출하기 위해서는 역사 교육의 관점이 확대되어야 하고, 유럽 전체를 아우르는 토론과 활동이 불가피하다는 인식은 있었다.[13] 유럽에서의 역사 교육이 단일국가보다는 일정 지역을 강조하는 이런 방향의 프로젝트가 필요하다는 확신을 기부자들에게 심어 주는 것은 언제나 극히 어려웠다. 단지 발칸반도에서 그 지역의 정치적 의

응답은 "연대기적 인식 능력을 발전시키는 것과 사건을 연대기적 순서에 따라 위치 지을 수 있는 것"이었다.

[13] 2004~2006년의 EUROCLIO 설문지는 유럽 역사와 유럽 시민정신의 교육과 관련된 질문들을 포함하고 있었다.

제의 특수성으로 인해 기부자들이 지역의 역사를 강조하는 다국적 프로젝트에 관심을 보였을 뿐이다. 유럽연합은 오랫동안 간헐적으로 역사 교육에서 다국적 활동을 지원했다.[14] 일반적으로 기부자들의 요구는 역사 교육과 관련된 프로젝트는 시민성, 인권, 민주주의적 실천과 같은 개념에 초점을 맞추어야지, 딱딱한 역사 지식에 놓여서는 안 된다는 것이었다.[15] 이런 태도의 결과 EUROCLIO 활동은 역사 교육과정에서 유럽적 차원을 강화하는 데 당초 기대보다는 관심을 덜 기울여 왔다.

민족국가에 대한 집중

1990년대 초반에 나타났던 유럽적 차원을 강화하려는 경향에도 불구하고 유럽의 역사 학습과 교육 현장에서 큰 성과가 나타나지는 않았다. EUROCLIO 설문조사의 반복되는 질문들을 보면 2000년 이래 유럽에서의 국가 단위의 역사에 대한 관심은 다시 증가하고 있으며 유럽적 차원을 제고하려는 희망은 오히려 감소하고 있다는 것을 알 수

---

[14] 장 모네 프로그램Jean Monnet Programme(유럽 지역의 고등교육기관에서 유럽통합을 지향하여 추진되는 각종 교육과 연구를 지원하기 위하여 창설된 유럽연합 집행기구가 주도하는 정책–옮긴이).

[15] EUROCLIO의 자금 조달은 오랫동안 의문거리였다. 가지각색의 기부자들은 그 활동에 기여했고, 대부분의 그들은 독립적인 기부자들이었고, 단일 행사나 프로젝트를 지원하는 형식이었다. 오직 네덜란드의 교육부와 외교부만이 장기적 차원에서 기여해 왔다. 2006년 이래 EUROCLIO는 장 모네 프로그램Jean Monnet Programme을 통해 핵심 자금을 받고 있다.

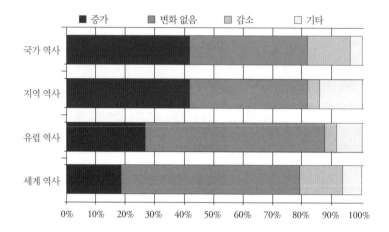

〈그림 5-1〉 1989년 이래 학교 역사 교육의 내용에서의 변화

〈표 5-1〉 역사 교육과정에서 각각의 지리적 차원에 대한 만족 수준(단위: 퍼센트)

	11~14세		14~16세		16~19세	
	예	아니오	예	아니오	예	아니오
지방	44.2	42.3	34.6	51.9	30.8	59.6
국가	71.2	15.4	63.5	23.1	69.2	21.2
지역	30.8	50.0	26.9	55.8	38.5	50.0
유럽	53.8	32.7	55.8	30.8	59.6	32.7
세계	44.2	38.5	51.9	30.8	59.6	30.8

있다.[16] EUROCLIO가 그 회원 협회들에게 '1980년대 이래 어떤 차원
(국가? 지역? 유럽? 혹은 세계?)이 강화되었는지'를 묻는 2003년의 질문
에서 국가 역사가 가장 큰 폭의 성장을 한 영역으로 나타났다(Van der
Reeuw-Roord 2004, 20; 〈그림 5-1〉을 보라).

---

[16] 예컨대 EUROCLIO 설문조사(2005)를 보라. http://www.euroclio.eu/mamboindex.
php?option=com_content&task=category&sectionid=5&id=57&Item

그러나 이러한 성장은 당시에는 새롭게 회원 국가로 가입한 중부와 동부유럽 국가들의 국가중심 교육과정 선택 때문으로 이해되었다. 2004년에는 회원 협회들에게 각자 교육과정 속의 지리적 차원―지방, 지역, 국가, 유럽, 그리고 세계―의 구성 요소에 어느 정도 만족하는지를 물었다(〈표 5-1〉을 보라).[17]

가장 만족하고 있는 영역은 국가 역사 부분이었다(모든 연령 집단에 대해 만족한다는 답이 평균 68퍼센트). 반면 지방local 역사 영역(평균 51퍼센트가 불만족)과 지역regional 역사 영역(52퍼센트 불만족)은 불만족을 드러냈다. 유럽 역사에 대해서는 평균 55퍼센트의 만족 수준과 32퍼센트의 불만족 수준을 나타냈다. 2005년에 유럽적 이슈를 더 많이 가르치는 것이 필요한가를 묻는 질문에 대한 답을 보면 약간은 증대하는 것이 필요하지만 지나치게 많은 것은 반대한다는 의견을 보였다(〈그림 5-2〉를 보라). 그러나 같은 설문조사에서 역사 교육을 통해 유럽과 세계 시민정신을 함양하는 것에 대해서는 일반적으로 바람직한 목표라고 답했다.[18]

진정한 세계적 관점의 결여

2005년의 조사는 유럽 역사 교육자들이 유럽에 관해 가르친다고 말

---

[17] 설문지(2004): Belonging to Europe-Small Nation, Big Issues, artikel Bulletin.
[18] EUROCLIO 설문조사(2005)를 보라. http:/www.euroclio.eu/mambo/index. php?option=com_content&task=category&sectionid=5&id=57&Item.

〈그림 5-2〉 유럽적 이슈에 대한 교육의 확대 필요성?

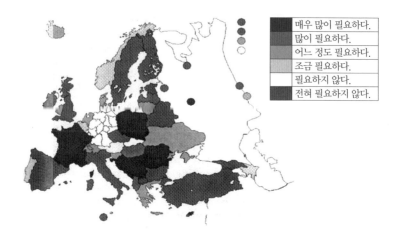

매우 많이 필요하다.
많이 필요하다.
어느 정도 필요하다.
조금 필요하다.
필요하지 않다.
전혀 필요하지 않다.

〈그림 5-3〉 역사 교육에서 유럽 지역 서술

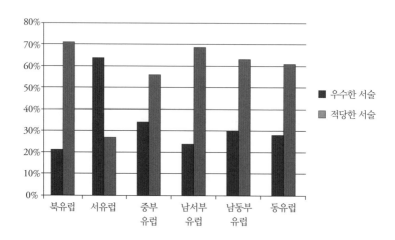

할 때 유럽은 무엇을 의미하는지에 관한 질문을 다루었다.[19] 대답을 보면 유럽에 관해 가르친다는 것은 우선 서유럽에 관해 가르치는 것을 의미한다는 답이 10~12세 집단에서 42퍼센트, 12~15세 집단 63퍼센트, 그리고 15~18/19세 집단의 경우 80퍼센트 이상을 보였다. 두 번째로는 중부유럽이 각각 11퍼센트, 32퍼센트, 그리고 53퍼센트를 나타냈고, 마지막으로 동유럽은 각각 10퍼센트, 28퍼센트, 48퍼센트를 나타냈다. 그러나 북유럽은 유럽의 역사 수업에서 가장 적게 다루어지고 있었다. 위와 같은 연령 집단별로 각각 12퍼센트, 20퍼센트, 31퍼센트를 보였다(《그림 5-3》을 보라).

그러나 우수한 서술good coverage이 실제로 응답자들에게 무엇을 의미했는지는 의문이다.[20] 보다 구체적으로 역사교과서에 라트비아 같은 특정 국가가 어느 정도 반영되었는지를 살펴본다면, 실제로 그 나라는 1차 세계대전 직후 시기의 특성을 설명하면서 언급된다. 나아가 독소불가침조약Molotov-Ribbentrop Pact(1939년에 독일과 소련 간에 체결된 불가침조약—옮긴이)에 관련하여 조금 더 언급된다. 그리고 마지막으로 소련의 몰락과 새로운 독립국가들의 등장과 관련하여 서술, 아니 조금 언급되고 있을 뿐이다. 학교의 역사 교육과정과 교과서에서 드러

---

[19] *Euroclio Questionnaire Analysis*, Bulletin 22, 2005, pp. 69~86(이 자료는 다음 웹사이트에 pdf 파일로 올라와 있다. http://www.euroclio.eu/download/Bulletins/22_Gaining_Equilibrium.pdf

[20] 같은 조사에서 세계의 다른 지역이 어떻게 표현되었는지와 관련된 질문이 주어졌다. 결과는 명료했다. 모든 연령 집단에서 25퍼센트 조금 못 되는 정도가 북아메리카 역사가 우수하게 서술되어 있다는 응답을 했을 뿐, 기타 모든 지역은 거의 서술되지 않았다.

	아니오	그렇다 (희생국가로)	그렇다 (가해국가로)	그렇다 (중립국가로)
1차 세계대전 직후	14	1	0	0
러시아의 내전	18	0	0	0
러시아혁명	18	0	0	0
동유럽의 혁명	26	0	0	0
동유럽의 내전	25	0	0	0
1918/1921년 사이의 독립전쟁	19	0	0	0
2차 세계대전 중의 사건	10	1	0	0
소련의 멸망	5	0	0	1
1989/1991년 유럽의 변화	5	0	0	1
독립의 회복	5	1	0	42

나는 유럽의 관점은 1989년 이전의 교육과정과 아주 조금 다를 뿐이라는 것이 분명해진다. 중부유럽과 동부유럽에 관한 교육은 아직도 러시아와 소련에 관한 교육을 주로 의미할 뿐이다(〈표 5-2〉를 보라).

같은 연구에 의하면 유럽의 학교 역사 교육에서 세계적 관점은 실제로 결여되어 있음을 알 수 있다(〈그림 5-4〉를 보라).[21]

그리고 세계적 관점은, 일부 예외적인 시도를 제외하면 유럽에서 거의 토론조차 되고 있지 않다. 적어도 내가 아는 한 진정한 세계적 관점에서 만들어진 교육과정은 유럽에서는 거의 실현되지 않았다.[22] 학생들이 살아가는 세계를 잘 이해하기 위해서는 가까운 곳, 그리고 인근 지역과 국가 역사로부터 시작하는 것이 바람직하다고 많은 사람이 주

---

[21] EUROCLIO 설문조사(2005)를 보라. http://www.euroclio.eu/mamboindex. php?option=com_content&task=category&sectionid=5&id=57&Item

[22] 유럽에서 세계사에 대한 가장 시끄러운 옹호자는 이탈리아의 로마 라 사피엔자대학Universita di Roma "La Sapienza"의 루이지 카야니Luigi Cajani 교수다. 그는 이탈리아의 학교 역사 교육에서 그런 접근방법을 실천하려는 실험에 참여했다.

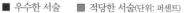

■ 우수한 서술 ■ 적당한 서술(단위: 퍼센트)

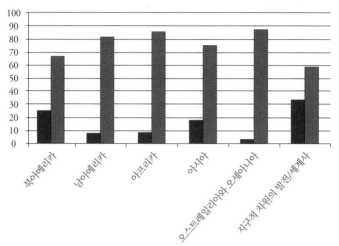

장한다(Mijnhardt 2005, 17).[23] 이런 주장은 어떤 구체적 증거에 기초하고 있지는 않고 단지 현실적이고 전통적인 관점에 기초하고 있을 뿐이다. 다른 방법이 가능하지만 유럽의 많은 전문가들에게 국가적 시각에 기초한 역사 교육과정이 가장 논리적인 선택인 것처럼 보인다.

역사 교육과정의 구조는 변화하지 않고 있으며, 학교에서 가르치는 가장 대표적인 주제들은 놀라울 정도로 지속성을 지닌다. 역사 교육과정이 견지하는 해석의 관점은 이념적 변화에 종속되어 변화해 왔다. 그러나 19세기에 도입된 역사 교육과정 속의 핵심 요소들은 아직

---

[23] 역사 교육 그리고 역사 교육에서 "표준canon"의 역할은 무엇이어야 하는지에 관해서는 민하르트Mijnhardt(2005, 17)를 보라.

도 영향력을 유지하고 있다(EUROCLIO Balkan project 2006).[24] 신화와 교훈적 이야기들이 학교 역사 교육에서 긴 생명력을 유지하고 있다.[25]

그러나 동시에 우리는 최근의 역사 교육 관련 주제 선택이 매우 지역적인regional 차원에서 이루어지고 일시적인 성격을 지니고 있으며, 그리고 최근 사건에 관한 해석이 매우 가변적이고 잠정적이라는 것을 목격하고 있다. 스페인의 역사 교육에서 2차 세계대전은 영국에서 발칸반도의 역사 정도로 중요성이 덜하다. 1970년대와 1980년대에 인기 있었던 한국과 베트남 같은 주제는 더 이상 관심거리가 아니다. 그러나 이슬람 세계, 식민주의, 그리고 노예제는 점점 더 인기를 얻어가고 있고, 젠더 문제는 아직도 논쟁의 대상이 되고 있다.

---

[24] 두 개의 예를 들어보자. EUROCLIO의 발칸 프로젝트인 '공통역사의 이해, 미래를 위한 학습Understanding a Shared Past, Learning for the Future'을 보면 19세기에 도입된 알바니아, 불가리아, 그리고 마케도니아의 역사 교육과정에 있었던 많은 주제들이 공산주의 지배 아래서의 교육과정과 공산주의 붕괴 후의 교육과정에도 여전히 나온다는 것을 알 수 있다. 터키의 교육과정위원회 대표인 무스타파 사프란Mustafa Safran 교수와의 최근 만남에서 터키의 후기 중등학교 역사 교육과정에 들어 있는 유일한 국제적인 주제인 "신대륙 발견, 르네상스, 계몽주의, 프랑스혁명, 그리고 산업혁명"은 19세기 말 프랑스의 영향 하에서 오스만제국이 교육체제를 세우기 시작했을 때 교육과정에 들어왔다는 것을 알게 되었다.

[25] 2006년 9월 NRC 한델스블라트NRC Handelsblad(네덜란드 일간지—옮긴이)에 보도된 사례. 이미 오래전에 그리스 역사학자들이 오스만제국이 널리 교육을 허용했다는 사실을 증명했음에도 불구하고, 오스만제국 시절에 비밀리에 그리스 정통 수업을 했다는 식의 19세기의 유명한 이야기가 이번 학년이 되어서야 비로소 폐지되었다. 전쟁 동안에 노란 (다비드) 별을 단 덴마크 왕 이야기는 부정적인 증거에도 불구하고 살아 있다. 학생들은 이런 이야기를 좋아한다.

교육과정 설계와 내용 선택: 무엇이 중요한가?

내용 선택/역사적 이해력의 빈곤을 둘러싼 혼란한 논쟁

역사 교육과정 설계와 내용 선택을 둘러싼 현재의 논쟁에서 아주 심각한 개념적 문제가 장애가 되고 있다. 교육과정 개발과 교과과정 선택이라는 측면과, 학습 성과를 개선하기 위한 해법 찾기라는 측면 사이의 심각한 혼란이다. 사실 이 두 문제는 상호 관련되어 있다. 그러나 이 둘은 전혀 다른 두 개의 목표를 지니고 있다. 역사 교육과정 속에서 우리는 어떤 사회가 미래의 시민 세대를 양성하는 데 있어서 무엇을 가치 있는 역사 지식과 역사 이해로 인식하고 있는지를 파악한다. 물론 미래 세대의 시민정신 함양에는 이런 역사인식 이외에도 다른 많은 과목들을 통해 배양되는 일련의 가치관, 역량, 그리고 성향이 필요하다. 반면 학습 결과의 개선은 학생들이 그들의 학습과정에 좀 더 참여하게 하고, 그들이 미래와 관련해서 배운 것을 좀 더 잘 이해하도록 도와 주는 것에 초점을 맞춘다. 거의 전 세계적으로, 지난 수십 년간 이 두 요소의 혼동으로 인해 가능한 역사 학습 프로그램에 관한 토론은 막혀 있었고 대신 전통적인 이론가들과 정책 결정자들의 주장이 무게를 얻게 되었다. 이들은 역사 교육에 대한 현대적 접근 방식들이 역사를 가르치는 기술과 역사적으로 사고하는 방식을 지나치게 강조하여 결과적으로 학생들과 일반인들이 사실적 역사 지식에서 뒤처지게 만들었다고 주장하고 있다.

실패의 기억

유럽 전체, 그리고 기타 세계 전역의 정치가들, 역사가들 그리고 대중 매체는 반복적으로 일반 대중이 역사 지식의 빈곤을 드러내고 있다고 불평하고 있다. 최근까지만 해도 암기가 가장 훌륭한 교육 기술로 여겨졌고, 역사 교육은 학생들이 이런 기술을 훈련하는 아주 대표적인 과목이었다. 그러나 암기는 더 이상 유행하는 교육 방식이 아니다. 현대의 많은 교육자들은 많은 사실을 암기하는 것이 21세기의 학생들에게 유용한 것인지 의문을 제기하고 있다. 왜냐하면 (역사적) 정보와 지식은 어디에서나 이용 가능하기 때문이다. 그러나 역사 교육이 추구해야 할 어떤 지속 가능한 학습 결과를 함축한 대안적인 해결책을 고안하는 것은 아주 어려워 보인다. 암스테르담의 역사학자 피트 드 루이Piet de Rooij가 이끄는 네덜란드교육과정위원회Dutch Curriculum Committee는 2001년에 그들이 고안한 역사 수업을 학생들이 재학 기간 동안 세 번 반복해서 수강하여 심층적으로 배우고, 그렇게 함으로써 역사적 지식을 더 잘 주입하도록 해야 한다고 제안했다(de Rooij 2001). 그러나 결과적으로 이런 해결책은 배울 내용을 더욱 제한하거나 혹은 피상적이고 개괄적인 학습을 초래하게 된다. 네덜란드가 영국과 함께 유럽에서 교육과정상 역사에 가장 적은 시간을 배정한 나라라는 사실을 고려한다면 더욱 그렇다(Van der Leeuw-Roord 2004, 8~13). 2008년 현재의 교육전문가들은 좀 더 지속 가능한 학습 성과를 달성하기 위해서 현대의 교육적 도구를 활용하여 위에서 언급한 것보다는 더욱 창조적인 해결책을 내놓아야만 한다. 기억이 어떻게 작동하는지를 더 잘 이해할 필요가 있기에, 나는 자넷 반 드리Jannet van Drie의 "역사 교육은 학생들이 역사를 어떻게 배우는지와 관련된 좀 더 많은 연구로부터 도움을 받을 수 있을 것"(Jannet van Drie 2005)이라는 주장에 진심으로 동의한다. 나는 또한 학생들이 어떻게 기억을 하는지와 관련해서 조금 덧붙이고 싶다. 자넷 박사는 새로운 공학적 기술들이 어떻게 역사적 추론의 발전을 촉진시켰는지에 관해 연구했다. 장기간 추적 연구를 한다면 새로운 형태의 과학적 학습이 기억력 향상에 도움이 될 수 있을지, 그래서 학교 역사 수업을 통해 더 많은 지식을 얻을 수 있도록 해 줄 것인지에 대해 답을 줄 수도 있을 것이다(Counsell 2000). 그런 연구는 혁신적인 역사 학습방법뿐 아니라 전통적인 방법에도 필요하다. 그리고 그런 연구는 역사와 같은 과목에서 지속 가능한 결과를 향상시키는 데 큰 도움이 될 것이다.

피할 수 없는 선택

교육과정 설계에서 유럽의 전통은 두 개의 아주 다른 경향을 갖고 있다. 첫 번째는 북서유럽 지역에서 일반적으로 적용되고 있는 것으로 개방적 역사 교육과정을 지향한다. 여기에서는 교과서 저자, 학교, 그리고 교사들이 자신의 수업 프로그램을 설계하는 데 비교적 자유스럽다(Van der Leeuw-Roord 2004, 21~22). 프랑스와 대부분의 종전 공산주의 국가들은 보다 자세하고 경우에 따라서는 엄격하게 규정된 학습 프로그램을 가지고 있다. 이런 프로그램에서는 매 수업에서 무엇을 가르칠 것인지에 대해 자세한 지침이 주어진다. 지난 5~10년 동안 이런 일 반적 모습이 이어져 왔고, 결과적으로 북서유럽 지역에서는 보다 개방 적 교육과정이 그리고 두 번째 지역에서는 보다 엄격한 교육과정이 생 겼다(EUROCLIO Balkan project 2006).[26] 의무적인 성격의 혹은 표준화된 형태의 역사 지식을 둘러싼 모든 논쟁에도 불구하고 역사 교육과정이 1990년대 이전의 상황으로 되돌아가는 징조가 나타나고 있다.[27] 모든 교육과정은 정치적·사회적 상황의 결과일 뿐 아니라 현실적인 타협의 결과이기 때문에, 그것이 아무리 잘 설계되었다고 하더라도 역사 교육 과정은 변질될 수 있다는 사실을 보여준다. 이런 의미에서 교육과정은 불완전한 것이고, 출판되자마자 진부한 것이 되는 운명을 지닌다.

1980년대 후반 이래 유럽의 역사 교육과정을 둘러싼 논쟁의 점증 과 여러 나라에서 국가 역사시험의 도입으로 인해 균형 잡힌 역사 내 용의 선택이 더욱 어려워졌고 이론과 현실 사이의 날카로운 충돌이 초래되었다. 중요하고, 의미 있고, 유용한 모든 것을 포함한 역사 교 육과정을 작성한다는 것은 불가능하다는 것이 명백해졌다. 국가 교육 과정이나 학교 수업 시간표에서 역사에 배정된 시간은 항상 제한되어 있고, 모든 역사적 주제가 모든 연령과 다양한 수준의 학생들에게 적 합할 수는 없다. EUROCLIO의 전 회장이며 런던의 교육과정평가원

---

[26] 대표적인 사례는 1989년 이래 영국, 핀란드, 네덜란드, 덴마크에서 개발된 역사 교육 과정들이다.

[27] 영국, 핀란드, 네덜란드, 북아일랜드에서 개발된 가장 최근의 몇몇 역사 교육과정 을 보면 학생들이 무엇을 기대하는지에 관해 아주 일반적인 시사점 정도를 얻을 수 있다.

QCA(영국의 교육과정 및 평가전문기관. 정식 명칭은 Qualifications and Curriculum Authority이다—옮긴이)의 역사 교육과정 전문가였던 수 베넷 Sue Bennett은 "교육과정 선택과 관련된 문제는 무엇을 넣을 것인가가 아니라 무엇을 배제할 것인가이다"라고 말한 적이 있다. 새로운 교육 과정이 작성되자마자 학생들이 학교 역사 수업에서 지금까지 배우고 있었던 것을 그리워하는 모습이 자주 드러나곤 했다. 사실 공식적인 선택은 예나 지금이나 불가피하다. 그리고 이런 것을 알면서도 학생들의 지식의 부족에 대한 걱정은 커져 왔다.[28] 현재의 교육과정 토론에서는 아직도 연대기적인 성격의 지식을 암기하는 방식이 일련의 역사적 주제들을 제시하는 방식과 대척점에 놓여 있다(Van der Leeuw-Roord 2004). 그러나 전통적으로 실행해 온 방식인 역사 지식을 연대기적으로 조사하여 나열하는 방식(Van der Leeuw-Roord 2004, 28)이라는 것도 결국은 전통주의자들이 역사적 주제를 선택하는 하나의 방식이외에 아무것도 아니다. 다수의 중요한 남자들(대부분 백인)과 소수의 여성을 등장시키고, 소수 집단은 무시하고, 정치 이야기가 지배적이며, 평범한 사람은 찾아보기 힘들고, 일부 엘리트문화만 비추고, 식민

---

[28] 잉글랜드의 사례는 논쟁의 진행에 있어서 교훈적이다. 1989년의 첫 번째 국가 교육과정은 많은 강제적인 구성요소를 갖고 있다. 그 이후 역사 교육과정은 강제적인 내용이 지나치다는 주장과 함께 여러 차례 개정되었다. 2006년 현재는 아주 적은 내용만이 강제적인 조항으로 남아 있다. 이 기간 동안 크리스틴 카운슬Christine Councill과 미셸 릴리Michel Riley와 같은 사람들이 주도하는 심층 지식과 일반 지식에 관한 토론을 목격한다. 잉글랜드의 학생들은 영국 전체 혹은 유럽 역사는 말할 것도 없이, 잉글랜드의 역사에 관한 지식조차도 거의 갖고 있지 않다는 것이 분명하다.

〈그림 5-5〉 교과서 *Geschichte and Histoire*의 표지

지 역사는 크게 강조하지 않고, 세계 대부분의 지역에 대해 침묵하는 다소 편파적인 이야기인 것이다(Bank & de Rooij 2004).[29] 두 나라의 후기 중등교육에서 공동으로 사용할 목적으로 기획되어 최근에 간행된,

[29] Jan Bank en Piet de Rooij, "Een canon van het Nederlandse verleden. Wat iedereen móet weten van de vaderlandse geschiedenis", *NRC Handelsblad*, October 30, 2004. 그는 이런 접근법의 분명한 사례를 제시했다. 그러나 동시에 2001년에 설계된 네덜란드 교육과정도 유사한 경향을 보여준다.

〈그림 5-6〉 표준Canon

실험적 성격의 프랑스/독일 공동교과서*Histoire/Geschichte, Europa und die Welt vom Wiener Congress bis 1945*, 그리고 *Europa und die Welt seit 1945*조차도 과거에 대한 이런 전통적 시각에서 벗어날 수 없었다(Bernlochner 2006).

1813년 이후 중요한 인물 목록에 여성은 겨우 다섯 명이 들어 있다. 그 다섯 명은 한나 아렌트Hannah Arendt, 위베르틴 오클레르Hubertine Auclert, 로자 룩셈부르크Losa Luxemburg, 루이스 오토 피터스Louise

Otto-Peters, 소피 숄Sophie Scholl이다. 그리고 1945년 이후의 주요 인물 목록에는 두 명의 여성이 포함되어 있다. 앙겔라 메르켈Angela Merkel과 마가렛 대처Margaret Thatcher다. 프랑스 저자들은 이 두 시기에서 단 한 명의 여성 애국자만을 내세울 수 있었다.

최근의 네덜란드 역사 교육과정 논쟁은 네덜란드 역사 및 문화와 관련된 상세적 성격의 지식을 묘사하기 위해 표준canon이라는 단어를 도입하기조차 했다(Maria Grever 2006, 160)(〈그림 5-6〉을 보라).[30]

종교적 다양성 때문에 전통적으로 매우 개방적인 역사 교육과정을 가지고 있던 네덜란드가 왜 국가의 집단적 기억을 강화하는 것을 공개적인 목표로 내세우는 역사적 지식의 국가 표준제도를 도입했는지 이해하기 매우 어렵다.[31] 비록 교과서 내용을 책임지고 있는 위원회가 "canon"이라는 단어를 "standard"라는 단어와 동의어로 이해한다고 하더라도, 이런 개념의 사용은 규정된 지식이 더 중요하게 여겨지거나 다른 지식보다 우월할 것으로 여겨지기조차 한다는 것을 의미한다(Grever & Stuurman(2007)을 함께 보라). 그리고 그 표준canon을 둘러싼 온갖 수사에도 불구하고, 새로 만들어진 네덜란드 역사와 문화 표준canon은 단순히 현 사회가 젊은 세대에게 적합하다고 생각하는 것을 반영한 것에 지나지 않는다. 이는 문화적으로 다양한 네덜란드 사회에서 더 강한 통합성을 만들어 내기 위해 명시적으로 개발된 하나의 도구인 것이다.[32]

---

[30] 마리아 그레버Maria Grever(2006)는 교육과정과 표준canon 사이의 차이를 다음과 같이 묘사한다. "전자는 무엇을 가르칠 것인지에 대한 제안이고, 후자는 명령이다".
[31] http://entoen.nu를 보라.
[32] 이론적 배경과 위원회의 선택은 다음 보고서에 종합적으로 나와 있다. Official

결론

위에서 묘사된 상황을 보면 역사 교육과정의 내용, 그리고 방법론적인 접근법에 대한 활발한 토론에도 불구하고 유럽에서 교육과정과 교과서를 바라보는 국가주의적 경향은 1989년 이래 크게 변하지 않았다. 우리의 학생들은 빠르게 세계화되어 가는 사회에 살고 있음에도 불구하고 말이다. 이런 사회에 대응하기 위한 젊은 사람들의 요구에 부응하려고 노력하기보다는 유럽의 많은 영향력 있는 지역 정치인들과 지식인들은 교육과정에 대한 통제 권한을 상실할 것을 두려워하며 오래된 논리를 이용해 국가주의적 접근 방식을 강화하기를 바라고 있다(Mak 2005). 학교 역사 교육에서 상상할 수 있는 최악의 시나리오는 안전한 과거로 도피하여 수십 년 전에 학교에서 가르치던 역사 교육과정을 그대로 내놓는 것이다(Van der Leeuw-Roord 2002). 그러한 접근법은 사고의 빈곤, 용기의 부족, 상상력의 결함을 드러내는 것에 불과하다.

역사학자와 역사 교육자가 미래 세대에게 역사 과목이 의미 있고

Report *ENTOEN.NU De Canon van Nederland Deel A,B en C, rapport van de Commissie Ontwikkeling Nederlandse Canon*(Schiedam, 2006). 이 보고서는 또한 영어로 출판되었다. *A Key to Dutch History, The Cultural Canon of the Netherlands*(Amsterdam, 2007). 정치적 목표와 목적은 2007년 7월 3일자 서신 BOA/ADV/2007/27731에 분명히 나타난다. 이 편지는 교육, 문화, 과학부 장관 로널드 플라스테르크Dr. R Plasterk, 그리고 차관 마리아 반 비스테르벨트─블리겐타트Marja van Bijsterveldt-Vliegenthart 그리고 샤론 데익스마Sharon A.M. Dijksma이 서명했고 제목은 네덜란드의 표준Canon van Nederland이다.

중요하다는 것을 인식시키려면 미래의 역사 교육과정은 새로운 창의적 질문들을 가지고 출발해야 할 것이며 뒤를 돌아보지 말아야 한다. 역사학자와 역사 교육자는 21세기를 살고 있는 학생들에게 중요한 교육과정의 선택이 무엇인지를 심사숙고해야 한다. 역사 수업의 핵심을 민족국가로 되돌리는 것은 더 이상 선택의 대상이 아니다. 유럽적 차원조차도 이미 너무 좁다. 역사학자들과 역사 교육자들은 이제 어떻게 세계적 관점에서 배우고 가르칠지를 고민해야 한다. 미래의 이런 지구적 차원에서 만든 교육과정도 과거와 현재의 교육과정처럼 역시 불완전하기는 마찬가지일 것이다. 그렇지만 만일 교육과정 개발에 관여한 사람들이 수요자들에게 그들이 어떻게 노력했고, 그들이 어떤 어려운 선택을 했는지를 알려준다면, 그리고 그들이 선택한 결과인 새 교육과정을 지적인 활동과 현실적 한계에 기초해서 만든 임시적인 것으로 제시한다면, 그들의 작업은 아주 잘 될 것이고 그들이 만든 교육과정은 그만큼 훌륭한 것이 될 것이다. 그러나 만일 새 교육과정이 과거에 대한 동경의 결과로 만들어진다면, 그리고 영원히 변하지 않을 어떤 국가적 가치관을 함축한 표준canon인 양 제시된다면, 이런 교육과정은 수용되기 어려울 것이다.

모든 (역사) 교육과정은 현실, 그리고 교육과정의 배경이 되는 사람과 사회에 얽혀 있지만, 지금의 교육과정에 지나치게 큰 의미를 부여해서는 안 된다는 로버트 필립스Robert Phillips의 주장에 동의한다 (Phillips 2004). 다른 사람들이 새로운 시대에 새로운 아이디어, 새로운 관심, 그리고 다른 요구사항을 가지고 나타날 것이기 때문이다. 완벽한 역사 교육과정을 집필한다는 것은 불가능한 과제다. 충족시켜야 할 요구사항이 너무 많고, 너무나 많은 욕구들을 잘 정리해야 하기 때문이다. 이런 현실 문제를 해결해야 할 이론은 종종 현실에는 부합하지 않는다. 따라서 적당한 상대주의, 현실에 대한 여유 있는 수용, 그리고 많은 실망스런 일로 인해 환멸을 느끼지 않으면서 개선을 위해 계속 노력하는 정신이 필요하다. 교육과정이 아무리 아름답게 설계되었다고 하더라도 많은 단계에서 현실이 그 실천을 방해할 수도 있다. 교육과정 개발자들이 희망하는 것보다 자원은 항상 충분하지 않고, 실천 전략은 불충분하고, 교사 훈련 프로그램은 부족하고, 그리고 역사에 배정된 시간은 교육과정이 요구하는 모든 사항을 해결하기에 충분하지가 않다.

그리고 모든 상황이 이상적이라고 할지라도, 학생들이 학교 역사 수업에서 무엇을 얻어갈지에 대해 지나친 낙관적 기대로 인해 정신을 잃어서는 안 된다는 것이 내 생각이다. 우리 학생들은 우리와 같은 보통인간일 뿐이다. 평균적인 기억은 일정한 양의 사실들만을 처리할 수 있다. 현대 정보사회는 사람들에게 지나치게 많은 정보를 제공하기 때문에 우리의 기억은 과부하가 걸리게 된다. 에릴 립식Eril Lipsic은 그의 박사학위 논문 심사 중에 배포한 예비설명문에서 "오늘날은 정보를 얻는 것보다 더 중요한 것이 그것을 잊는 능력이다"라고 쓰기까지 했다(Lipsic 2006). 그렇지만 나는 우리가 미래에 역사 수업의 지속 가능한 학습 성과를 극대화하기 원한다면, 학교 역사 교육과정과 표준을 설계하는 위원회는 학습 성과learning outcomes와 관련된 특별한 전문지식(교육방법 개선 등 학습 성과를 향상시키는 것과 관련된 교육학적 지식—옮긴이)의 활용을 늘려야만 한다고 확신한다.

그리고 마지막으로 흥미로운 제안을 하고자 한다. 학생과 성인들이 학교의 역사 수업에서 학습하는 것으로부터 실제로 무엇을 터득하는지와 관련된 설문조사나 연구를 조직하고자 할 때는, 노트북, 휴대전화, 아이팟, 혹은 다른 바람직한 현대적 장비를 우승자 상품으로 제공하는 것이 좋다. 그런 인센티브를 제공하면 질문을 받는 사람들의 기억과 역사적 지식의 양이 분명히 증가할 것이다.

● 참고문헌

Anvik, M., & Von Borries, B. (Eds.). (1997). *Youth and history, the comparative European survey on historical and political attitudes among adolescents.* Hamburg, Germany: Koerber Stiftung.

Bank, J., & De Rooij, P. (2004, October 30). Een canon van het Nederlandse verleden. Wat iedereen móet weten van de vaderlandse geschiedenis. *NRC Handelsblad.*

Bernlochner, L. (2006). *Histoire/Geschichte, Europa und die Welt seit* 1945. Stuttgart. Retrieved from www.histoiregeschichte.com.

Brown, G. (2006, January 14). The future of Britishness: Speech to the Fabian Society. Fabian Society Press Release.

Counsell, C. (2000). Historical knowledge and historical skills: A distracting dichotomy. In J. Arthur & R. Phillips (Eds.), *Issues in history teaching* (pp. 54~71). New York: Routledge Falmer.

De Rooij, P. (2001). *Verleden, heden en toekomst, Advies van de commissie historische en maatschappelijke vorming,* Enschede: SLO, pp. 16~19.

De Rooij, P. (2006, September 1). De canon als bindmiddel. *De Volkskrant.*

EUROCLIO Questionnaire Analysis. (2005). Gaining equilibrium? Building from the local to the global perspective. *Bulletin* 22, 69~86. Retrieved from http://www.euroclio.eu/download/bulletins/22_Gaining_Equilibrium.pdf

Ferrari, J. (2006, March 8). Civilising influence of previous wars between East and West. *The Australian.*

Grever, M. (2006). Nationale identiteit en historisch besef. De risico's van een canon in de postmoderne samenleving. *Tijdschrift voor Geschiedenis,* 119, 160~177.

Grever, M., & Stuurman, S. (Eds.). (2007). *Beyond the canon. History for the twenty-first century.* Basingstoke, England: Palgrave Macmillan.

Janssens, L. (2004). Syllabus change: A Dutch perspective. In M. Roberts (Ed)., *After the wall*: *History teaching in Europe*, *1989~2003* (pp. 99~105). Hamburg, The Netherlands: Koerber−Stiftung Foundation.

Keynes, J. M. (1937). Some economic consequences of a declining population. *Eugenics Review*, 29, 13~17.

Lipsic, E. (2006). *Erythropoietin in cardiac ischemia*. Unpublished doctoral dissertation, University of Groningen, The Netherlands.

Lomas, T. (2008, July). *Safeguarding the place of history in the secondary school*. Paper presented for the SHP conference in Leeds, England.

Mak, G. (2005). *Gedoemd tot kwetsbaarheid*. Amsterdam: Atlas.

Mijnhardt, W. W. (2005). De zinloosheid van een nationale canon in leerbaar. In A. Wilschut (Ed.), *Zinvol, Leerbaar, Haalbaar* (pp. 11~20). Amsterdam: Vossiuspers.

Oostrom, F. van (2007). *A key to Dutch history. Report by the committee for the development of the Dutch canon*. Amsterdam: Amsterdam University Press.

Phillips, R. (2004). Reflections on history, nationhood and schooling. In M. Roberts (Ed.), *After the wall*: *History teaching in Europe*, *1989~2003* (pp. 39~48). Hamburg, Germany: Koerber−Stiftung Foundation.

Ribbens, K. (2002). *Een eigentijds verleden. Alledaagse historische cultuur in Nederland, 1945~2000*. Hilversum, The Netherlands: Verloren.

Schellings, C. (2006). Leertaken in de mens− en maatschappijvakken in de Tweede fase van het Voortgezet onderwijs: nieuwe onderwijsmethodes in de praktijk. VELON *tijdscjrift voor lerarenopleiders*, 27(3), 23~34.

Van der Leeuw−Roord, J. (2002). De commissie De Rooy maakt vrouwen weer onzichtbaar in het geschiedenisonderwijs of oude wijn in nieuwe zakken. *Sekse en de City, Jaarboek voor Vrouwengeschiedenis 22*, 167~179.

Van der Leeuw−Roord, J. (Ed.). (2004). *History changes. Facts and figures about history education in Europe since 1989*. The Hague, The Netherlands: EUROCLIO.

Van Drie, J. (2005). *Learning about the past with new technologies. Fostering historical reasoning in computer-supported collaborative learning*. Unpublished doctoral dissertation, Utrecht University, The Netherlands.

6

지식의 규제와 억제:
세계화 시대의 다양한 요구에 대한
대응으로서의 표준과
규범화에 대한 몇 가지 생각

_ 한나 쉬슬러Hanna Schissler
독일 University of Hanover 현대독일사 교수. *The miracle years: A cultural history of west Germany, 1949~1968*(2000)의 편자.

이 글에서는 독일 교육체제의 최근의 변화들을 비판적으로 평가하고 자 한다. 표준standards과 규범화canonization에 관한 최근의 토론을 좀 더 넓은 정치 사회적 배경 속에 놓고 볼 것이다. 특히 경제의 세계화 에 대한 대처방향을 잘못 잡은 시도들과 지식체제 속에 탈근대적 불 안정성을 포함하려는 그릇된 시도들을 살펴보려고 한다. 표준을 도입 하여 실시하는 "주입과 반복drill and kill"식 교육은 학교 교육에 대한 오랜 무관심, 그리고 특히 취약계층 학생, 그중에서도 이민자들을 통 합하지 못하는 독일 학교 교육의 결함을 은폐할 뿐이다. 끊임없는 측 정, 시험, 평가, 그리고 통제는 의심스럽기만 한 "메가 액션Mega-action"으로서, 학교 교육을 개선하고 젊은 세대가 건강하고 자신감 있 는 성인으로 자라나도록 돕는 데 거의 소용 없는 것들이다. 정치인들 과 기타 공인들의 교권 침해 움직임도 교육 개선에 도움이 되지 않는 다. 독일 교육체제는 이미 개인의 자율성과 젊은층의 역량 강화보다 는 세계화되는 경제 부문의 요구들에 대응하는 것을 더 가치 있게 여 기는 방향으로 길을 잡았다. 우리의 지식체제의 혁명적 변화가 필요 한 시점에서 그리고 세계 환경의 극적인 변화를 눈 앞에 둔 상황에서 학교 교육(대학 교육에서도 마찬가지로)의 표준화와 규범화를 지향한 움 직임은 교육education과 도야Bildung를 통한 자기역량 강화라는 이상은 저버린 채 오로지 시장경제의 논리를 따르고 있다. 항상 체계화와 경계 설정을 동반하는 규범화는 권위 부여, 지식의 규제, 무엇이 옳고 그른지에 대한 인위적 결정을 지지한다.

우리는 지금 교육이라는 행위와 관련된 모든 것들이 혼란스러운 시기에 살고 있다. 여러 근원에서 나오는 심각한 문제들이 우리 앞에 놓여 있다―미래의 모습을 가늠할 수 없고 새로운 세대를 준비시키기 매우 어려운 변화하는 사회가 주로 문제의 근원이다. 어떤 사회 변화 속에서도 우리는 우리의 지식, 사상, 그리고 학습에 대한 개념에서의 근본적인 변화들을 발견하게 된다. 우리가 세상에 대해 이야기할 때 언어를 사용하는 방식에 의해, 그리고 세상에 대처하려는 인간들의 정신적 활동들로 인해 이런 변화들의 완성은 방해를 받고 왜곡이 된다.

―브루너Bruner(1982, 835)

서론

제롬 브루너Jerome Bruner(1982)는 교육적으로 "혼란스러운 시기"에 관해 서술했다. 그가 생각하고 있던 것은 1960년대와 1970년대였다. 25년도 더 지난 지금, 그가 교육적 토론에 영향을 미치고 있다고 주장했던 변화하는 사회가 과연 어디로 가고 있는지를 지금 우리가 더 명료하게 알고 있는가? 교육이 직면하고 있는 도전들에 대해, 그리고 어떻게 새로운 세대를 불확실한 미래에 준비시킬지에 관해 분명한 예지력을 갖고 있는가?

내가 학교를 졸업하고 대학에 입학하던 1966년 즈음, 독일의 교육체제는 위기에 처해 있었다. 그 당시 나는 다른 젊은이와 마찬가지로 나도 좀 더 나은 세계를 위해 싸워야 하는 선택받은 사람들이라는 것을 확신하고 있었다. 나는 1960년대의 청소년으로서 그리고 서독 학생운동 세대로서 소비밖에 모르는 것 같았던 구시대적 세계관을 집어던지려는 시도에 참여했다. 이런 시도는 당시에 "정상화normalization"라고 불렀다. 성gender 규범과 성생활sexuality 관련 규범들은 아주 엄격했고, "정상normal"이라고 여겨졌던 것은 사실 숨막힐 듯하게 "규범적인normative" 것이었으며, 우리가 학교에서, 특히 역사와 문학 수업에서 배우는 것을 구조화한 이른바 성문화된codified 지식도 마찬가지였다. 많은 남성들이 전쟁 중에 사망했거나 실종되었기 때문에 여성들이 전후에 그들의 가족을 지탱했어야 했던 사실에도 불구하고, 여성은 가정에 속하고 남성은 생계비를 버는 사람이라는 가정supposition은 정치와 교육정책에 적지 않은 영향을 미쳤다. 소녀들은 노동시장에서처럼 교육에서도 명백하고 분명하게 차별을 받았다. "정상화"라는 단어는 2차 세계대전으로 인한 파괴 이후에 아주 널리 사용된 용어였다. 무엇이 "정상"인지에 관한 분명한 개념이 필요했고, 전쟁 후의 "정상"이 아닌, 진실로 고통스런 현실을 밀어내고, 무시하고, 부정하려는 강한 의지가 필요했다. 교육체제는 선택된 소수를 위한 도야라고 하는 독일식 엘리트주의 전통을 고수하고 있었다. 전체의 5퍼센트만이 김나지움Gymnasium(독일의 중등교육기관으로서 영국의 퍼블릭스쿨public school, 프랑스의 리세lycée와 같은 개념이다—옮긴이)을 마치고 이어서 대학 교육을 받았다. 당시 역사 교육은 바이마르공화국의 실패와 1933년 히틀러의 정권 장악으로 종료되었다. 나머지는 이야기되지 않았고 침묵에 가려져 있었다.

전쟁과 파괴 후, 일종의 안정과 마음의 평화를 찾으려는 우리 부모들의 노력은 나의 세대에게는 숨막힐 정도로 답답하게 느껴졌다. 그런 노력은 당시를 살았던 많은 사람들에게는 엄청난 인내, 그리고 과거에 대해(그리고 많은 경우에 자기 자신의 나치 지배와의 연루에 대해) 침묵하겠다는 묵시적 동의를 의미했다. 전쟁과 집단학살에 대해 독일인들이 느끼는 죄의식이 그랬듯이, 이야기는 되지 않는다고 하더라도 그것은 실재하는 것이고, 가끔은 저항하기 힘들 정도로 엄청난 것이다. 널리 퍼진 도덕적 분노는 더욱 심한 공허감과 방향 상실감에 의해서만 넘어설 수 있는 것이었고, 과장된 자신감과 비난하는 태도 속에 감추어져 있다가, 우리 세대의 일부를 붙잡았고, 그들이 결국에는 "그 제도"에 도전을 하게 되었다.

그러나 "그 제도"는 거의 1960년대 후반의 학생들이 이해할 수 없는 것이었고, 따라서 젊고 이상적인 학생들(나를 포함하여)이 조금은 당황한 노동자들에게 전단지를 나누어주는 것을 막을 수 없었다. 지난세기의 60년대와 70년대에 들어서 노동자들은 역사상 처음으로 적절한 부를 누리고 있었고, 서독에서 "다층화된 중류사회leveled-middle-class society"라고 이름 붙여진 사회 속에 통합되기 시작하고 있었다. 우리는 우리가 가지고 있는 세계관과 긴장감, 그리고 무엇을 해야 하고 무엇을 하지 말아야 하는지에 대한 느낌 등을 다른 사람들에게 강요했다. 당시에 나는 세계가 노동자들에게 열리고 있었고 그들에게 독일 역사상 처음으로 참여와 적당한 부를 제공하고 있다는 사실을 알지 못했다. 왜냐하면 우리는 당시에 노동자들은 이름 그대로 수탈당하고 있고 이런 상황은 바뀌어야 하며, 노동자들은 "혁명의식"을 개발해야 한다는 이야기를 듣고 있었기 때문이다. 우리 수준의 의식에 거의 접근하지 못하고 있었던 그 사람들에게 옳은 것과 그른 것을 구별하도록 가르치려는 우리의 열정 앞에서 그들이 보이는 열정의 부족 때문에 우리는 꽤 실망했다. 우리는 그랬다. 우월한 지식을 지닌 (우리가 그렇게 생각했던) 1960년대의 학생들이었다. 우리는 (우리에게는 익숙하지 않았던 생활 세계에 있던) 노동자들에게 세속적인 것을 탐하는 것 이상 아무것도 제공해 주는 것이 없는 "체제"의 한 부분이 되기보다는, 어떤 의미도 없고 도덕적 중요성도 결여된 이 "공허한 물질주의 사회"에 맞서 싸우는 것이 더 낫다는 이야기를 하고 있었다. 변명하자면, 나는 일단 우리의 사명의식이 얼마나 부적절한 것이었는지를 깨닫는 순간, 내가 잠시였지만 강하게 가지고 있던, 한나절 만에 혁명을 이루겠다는 생각을 포기했다. 힘든 하루 일을 마친 후 공장을 나서는 노동자들의 경멸적인 눈빛은 나의 기를 꺾었다. 그것은 마치 내가 강당을 가득 채운 경제학 전공 학생들에게 잉여가치나 수탈의 법칙과 자본 축적과 같은 기초적인 마르크스주의 개념들을 소개하려고 했을 때 그들이 나에게 보낸 웃음과 똑같은 것이었다.

우리는 실로 일종의 선교사들이었다. 우리도 선교사처럼 당시 사회에서 가장 차별을 받던 구성원들을 끌어들이기 위해 시골로 갔다. 대표적인 것이 1960년대 독일의 시골에서 아주 흔히 볼 수 있는 가톨릭 소녀들이었다. 우리는 그들이 사회에서 가장 혜택을 받지 못하는 집단이라는 것, 그리고 교육을 받으면 그들도 비극적 삶에서 벗어날 수 있다는 것을 알게 해 주었다. 우리는 자신들의 가정 생활에 우리가 끼어드는 것을 결코 반가워하지 않았던 적대감을 가진 부모들과 마주쳤다. 그러나 당시 모든 것은 변하고 있었다. 새로운 집단을 고등교육 분야로 끌어들이는 것뿐 아니라, 교육 내용과 관련해서도 모든 것이 변하고 있었다. 모든 형태의 정해진 진리에 의문을 제기하면서, 학생들과 일부 더 안정된 자리에 있던 지적 반항아들이 많은 분야, 특히 문학과 역사 분야에서 "규범canon"에 도전하는 방향으로 새로운 길을 닦았다. 우리 세대를 사회화시켰던 1950년대와 1960년대의 "규범"이 계속해서 철저히 분해되고 해체되었다. 이런 과정은 1960년대와 1970년대의 학생운동과 밀접하게 연결되었고, 이후에는 또한 학교, 교과서, 그리고 교육과정에까지 영향을 미쳤다. 1970년대의 격렬한 교육과정 토론, 특히 헤센 주 커리큘럼Hessian Curricula에 관한 토론은 사회의 전면적 변화를 반영했고, 당시 역사 교육과 학습방법에서의 획기적 변화를 반영했다. 역사 분야에서는 의심할 바 없는 역사적 진리로 여겨졌던 "규범"이 붕괴했다. 사회사가 국가사에 도전했다. 여성의 역사와 성의 역사가 국가사뿐 아니라 사회사에 도전했고 지금까지 실제보다 적게 취급되었고 공식적 역사 이야기 속에서 별 관심을 받지 못했던 개인과 사회 집단들이 역사의 주체로 등장했다. 구술사가 빼앗겼던 역사 "주권ownership"을 다시 찾았다. 그런데 이런 모든 변화가 규범화나 표준의 도입과 관련된 현재의 토론과 무슨 관계가 있는가? 내가 기억하는 한, 독일에는 항상 한두 가지 교육적 위기가 있어 왔다. 위기라는 것은 일이 통제 불가능하게 되는 짧은 기간으로 정의된다. 따라서 40년 이상 지속되는 위기는 이런 의미의 위기라고 부를 수는 없다. 그보다는 여러 다른 위기가 수반되는, 어떤 사회 변화가 갖는 구조적 특성으로 여겨질 수 있다.

독일에는 새로운 교육적 위기가 있다. 독일이 좋은 성적을 거두지 못했던 2001년의 "국제학업성취도평가PISA(Programme for International Student Assessment)" 이래, 학생들이 어떤 학년에서 무엇을 학습해야 하는지와 관련해서, 그리고 새로운 규범들에 대해 많은 토론이 있어 왔다. 표준화 및 규범화와 관련된 이런 토론들과 관련하여, 나는 네 가지 의견을 제시하고자 한다. (1) 경제의 세계화로 인해 발생한 불규칙한 변화가 사회와 교육체제에 강력한 적응을 강요하고 있다. 이런 변화는 다양하고, 가끔은 모순적인 모습으로 나타난다. 한편에서는, 서구 국가들에서 1960년대와 1970년대의 교육적 이상들에 대한 반발이 목격된다. 이런 반발은 경제적 요구에 보다 잘 맞추기 위해 교육 부문에서 새로운 경직성을 가져오는 계기를 만들었다. 다른 한편, 새로운 공학 기술의 발전은 세계적 수준에서 지식 체계의 새로운 통합이 가능하며, 또한 필요하게 만들었다. 새로운 형태의 의식, 보다 포용적인 교육과정, 그리고 새로운 지식이 학교와 대학에서 생겨나고 있다. (2) 최근의 많은 교육적 논쟁은 세계화되는 노동시장에 젊은이들을 준비시키려는 시도로서 학생들의 학업성과를 통제하고 측정하려는 것에 집착하고 있다. 이런 과정에서 국가는 경제적 요구 혹은, 세계화된 경제가 21세기 노동력에서 요구하는 것이 무엇일까라는 생각에 집착하고 있다. 이 과정에서 국가의 영향력은 약화된다. 국가제도는 경제적 요구에 응해야 하고, 따라서 교육과정과 교과서 내용에 대한 국가의 감시 기능뿐 아니라 공적으로 정당성이 부여된 정책으로부터도 국가가 물러서는 것을 촉진하고 있다. 학생들의 호기심을 길러 주고 지식에 대한 창의적 탐색을 중시하는 교육은 뒷전으로 밀려나고, 보다 도구적인 접근 방식이 그 자리를 차지하고 있다. 이런 과정 속에서 교수와 학습뿐만 아니라 연구의 진실성까지도 세계화되는 시장의 요구에 송속되는 위험에 처해 있다. 시장중심의 세계와 사회에서는 이윤이 인간의 생활이나 복지보다 더 중요한 것이 된다. (3) 교육에서 나타나는 이런 표준화와 규범화 움직임은 아마도 최근에 활발해진 탈근대적 경향이나 철저한 해체이론에 대한 예민한 반응의 결과일지도 모른다. 지난 수십 년간 교육이란 거의 의심할 바 없고, 심지어는 아주 본질인 것처럼 만들어진 진리들을 전달했었지만, 탈근대적이고 해체주의적 경향이 이에 문제를 제기했기 때문이다. 표준화와 규범화를 통해 사물을 측정 가능하고 예측 가능하게 하는 것은 인간들이 점점 더 경험하게 되는 파편화된 세계와 이동성 상황에 적절히 대처하려는 시도로 보인다. 그러나 1970년대 이후 수십 년 동안 자유로워진 사회적 힘과 지적 힘들은 쉽게 규제될 수 없었고 안전하게 "관리될 수"도 없었다. 대신 자유로워진 그러한 힘들은 개인과 사회 집단의 세계관 속에 통합될 필요가 생겼다. (4) 최근의 많은 "개혁"의 특징이 되고 있는 교육에 있어서의 "반복과 주입drill and kill"식 접근법보다는, 내가 보기에 지금 이 세계에 필요한 것은 우리가 교육 분야에서 만나는 도전들에 대한 창조적이고 비전을 지닌 새로운 해결책이다. 용기 있고 두려움을 모르는 해결책이다. 우리가 이미 가지고 있는 지식, 학습과 교육과정을 촉진하고 돕는 지식을 새로운 차원에서 통합하는 해결책이다. 학생들과 교사들이 비인간적인 시장의 힘에 전적으로 의존하지 않고, 인생의 방향을 잡고 이 세계에서 안정감을 느끼도록 해 주는 지식을 전달할 수 있는 능력이다. 복종하도록 강요하는 대신, 사회적이고 인간적인 능력을 신장시키는 것이 그 어느 때보다 필요하다. 교수법에 관한 결정뿐 아니라 교육과정과 교과서 내용에 관한 책임 있는 결정을 할 때 학습이 지닌 정서적 측면을 고려할 필요가 있다. 이런 것들은 결코 새로운 것이 아니다. 오로지 도구적인 접근방법으로부터 피상적 해결책만을 모색하는 현재와 같은 실망스러운 상황에서는 지금 얘기한 교육방법은 역설적이게도 구시대적인 것으로 보이기까지 한다. 시대가 요구하는 것은 지식체제의 개방, 그리고 새로운 차원에서 이를 통합하기 위한 보다 동적인 변화이지 닫힌 태도가 아니다. 그것이 교육이 제공해야만 하는 최선의 몫이 될 것이다.

표준 혹은 "반복과 주입"

PISA테스트와 유럽의 고등교육 개혁방안인 볼로냐 프로세스Bologna Process(국가 간 교류와 협력을 강조하는 유럽 지역 고등교육 개혁방안의 하나—옮긴이)는 독일의 교육체제와 교육에 관한 논쟁에 깊은 영향을 미쳤다. 시험의 유럽화와 세계화, 교육 내용의 유연성 증대 등 현재의 교육정책들은 새로 등장한 지구촌 사회의 특성을 그대로 표현한 것이다(Lenhart 2007; Keiner 1997; Seitz 2002). 볼로냐 프로세스와 PISA "충격"의 결과로서, 독일에서는 표준의 확립, 성과의 측정, 그리고 시험

적합성 제고 등이 관심을 끄는 대표적 주제가 되었다. 교사와 학생들은 모든 종류의 규제(학업성취 표준의 도입, 질적 평가의 도입, 그리고 유사한 신자유주의적 통제제도)에 따르게 되었다. 독일의 교사와 학생들은 학업성취도에 관한 공식적 관심으로 인해 대단한 압력을 받고 있다. 독일의 학생들은 국제적인 학업성취도 순위에서 그리 잘하지 못 하고 있다. 독일 학생들은 뒤처지고 있다. 그런데 이곳 독일은 바로 도야 Bildung라는 의미가 창안된 곳이다! PISA는 1970년대의 교육과정 논쟁과 유사하게 오늘날 독일 교육에서의 근본적인 변화를 상징한다는 얘기가 많다(Pandel 2005). 1970년대의 논쟁은 학교 역사 교육과정에서 구조적 변화를 가져오는 문제인 동시에 68세대(68년부터 70년대 중반까지 독일에서 사회 전체적인 민주화와 반파시즘 운동을 주도했던 사람들을 지칭—옮긴이)의 정치사회적 의제에 관한 논쟁이기도 했던 상황과 유사하다. 1970년대가 내용(무엇을 역사로 볼 것이냐)과 적합성(어떤 종류의 지식이 필요하냐?)에 관한 열정적 토론을 시작했던 반면에 PISA가 가져온 교육적 토론은 독일 학생들이 세계화되어 가는 경제의 요구를 감당할 수 있느냐와 같은 질문에 집중되고 있다. 이번 논쟁은 아웃소싱outsourcing(자체 인력·설비·부품 등을 이용해 하던 일을 비용 절감과 효율성 증대를 목적으로 외부 용역이나 부품으로 대체하는 것—옮긴이)과 임금 억제의 시대에 산업국가 독일, 시장 이익, 그리고 독일 노동력의 시장 유연성 등을 둘러싸고 전개된다.

PISA 결과는 학교 교육에 관심 있는 독일 사회의 정치인들과 일반인들에게, 한편에서는 독일에서 학업적 성공이 다른 나라에서보다는 여전히 계급—의존적이라는 사실, 그리고 다른 한편에서는 이민 가족 학생들의 비교적 낮은 학업성취도가 백일하에 드러났다고 하는 사실에 경계심을 갖도록 했다. 특히 후자, 즉 독일에서 태어났거나 3~4세대 정도를 독일에서 살았던 이민 가족 학생들의 낮은 학업성취도는 그야말로 독일 이민 인구의 사회통합이 실패했다는 징후로 여겨졌다. 계급 문제와 이민 인구 문제는 독일 교육체제에 있어서 특히 위험한 문제들의 결정체라고 하겠다. 사실 도야Bildung와는 거의 관계가 없는 도야 표준Bildungsstandards이라는 것이 이런 문제들을 해결하고, PISA 순위를 개선하고, 이민 인구의 통합 문제를 해결하고, 나아가 젊은 층을 경쟁적인 세계 시장에 적합하게 만들 것이라고 예상하는 경향이 있다.

"표준"과 "규범"에 관한 어떤 대화에도 아주 강한 숨은 의미가 들어 있다. 불쾌함, 채워지지 않는 기대, 그리고 ("우둔한" 학생들, 비효율적인 정치 집단, 그리고 자기 직업에 충실하지 못한 "게으른" 교사들에 대한) 비판이 현재 독일 학교에서 진행되고 있는 많은 토론들을 혼란스럽게 하고 있다. 책임져야 할 것들이 밝혀져야만 한다. 그런 토론들은 흔히 무엇인가 분명히 필요한 것이 결여되어 있다는 전제에 기초를 두고 있고, 따라서 신속히 규범적 차원normative level의 결론에 도달한다. 다양한 결점들이 확인되고 많은 비난들이 우후죽순 제기된다. 학생들은 일정한 학년에 수학뿐 아니라 독해력이 일정한 수준에 **통달해야만** 한다. 이런 진부한 말에 의심을 제기하는 사람은 거의 없다. 교사들은 틀림없이 14세 아이가 아돌프 히틀러Adolf Hitler가 연방공화국의 첫 번째 수상이었고, 에리히 호네커Erich Honecker는 독일민주공화국을 탈출한 반체제 팝스타였다고 생각하지 않는다면 행복해할 것이다. 학생들이 아마존Amazon이 단지 인터넷서점만을 의미하지는 않는다는 것을 안다면 좋겠고, 그들이 정확하게 말을 하고 문법적으로나 철자상으로 결점 없는 문장을 쓴다면 실로 멋질 것이다(대학생들, 언론인들, 그리고, 또 교수들도 그렇게 할 수 있다면 마찬가지로 멋질 것이다). 누가 독일 교육체제의 위기를 책임질 것인가? 전 수상 게르하르트 슈뢰더Gerhard Schröder가 교사들을 "게으른 인간들"이라고 공개적으로 비난한 것이 교사들의 권위를 떨어뜨리는 데 기여했고 많은 교사들이 경험하는 자존심 위기와 심각한 수준인 노력 대비 보상의 불균형한 느낌을 더욱 심화시켰다(Bauer 2007b, 49~50). 독일 교육체제의 구조적 문제는 결코 새로운 것이 아니며, 세대에서 세대로 이어지고 있다. 그러나 필요한 구조적 개혁을 용감히 시작하거나, 교육계 내면을 들여다보기보다는 너무 쉽게도 학교(동시에 게으른 교사와 무식한 학생)만을 비난하는 경향이 강하다. 현행 독일 교육은 한마디로 학교, 교육자료(교과서 채택), 그리고 교육 일반에 대한 국가 책임의 점진적인 축소라는 논리를 따르고 있다. 학교와 대학에 대한 국가의 직무 유기, 전문가들의 완곡한 표현으로는 교육제도의 "독립성"과 "자기 책임성"이다. "독립성"과 "자기 책임성"은 물론 중요하고 마땅히 강조되어야 한다. 국가 규제와 간섭을 지지하지 않는다. 규제와 간섭은 규제에 의해 영향을 받는 사람들이 지닌 전문성을 전혀 존중하지 않는 중앙집권적 국가들로부터 유래한 것이며, 독일 교육제도에 많은 해악을 가져왔기 때문이다. 내가 강조하려는 것은 국가 책임이다. (1) 적합한 교육 조직을 짜고 (2) 연구, 교육, 학습의 자유를 보장하고 (3) 교육기관들이 붕괴되는 것을 막고, 경제적 목적을 가지고 연구와 교육에 부담을 주는 민간 후원기관에 지나치게 의존하는 것을 방지하기 위해 충분한 공적 자금을 제공하는 데 있어서 국가의 책임을 강조하는 것이다. 역설적이지만, 정부의 압력 행사와 권한 축소가 항상 상호 대립하는 것은 아니다. 오히려, 정부의 압력과 권한 축소가 결합하여 교사와 학생들에게는 아주 위험한 작용물이 될 수도 있다. 왜냐하면 한편에서는 학교가 끝없는 규제로 넘쳐나고, 다른 한편 도움이 필요할 때 혹은 도움이 필요한 곳에서는 도움을 받기보다는 자기 규제와 자기 책임성을 발휘하도록 요구받기 때문이다.

표준에 관한 현재의 논쟁은 규정할 수 있고 측정할 수 있는 기술에 관한 것이다. 우선 표준은 읽기, 쓰기, 그리고 수학적 기술과 관련된다. 이런 기술들은 쉽게 측정할 수 있다. 이제 역사와 같은 다른 지식 분야도 적용 대상이 되고 있다. 독일의 역사학자들은 표준 논쟁의 장에 뛰어들기를 조금 주저해 왔다. 물론 역사학자들 중에는 이 "예상되는 복종anticipatory obedience"에 참여하려는 사람들도 있고 역사 교육에 표준을 도입함으로써 해결책을 찾으려는 사람들도 있다. 표준 도입의 기반이 되는 가설(혹은 도입의 정당성)은 학생들이 필요한 지식을 획득하고 기술을 개발하도록 돕는 교사들의 활동에 일정한 수준의 지식과 기술이 명시된 표준이 도움이 된다는 것이다. 이 표준은 읽기와 쓰기 기술에는 제 역할을 하고 수학에도 적용할 수 있다. 그러나 역사와 관련해서는, 표준이라는 아이디어는 심히 의심스럽고 반생산적이기도 하다. 왜냐하면 측정 가능한 종류의 사실적 지식이 역사 학습의 전부가 아니기 때문이다. 역사적 해석과 다양한 관점을 생각할 수 있는 능력(다른 사람의 관점과 접근법에 공감할 수 있는 능력을 포함하는 개방적 시각)은 측정 가능한 범위를 벗어난다. 측정 가능성이라는 것은 항상 "객관적" 사실의 세계를 의미하며 우리가 아는 것이 지속적으로 "구성되어지는 것constructedness"이라는 점이나 지식 체계를 구성하는 데 있어서 우리가 어떤 역할을 할 수 있다는 것을 부인한다. 전통적인 교육과정이 바로 그런 일을 하지 않았는가. 즉, 특정 연령 집단에 맞는 기술과 지식 수준을 명기하는 일? 이제 사람들은 이런 과장된 이야기들이 도대체 무엇인지 의아하게 생각하고 있다.

표준 그리고 표준화 시험과 관련해서 여러 움직임들이 동시에 전개되고 있다. 더 많은 규제, 측정, 시험, 그리고 평가가 부과되고 있다. 흔하게는 국가 혹은 지역 차원에서, 그러나 종종 또한 국제적 단위로. PISA시험과 교육에서의 표준화에 대한 요구는 경제개발협력기구 OECD에 유래를 두고 있다. OECD는 결국 시장과 경쟁우위에 관심이 있는 초국가기구이다. 시장은 단기 혹은 중기 이익을 추구한다. 강제성이 없는 OECD의 교육적 제안에 부응하려는 유럽 국민국가들의 자발적 의지는 바로 새로 등장하는 세계사회의 징후다. 국민국가들이 초국가적 압력을 받아들인다(Allemann-Ghionda 2008). 그러나 OECD의 연구들은 방법론적으로 매우 의심스럽다(미디어와 교육잡지에서 널리 토론되었다). 요아힘 바우어Joachim Bauer는 "히스테리적인 장면 hysterical theater"일 뿐 아니라 "방법론적으로 의심스러운 메가-액션 methodologically questionable mega-action"이라고 부른다(Joachim Bauer 2007b, 118, 120, 122). 뿐만 아니라 광범위하게 실시되는 학생들의 학업성취도 검사는 어떤 긍정적인 결과도 나타내지 않았다는 것이 미국의 낙제학생방지법No Child Left Behind(2002년에 발표한 미국의 공립학교 개혁법안의 명칭) 프로그램에서 이미 나타났다. 수준 이하의 성적을 내는 것에 대해 제재를 하겠다는 위협도 역시 긍정적인 결과를 가져오지 않았다(Joachim Bauer 2007b, 11, 120). 신자유주의적 통제장치들에 대한 바우어의 판단은 아주 명료하다.

기업, 봉사기관, 상담소, 병원, 혹은 학교에 대해 외부로부터 가해지는 평가와 통제는 기생적인 장치가 되어 버리는 경향이 있다. 평가와 통제 대상이 되는 많은 기관들을 발전시키지 않으면서 오히려 많은 방관자들(평가기관 종사자들—옮긴이)이 평가 대상 기관들로부터 영양분을 얻어서 생활하는 하나의 소생활권이 형성되는 것이다(Joachim Bauer 2007b,p. 120).[1]

학교와 대학에서 표준 그리고 표준화 과정을 지지하는 사람들은 학습과정의 평가뿐 아니라 잦은 모니터링, 정기적 평가, 통제장치의 제도화를 도입하고 싶어 한다. 그들은 어떤 숨겨진 기획에 동조하고 있는 것이고, 더 심하게 표현하면 그들은 특정한 기술을 지닌 노동자를 원하고 있는 시장의 요구에 순순히 그리고 공개적으로 따르고 있는 것이다. 말할 필요도 없이 직장을 보장하는 것도 아니면서 말이다. 그러나 이런 최근의 교육개혁과 함께 우리는 또한 (아동, 학교, 가족, 전체

---

[1] 독일어 원문은 다음과 같다. Mess—und Kontrollsysteme, die wir von außen auf Industriebetriebe, Dienstleistungseinrichtungen, Arztpraxen, Krankenhäuser oder Schulen loslassen, haben die Tendenz, zu parasitären Apparaten zu Werden, zu biotopen, in denen sich viele Zaungähren, ohne letztlich die Einrichtungen zu stärken, die sie evaluieren und kontrollieren sollen.

사회)의 생활 체계 문제와 씨름하고 있다. 프리츠 지몬Fritz Simon은 모든 생활 체계를 특징짓는 딜레마와 역설을 이렇게 설명한다. 마음에 구체적인 목표를 가지고 다른 사람 혹은 사회적 과정에 영향을 미치는 일을 하는 사람(예를 들면 부모, 교사, 임상치료사, 상담사, 관리인, 정치인 등)은 누구나 체제를 조종할 수는 거의 없으면서도 체제의 행위에 책임을 져야 하는 모순을 갖고 살도록 강요받는다(Fritz Simon 1999, 9).[2] 계산하고, 재고, 측정하는 것은 상당한 이해력이 있는 교사 그리고 다른 교육전문가들만이 할 수 있는 일이다. 점차 경쟁적으로 되어가고 있는 시장에서 경쟁을 합리화하고 이익을 극대화하는 논리에 교육을 종속시키는 것에 대해 많은 사람들이 두려워하고 반대한다. 시장의 확대는 바로 무자비하게 세계화되는 지구촌 경제의 상징이다. 만일 교사와 학생들이 간섭, 그리고 새로운 요구와 규제를 도움이 되지 않는 것으로 여긴다면, 그들은 궁극적으로 그런 간섭이나 규제가 초래할 결과를 피하는 새로운 길을 찾을 것이다. 왜냐하면 그렇게 하는 것이 모든 살아 있는 체제의 특성이기 때문이다. 교육의 수준을 높이기 위해 순전히 도구적 관점에서 어떤 새로운 장치를 도입한다면, 나타나는 결과는 뻔하다: 교육체제를 변경하여 세계화되는 경제에 맞는 형태로 만들려고 압력을 행사한다면 이는 반드시 엄청난 반작용을

---

[2] 독일어 원문은 다음과 같다. Wer immer aufgrund seiner Rolle vor der Aufgabe steht, das Verhalten anderer Menschen oder sozialer Prozesse zielgerichtet beeinflussen zu sollen(also Eltern, Lehrer, Thera-peuten, Berater, Manager, Politiker, usw) muß mit dem Widerspruch leben, die Verantwortung für das Verhalten von Systemen zu tragen, die ganz offensichtlich nur in sehr gegrenztem Maße steuerbar sind.

초래할 것이다. 아마도 체념이나 회피를 초래할 것이다. 경우에 따라서는 창조성을 억압할 것이다.

교육은 분명히 노동시장, 특히 세계화되는 노동시장에 필요한 자격소지자들을 제공해야만 하지만, 그것이 전부는 아니다. 기술과 지식을 획득하는 것 이외에, 교육은 또한 세계를 이해하는 방식에 관한 것이기도 하고, 젊은 사람들이 복잡다단한 경험 속에서 스스로 인생의 방향을 잡는 데 도움을 주는 가치관을 개발하고 배양하는 것과 관련된 일이기도 하다. 교육은 학생들이 반응하도록 하는 것뿐 아니라 적극적으로 행동하도록 하는 일이기도 하다. 독일어는 교육의 이런 측면을 담고 있는 아주 오래된 도야Bildung라는 단어를 가지고 있다. 도야라는 의미의 교육이란 한 사람이 지닌 기술의 시장성이라는 순전히 도구적인 의미를 넘어 능력 신장empowerment이다(Bieri 2005; Sambale, Volker & Heike 2008).

자신의 잠재력을 개발하는 것을 격려하고 돕는 환경에서 자랄 행운이 주어진다면 학생들은 노력할 것이다. 교육자들로 하여금 심리적으로 건강하고, 지적으로 적합하며, 창조적인 아동과 젊은 예비성인을 기를 수 있도록 해 주는 환경이 주어진다면, 교사와 학생 모두에게 자동적으로 그만한 보답이 주어질 것이다(Bauer 2007b; Hüther 2005). 왜 독일 학생들이 다른 나라 학생들보다 성공적이지 못할까라는 질문이 떠오를 때, 바로 지금 이야기하는 주제가 논쟁의 핵심이 되어야만 한다. 문제에 대한 해답은 교육과 창의성이 발현될 수 있는 환경(그리고 수단)을 제공하는 것일 것이다. (교사의 집무 공간, 좋은 건강식을 갖춘 식당과 방과후 프로그램은 말할 것도 없이, 안락한 건물, 교실, 그리고 교실 가구와 같은) 여러 조건 중에서, 독일의 경우 대부분의 교사와 대학교수들이 교육적 성공을 가로막는 첫 번째 장애물로 여기는 학급당 과다 인원의 해소가 가장 중요하다. 이런 모든 것은 잘 알려져 있다. 단지, 사회가 대학생뿐 아니라 중고등학생을 점차 계획적으로 무시하는 방향으로 발전하고 있을 뿐이다. 요아힘 바우어는 이렇게 간결하게 표현하고 있다. "오늘날 우리는 일부의 젊은이늘, 특히 특권계승이나 고학력 배경을 지니지 못한 젊은이들로 하여금 아무도 그들의 개인적 발전이나 학교의 발전에 관심을 보이지 않는 조건에서 성장하도록 내버려두고 있다. 이는 특히 젊은 남자들에게 타당한 이야기다. 그들은 점점 더 무관심, 냉소주의, 경멸, 그리고 폭력과 같은 환경 속으로 빠지고 있다. 많은 중도탈락자들도 만일 킬러비디오게임killer video games을 측정하는 PISA가 있다면, 자기 컴퓨터에 앉아서 어떤 PISA시험에도 통과할 수 있을 것이다. 간단히 말해서 많은 아이들은 사람을 생활에 적합하게 만드는 학교, 즉 자신감과 동기 부여, 기초지식과 정서적 능력을 키워 주는 학교로부터 탈주하는 것이 아니다"(Joachim Bauer 2007b, 10~11).[3] 지난 수십 년 동안의 사회 및 경제 발전을 분석하는

---

[3] Wir lassen heute einen Teil unserer Jugendlichen–von allem jene aus der nicht privilegierten, nicht bildungsbürgerlichen Mehrheit der Bevöikerung–in einer Situation heranwachsen, in der kaum jemand Interesse an ihrer schulischen und persönlichen Entwicklung zeigt und in der sie zunehmend–dies gilt insbesondere für männliche Heranwachsende–in eine Stimmung von Aussichtslosigkeit, Zynismus, Verachtung und Gewalt geraten. Viele Schulversager wären in der Lage, an der Spielekonsole eines Cumputers jeden PISA–Test mit Bravour zu bestehen, vorausgesetzt, es gäbe einen PISA–Test für killerspiele. Kurz, ein Großteil eines jeden Jahrgangs nimmt aus der Schule nichts von dem mit, was einen Menschen fit fürs Leben macht: Selbstvertrauen

것은 이 글의 범위를 벗어나는 것이다. 우리나라 학교가 처한 조건은 그런 사회 및 경제 발전의 반영일 뿐이다. 50퍼센트 이상의 젊은이들이 만성적인 질병을 갖고 있고, 교사들은 다른 어떤 집단보다도 "탈진 증후군burn-out syndrome"(한 가지 일에 지나치게 몰두하다가 어느 순간 자신이 하던 일에 대해 회의를 느끼고 무기력감에 빠져 더 이상 일을 할 수 없게 되는 현상—옮긴이)과 조기 퇴직의 영향 하에서 신음하는 사회가 지닌 문제가 무엇인지 궁금하지 않을 수 없다(Joachim Bauer 2007b, 12, 49~51, 67~69).

규범화canonization에 대하여

교육은 무엇을 가르칠 것인지에 대한 결정을 요구한다. 교과서 저자들, 교사들, 학교들, 그리고 교육과정을 구성하는 사람들은 이용 가능한 풍부한 지식으로부터 선택을 한다. 선택은 필요하지만, 숙고해서 이루어져야 하고 궁극적으로는 정당화되어야 한다. 지적, 교육적, 사회적 협의과정 속에서 토론되고, 논의되고, 이를 통해 동의를 얻을 수도 있다. 전통적으로 국가는 학교에서 가르치고 교과서에 서술되는 교육 내용에 관심을 가지고 있었다. 이런 식으로 국가는 젊은 사람들을 기존 사회에 사회화시키는 계획을 확실히 추진하도록 했다. 막스 베버Max Weber의 "정당한 국가권력의 독점"이라는 개념을 이용하자

---

und MOtivation, fachliches Basiswissen sowie soziale und emotionale Kompetenz.

면, 교육에서의 "국가 독점"(둘 다 국가 형성state building의 주요한 측면)이라는 것이 초래한 결과는 중대하다. 국가의 교육 독점계획에 반대할 수도 있는 다른 영향력들로부터 보호하거나 혹은 적어도 사립(교회)교육을 통제했다. 따라서 아이들은 학교에 가야 했고, 학생들이 접하게 되는 지식의 종류에 관해 중요한 발언권은 국가가 가졌다. 학교에서 가르치는 지식은 일정한 사회적·정치적 여과를 통과하기 때문에 항상 규범화된다(Assmann 1933; Schissler 2009; Schiller & Soysal 2005). 그러나 지식 체계에서의 변화 또한 결국 학교에 영향을 미치고, 변화된 지식은 그곳에서 다시 한 번 규범화되는 과정을 겪는다. 우리는 현재 학교(그리고 대학)에 표준을 도입하는 문제에 당면해 있다. 뿐만 아니라 이와 동시에 수십 년간의 해체를 경험한 후 규범화에 관한 새로운 토론에 빠져 있다. 규범화는 모든 사회적이고 정치적인 문맥 속에 들어 있으며 통합consolidation과 체계화codification, 경계 설정boundary drawing, 권위에 대한 주장claims towards authoritativeness, 견제 containment, 그리고 적합성에 대한 가정과 결정assumption and decisions 의 다섯 요소들이 핵심을 이룬다.

1. 18세기의 백과사전들이야말로 당시 이용 가능한 지식을 통합 consolidation하고 체계화codification한 가장 분명한 사례들이다. 그러나 알려진 지식의 통합과 체계화는 시간과 공간 속에서 발생하고 체계화와 통합화 과정에 참여하는 사람들 사이의 담론에 영향을 받는다. 새로운 발견 때문에, 그리고 보다 근본적으로는 사고 체계의 변화 때문에 지식은 쓸모없는 것이 되기도 한다. 지식은

항상 경쟁의 대상이 된다. 토마스 쿤Thomas Kuhn은 안정된 패러 다임을 바꿈으로써 지식의 구조에서 혁명적 변화가 어떻게 일어 나는지 그리고 지식 체계에서의 획기적 변화가 어떻게 학술 개념 을 뒤흔드는지를 서술했다. 지식의 통합은 지식의 체계화만큼 중 요하지만, 새로운 통찰력은 이전 연구의 결과 위에 세워지기 때 문에 통합되고 체계화된 지식은 규범화되고, 격리되고, 결과적으 로 경직화되는 고유한 경향이 있다. 얀 아스만Jan Assmann에 따르 면 규범은 "의미의 무덤"이다(Pandel 2005, 68). 일단 통합되고 체 계화되고 나면 지식은 스스로를 봉해 버린다. 이는 과학사에서 많은 사례를 찾을 수 있다. 그래서 학술활동과 지식 체계를 독창 성이 없게 만든다. 토마스 쿤이 보여주듯이, 오래된 패러다임을 바꾸는 것은 가장 도전적인 일이다. 왜냐하면 어느 시기에 안정 된 "진리"라고 여겨지는 것을 수호하는 사람들은 쉽게 포기하지 않기 때문이다. 이런 저항의 결과로 다양한 설명 모형들이, 더 넓 고 더 설득력 있는 설명력을 가진 새로운 패러다임이 세워질 때 까지 얼마동안 서로 경쟁하게 된다. 결과적으로는, 비록 어떤 지 식 체계는 낡고 협소하거나 심지어는 그릇된 사고형태를 보여줌 에도 불구하고, 다양한 지식 체계가 공존하게 된다. 유명한 사례 를 하나 언급하자. 결국 가톨릭 교회는 갈릴레오 갈릴레이Galileo Galilei의 발견에 어긋나는 진리를 유지할 수는 없었다. 그러나 오 랜 시간 동안 지구가 우주의 중심이 아니라는 사실을 억압할 권 한은 가지고 있었다. 결국 이 지식은 무시될 수 없었다. 궁극적으 로는 모든 지식이 무시될 수는 없다. 그러나 "진리"의 수호자들이 할 수 있는 것은 규범화된 "사실들"로부터 벗어난 지식들이 세상을 혼란스럽게 만들지 않도록 자신들이 가진 권력을 사용하는 것이다. 그들은 새 지식의 유포를 지연시킬 수 있고, 호기심을 차단할 수 있으며, 또한 사람들의 일생을 망치게 할 수 있다(McTaggart 2001). 권력과 진리는 결코 조화로운 관계에 있을 수 없다.

2. 규범화 과정의 또 다른 특징은 경계 설정boundary drawing이다. 경계 설정은 여러 특징을 갖는다. 역사적으로 볼 때, 규범화 과정의 가장 중요한 특성은 계급적 측면이다. 18세기 동안에 누가 "교육받은 사람"이고 누가 그렇지 않은지를 결정하는 것은 부르주아 계급의 유식자들이었다. 유럽 사회에서는 18세기와 19세기를 통해 천천히 "업적"을 통해 획득되는 지위가 세습되는 지위를 대체하기 시작했다. 부르주아 계급은 사회에서 자신들의 역할을 주장하는 주요한 지렛대로 교육을 이용함으로써, 출생을 통한 권한 획득에 의존해 있던 구시대 엘리트를 대체하는 데 어느 정도 성공하자마자, 자신들의 경계를 설정하기 시작했다. 문화적 자본뿐 아니라 사회 및 정치권력에 대한 접근을 제한하고 통제하는 과정은 교육 내용의 규범화와 규제의 과정을 통해 전개되었다. 규범은 각각의 교육받은 사람이 통달해야 하는 일단의 지식과 관련된다고 하는 가정이었다. 20세기에 이르러, "교육받은 사람"에 누가 속하는지를 인지하기가 쉬워지기까지 이런 일단의 지식이 거의 논쟁의 여지없이 남아 있었다. 유럽 국가들에서 규범은 민족주의적nationalistic이라고 할 수는 없지만 매우 국가주의적national

인 모습을 지녔다. 그것은 부르주아 사회와 그 사회, 정치, 그리고 경제적 주장과 밀접하게 연결되어 있었다. 규범은 하나의 문지기gate-keeper였다. 고전적 규범은 문학, 연극, 음악, 여행, 역사, 그리고 철학을 중심으로 전개되었다(Fuhrmann 2004). 1970년대 이래, "규범"은 모든 측면에서 도전을 받게 되었는데, 그것은 당시의 사회운동에 내포된 과정이었다. 학자들과 학생들은 사회적 경계뿐만 아니라 기존의 진리에 도전했다. 탈근대적 사고와 차별받는 사람들의 주장이 규범에 저항했고 선택받은 소수가 소중히 여기는 교육적 자산을 빠른 속도로 해체했다. 이것은 지속되고 있는 과정이기도 하지만, 또한 이런 경향에 대한 반대운동과 반발도 초래했다.

3. 규범화는 또한 정치적이고 권위적인 측면을 갖고 있다. 역사적으로, 학교 교육이나 교육과정을 결정하는 문제가 제기되면 국가 권위가 작용했고, 공식적인 규제가 부과되었다. 일단의 지식이 학교 교육의 목적에 맞추어 규범화되었다. 역사적 규범은 국가 의제 혹은 사회적으로 지배적인 의제와 특별히 가까웠고 지금도 여전히 가깝다. 역사와 사회과학 분야의 학교 교과서들은 국민 형성nation building과 충성스런 시민 양성의 과정에서 국가 혹은 지배엘리트들이 특정의 통제 메커니즘에 종속시켜 버린 그런 지식을 전달한다. 진실로, 학교에서 지식, 특히 역사 지식의 생산은 처음부터 국가의 목표와 밀접하게 관련되어 있었다(Schissler & Soysal 2005).

4. 규범화는 항상 견제containment를 포함한다. 견제의 과정에서 지식은 "길들여"지고 덜 위협적인 것으로 바뀐다. 가시가 제거되는 것이다. 예컨대 독일 문학에서 고전시대는 프랑스혁명과 낭만주의에 의해 자유로워진 혁명적 사상을 억눌렀다. 결국 비더마이어 Biedermeier(독일의 3대 혁명 이전 시기(1815~1848)의 문화 및 예술양식으로 정치적 격변을 외면하고, 일상의 안온함을 중시하던 풍조-옮긴이)가 그 결과로 나타났다. 한스 게오르그 판델Hans-Georg Pandel은 규범화가 역사 교육에 미친 영향과 관련해서 가장 분명하고 솔직하게 이야기하고 있다. "규범을 세우는 것의 기본 특징은 억제하는 것이지 개방하는 것이 아니다. …… 따라서 모든 규범은 감각의 확대보다는 감각의 축소에 바탕을 둔다"(Hans-Georg Pandel 2005, 69).[4] 규범은 개념적으로 학술에 적대적이라는 것이다.

누군가 역사적 규범을 주장한다면 역사 교육은 역사학적 연구활동과 결별하게 된다. 그러나 누군가 연구의 발전을 선택한다면 그는 반드시 규범의 탐구를 포기해야 한다. 왜냐하면 규범의 편을 들려면 학술 연구에 심히 적대적이어야 하기 때문이다. ……연구의 발전은 항상 규범과 모순되거나 규범에 도전해야 한다(Hans-Georg Pandel 2005, 72).[5]

---

[4] 독일어 원문은 다음과 같다. Der grundlegende Akt der kanonbildung ist derder Schließung und nicht der Öffnung …… Infofern beruht jeder Kanon prinzipiell auf *Sinnverknappung* und uncht auf *Sinnerweiterung*.

[5] 독일어 원문은 다음과 같다. Beharrt man auf einem unhistorischen Kanon, dann koppelt sich der Geschichtsunterricht von der Geschichtswissenschaft ab. Nimmt man aber Forschungsfortschritt ernst, so muss man die Forderung nach einem Kanon

5. 규범은 또한 지식의 적합성relevance에 대한 가정과 결정을 수반한다. 그러나 특정한 시기에 어떤 것이 적합한 지식인지 결정하는 것은 어렵다. 1988년에 독일 작가 한스 마그누스 엔첸스베르거Hans Magnus Enzensberger는 무식에 관해 아주 주목할 만하고 재미있는, 그러면서도 또한 매우 사려 깊은 글을 썼다. 이 글에서 그는 고전적이고 규범화된 교육에 이의를 제기하고 있다. 실제로는 "사람이 알아야만 하는" 모든 것에 이의를 제기하고 있다. 그는 한때 유럽에서 교육을 가장 많이 받은 인물이었던 멜란히톤Melanchthon(16세기 초에 활동했던 독일의 인문신학자 필리프 멜란히톤Phillipp Melanchthon—옮긴이)과 우리 가까이에 있는 인물인 미용사 지지Zizi, 그리고 그녀의 남자친구 브루노Bruno를 비교했다. 비교 결과는 놀라웠다. 지지와 브루노는 지식 수준에서 유명한 인문주의자 멜란히톤보다 결코 뒤떨어지지 않았다. 현대 정보사회에 살고 있기 때문에 지지와 브루노는 멜란히톤이 자기 시대에 그래야 했던 것보다 더 많은 정보를 다루어야만 하는 것이다. 실제로 지지와 브루노는 이 상상의 경쟁에서 분명한 승리자들이었다.

교육과정과 교과서의 내용에 대해 책임 있는 결정을 하는 것은 중요한 일이다. 이 결정은 필요한 것일 뿐 아니라 훌륭한 판단과 권위를 요구한다. 그러나 규범을 강요하고 지식의 규범화를 주장하는 일은

aufgeben, denn der Ruf nach einem Kanon ist zutiefst forschungsfeindlich …… Forschungsforschritt sprengt ständig jeden Kanon.

전적으로 다른 종류의 일이다. 이 두 가지 일의 배후에는 다른 논리가 있다. 교육과정과 교과서의 내용을 결정할 때에는 방향 설정의 필요성을 고려한다. 특히 인류 역사에서 지식의 생명이 전에 없이 더 짧아진 우리 시대의 빠른 변화를 생각하면 그렇다. 교육과정에 대해 결정하고 학습자료를 제공하는 것은 세계화 시대를 맞아 특히 책임이 큰 일이다. 세계화는 젊은이들을 새로운 노동시장에 맞게 준비시키는 사명뿐만 아니라 그들에게 이전 세대가 기대했던 것보다 훨씬 멀리 와 있는 현 세계에 관한 지식을 제공하는 사명까지 학교에게 요구하고 있다. 마지막으로 의식의 통일성coherence을 만들어 내는 책임이 개개인에게 놓여 있는 탈근대적 조건이 교사와 학생 모두에게는 또 하나의 도전이 되고 있다. 새로운 규범의 필요성, 그리고 표준과 표준화 시험을 둘러싼 이런 저런 논쟁들은 세계화와 탈근대 환경 하에서 인간들이 드러내는 일종의 무기력의 상징이라는 측면이 어느 정도는 존재한다.

역사 교육과 관련해서 보면, 1970년대 이래 사회사, 그리고 이에 영향을 받은 페미니스트, 탈식민주의와 탈근대사상이 가져온 대규모 해체를 경험한 이후 새로 정비된 규범화를 통해 일종의 안정성을 추구하려는 욕망은 이해할 만하다. 교육자들은 세계화 시대에 학생들에게뿐만 아니라 스스로에게도 교육과 방향 설정을 위한 지침을 필요로하고 있는 것이다. 그럼에도 불구하고, 현 상황에서 필요한 것은 학습과정의 측정과 평가에 적합하고 정해진 규범을 따르는 진부한 역사지식의 재생은 아니다. 신실증주의neopositivism를 추종하거나, 단순한 19세기식 인과관계와 객관주의 모델의 재현을 촉진하는 것은 권장하기 어렵다. 오히려 필요한 것은 우리의 역사의식의 확장이다. 확장된 역사의식은 개인으로서의 인간, 그리고 속해 있는 집단, 이웃, 도시, 지역, 국가, 그리고 궁극적으로는 우리가 사는 지구의 구성원으로서의 인간을 포용해야 한다. 특히 필요한 것은 앎과 학습의 성격에 대한 보다 개선된 이해, 그리고 우리가 한 부분으로 살아가고 있는 세계에 대한 이해다. 이런 지식은 이용 가능하고(Caspary 2008; Bauer 2007b; Herrmann 2006; Hüther 2005) 학생뿐 아니라 교사들에게 힘을 불어넣는다.

심리학, 인식론, 철학, 그리고 생명과학에서의 연구는 최근의 많은 교육 논쟁의 특징이 되고 있는 "반복과 주입"식 교육을 지지하지 않는다. 오히려 학교 교육의 정서적 중요성이 인정되고, 학생의 개인적 성장과 지식 획득에 도움이 되는 다양한 인간관계가 중시되는 학습환경을 지지하고 있다(Bauer 2007b; Hüther 2005; Reheis 2007). 최근 철학자 피터 슬로터딕Peter Sloterdijk이 "당신은 반드시", "사람은 마땅히", "당신은 절대"라는 말, 다시 말해서 우리를 때려서 외부적 요구에 복종하게 만드는 채찍은 인간성의 발전이라는 측면에서 우리를 한 발짝도 앞으로 나가게 하지 못한다고 지적한 바 있다. 현재의 교육적 논쟁에는 너무 많은 "당신은 반드시", "사람은 마땅히", "당신은 절대"와 같은 말들이 난무한다는 것이다. 표준화와 규범화는 우리의 학교와 대학에 심각하고 가끔은 바람직스럽지 않은 효과를 나타내기도 한다. 이 세계는 과연 무엇인가를 탐구하는 환상적인 모험은 진부한 규범과 학습 문화의 압박으로 인해 좌절될 수 있다. 현재의 학습 문화는 진정한 흥미를 유도하기보다는 표준을 정립하는 것에 더 가치를 둔다. 그러나 장기적으로는 지식을 향한 욕구가 사라질 수는 없다. 인간 두뇌의 유연성은 더 많은 학습 가능성을 부여한다. 비록 환경은 이상에서 너무 멀다고 해도 말이다.

핀란드가 PISA나 수학·과학성취도 국제비교연구TIMMS[6]에서 독일 (혹은 다른 유럽 국가들)보다 훨씬 잘하는 이유는 학습과 학교구조를 대하는 핀란드의 다른 방식이다. 핀란드 교육에서는 제재보다는 격려를 활용하고, 학생이 무엇을 통달하지 못했는지를 지적하기보다는 학생의 성공에 관심을 둔다. 독일의 학교, 그리고 독일에서의 교육 논쟁에서는 다양한 제재와 문제점 지적이 널리 퍼져 있다. 이런 교육법은 상이한 사회 유형에서 나온다. 독일이 지닌 사회적 과정과 사회 변화에 대한 위에서 아래로의 규제 모형(독일은 국가가 조직한 사회 모형이다)은 아래와 같은 다양한 독일 교육의 특성과 결합하여 독일의 PISA 점수에 영향을 미쳤음이 분명하다. 독일 교육에서는 심각한 수준으로 적은 학교 기금, 교사–학생의 열악한 비율, 교사들의 힘든 업무를 인정하고 그들에게 필요한 기반 조건을 제공하는 대신 비참한 교육에 대한 책임을 교사에게 묻는 경향 등이 만연되어 있다.

결론

표준과 새로운 규범이 21세기 교육과 학습이 당면하고 있는 도전에

---

[6] The Trends in International Mathematics and Science Study(TIMMS).

대한 해결책이 아니라는 것을 보여주었기를 바란다. 그것들은 우리의 교육적 경험에 제대로 응답하는 것도 아니다. 또한 과거에 도야라고 불리던 것을 더 이상 가치 있게 여기지도 않는다. 도야는 독립적 사고에 의한 자아 강화, 그리고 학습과정의 자기 조직, 지배적인 신념에 대항하는 사고의 촉진 등을 가능하게 하는 활동이다. 학습은 단지 적용할 수 있는 지식만을 의미하는 것이 아니며, 자신의 존재양식과 세계에 대한 나름의 접근법의 발견을 의미하기도 한다.

현재의 상황은 많은 차원에서 교육을 다시 생각하게 한다. 개인적, 경제적, 사회적, 정치적 그리고 지구적 발전의 가속으로 인해 정체성 유지의 필요성과 새로운 지식의 필요성이 점차 증가하고 있다. 이는 더 이상 무시할 수 없는 도전을 만들어 내고 있다. 그러나 계속 변하는 교육의 요구, 지식 습득방법의 극적인 변화(인터넷, 신경과학의 새로운 통찰력, 진화적인 생물학, 그리고 다른 생명과학들의 역할), 그리고 현대 생활 자체의 모호성 등이 교육자들에게 과도한 부담을 주고 있다. 세계가 너무 극적으로 변해 가고 있기 때문에 이 복잡한 세계를 이해하는 과거의 방식이 더 이상 만족스럽지 않다면, 이제 이 변화하는 세계와 그 안에서의 우리의 위치를 이해하는 보다 더 적합한─혹은 보다 도움이 되는─방법을 생각할 때다. 세계화 시대의 상징인 다양한 근대성multiple modernities이 주는 도전, 다양한 불평등의 공존에 대처하려고 노력하는 사람들이 모여 있는 전쟁의 최전선이 바로 교육이다 (Schissler 2009). "주입과 반복" 대신, 모든 아이와 어른이 이 세계에서 자신의 위치를 찾고, 그 안에서 스스로 건설적인 역할을 하는 데 도움을 주는 지식에 접근하도록 만들어 주는 것이 표준일지도 모른다. 루드비히 비트겐쉬타인Ludwig Wittgenstein(2003)을 인용해 보자. "당신이 어떤 문제와 싸우는 한, 당신은 이미 그 편이다. 당신이 질문에 대한 하나의 답을 찾았을 때 그 질문은 해결된 것이 아니며, 질문이 사라졌을 때 질문은 해결되는 것이다." 불협화음으로 꽉 찬 세계에서 규범을 만드는 과정에 끼어드는 대신에, 우리는 어느 날 규범에 우리의 목소리를 덧붙임으로써 조화로운 멜로디를 창조해 낼 수 있을 것이다.

● 참고문헌

Allemann–Ghionda, C. (2008). Für die Welt Diversität feiern–im heimischen Garten Ungleichheit kultivieren? Von gegenläufigen Entscheidungen in der Politik. Theorie und Praxis der interkulturellen Bildung in Europa [Celebrating diversity for the world– Cultivating inequality at home? Som contradictory decisions in the politics, theory, and practice of intercultural education in Europe]. *Zeitschrift für Pädagogik*, 54, 18~33.

Assmann, A. (1993). *Arbeit am nationalen Gedächtnis Der Erire, kurze Gerdridate der dentsohen Bildung i der* [Working on national memory: A short history of the German concept of Bildung]. Frankfurt, Germany: Campus.

Bauer, J. (2007a). *Das Gedächtnis des Körpers. Wie Beziehungen und Lebensstile unsere Gene steuern* [Memory within the body: How relationships and lifestyle influence our genes] (11th ed.). München, Germany: Piper.

Bieri, P. (2005, November 5). *Wie wäre es gebildet zu sein?* Speech given at the Pädagogische Hochschule Bern.

Bruner, J. (1982). The language of education. *Social Research. An International Quarterly of the Social Sciences*, 4, 835~853.

Caspary, R. (2008). *Lernen und Gehirn. Der Weg zu einer neuen Pädagogik* [Learning and the brain: A new pedagogic path] (4th ed.). Freiburg, Germany: Herder.

Enzensberger, H. M. (1988). Über Ignoranz [On ignorance]. In H. M. Enszensberger (Ed.), *Mittelmaß und Wahn* (pp. 9~22). Frankfurt, Germany: Suhrkamp.

Fuhrmann, M. (2004). *Der europäische Bildungsknon* [The European canon]. Frankfurt und Leipzig, Germany: Insel.

Herrmann, U. (Ed.). (2006). *Neurodidaktik. Grundlagen und Vorschläge für gehirngerechtes Lehren und Lernen* [Neurodidactics: Foundations of and suggestions for brain– appropriate teaching and learning]. Frankfurt, Germany: Beltz.

Hüther, G. (2005). *Bedienungsanleitung für ein nemschliches Gehirn* [Operating guidelines for a human brain] (5th ed.). Göttingen, Germany: Vanderhoeck & Ruprecht.

Keiner, D. (1997). Bildungspolitik und Weltgesellschaft. Anmerkungen zu Learning: The Treasure Within. Report to UNESCO of the International Commission on Education for the Twenty-First Century. *Tertium Comparationis, 3*, 142~152.

Kuhn, T. S. (2007). *The structure of scientific revolutions.* Chicago: University of Chicago Press.

Lenhart, V. (2007). Die Globalisierung in der Sicht der vergleichenden Erziehungswissenschaft. *Zeitschrift für Pädagogik, 6*, 810~824.

McTaggart, L. (2001). *The field.* London: HarperCollins.

Pandel, H. J. (2005). *Geschichtsunterricht nach PISA, Kompetenzen, Bidungsstandards und Kerncurricula* [History teaching after PISA: Competencies, educational standards, and central curricula]. Schwalbach, Germany: Wochenschau Verlag.

Reheis, F. (2007). Bildung contra Turboschule! Ein Plädoyer [Bildung contra turbo-schooling. Freiburg, Basel, Wien: Herder.

Sambale, J., Volker, E., & Heike, W. (Eds.). (2008). Das Elend der Universitäten Dampfboot[The misery of the universities]. Münster, Germany: Westfalisches Dampfboot.

Schissler, H. (2009). Navigating a globalizing world: Thoughts on textbook analysis, teaching, and learning [Special issue: Teaching and Learning in a Globalizing World]. *Contexts. The Journal of Educational Media, Memory, and Society. 1.* 203~226.

Seitz, K. (2002). *Bildung in der Weltgesellschaft. Gesellschaftstheoretische Grundlagen globalen Lernens* [Bildung in world society: theoretical foundations of global learning]. Frankfurt, Germany: Brandes & Apel.

Simon, F.(1999). *Die Kunst, nicht zu lernen und andere Paradoxien in Psychotherapie, management, Politik* [The art of not learning and other Catch-22 situations in psychotherapy, management, and policies] (2nd ed.). Heidelberg, Germany: Carl Auer.

Wittgenstein, L. (2003). *Logisdr–philosoplusdre Afhandlung. Tractatus logico–philosoplcus*. Frankfurt, Germany: Suhrkamp.

3부

역사 교육방법에 대한
교육적 토론

7

구속력을 지닌 기준이냐, 방향 제시 수준의 준거틀이냐?:
역사 교육에서 기준을 둘러싼 논쟁에 대한 문화적 접근과 교육적 접근

_ 애리 윌셔트Arie Wilschut
네덜란드 Hodgeschool van Amsterdam 역사교육학 교수. *Joined up history: New directions in history education research*(2015)의 저자.

역사 교육에서 (국가) 표준에 관한 토론은 보통 가르치는 내용에 집중된다. 이런 토론에서 취하는 관점은 토론자의 정치적 배경 또는 이념적 배경에 의해 형성된다. 정치적 관점은 다양하고 항상 변하는 것이기 때문에 무엇을 가르칠지에 대한 합의에 도달하는 것은 쉽지 않다. 이것이 "표준"에 대한 "문화적 접근"이다. "교육적 접근"은 학생들이 역사를 공부하기 위해 필요로 하는 전략과 지원의 문제로부터 출발한다. 필요한 도구의 하나가 "준거틀frame of reference"이다. 준거틀은 "역사"라고 하는 넓은 지식의 영역에서 질서를 잡아 주는 버팀목 역할을 한다. 학생이 필요로 하는 준거틀의 종류와 관련한 토론은 합의에 도달하기가 상대적으로 수월하다.

서론

수업 주제를 선택하는 문제에서 문화사, 정치사, 그리고 경제사 간의 비율은 어떠해야 하는가? 국가적 문제는 어떤 위치를 차지해야 하고, 국제적 문제는 어떤 위치를 차지해야 하는가? 대부분의 관심을 위대한 인물들에게 기울여야 하는가, 대다수 민중들에게 기울여야 하는가, 아니면 물질적 발전에 기울여야 하는가? 그리고 무엇보다도 이런 모든 주제들은 어떤 식으로 취급되어야 하는가? 성인의 관점에서뿐 아니라 동시에 성장하는 어린이의 마음의 요구라는 특성을 고려할 때 어떤 식으로 해야 하는가?

—토브스Toebes(1976, 222)

1925년에 있었던 네덜란드 역사 교사를 위한 학술회의의 초청장에서 인용한 것이다. 이 글은 역사 교육에 관한 토론의 핵심 주제들이 아주 오래전부터 있어 왔다는 것을 보여준다. 역사가 가르쳐지는 한에 있어서는, 생각건대 몇 가지 명료한 쟁점들이 토론의 주제가 되어 왔다. 딜레마를 몇 가지 언급한다면 국가 역사를 가르칠 것인가, "보편"사를 가르칠 것인가, 정치적 엘리트들의 역사를 가르칠 것인가 "보통사람들"의 사회문화사를 가르칠 것인가, 인물들에 관한 이야기를 중심으로 할 것인가 아니면 구조와 발전에 대한 설명을 위주로 할 것인가 등이다. 다른 형태의 질문들 또한 역사 교육의 처음부터 지금까지 이어지고 있다. 우리가 과거에 대해 가르치려면 우리는 초등학교 어린이, 중학생, 고등학생에게 어떻게 해야 하나? 특히 어린아이들과 관련해서는 항상 심각한 의구심과 많은 회의주의가 있었다. 역사가 네덜란드 초등학교에 필수과목으로 도입되었을 때, 예비 초등교사를 위한 교과서 집필자 중 일부는 이것이 효과 없을 것이라고 생각했다. 역사는 사실, 이름, 발전, 사건, 그리고 구조에 관한 너무 복잡한 실체이기 때문에 초등학교 학생들이 제대로 이해할 수 없다는 것이었다. 그래서 교육학자들은 초등학생들에게 많은 아름답고 신나는 이야기를 들려만 주고 더 이상 무엇을 가르치려 하지 말 것을 제안하기에 이르렀다(Rooij 2006).

이런 비관적 관점은, 비록 일부 교육자들 사이에서는 그렇지 않았지만, 아주 오래 지속되었다. 일부 교육자들은 당연하게 이런 질문을 던졌다. 만일 아이들이 무엇인가를 배우고 싶어 하면 우리는 어찌해야 하나? 이런 입장은 보다 낙관적인 견해를 만들어 냈다. 예컨대 영국의 교육자 와츠Watts는 1970년대 초에 이렇게 서술했다.

> 만일 우리가 역사를 옛사람들의 행동양식과 시간의 변천에 대해 세련된 이해력을 지닌 사람들에게만 가르쳐야 한다면, 아마도 우리는 역사를 정년퇴직 준비 교육과정으로서만 가르쳐야 할 것이다. 이와 같은 주장은 만일 어린이들이 무엇을 모른다면 그들이 그것을 배우도록 돕는 것이 우리가 할 일이 아닌가라는 질문을 하게 한다. 그리고 비록 우리가 그런 어려운 개념들을 어떻게 가르칠지 모른다고 말할 수는 있지만, 그것이 불가능하다고 생각해서는 안 된다(Watts 1972, 14).

이런 입장은 제롬 브루너Jerome Bruner의 유명한 금언 "특정한 발달단계에 있는 어떤 아동에게도, 지적으로 올바른 형태로 가르치면 무슨 주제이든지 효과적으로 가르칠 수 있다"는 말을 생각나게 한다 (Jerome Bruner 1960, 33).

무엇을 어떻게 가르칠 것인가의 문제는 역사 교육자가 부딪치게 되는 두 개의 기본적 문제다. 언뜻 보아도 이 둘 사이의 관계는 자명해 보인다. 교육과정의 내용은 교육 외부, 즉 한 나라의 모든 시민이 가져야 하는 지식과 기술을 규정하는 정치와 사회적 힘에 의해 정해진다. 그러면 교육자들은 스스로 적합한 교육방법을 개발하는 과업을 맡게 된다. 교육방법은 교육 내용에 관해 사회가 내린 결정에 단순히 따라가야 하는 것처럼 보인다. 그러나 역사를 가르치는 데는 내용과 방법이 그렇게 쉽게 구분되지는 않는다. 예컨대 학교에서 "조국의 역사"를 가르치라는 정치가들의 요구를 만족시키기 위해 단지 어린이들에게 아름답고 신나는 이야기를 들려주자는 19세기의 주장은 어린이들이 형성해야 할 역사 이미지에 영향을 미쳤다. 최근의 사례를 들어보면 네덜란드의 역사 교사용 월간지 *Kleio*에는 "왜 나폴레옹은 1차 세계대전 때 러시아를 침공했는가?: 하나의 교육적 혁신이 어떻게 다른 혁신을 죽일 위험이 있는가"(Vries 2005)라는 글이 수록되어 있었다. 이 글을 쓴 브리Vries는 교육적 문제들에 대한 염려를 드러내고 있다. 그녀는 자기 학생들이 최소한의 연대기적 지식도 없다는 것에 주목했다. 그녀는 교육 개혁이 문제의 원인이라고 생각한다. 그녀는 하나의 방식으로 역사를 가르치는 것이 거의 불가능하다고 보았다. 즉 역사적으로 사고하는 방법을 가르치고, 시간 차원에서 생각하는 방법을 가르치는 것으로는 불가능한 것으로 보았다. 이런 것들이 방법과 관련된 문제들이다. 그러나 결국 최후에는 그들도 교육 내용과 연결되지 않을 수 없다.

　교육이라는 일반적 주제와 방법론적 문제를 언급하지 않고 교육 내용의 표준화와 관련된 논쟁을 다룰 수는 없다는 결론에 이르게 된다. 역사 표준과 관련된 논쟁에서 양측의 주장이 불명료하고 지적으로 부정확한 방식으로 상호 비교되고 있기 때문에 많은 혼란이 야기되고 있다. 역사 수업 분야의 교육전문가들이 역사 표준 논쟁에서 정치가나 여론 주도층은 물론이고 역사철학자나 역사이론가들과는 다른 입장을 취하는 경향이 있다는 것은 결코 이상한 일이 아니다. 역사를 가르친다는 것은 아주 복잡한 일이다. 우선, 역사 표준 논쟁에서 문화적 접근cultural approach과 교육적 접근educational approach 사이의 구분을 명확히 할 필요가 있다. 문화적 접근은 어떤 교육 내용과 목표가 바람직한 시민 양성에 적합할 것인가라는 질문에서 출발한다. 반면에 교육적 접근은 사람들이 역사적 시간의 차원에서 사고하는 것을 배우는 방식에서 논의를 출발한다. 이 두 접근방법을 명료하게 설명한 후에 이 두 주장이 어디서 어떻게 만나게 되는지를 밝히고자 한다.

문화적 접근

표준을 보는 문화적 접근과 관련한 핵심 이슈는 역사를 가르치는 첫 번째 결정적인 동기라고 할 국민-국가nation-state라는 배경의 극복 문제다(Grever 2007; Marsden 1989). 토르페Torpey(2004)는 국민-국가적 시각nation-state perspective은 본질적으로 미래 지향적이라고 주장하고 있다. 그는 민족-국가주의 관점에 20세기에 사회주의자들이 취했던 입장을 포함시킨다. 사회주의적 관점은 민족-국가적 시각처럼 과거, 현재, 미래를 연결시키는 하나의 명료한 사관을 가졌었기 때문이다. 우리가 과거를 이해하는 데서 느끼는 위기의 근원은 일종의 방향 감각의 상실이다. 다가올 일을 보는 안정적 시각의 결여는 사람들을 불안하게 만든다. 역설적으로 들리겠지만 사람들은 안정성을 찾기 위해 다시 과거(국가중심의 역사 서술—옮긴이)로 돌아가려 한다. 분명히 인간은 시간 속에서 자신의 입지에 대해 안정감을 느끼기를 바란다.

국가 혹은 프롤레타리아 계급의 운명과 관련해서 위로부터 강요되었던 이야기들은 이제 더 이상 믿을 수 없고, 만족스럽게 들리지 않는다. 대신, 우리는 이제 다양한 방식으로 새로운 정체성을 만들기 위해 노력하고 있다. 특정한 사회단체나 지역 문화의 구성원으로서, 특정한 종교의 지지자로서, 동시에 특정한 민족 집단의 구성원으로서 우리는 다양한 정체성을 동시에 갖고 있다. 모든 이런 다양한 입장들은 오늘날의 다양한 역사가들에 의해서 각자의 정당성을 인정받고 있다. 모든 역사는 취하고 있는 입장, 과거에 대한 다양한 관점으로부터 나오는, 일종의 구성물이라는 사실을 알기 때문이다.

역사의 위기에 대한 역사 교육자들의 대응은 보다 새롭고, "더 나은" 교육과정을 개발하려는 노력으로 나타났다. 완성도 높고, 부족한 것을 보충하고 개정한, 그러면서 균형 잡힌 교육과정을 만들려는 노력이었다. 이는 남성의 역사뿐 아니라 여성의 역사, 위대한 인물들의 역사뿐 아니라 보통사람들의 역사, 백인의 역사뿐 아니라 유색인종의 역사, 서양 사람들의 역사뿐 아니라 비서구 지역의 역사 등을 의미한다. 미국에서 벌어지고 있는 문화전쟁culture war은 좋은 사례를 제공한다(Nash, Crabtree & Dunn 1997; Symcox 2002). 역사 교육과정의 내용에서 "새로운 균형"을 찾으려는 노력은 두 가지 이유로 쉽지 않다. 첫째는 분량의 문제다. 모두를 만족시키려면 다루어져야 할 역사의 분량이 엄청나게 증가한다. 이로 인해 많은 주제들이 피상적으로 처리되거나—이 경우 인간적인 느낌의 이야기 부족 때문에 학생들에게 역사를 매력 없고 추상적인 것으로 만든다―아니면 다루려고 하는 다양한 측면들을 어느 정도 대표하는 "주제들"을 무계획적으로 선택해 구조와 일관성이 결여된 역사를 만들어 낼지도 모른다. 교육과정에서 새로운 균형을 찾는 것을 어렵게 만드는 두 번째 이유는 관련된 토론의 정치적이고 이념적인 성격이다. 물론 진보적이고 개혁적인 사람들은 "예전의" 교육과정은 보수적 정치관을 나타내고 있었던 반면 자기들의 교육과정은 "보다 객관적이고", "보다 균형 있고", 따라서 보다 정당하다고 주장할 것이다. 그러나 예전의 유산을 옹호하는 사람들은 개혁주의자들이 가치 있는 전통에 대한 좌편향적 공격을 하고, 그렇게 함으로써 학생들에게 진보적 시각을 주입시키려고 한다고 주장할 것이다. 어찌 되었든 주입이나 세뇌는 역사 학습의 참 의미와는 거리가 멀다.

네덜란드의 경우에는 특히 고등학교의 최종시험에 관한 토론에서 좀 더 균형 잡힌 개선 교육과정을 지향한 노력이 활발하게 논의되어 왔다. 1995년 새로운 프로그램이 정해졌는데(다시 2007년에 개정됨), 그 안에서 11개의 "영역"이 지정되었다. 이 영역에서 주제들을 선택하도록 되었다. 생활과 사회관계, 가족과 교육, 네덜란드의 정치체제와 정치 문화, 독재체제와 국가들, 국가와 국민 형성, 국제관계와 전쟁, "비서구" 사회들, 서구와 "비서구" 사회 간의 접촉, 고대 문화와 서구 사회, 대중문화, 일상생활, 종교, 그리고 생활철학의 형성 등이다. 새로운 프로그램의 도입을 소개하면서 편집자들은 이렇게 서술했다.

최근에 여러 역사 분야에서 이루어진 연구의 결과들을 보면 관점에 있어서나 내용 요소에 있어서나 균형 잡힌 방식으로 서술되어 왔다고 평가할 수 있다. 예전의 잘 알려진 정치사에 더해서 경제사와 사회사가 점차 중요해지고 있다. 지난 몇 십 년 동안 정신사와 여성사가 안정적인 지위를 차지하게 되었다. 최근에는 이민자와 소수민족 집단의 역사에도 많은 관심이 기울여지고 있다(Stuurgroep Profiel Tweede Fase 1995, 71).

이 새로운 프로그램에 따르면, 네덜란드 고등학교의 최종학년에서의 역사 학습에서는 어떤 식으로든 위의 11개 영역 중 하나와 연결될 수 있는 다양한 범위의 주제를 선택하게 되어 있다. 최종 필기시험에서는 전국적으로 이들 주제 중 두 개가 매년 지정되었다. 주제 중 몇 개는 기존의 역사 해석이나 과거에 관한 전통적 이미지를 정정하거나 보완하는 것을 의미하는, "정치적으로 결정된" 어떤 사관을 분명히 나타낸다. 예를 들면 여성사, 네덜란드와 그 식민지 사이의 관계, 혹은 어린이 교육의 역사 등에 관한 주제들이다. 최근에는 교육부가 네덜란드 노예사에 대한 소책자의 발간을 보조함으로써 교육과정 개발자들로 하여금 이 "잊힌 암담한 페이지"를 우리 역사에 보완할 수 있도록 했다(Greven 2005). 정치적으로 바람직하다고 선택된 내용으로 현행 교육과정을 보완하는 것은 내가 규범적 사고canonical thinking라고 부르는 것과 관계가 된다(Wilschut 2005). 조정하고 보완하려는 시도는 "완전하고" "전체적인" 역사가 어디엔가는 존재하고, 최선의 교육과정은 인간의 과거 역사 "전부"를 최상으로 반영하는 것이라는 가정에 기초하고 있다.

PISA테스트로부터 불거진 표준에 대한 독일의 논쟁에서 "종합적인 세계사"라고 하는 관점이 역사 교육과정에 대한 해결책으로 제시되었다. 독일식 접근방법의 한 예는 헤센Hesse(독일 중부에 있는 주로서 독일어로는 Hessen-옮긴이) 주의 많은 교육자들이 제출한 것이다. 헤센 주는 종합적인 틀의 교육과정을 창안한 것으로 유명하다(Henke-Bockschatz, Mayer & Oswalt 2005). 그들은 현재를 역사적으로 이해하는 데 결정적인 역할을 할 수 있는 일련의 시대들을 지목한다. 왜냐하면 그 시대들이 인류가 지닌 문제점들의 의미 있는 집합체로서의 성격을 지니기 때문이다. 이 틀에 의하면 그런 복합체들은 다음과 같은 시대에서 발견할 수 있다.

- 인류의 선사 및 원시시대 역사
- 그리스 도시국가와 로마제국
- 중세의 귀족정치, 사회, 그리고 교회
- 유럽 밖의 문화 중심지들
- 근대 초기 유럽의 기원
- 산업화와 혁명의 과정
- 식민주의와 제국주의
- 세계전쟁의 시대
- 1945년과 1989년 이후의 새로운 세계 질서

어떻게 보면 이 목록은 친숙해 보인다. 선택은 인류가 지닌 중요한 문제들을 얼마나 잘 상징하느냐에 기초하여 이루어진다고 한다. 그러나 이 연대기적으로 정렬된 듯한 목록 속에도 약간은 전통적 요소가

들어 있지 않은가? 주제의 선정은 이들 각 시대와 관련해서 제기될, 그래서 전체적인 맥락을 형성할 일련의 핵심 질문들을 소개함으로써 완성된다.

- 사람들은 어떻게 생활을 영위했는가? 그들은 어떻게 생활을 개선 했는가? 그들은 어떻게 일을 했고 경제를 조직했는가? 그리고 그 들은 어떻게 환경을 관리했는가?
- 그들은 생산수단과 권력의 통제제도를 어떻게 조직했는가? 그리 고 그들은 함께 사는 방법을 어떻게 조직하고 정당화했는가?
- 어떤 사회적 변화가 발생했고 사회 내부에서 그리고 사회 외부에 서 발생한 갈등은 어떻게 처리되었는가?
- 사회에는 어떤 의미 체계가 존재했고 청소년들은 어떻게 사회화 되었는가?

이것은 또한 우리에게 친숙한 어떤 접근방법을 떠올리게 한다. 인 간사회의 경제적, 정치적, 사회적, 그리고 문화적 차원이다. 그러나 그 친근성 때문에 이 방법을 비판할 의도는 없다. 어쩌면 아주 전통적 인 역사 접근법도 결국에는 매우 유용할 수도 있는 것이다. 어떤 접근 방법이든 하나의 특정한 관점을 나타내는 것이고, 그것이 꼭 어떤 다 른 관점보다 우수할 수는 없다.

로테르담 프로젝트 "반규범화의 역설paradoxes of de-canonization"에 참여했던 네덜란드의 한 역사학자가 최근에 제시한 좀 색다른 아이디 어에 관해서도 같은 말을 할 수 있다(Stuurman 2005). 그는 네덜란드 학생들은 실제로 네덜란드라는 국가 공동체, 유럽 공동체, 그리고 세계 공동체 등 세 가지 공동체의 구성원이라고 말했다. 이 셋 중에서 세계 공동체가 최근의 급속한 세계화 경향으로 인해 점점 중요성을 더해가고 있다. 그의 생각은 "전체 세계의 역사"—어찌 되었든 불가능한 것—를 다루려 하기보다는 세계화의 과정을 명료하게 하는 주제들에 집중해야 한다는 것이었다. 세 개의 사례는 다음과 같다. 세계적 차원의 접촉을 기술적으로 가능하게 만든 기술의 역사, 다른 대륙에 거주하는 사람들이 서로서로 접촉하도록 만든 유럽 팽창의 역사, 그리고 민주화의 역사다. 세 번째 민주화의 역사는 비교서술적 방법으로 연구되어야 한다. 프랑스혁명과 미국 독립혁명 이후의 시대에 관해서는 헤이티Haïti, 메이지 시대의 일본, 그리고 1900년대 즈음 중국에서 벌어진 사건들에 주의를 기울임으로써 민주주의를 향한 발전이 전적으로 서구만의 현상은 아니라는 것을 보여줄 수 있다.

세계 역사나 지구촌 역사는 비록 일시적인 현상일 수도 있지만 몇 가지 중요한 결점을 가지고 있다. 이해할 수 있는 형태로 주제를 표시하기가 아주 어렵다. "독자는 이 방식에 고유한 것처럼 보이는 대단히 파악하기 어려움elusiveness에 사로잡힌다"(Rooij 2006, 21). 완전한 유럽 중심의 교육과정에 대한 보완으로써 맥닐McNeill의 〈인간의 망: 세계사에 관한 조감도The Human Web: A Bird's Eye View of World History〉(2003)를 공부해야 하는 우리 대학의 학생들이 지닌 심각한 문제점도 바로 이 "파악하기 어려움"일 것이다. 학생들은 자기 마음대로 구사할 수 있는 네덜란드어로 된 번역문을 가지고 있다고 하더라도 이 책을 이해하는 것은 어려운 문제다. 이렇게 말하는 것은 물론 방법론의 문제를 거론하는 것이지 세계사라는 접근 자체를 반대하는 주장은 아니다. 그렇다면 우리는 세계사 전공자들에게 이 문제를 처리하고 유용한 설명 방식을 생각할 수 있도록 시간을 더 주어야 하고, 그 후에 이 개념을 교육과정에 도입해야 하는가? 우리가 지금 다루고 있는 것이 얼마만큼 "단지 설명 방식"과만 관련된 것인가, 혹은 이 방식이 지닌 근본 문제 자체를 다루고 있는가?

종합적인 세계사와 관련된 아무리 유용한 제안이라고 해도, 그것이 의도했던 그대로 일 수는 없다. 즉 내용 선택의 문제에서 어느 하나가 "좀 더 낫고" "좀 더 바람직한" 해결책이 될 수는 없다. 네덜란드의 학생들이 세 가지 공동체에 속하고, 그중에서 세계 공동체가 더 중요하다고 말하는 것은 다른 두 가지를 선택하는 것과 마찬가지로 하나의 입장일 뿐이며, 다른 경우에서처럼 그것 역시 논쟁 대상이 된다. 결국 이들 학생들은 이 세 공동체뿐 아니라 가족, 인종 혹은 종교 집단, 지역, 세대, 기타 여러 다른 공동체의 구성원이기도 한 것이다. 세계사에 관심을 기울이는 이런 경향은 교육과정 문제에 대한 마지막 최선책이 존재한다는 가정 하에서, 바로 그 최선책을 만들어 보려는 온갖 노력의 최후 단계일지도 모른다. "완전하고" "균형 잡힌" 역사를 만드는 문제가 어떤 식이든 만족스러운 방식으로 해결될 수 있는지는 아직도 의문으로 남는다. 카운셀Counsell은 그것이 불가능하다고 생각한다.

문화적, 인종적, 성별 그리고 사회 여러 영역에서의 근본적인 균형을 추구하는 척도 기반 교육과정criterion-based curriculum을 선택함으로써 이런 문제를 해결하려고 노력한다 해도 학생들을 세뇌로부터 보호할 수는 없다. 그것은 단지 현대적 관심사 속에서 찾아 낸 어떤 공통적인 것처럼 보이는 주제를 반영하는 또 다른 종류의 이야기를 만들어 내는 것일 뿐이다. 어떤 교사라도 인종적으로, 문화적으로, 그리고 사회적으로 중립적인 역사 교육과정의 성배holy grail를 찾아 낸다는 것은, 과거의 불균형을 아무리 지우려고 해도, 그것은 거의 틀림없이 아주 위험한 것이다(Counsell 2000, 61).

유일한 선택은 학생들에게 다른 "이야기들"을 차례로 만나게 해 주는 것이라는 게 카운셀의 생각이다. 그런 경우에만 역사가 사람들에게 어떤 의미인지가 분명해지고, 그런 조건에서만 학생들이 역사가 설명되는 방식을 이해하게 될 것이라는 생각이다.

역사가 지닌 이런 점을 이해할 때, 우리는 비로소 학습에 적합하다고 생각하는 어떤 관점을 합당한 이유를 가지고 선택할 수 있다. 우리가 하나의 최종적인 답 찾기를 초월한다면, 예컨대 바턴Barton과 레브스틱Levstik이 그들의 저서 《공동선을 위해 역사 가르치기Teaching History for the Common Good》(2004)에서 내린 결론이 잘못된 것이 없게 느껴진다. 그들은 학생들에게 민주주의 사회의 시민으로서의 역할을 준비시키는 것이 역사 교육의 가장 중요한 목표 중 하나라고 주장한다. 한 사회에 살면서 그 사회에 참여할 수 있으려면, 사람은 누구나 그 사회에 속해 있다는 느낌을 가져야만 한다고 그들을 주장한다. 그런 조건 하에서만, 시민들이 법의 권위를 인정하고 세금을 납부하도록 훈련될 수 있다(Barton & Levstik 2004, 59). 비록 국가의 역사가 하나의 신화라고 하더라도, 그것은 아직도 학생들이 국가의 한 부분이라고 느끼게 만드는 목적에 도움을 줄 수 있다. 그리고 그것이 정상적인 민주주의의 전제조건이다. 사실 바턴과 레브스틱이 제시한 이런 관점은 19세기 정치가들이 강조했던 시민정신 함양이라는 오래된 관점과 동일한 것이다. 우리가 만일 학생들에게 민족—국가 신화를 제시한다면, 비록 신화와 함께 다른 이야기들을 제시하고, 그리고 학생들이 사실과 꾸민 이야기를 구분할 수 있도록 도와 주는 비판적 사고 능력을 함께 가르친다고 하더라도, 우리가 여전히 역사와 역사적 사고방법을 제대로 가르치고 있다고 주장할 수 있을까? 역사에서의 비판적 사고가 곧 국가사로부터 신뢰성을 빼앗지 않을까? 역사는 진실로 민주주의의 공동선을 가르치기 위한 것이 될 수 있을까? 아니면 역사적 사고는 그 성질상 눈 앞의 목적에 봉사하지 않고 거리를 두고 여유 있게 하는 판단을 의미하는가? 아마도 진정한 역사적 사고는 국가적 통합성을 만들어 내는 것 같은 그런 일을 할 수는 없을 것이다.

요약하자면, 역사 표준 토론에 대한 문화적 접근은 우리에게 일련의 문제들을 남기고 있고, 이런 문제들을 해결할 수 있는 해법은, 이런 관점에서 토론을 아무리 계속한다고 해도 생각해 낼 수 없을 것 같다. 우리가 마음대로 할 수 있는 유일한 일은 과거에 관한 수많은 다른 이야기들이고, 이들 이야기들은 나름의 존재 가치를 가지고 있다는 포스트모더니스트식의 인식은 고르디오스의 매듭을 푸는 것cut the Gordian knot(어려운 문제를 푸는 것을 상징함—옮긴이)을 사실상 불가능하게 만든다. 많은 교육자들이 이런 것을 안다. 그래서 내용에 기초하여 교육과정을 만드는 문제를 피하게 된다. 그들은 역사적 사고, 탐구방법, 그리고 문제 해결에 집중한다. 만일 학생들이 이런 것들에, 그리고 과거를 보는 몇 개의 상이한 관점에 익숙하게 되기만 하면, 그들이 배운 주제의 내용이 무엇이 되었더라도, 학생들은 뭔가 가치 있는 것을 배웠다고 할 수 있을 것이다. 그러나 이런 접근방법은 동시에 문제가 있어 보인다. 앞에서 언급했듯이, 역사에서 내용과 방법은 밀접히 관련되어 있다. 선택된 내용이 시간에 대한 학생의 이미지에 영향을 주고, 그것은 결과적으로 그들의 역사적 사고에 영향을 미친다. 문화적 접근에 대해 좀 더 이야기하려면, 우선 역사 표준 논쟁에 대한 교육적 접근을 살펴보는 것이 좋을 것이다.

교육적 접근법

교육적 접근은 교육방법에서 논의를 출발한다. 우리는 역사를 어떻게 가르칠 것인가라는 문제를 오랫동안 아주 간단하고 단순한 문제로 여겨 왔다. 역사는 사실을 기억하는 일이고, 그것은 그렇게 복잡한 일은 아니다. 역사 교육 분야 밖에 있는 사람들은 이런 식으로 생각하고, 심지어 일부 교사들도 사실을 파악하고 자기 학생들이 그 사실을 기억하는 능력을 검사하는 데 많은 시간을 바친다. 역사 표준 논쟁에 대한 문화적 접근도 일견 같은 경향을 보인다. 문화적 접근은 역사적 사실을 어떻게 가르치고, 사실에 관한 사고방법을 어떻게 가르칠 것인지라는 주제에 많은 시간을 소비하지 않고, 기억해야 할 올바른 사실들의 선택에 집중한다. 그러나 1960년대 이후에는 교육에서 사고의 수준에 관심을 갖게 되었다. 예컨대 벤자민 블룸Benjamin Bloom(1956)이 만든 교육 목표의 분류 체계에서는 목표를 지식knowledge, 이해comprehension,

적용application, 분석analysis, 종합synthesis, 그리고 평가evaluation 등 여섯 단계로 구분했다. 이 구조 속에서 사실을 기억하는 것은 분명히 가장 낮은 단계인 지식에 속한다(기억이 "지식" 같은 것을 만들어 낸다고 했을 때 그렇다. 그런데 기억된 것은 대부분 곧 잊는다). 게다가 사실을 기억한다는 것은 역사에만 특수한 것이 결코 아니고, 많은 다른 과목에도 공통된 것이다. 따라서 역사를 한다는 것doing history의 특성이 무엇인지, 대표적인 역사적 사고방법들이 어떻게 성취 수준 체계로 조직될 수 있는가 하는 의문이 제기된다.

전적으로 놀라운 이야기는 아니지만, 역사 교육자들은 전문 역사학자들의 활동을 살피는 것에서 시작했다. 역사학자들이 과거를 연구하고 해석을 시도하는 방식으로부터 증거, 역사적 사실, 객관성, 인과관계, 변화와 계속성, 가치, 그리고 해석과 같은 기본 개념과 원리들을 끌어냈다. 이런 개념들을 사용하여 역사 사료들을 조사하고 평가함으로써 학생들은 자신들의 고유한 역사를 "발견"할 수 있게 될 뿐 아니라, 동시에 역사 교육의 수준을 기초적인 지식 영역으로부터 위로 끌어올릴 수 있는 가능성을 열게 된다. 역사가 연구되고 서술되는 방식에 대한 관심의 증가로 인해 내용에 대한 관심의 양은 줄어들었다. 사실, 그것은 내용의 선택을 불필요한 일로 생각하게 만들었다. 다루어지는 방식이 옳은 한에 있어서 어떤 사실이 다루어지느냐 하는 것은 더 이상 중요하지 않게 되었다. 이런 경향의 한 사례가 영국의 "역사교육개선프로젝트Schools Council History Project 12-16"(SCHP)(1972년에 출범한 역사 교육과정 개선을 지향한 프로젝트로서 영국의 학교 역사 교육방법과 내용에 큰 영향을 미쳐 왔음. 현재는 Leeds Trinity University College

에 본부를 두고 있음—옮긴이), 그리고 이것에서 도출한 1985년의 중등 교육종합자격시험GCSE(General Certificate of Secondary Education)의 성취 목표였다(Sylvester 1976, 1994). SCHP는 "발달에 관한 학습"(선택된 사례는 "의학의 역사"라는 통시적인 주제였다), "심층 학습", "현대세계 탐구", 그리고 "우리를 둘러싼 역사"로 구성된 시험을 추천했다. GCSE 기준은 역사 연구방법에 전적으로 집중했다. 구조적인 이미지를 만들기 위해 역사적 사실들을 활용하고, 원인과 결과, 지속성과 변화, 유사성과 상이성이라는 개념들을 활용하고, 그리고 증거를 사용하는 데 있어서 공감empathy과 기술skills을 보여주는 것 등이다.

그런데 역설적이게도, "새로운 역사 교육"이라 부를 만한 프로그램 중 많은 것이 전통적 교육과정에서 나오는 내용들을 활용하고 있다. 만일 선택에 좀 더 신경을 쓰지 않는다면, 예상되는 결과는 뻔한 선택이 될 것이다. "새로운" 영국 역사 교육에 등장하는 사례들을 보면 학생들은 여전히 정복왕 윌리엄William the Conqueror(11세기 후반 전쟁을 통해 잉글랜드 지역을 지배했던 프랑스 노르망디 출신의 왕—옮긴이), 헨리 8세Henry VIII(1509~1547년에 재위한 잉글랜드의 왕—옮긴이)의 부인들 이야기, 혹은 잉글랜드의 개혁과 같은 주제를 통해 인과관계의 원리를 배우는 모습을 보이고 있다. 네덜란드에서도 비슷한 발전이 목격되고 있다. 1970년대에 라이덴대학Leyden University의 한 교육사학자가 역사 교육에 "탐구의 방법"을 도입했다. 영국의 SCHP에서와 비슷한 방법과 개념에 관심을 기울였다(Dalhuisen & Korevaar 1971). 그가 개발한 교과서 시리즈에서는 개념과 방법의 적용이 중심적 요소였다. 이 교과서들은 "레오니다스Leonidas(기원전 5세기 말 스파르타의 왕—옮긴이)는 영웅인가?", "그레고리Gregory of Tours(6세기 로마 역사학자—옮긴 이)는 클로비스 왕King Clovis(5세기 후반에서 6세기 초반에 재위한 로마 왕—옮긴이)의 법률을 어떻게 평가했는가?", "사회의 하층민을 그린 17세기 네덜란드 회화들로부터 어떤 결론을 내릴 수 있는가?" 등의 질문을 수록한 주요 단원들로 구성되어 있었다. 이들 다양한 주제로 이루어진 단원들은 이들을 잘 묶어 주는 역할을 하는 이른바 사실적 조사 지식factual survey knowledge들 속에 삽입되었다. 이들 조사 지식은 전통적(그래서 잘 알려진) 역사 사실로 구성되었다. 이 교과서들은 오늘날에도 여전히 사용되고 있는데, 주로 전통적인 역사 지식을 가치 있는 것으로 여기는 교사들의 환영을 받고 있다. 현대사료를 포함한 단원들은 대접을 덜 받게 된다.

역사는 누구나 배우기 쉬운 사실들만을 다루는 기초적이고 단순한 과목이라는 관점은 앞에서 언급한 "역사는 사실, 이름, 발전, 사건, 그리고 구조들로 이루어진 쉽게 이해하기 어려운 아주 복합적인 실체"라는 관점과는 정반대다. 교육자들은 후자의 입장이 전자보다는 진리에 좀 더 가깝다는 것을 안다. 그렇다면 이것은 학술적인 연구법을 필요로 하고, 그렇기 때문에 역사가 어렵다는 것을 의미하는가? 사실 이런 학술적 탐구방법은 비단 역사에만 특수하게 요구되는 것은 아니다. 사실을 확인하기 위해 자료들을 비판적으로 평가하는 것은 사회와 문화를 다루는 모든 학문 분과에서 사용되는 기술이다. 원인과 결과에 관한 이론화, 상이한 해석에 대한 토론도 마찬가지다. 우리는 이들 중 어느 것도 사용하지 않고도 역사를 가르칠 수 있지만, 그런 경우에도 역시 역사는 어렵다. 역사를 어렵게 하는 것은 역사적 연구방법이 아니라 역사적 사고 그 자체인 것이다.

아주 최근의 연구들, 특히 영국의 역사 개념과 교수법CHATA(Concepts of History and Teaching Approaches) 프로젝트(Lee 2004; Lee & Ashby 2001)와 바턴Barton(1996)의 연구 혹은 바턴과 레브스틱(2004)의 공동 연구들은 다양한 연령층의 학생이 역사적으로 사고하는 데 있어서, 즉 우리가 살고 있는 것과는 다른 시간이나 공간의 관점에서 생각하고 심사숙고할 때 갖게 되는 어려움의 종류를 잘 보여준다. 학생들의 사고에서 끊임없이 보이는 특징은 오늘날의 기준을 사용해서 과거의 행동, 의견, 그리고 신념을 평가하려는 경향인 것 같다. 과거를 서술하는 데 있어서 학생들이 만나게 되는 상황이나 행위들은 "기묘하거나" 혹은 "원시적인" 것으로 이해되고 과거에 사람들이 한 많은 행동은 그들이 "당시에는 무식해서" 한 행동으로 설명된다. 진보적인 관점은 특히 바턴의 연구 결과에서 아주 강하게 나타난다. "좀 더 좋은" 것은 보다 최근의 것이고, 따라서 "좀 더 좋은" 것은 항상 오늘날 우리가 알고 있는 것과 더 유사한 것을 의미한다. 이런 종류의 추론 중에 보다 놀랄 만한 사례는 오늘날의 가전제품이 당시에 없었던 것을 어떤 낯선 행동의 원인으로 여기는 경우다. "당시에는 세탁기가 없었기 때문에 손빨래를 해야만 했다"(Barton 1996, 212).

역사적 사고라는 것은 자연현상처럼 쉽게 전개되지는 않는 어떤 지적 태도를 내포한다. 피터 리Peter Lee(2004, 134)는 하나의 학문 분과로서의 역사학에서 핵심적인 의미를 지니는 "반직관적 사고counter-intuitive ideas"에 대해 이야기하고 있다. 그는 유리창을 깨고서는 엄마에게 사실대로 말할까 아니면 거짓말을 할까 망설이는 어린아이의 예를 들어 설명하고 있다. 이런 경우에 과거에 관한 진실과 거짓 사이의 구분은 명료하고 간단하다. "그곳에 있었던" 누군가가 진실을 말할 수 있다. CHATA의 결과는 어린아이들이 먼 과거에 관한 두 개의 다른 이야기와 마주쳤을 때 같은 원리(직관에 의한 판단)를 적용하는 경향이 있다는 것을 보여준다. 둘 중의 하나는 분명히 거짓이지만 어느 것이 거짓인지 더 이상 알 수 없다. 왜냐하면 그 당시 거기에 있었던 사람 중 살아있는 사람이 없기 때문이다. 피터 리가 말하는 반직관적 사고의 핵심은 역사적 과거에 대한 진실을 찾는 규칙은 일상적 생활에서 방금 전에 벌어진 일의 진실을 찾는 규칙과는 다르다는 것이다. 샘 와인버그Sam Weinberg(2001, 17~22)가 "부자연스런 행동unnatural act"으로서의 역사적 사고를 이야기할 때 비슷한 생각을 하고 있는 것이다. 그는 에이브러햄 링컨Abraham Lincoln이 말했다고 하는 "인종주의"에 가까운 발언을 평가하는 것과 관련된 사례를 다루고 있다. 와인버그가 보기에 중요한 것은 (그가 진실로 인종주의자였는지?) 링컨에 대한 자신들의 확신을 표현하기 전에, 학생들이 이 발언이 행해졌던 역사적 배경을 조사할 준비가 어느 정도 되어 있고, 조사할 능력이 있느냐 하는 것이다.

앞에서 살핀 두 가지 상황에서, 반직관적 혹은 부자연스러운 사고가 필요한 것은 시간 거리distance in time다. 시간을 역사적으로 생각하는 것은 매우 부자연스러운 행동일 것이다. 와인버그는 현재주의(과거의 일을 현재의 렌즈를 사용해서 보는 것)를 "우리가 빠지는 잘못된 버릇이라고 할 수는 없다. 오히려 그것은 우리가 지닌 일상적인 심리적 조건으로서, 거의 노력할 필요 없이 아주 자연스럽게 생기는 하나의 사고방식"(Weinberg 2001, 19)이라고 주장한다. 그의 말이 옳다고 믿을 만한 몇 가지 이유가 있다. 예컨대 이누잇 족Inuit(캐나다 북부, 그린란드, 그리고 알래스카 일부 지역에 사는 종족—옮긴이) 사이에서 시간에 대한 인식은 "생태적 시간ecological time", "사회/구조적 시간social/structural time" 그리고 "신화적 시간mythical time"으로 표현된다(MacDonald 1998). 첫 번째 시간 인식형태는 계절의 변화, 동물의 이동 등과 같은 사람과 자연의 관계와 관련된다. 이런 시간 인식은 순환적 형태를 지닌다. 두 번째 시간 인식은 사람과 관련된다. 출생, 결혼 그리고 죽음과 같은 인간 생활에서의 중요한 사건을 묘사하는 것이다. 이런 시간 인식은 선형이지만 보통은 4~5세대 이상을 구성하지는 않는다. 마지막 시간 인식은 실제로 속세의 시간은 아니다. 그것은 모든 것이 불안정하고 확실하지 않은 신비스럽고 어두운 혼돈의 단계와 관련된다. 이 신화적 과거는 우리가 역사적 시간을 이야기하는 방식에서 나타나는 구조와 차원을 지니지 않는다. 이누잇 체제에는 역사적 시간이 결여되어 있다.

서구 사회에서 역사적으로 학교 교육을 받지 않았던 사람들의 시간에 대한 생각과 캐나다 북부 이누잇 사회에서 시간을 인식하는 방식 사이에 존재하는 유사성을 찾는 것은 매우 흥미로운 연구가 될 듯하다. 당분간, 역사적 사고는 서양의 문화적 사고가 만들어 낸 특수한 산물이라는 가정을 수용한다. 이것은 자연적으로 생기지 않기 때문에 획득되어야 하는 것이다. 이런 특수한 사고방식은 시간을 아주 긴 발전과정으로 상상하는 것과 관련된다. 인간의 자연적 환경을 초월하는 차원이다. 정말 재미있게도, 역사적으로 생각하는 것을 배우는 것은 최근까지 역사 교육자들에게는 핵심적 주제가 아니었다. 오랫동안 교육자들은 역사학적 기술historical skills에 관심을 집중해 왔다. 사료를 비판적으로 사용하기, 사실과 허구 사이를 구분하기, 인과관계를 토론하고 해석에 대해 논쟁하기 등이다. 이런 모든 기술들은 사회과학과 문화과학의 일반적인 기술들이다. 사료를 읽는 것은 역사학적 기술이 아니지만 사료의 내용을 시간의 관점에서 해석하는 것은 역사학적 기술이다. 사실을 확인하는 것은 역사학적 기술이 아니지만 어떤 특정한 시간에 관한 사실과 진실을 찾는 것은 역사학적 기술이다. 이런 논리는 피터 리가 유리창을 깬 어린이 이야기를 통해 제시한 사례, 그리고 로마의 영국 지배의 종말에 관한 두 개의 이야기에 적용된다. 어려움은 결국 시간 거리인데, 로마제국에 관해 진리를 이야기하는 것은 어렵다. 반면에 유리창을 깬 것에 대한 진실을 이야기하는 것은 그리 큰 문제가 아니다.

무엇이 역사 교육의 발전과정에서 역사적 시간에 대한 사고의 발전을 가로막았는지는 오직 추측할 수 있을 뿐이다. 역사 연구를 위한 학술적 훈련이 교육자들에게는 일차적이고 주된 관심거리였다는 것이 하나의 설명이 될 수 있다. 역사학자들이 하는 방식대로 자기 견해를 표현하는 것이 역사를 사실 기억이라는 초보적 단계 위로 끌어올려 줄 뿐 아니라 동시에 정보사회를 살고 있는 학생들에게 아주 적합해 보였다. 물론 역사적 시간의 관점에서 사고하는 것은 전문 역사학자들에게는 거의 문제가 되지 않는다. 그래서 이것이 큰 관심 대상으로 떠오르지 않았다. 게다가 연대기적으로 생각한다는 것은 전통적이고 낡은 역사 교육의 상징인 날짜, 사실, 그리고 연대표를 연상시켰던 것이다. 이런 것들이 시간에 대한 역사적 사고를 발전시키지 못한 어렴풋한 원인들일 수 있으며 추가적인 연구가 필요하다.

시간에 관한 역사적 사고가 자연적으로 생기지 않는다면, 그것이 주의 깊은 연구에 의해 학습되어야 하는 무엇이라면, 학생들이 그런 노력을 해야만 하는 합당한 이유가 있는가? 다르게 표현해서, 역사적 시간의 관점에서 사고하는 것을 배우는 것이 유용한가? 만일 그렇다면, 역사 교육과정을 위한 견고한 기초를 가질 수 있는 것이다. 만일 그렇지 않다면, 미안한 느낌 없이 교육과정에서 역사를 추방할 수도 있다. 2004년에 간행된 우리의 교과서 《역사 교육*Geschiedenisdidactiek*》(History Teaching)에서 나는 시간에 관한 역사적 사고가 왜 과거에 대한 연구에서 결정적으로 중요할 뿐 아니라 동시에 현대 민주사회의 시민 교육에 역사가 기여하기 위해서도 중요한지를 주장하고자 했던 것이다(Wilschut, Straaten & Riessen 2004, 20~23, 28~29). 나는 위르겐 코카 Jürgen Kocka와 한스-위르겐 판델Hans-Jürgen Pandel과 같은 독일 학자들의 연구, 그리고 데이비드 로웬탈David Rowenthal의 "역사"와 "유물"의 구분, 그리고 샘 와인버그의 역사적 사고라고 하는 부자연스러운 행동에 대한 시각 등을 반영해서 이런 관점들을 개발했다(Köbl & Straub 2001; Kocka 1977; Lowenthal 1998, 105~126; Pandel 1991; Weinberg 2001). 역사 교육Geschiedenisdidactiek의 본문을 영어로는 이용할 수 없기 때문에, 제기된 몇 가지 주장을 간단히 요약하고자 한다.

- 시간적으로 사고하는 것은 동일해 보이는 사건들도 실제로는 다를 수 있다는 것뿐만 아니라 유사해 보이는 사건들이 각기 다른 경

로로 발전했을 수도 있다는 것을 보여준다. 이런 이해 방식은 우리로 하여금 사건이나 현상들을 좀 더 멀리 떨어져서 있는 그대로 볼 수 있게 해 준다. 그것들은 원래 다른 것이었을 수도 있고, 앞으로 변화할 수도 있는 것이다. 이런 식으로 역사적 사고는 현재의 상황에 대해 비판적으로 사고하고 다른 가능성을 생각하도록 도와 주는데, 이 모든 것이 개방적 민주주의에서는 아주 중요하다.

• 시간적으로 사고하는 것은 사람들이 믿는 것(이념, 종교적 확신 등)과 그들의 가치관도 변화할 수 있고 상대적이라는 것을 보여준다. 사람들은 자신의 마음을 바꿀 수 있고, 사물에 대해 아주 다양한 방식으로 생각해 왔고 앞으로도 계속해서 그럴 것이다. 이는 역사적으로 사고하는 어떤 사람의 현재 관점이 경우에 따라서는 역사적 사고를 하지 않는 사람의 관점보다 덜 절대적인 것으로 여겨져야 한다는 것을 의미한다. 이런 태도는 또한 민주주의 사회에서 개방적 토론을 위해 매우 중요하다.

시간에 관한 역사적 사고가 우리가 살고 있는 사회 현실에서 바람직한 방향을 설정하는 데 크게 기여할 수 있다는 데 동의한다면, 우리는 그러한 시간 인식을 발전시키기 위해서는 무엇이 필요한가라는 질문에 집중해야 한다. 여기서 다시 한 번 이뉴잇 종족의 시간 인식을 언급하려고 한다. 이들의 자연스런 사고방식은 시간적으로 4 혹은 5세대 이상 멀리 보지 않으며, 자기를 만났다고 생각되는 사람들 혹은 자기가 만났던 사람들이 이야기의 대상으로 삼는 사람들까지만 기억한다. 왜냐하면 그들은 스스로의 경험을 통해서 그 사람들을 알기 때문이다(자연스러운 시간 차원이 왜 4 혹은 5세대 이하인지에 대한 가정은 하나의 가설이다. 이 가설이 타당한지를 알기 위해서는 더 많은 연구가 필요하다). 이런 자연적 시간 인식 이전 혹은 그 "너머"에는 단지 혼란스럽고 형태조차 없는 "과거 시간"의 암흑상태만 있을 뿐이다. 역사적 사고라는 것은 바로 그 과거 시간을 생각하고 상이한 기간들을 구분하고 그 기간들을 순서대로 배치함으로써 이런 과거 시간들에 대해 모양과 차원을 부여하는 것을 의미한다. 이런 형태의 연대기적 사고가 역사적 사고에서 결정적으로 중요하다. 과거의 시간들을 서로 다른 특별한 실체로서 존경할 수 있게 되려면, 우리는 시간의 차원과 순서에 대해 뭔가 알아야 한다. 또 다른 방식은 적당히 모양이 없는 "그 당시 back then"에 대해 말하는 것이다. 바튼의 연구 결과에서 자주 보이는 학생들 사이의 추론 방식이다. "그 당시"는 얼마나 멀리 떨어져 있는가? 얼마나 많은 "그 당시"를 알아 낼 수 있는가?

'칼리프의 동전Caliph's Coin'이라는 제목의 논문에서 데니스 쉬밀트Dennis Shemilt(영국 SCHP의 주도자 중의 한 명)는 명시적으로 연대기를 가르치지 않았던 것이 초래한 의도하지 않았던 이상한 결과를 지적하고 있다.

지난 25년 동안, 영국의 교사들은 학생들에게 역사적 사실에 대한 진술은 반드시 증거에 비추어 정당화되어야 한다는 것, 그런 진술들은 기껏해야 없는 것보다는 나은 수준이고 최악의 경우에는 "제시된 다른 주장보다 조금 나은" 정도일 수 있다는 것, 그리고 유물과 기록에서 끌어 낸 증거가 도전을 받을 수도 있고 다양하게 해석될 수도 있다는 것을 가르쳐 왔고, 성공적인 경우도 있기는 했다. 영국에서 시도된 적이 없는 것은 학생들에게 과거를 전체로서 다루는 방법을 가르치는 것이다. 결과적으로 과거의 모습을 대충이라도 그릴 수 있는 15세 아이들이 거의 없다. 일관성 있는 이야기를 제시할 수 있는 아이는 더 적다. 그리고 실제로 하나의 "최상의" 이야기를 넘어 감지하기 힘든 무엇인가를 생각해 낼 수 있는 아이는 전혀 없다 (Shemilt 2000, 85~86).

과거를 다른 가능성이 전혀 없는 하나의 폐쇄된 사건 공간events space으로 표시하는 방식(학생들에게 증거와 다른 해석을 제시함으로써 바꾸기를 기대했던 태도 중의 하나)은 역설적이게도 "역사 전체"를 아우르는 일관성 있는 이야기에 거의 혹은 전혀 관심을 기울이지 않음으로써 오히려 강화되어 온 것 같다. 하나의 종합적인 역사상을 전혀 갖고 있지 않은 사람이라면 다른 대안들을 생각하기는 어려운 것이다.

쉬밀트(2000)는 하나의 종합적 틀을 학습하는 것은 단지 첫 단계라고 말한다. 그는 우리가 따라야 할 세 개의 상위 단계들을 제시한다. 네 단계는 다음과 같다.

1. 연대기적으로 정렬된 과거
2. 일관성 있는 역사 이야기들
3. 다차원적인 이야기들
4. 다형질적polythetic 이야기 구조들

두 번째 단계에서부터, 우리는 첫 단계에 적용된 역사구조와는 다른 대안들을 논하기 시작한다. 그러나 1단계가 없다면 다른 단계에 도달하는 것은 분명히 불가능하다. 첫 번째 구조를 배운 후에 다른 단계에 도달할 수 있기 위해서는 첫 번째 단계가 닫힌 "우리cage"여서 그곳에서 빠져나가는 것이 불가능해서는 안 된다고 쉬밀트는 말한다. 예를 든다면, 다양한 건축물을 축조하는 것을 가능하게 하는 일종의 "비계scaffold"(건물을 지을 때마다 임시로 지었다가 철거하는 안전장치의 일종—옮긴이)가 되어야만 하는 것이다(Shemilt 2000, 93). 쉬밀트가 제시한 네 단계가 학생들의 다양한 능력 범위 안에 있는지 여부는 교육에서 매우 중요하고 도전적인 질문이다. 3과 4단계는 분명히 학생들에게 요구하기에는 지나칠 것이다. 그러나 1단계 초기 역사구조가 우선 우리가 관심을 기울여야 할 부분이다. 그것 없이 학생들은 거의 아무것도 할 수 없다. 첫 단계는 우리가 생각하듯이 그렇게 도달하기 쉽지는 않다. 그것은 오늘날 역사 교육만 하면 당연히 얻게 되는 그런 손쉬운 결과는 아니다.

과거를 담은 지도인 준거틀

시간의 관점에서 사고하는 방법을 가르치는 것은 교육적인 도전이다. 그것은 결코 쉽지 않다. 사실, 우리는 4차원인 시간을 묘사하는 적당한 도구를 가지고 있지도 않다. 왜냐하면 4차원은 볼 수도 상상할 수도 없다. 4차원은 지극히 추상적이다. 4차원을 그리는 문제는 2차원 표면 위에 3차원적 물체나 공간을 그리려는 것과 비교조차 되지 않는다. 결국 3차원은 현실에서 관찰되고 경험될 수 있으며, 따라서 종이 위에 그려진 어떤 형체도 실제 세계에 대상물이 존재한다. 그러나 시간은 어떠한가? 시간을 그리기 위해서, 우리는 계속해서 공간적인 은유나 상징을 사용한다. 우리는 미래가 "우리 앞에" 있다거나 과거가 "우리 뒤에" 있다는 식으로 말한다(어떤 사람들은 역사를 연구하는 것은 "미래로 뒷걸음치는 것" 같다고 말한다. 왜냐하면 우리는 앞에 놓여 있는 것을 볼 수 없고 오직 과거라고 하는 우리 뒤에 있는 것만 볼 수 있기 때문이다. 이것은 마치 어딘가로 이끄는 도로인 양 연표를 따라 움직이는 모습을 비유하고 있는 것이다). 시간을 가시적으로 만들기 위해 연표를 사용한다. 우리는 "오래전long ago"이라는 표현은 어느 정도 "먼 옛날far away"에 상응한다고 생각한다. "오래전 고대way back in antiquity"에 일어났던 어떤 사건들—이 사건들이 지금 우리가 있는 이 시점에 발생한 사건일 수는 없을까? 이렇게 생각하는 것은 이상한 일이다. "과거는 일종의 낯선 나라. 그곳에서 사람들은 다르게 행동한다." 하틀리L. P. Hartley의 소설 《중매자The Go-Between》(1953)의 유명한 첫 구절인 이 문장은 데이비드 로웬탈David Lowenthal이 사람들이 과거와 유산을 가지고 어떻게 살아가는지를 묘사하는 그의 책 제목을 지을 때 차용했던 것이다(Lowenthal 1985). 이 공간적 은유는 우리가 과거로 가기 위해서는 멀리 여행해야 한다는 것을 의미한다.

이런 공간적 은유는 우리가 역사를 접할 때 "과거를 담은 지도"를 우선 연상해야 할 이유를 알게 해 준다. 지도는 축약된 규모로 공간적인 3차원 세계를 2차원으로 처리한 도식적 표현이다. 지도를 읽는다는 것은 아주 어려운 기술이다. 배경을 인식하기 위해서는 가장 중요한 지도의 윤곽을 알아야만 한다. 명칭과 상징의 의미, 그리고 척도법을 알아야 한다. 이런 것을 공부한 후에도 지도를 읽지 못하거나 만족스럽게 사용하지 못하는 사람도 있다. 완전히 낯선 지역의 지도를 읽는 것은 특히 어렵다. 왜냐하면 낯이 익은 "단서들"이 없기 때문이다. 도심 지도를 간행하는 여행사들은 이런 문제를 이해하여 그런 단서들을 보여주는 지도를 발행함으로써 고객들에게 도움을 주려고 한다. 그들은 도로와 공원으로 된 추상적인 격자 무늬 사이에 지도에서 돌출한 사진 형식으로 중요한 건물이나 관광지와 같은 랜드마크를 보여준다. 그들은 이런 지도가 낯선 여행자들로 하여금 길을 찾기 쉽게 해주리라고 기대한다. 아마도 낯선 여행자라도 이 랜드마크를 인식하고 그것을 기준으로 도시에서 방향을 찾을 수 있을 것이다.

시간 속에서 위치를 파악하는 것은 우리가 도식이나 연표와 같은 것을 사용해서 표시할 수밖에 없는 시간의 파노라마 속에서 길을 찾는 것을 의미한다. 우리는 지금 4차원에 관해 이야기하고 있다는 것을 기억해 보자. 2차원인 지도와 3차원인 현실세계 사이의 개념적 거리는 2차원의 도식과 시간이라는 추상적 개념 사이의 차이에 비하면 아주 작은 것이다. 그렇기에 과거를 담는 지도는 아주 어려운 형태의 지리 지도와 비교해야만 한다. 완전히 전혀 알려져 있지 않은 낯선 도시로서, 그 도시를 이해하려면 반드시 몇 개의 랜드마크의 도움을 받아야만 한다. 그 랜드마크는 지도 상에서 거리를 표시하는 격자 무늬처럼 추상적이어서는 안 되고, 지도에 돌출되게 표시된 건물의 그림처럼 구체적인 표식이어야 한다. 역사의 경우 이것이 의미하는 것은 그 시대를 쉽게 기억하고 인식하게 해 주는, 그 시대에 대한 상상력이 풍부한 표식일 것이다.

이런 식으로 만들어진 "역사를 보는 틀framework"이 제공되면 학생들이 시간 속에서 방향을 잡는 데 도움이 되리라는 가정에 기초해서, 암스테르담대학 드 루이De Rooij 교수가 주도하는 네덜란드 '역사와 사회과학위원회CHSS(Commission on History and Social Sciences)'는 2001년에 각각의 상징적 명칭이 부여된 10개의 시대에 대한 틀을 제안하기에 이르렀다(이 장의 마지막 쪽을 보라―옮긴이). 중세 대신에 이 제안에서는 "기사와 수도사의 시대" 그리고 "도시와 국가의 시대"를 이야기한다. 근세 대신에 "탐험가와 개혁가들의 시대" 혹은 "가발과 혁명의 시대"를 이야기한다. 이 각각의 시대에 맞는 사건과 인물들에 관한 구체적인 이야기들을 붙이는 역할은 교사들이 한다. 이때 각 시대의 명칭을 그들이 이야기를 선택하는 지표로 삼는다. CHSS는 같은 틀을 초등에서 중등교육의 마지막 단계에 이르기까지 모든 단계의 역사 교육에서 사용할 것을 제안한다. 물론 상위 단계로 올라갈수록 고대나 중세와 같은 일반적으로 받아들여지는 개념들을 동시에 배워야 한다. 그들은 이런 시대체제era-system의 이론적 선입견과 결함들까지도 학습해서 쉬밀트(2000)가 제시한 2단계 또는 3단계까지 도달해야 한다. 그렇지만 1단계가 항상 기초가 되어야 한다.

이 시대구분이 CHSS가 예상했던 대로 기능을 할 수 있을 것인지와 관련하여 연구를 실시한 바 있다(Straaten 2006). 이 연구가 진행된 당시에는 이 시대구분 체제는 아직 공식적으로 교육과정과 시험 프로그램에 도입되지는 않았었다. 네덜란드의 교육부 장관은 2007년부터 도입하기로 결정했었다. 네덜란드의 '역사 교육 및 학습연구소

IVGD(Institute for Teaching and Learning History)'는 이 시대구분 체제를 시험 프로그램에 도입하는 것이 가능한지 여부를 결정하기 위해서 이 10개의 시대로 구분된 체제에 바탕을 둔 새로운 학년말 시험에 대한 예비연구를 실시하는 과제를 맡았다. 이 예비연구는 약 700명의 고등학교 학생들이 포함된 8개의 중고등학교에서 2004년 가을에 시작되었다. 이들 15세의 학생들은 정상적인 역사 교육을 포함하는 중학교 과정을 마친 학생들이었다(3년간, 주당 약 2시간 정도씩). 그들은 아직 교육과정에 도입되지 않았던 10시대구분 체제에 익숙하지 않았다.

  학생들은 "수도사와 기사의 시대, 서기 500~1000"와 같은 10시대의 이름들과 해당 기간만 쓰여 있는 문제지를 받았다. 그 시대를 생각할 때 떠오르는 인물들, 사건들, 그리고 단어와 연상되는 개념들을 채우도록 지시를 받았다. 결과적으로는 겨우 몇 학생들만이 그 시대들을 생각할 때 연상되는 개념이 없다고 대답했다. 물론 시대별로 응답을 못한 학생들의 비율은 달랐다. 가장 크게 어렵게 느껴졌던 시대는 "도시와 국가"의 시대(중세 후기, 1000~1500년. 22퍼센트의 학생들이 어떤 연상 개념도 제시하지 못했다), 그리고 "섭정자와 황태자들"의 시대(17세기. 37퍼센트의 학생들이 답을 못했다). 10시대에 대해 연상 개념을 제시하지 못한 학생의 평균은 13.8퍼센트였다. 이 결과를 보면 대부분의 시대가 대부분의 학생들에게 어떤 연상 개념을 불러일으켰는지를 알 수 있다. "도시와 국가" 그리고 "섭정자와 황태자들"이라는 명칭들이 상대적으로 낮은 점수를 얻은 이유는 이 명칭들이 "시민과 증기기관", "수도사와 기사", "탐험가와 개혁자들", 혹은 "가발과 혁명" 등 다른 명칭들과 비교해 볼 때 가장 상상력이 덜 필요한(least imaginative

개념들이기 때문이었다.

　인물의 이름을 기억하는 것과 구체적 사실들을 언급하는 것이 연상을 하는 것보다 더 어려워 보였다. 각각의 시대와 관련된 이름을 언급하지 못한 학생이 평균 49퍼센트였고(선사시대는 제외한다. 왜냐하면 이 시대는 특성상 언급될 만한 이유가 있는 인물이 별로 없는 시대이기 때문이다), 59퍼센트의 학생들이 관련 사건을 언급하지 못했다(역시 선사시대는 제외). 적어도 장기적으로 볼 때는 날짜와 사실을 기억하는 것이 결코 쉬운 일이 아니라는 것(학생들은 여름방학이 끝나고 학교에 다시 나왔을 때 질문을 받았다), 그리고 사건보다는 인물이 사람의 마음에 더 쉽게 새겨진다는 것이 이 연구를 통해 얻은 하나의 결론이었다. 긍정적이고 희망적인 측면은 대다수 학생들이 어떤 연상 능력을 가지고 있었다는 것이다.

　일곱 번째 시대의 명칭에 "가발"을 언급함으로써 학생들에게 18세기에 속한 이미지인 발레와 후작들의 정장을 기억하게 했다. 그리스와 로마 인들이라는 개념은 그들에게 "사원", "신", "목욕", "신화와 전설"을 기억나게 했다. 증기기관이란 단어가 들어간 여덟 번째 시대의 명칭은 산업혁명 시대의 도시 전경을 떠올리게 했다. 이런 모든 결과들은 상상력을 불러일으키는 명칭을 사용한 시대의 틀이 시간적으로 사고하는 능력을 발전시킬 수 있다는 것을 보여주고 있다. 왜냐하면 그 틀은 각각의 시대에 각기 다른 특성들을 부여하고, 그렇게 함으로써 "그 옛날"이라는 형태 없는 모호한 시간 덩어리를 상세하게 구분하도록 하기 때문이다. 이 기초틀은 하나의 비계scaffold이어야지, 골조cage(철근으로 되어 변형이 어려운 영구적인 구조물—옮긴이)이어서는 안 된다. 그것은 우리의 관점을 방해하는 굳은 구조물이어서는 안 되고, 우리가 우리 자신의 구조물을 짓는 것을 도와 주는 개방적인 구조물이어야만 한다. 그것은 마치 언어 학습에서 단어와 문법을 배우는 것과 같은 것이다. 단어와 문법은 우리가 생각하고 말해야 하는 것들을 모두 가르치지는 않고, 오직 우리가 원하는 것을 말하고 생각하는 것을 표현하도록 도와 주는 것이다. 역사 교육도 학생들이 사회와 접촉하고, 사회를 이해하고, 사회에 관한 자신의 생각을 표현하는 데 필요한 도구로 학생을 무장시켜야만 하는 것이다. 역사 교육은 학생들이 가져야만 하는 생각을 그들에게 직접 가르치지는 말아야 하며 그들에게 자신의 생각을 형성할 수 있는 도구를 주어야만 한다.

이것이 (학생들에게 특정한 것을 주입시키고자 하는 의도로 제시되는—옮긴이가 이해를 돕기 위해 추가한 문장임) 규범적 표준틀canonical framework of standards과 학생들이 시간 차원에서 사고하도록 돕겠다는 교육적 이유로 제시되는 틀framework 사이의 중요한 차이이다. 규범적 틀은 우리가 "지향적orientational" 지식이라고 부르는 것을 가르칠 뿐만 아니라 특정한 사고 혹은 감정 표출 방식을 개발하고자 하는 목적에도 기여를 한다. 예컨대 미국 시민으로서의 자부심 같은 것이다. 그것은 단지 단어와 문법만을 가르치는 것이 아니라 문장의 내용도 가르친다. 국가의 규범적 틀은, 전통적인 것과 진보적인 것 모두, 보통은 특정한 태도와 사고방식을 배양할 목적에 봉사한다. 시민정신, 애국심, 포용적 다문화주의, 노예제도에 대한 분노 등. 이런 모든 것들은 개방적 민주사회에서 실시되는 현대적 역사 교육과 양립할 수 없다. 역사는 그 자체로서 특정한 사고와 태도를 형성하는 데 이용될 수 없다.

만일 그렇다면 그것을 역사라고 부를 수 있을지 다시 생각해 보아야 한다. 그것은 진정한 역사적 사고의 결과로서 우리가 얻고자 하는 균형적 시각과 상대적 관점의 정반대는 아닐까?

그렇다면 기초적인 틀은 어떻게 개방적이고 그래서 하나의 비계처럼 기능할 수 있을까? 아주 추상적이거나 아니면 세계사 차원에서 작성되어야 한다는 것을 의미하는가? 이럴 경우 상상력을 자극하는 성격을 지니기는 아마도 어려울 것이다. 만일 이 틀이 학생들이 가지고 있을 상상력에 호소할 수 있으려면, 그것은 어느 정도 우리 사회에 실재하는 이미지와 연결되어야 한다. 학교 밖에서 만들어지는 지식의 영향이 매우 중요하다는 것을 우리는 안다. 실제로 10시대체제는 지나치게 서구적이고, 지나치게 유럽적이고, 골조가 아니라 비계로 기능할 수 있기에는 너무 많은 "닫힌" 이야기로 이루어졌다는 비난을 받아 왔다. 이런 비난에는 나름 일리도 있지만, 동시에 불가피해 보인다. 완전히 낯설고 추상적인 것만을 제시한다면, 역사적 시간 차원에서 사고하는 것을 연상적으로 학습하도록 돕겠다는 의미가 사라질지도 모를 일이다.

우리 "자신의" 세계로부터 인지할 수 있는 그 무엇을 가지고 학습을 처음 시작하는 것이 큰 단점인가? 이 틀이 지닌 이와 같은 성격들이 실제로 그 틀이 비계로서 작용하는 것을 방해하는지를 알아보기 위해 대학생들을 대상으로 실험을 실시했다. 암스테르담에 있는 교사양성 대학에서 연구하는 동안 학생들이 이 10시대체제에 익숙하도록 만들었다. 나는 3학년에 진급한 학생 집단에게 인도네시아의 한 지역인 남술라웨시South Sulawesi(셀레베Celebes라고도 알려진 섬)의 역사를 제시했다. 물론 이 학생들은 이 주제에 대해 아무것도 몰랐다. 나는 그들이 이 역사에 나오는 몇 가지 사건을 이해하기 위해 어떻게 자신들의 "유럽적" 틀을 활용할 수 있는지를 물었다. 아주 풍부한 성과가 있어 보였다. 석기시대에 수렵과 채취 생활로부터 농경문화로의 전환, 지역 문자의 발전, 그리스의 호머식Homeric 전통과 유사성을 보여주는 라 갈리고La Galigo 서사시, 봉건영주와 농민, 유럽의 기독교 전파와 유사한 이슬람의 도래, 패팅갈로앙Pattingaloang 왕자(1639~1654)가 마카사르Makassar 궁전에서 벌였던 마치 유럽의 르네상스와 같은 운동, 그리고 유럽의 팽창 모습과 딱 맞아떨어지는 포르투갈과 네덜란드인들의 도래, 부기족 왕자 아룽 팔라카Arung Palakka의 네덜란드에 대한 태도와, 네덜란드가 마카사르에서 세를 얻기 위해 그의 지지를 이용한 방식은 마치 정복자들이 아메리카 대륙에 도착했을 때 했던 유사한 일들과 비견될 수 있다. 이후에 네덜란드의 식민주의적 영향은 물론 19세기 현대 제국주의 시기까지 계속 증대되었다. 학생 중 한 명은 마침내 이렇게 기술했다. "어느 지점에 이르러 혼란스러워지기 전까지는 모든 것이 잘 이해되었다." 물론 이 학생이 의미하는 것은 그의 틀이 적어도—그의 관점에서는—식민지화로 전체 모습이 혼란스러워지기까지는 "잘 통했다worked"는 것이다.

요약하자면, 지금까지 나는 역사적 시간 차원에서 사고할 수 있게 해 주는 틀을 갖는다는 것이 왜 중요한지 그 이유를 제시했다. 그 틀은 추상적이어서는 안 되며, 연상적이어야 하고 구체적인 사례로 "채워져야" 하는 것이다. 이런 사례들은 우리 "자신"의 세계에서 가장 잘 발견된다. 왜냐하면 시간과 공간 속에서 우리 스스로 방향을 찾는 처음점이 바로 우리가 사는 지금 이 세계이기 때문이다. 이것이 우리가 우리 학생들에게 그들에게 익숙한 이름, 자기 나라 역사에 나오는 이름과 날짜, 혹은 그들이 태어나서 살고 있는 지역을 언급함으로써 서양 역사의 개요를 가르쳐야 하는 하나의 이유이다. 그렇지만 이렇게 하는 이유가 그들로 하여금 자기 나라의 시민인 것을 자랑스럽게 여기게 하거나 혹은 그들에게 과거와 연대를 모든 성시적으로 옳은 관점을 가르치는 것과는 전혀 관계가 없다. 중요한 이유는 그들이 역사적 시간 차원에서 사고하도록 돕는 것이며, 그것이 역사 학습을 통해서 가르쳐질 수 있는 가장 중요한 것일지도 모른다.

┃네덜란드 역사와 사회과학 위원회CHSS가 2001년에 제안한 10개의 시대┃
- 사냥꾼과 농부의 시대/선사시대와 고대 문명
- 그리스와 로마시대/고전시대
- 수도사와 기사의 시대(500~1000)/중세 초기
- 도시와 국가의 시대(1000~1500)/중기와 후기 중세
- 발견자와 개혁자의 시대(1500~1600)/르네상스, 16세기
- 섭정자와 황태자의 시대(1600~1700)/황금기, 17세기
- 가발과 혁명의 시대(1700~1800)/계몽의 시대, 18세기
- 시민과 증기기관의 시대(1800~1900)/산업화의 시대, 19세기
- 세계대전의 시대(1900~1950)/20세기 전반
- 텔레비전과 컴퓨터의 시대(1950년 이후)/20세기 후반

● 참고문헌

Barton, K. (1996). Narrative simplifications in elementary students' historical thinking,
In J. Brophy (Ed.), *Advances in research on teaching: Teaching and learning history* (Vol. 6,
pp. 51~83). Greenwich, CT: JAI Press.

Barton, K., Levstik, L. (2004). *Teaching history for the common good*. Mahwah, NJ:
Erlbaum.

Bloom. B. S. (1956). *Taxonomy of educational objectives*. New York: McKay.

Bruner, J. S. (1960). *The process of education*. Cambridge, MA: Harvard University Press.

Counsell, C. (2000). Historical knowledge and historical skills: A distracting dichotomy.
In J. Arthur & R. Phillips (Eds.), *Issues in history teaching* (pp. 54~71). New York:
RoutledgeFalmer.

Dalhuisen, L. G., & Korevaar, C. W. (1971). *De methode van onderzoek in het
geschiedenisonderwijs* [The method of inquiry in teaching history]. The Hague, The
Netherlands: Van Goor.

De Rooij, P. (2006, September 1). De canon als bindmiddel [The canon as cement]. *De
Volkskrant*.

Grever, M. (2007). De natiestaat als pedagogische onderneming [The nation-state as a
pedagogical enterprise]. In M. Grever & K. en Ribbens (Eds.), *Nationale identiteit en
meervoudig verleden* [National identity and multiple pasts] (pp. 35~60). Den Hagg/
Amsterdam: WRR/Amsterdam University Press.

Henke-Bockschatz, G., Mayer, U., & Oswalt, V. (2005). Historische Bildung als
Dimension eines Kerncurriculums moderner Allgemeinbildung [History education
as a dimension of a core curriculum in modern general knowledge]. *Geschichte in
Wissenschaft und Unterricht*, 56(1), 703~710.

Köbl, C., & Straub, J. (2001). Historical consciousness in youth: Theoretical and
exemplary empirical analysis. Forum Qualitative Social Research, 2(3), Art. 9.

Kocka, J. (1977). Gesellschaftliche Funktionen der Geschichtswissenschaft [Social functions of the science of history]. In W. Oelmüller (Ed.), *Wozu noch Geschichte?* [Why history yet?] (pp. 11~330. München, Germany: Wilhelm Fink.

Lee, P. (2004). Understanding history. In P. Seixas (Ed.), *Theorizing historical consciousness* (pp. 129~164). Toronto, Canada: University of Toronto Press.

Lee, P., & Ashby, R. (2001). Empathy, perspective taking and rational understanding. In O. L. Davis (Ed.), *Historical empathy and perspective taking in the social studies*, (pp. 21~50). Lanham, MD: Rowman & Littlefield.

Lowenthal, D. (1985). *The past is a foreign country*. Cambridge, England: Cambridge University Press.

Lowenthal, D. (1998). *The heritage crusade and the spoils of history*. Cambridge, England: Cambridge University Press.

Macdonald, J. (1998). *The Arctic sky: inuit astronomy, star lore, and legend*. Toronto, Canada: Royal Ontario Museum.

Marsden, W. (1989). All in a good cause: Geography, history and the politicization of the curriculum in 19th and 20th century England. *Journal of Curriculum Studies, 21*(6), 509~526.

McNeill, J. R., & Mc Neill, W. H. (2003). *The human web: A bird s—eye view of world history*. New York: Norton.

Nash, G. B., Crabtree, C., & Dunn, R. E. (1997). *History on trial: Culture wars and the teaching of the past*. New York: Vintage Books.

Pandel, H. J. (1991). Geschichtlichkeit und Gesellschaftlichkeit im Geschichtsbewusstsein [Historicality and sociability in historical consciousness]. In B. von Borries (Ed.) *Geschichtsbewusstsein empirisch* [Historycal consciousness empirically] (pp. 1~23). Pfaffenweiler, Germany: Centaurus.

PISA-Konsortium Deutschland. (Eds.). (2004). *Der bildungsstand der Jugendlichen in Deutschland: Ergebnisse des zweiten internationalen Vergleichs* [The state of education of

German youth: Results of the second international benchmark]. Münster, Germany: Author.

Shemilt, D. (2000). The Caliph's coin. the currency of narrative frameworks in hitory teaching. In P. Stearns, P. N. Seixas, & S. Wineburg (Eds.), *Knowing, teaching and learning history* (pp. 83~101). New York: New York University Press.

Straaten, D. van (2006). Berenvellen en markiespakjes. Het tijdvakkenkader en beelden van tijd [Bear skins and Marquis's outfits. The ten-era system and images of time]. *Kleio*, 47(1), 2~7.

Stuurgroep Profiel Tweede Fase. (1995). *Advies examenprogramma's havo en vwo, geschiedenis en staatsinrichting, aardrijkskunde, maatschappijleer* [Advice on exam programs havo and vwo, history, civics, geography and social studies]. The Hague, The Netherlands: Author.

Stuurman, S. (2005). De canon. Een wereldhistorisch perspectief [The Canon. A world history perspective]. *Kleio*, *46*(4), 36~40.

Sylvester, D. (1976). *Schools council 13~16 project: A new look at history*. Edinburgh, England: Holmes Macdougall.

Sylvester, D. (1994). Change and continuity in history teaching 1900~93. In H. Bourdillon (Ed.), *Teaching history* (pp. 9~23). London: Routledge.

Symcox, L. (2002). *Whose history? The struggle for national standards in American classrooms*. New York: Teachers College Press.

Toebes, J. G. (1976). Van een leervak naar een denk- en doevak. Een bijdrage tot de geschiedenis van het Nederlands geschiedenisonderwijs [From a learning subject towards a thinking and doing subject: A contribution to the history of Dutch history education.]. *Kleio*, *17*, 202~284.

Torpey, J. (2004). The pursuit of the past: A polemical perspective. In P. Seixas (Ed.), *Theorizing historical consciousness* (pp. 240~255). Toronto, Canada: University of Toronto Press.

Vries, G. de (2005). Waarom Napoleon tijdens de Eerste Wereldoorlog Rusland binnenviel. Hoe de ene onderwijsvernieuwing de andere om zeep dreigt te helpen [Why Napoleon invaded Russia during the First World War: How one educational innovation threatens to kill another]. *Kleio*, *46(3)*, 30~32.

Watts, D. G. (1972). *The learning of history*. Boston: Routledge & Kegan Paul.

Wilschut, A., Straaten, d. van, & Riessen, M. van (2004). *Geschiedenisdidactiek* [Teaching history]. Bussum, The Netherlands: Coutinho.

Wilschut, A. (2005). Het Nederlands slavernijverleden en het canonieke denken over geschiedenisonderwijs [The Dutch slavery past and canonical thinking about teaching history]. *Kleio*, *46(8)*, 34~38.

Wineburg, S. (2001). *Historical thinking and other unnatural acts*. Philadelphia: Temple University Press.

8

대양을 마시고
한 컵을 배출하다:
청소년들은 어떻게 역사를
이해하는가

_ 데니스 쉬밀트Denis Shemilt

영국 University of Leeds 역사교육 교수. 영국 Schools Council History Project의 책임자
역임. *History 13~16 evaluation study*(1980)의 저자.

이 장에서는 중등학교 수준의 학생들이 내적 일관성이 있고, 현재의 관심사와 연결이 되며, 동시에 다가올 미래에 대한 관점을 제공해 주는 "과거에 대한 그림"을 그리는 여러 방식들을 제시한다. 다음 명제들을 논의한다.

1. 역사 교육 프로그램들은 청소년들이 배운 바를 어떻게 이해하는 지에 관한 지식의 도움을 받아야 한다.
2. 자기 자신의 방식대로 하게 맡겨 놓으면, 여러 주, 여러 달, 여러 해에 걸쳐 학습한 정보 더미에서 과거에 관한 개괄적 요점을 제대로 이끌어 낼 수 있는 청소년은 거의 없다. 역사 학습의 내용들은 다음과 같을 때 비로소 의미 있고 사용 가능한 "과거에 관한 그림"으로 통합되기 쉽다.
   • 과거를 보는 준거틀에 관한 개괄적 설명을 50 내지 70분 정도의 짧은 시간에 가르쳐야 한다.
   • 준거틀에 관한 개괄적 설명은 정기적으로 다시 논의되고, 갱신되고, 확대되어야 한다.
   • 교사들은 반복적으로 현재의 일들이나 관심사들을 언급하고, 현재를 "과거의 최첨단"으로 접근하고, 과거가 되어 버릴 현재

에 의해 도래할 수도 있고 도래하지 않을 수도 있는 여러 가지 가능한 미래 모습을 고려해야 한다.

- 학생들에게 역사적 자료들을 가지고 "크고" 혹은 "작은" 과거에 대한 그림을 그려 내는 방법을 가르쳐야 한다. 특히 학생들에게 일반화를 추구하는 방법을 가르칠 때는 그래야 한다.

3. 청소년들이 "변화", "원인" 그리고 "해석"과 같은 2차적 개념들을 어떻게 이해하느냐가 그들이 과거에 관한 개요를 그리고 활용하는 방식에 영향을 미친다.

4. 청소년들이 보여주는 과거에 대한 개괄적 이해의 성격과 유용성은 역사의 구조, 방향, 그리고 의미에 대한 자신들의 거대담론적 가정들meta-narrative assumptions에 의해 영향을 받는다.

지금 발생하는 일은 결코 지워지지 않고, 미래의 전체 방향에 영향을 준다. …… 만일 세계가 임계상태critical state(어떤 물질 또는 현상의 성질에 변화가 생기거나 그 성질을 지속시킬 수 있는 경계가 되는 상태-옮긴이)로 조직되어 있거나 혹은 그와 비슷한 상태로 되어 있다면, 아주 작은 힘도 엄청난 영향을 미칠 수 있다. 우리의 사회 문화적 네트워크 속에서 고립된 행동은 있을 수 없다. 왜냐하면 우리 세계는 아주 미세한 행동도 더 큰 세계에 의해 증폭되고 기억되도록 디자인되어 있기 때문이다. 그래서 개인이 힘을 갖고 있고, 그 힘의 성격은 일종의 더 이상 줄일 수 없는 실존주의적 상태를 나타낸다.

– 부셔넌Buchanan(2000)

역사를 서술하는 것은 대양을 마시고 한 컵을 배출하는 것과 같다.

– 구스타프 플로베르Gustave Flaubert

영국에서 학교 역사 교육의 목적, 중요성, 그리고 범위에 대한 토론은 끝이 없듯이 열정적인 상태이기는 하지만, 대부분의 영국 역사 교사들은 역사 교육의 목적 달성을 위해서는 청소년들이 "과거에 관한" 광범위하고 일관성 있으며 유용한 "그림"을 가져야 한다는 데 동의하고 있다.[1] 많은 중등학교 교사들은 학교감찰관인 오프스테드Ofsted (2007)의 "대다수의 청소년들은 정말 보잘것없고, 현실 생활과 연결되기도 어렵고, 현실에 대한 인식에 영향력도 없는 잡동사니 지식만을 가지고 학교를 졸업한다"는 의견에 동의한다.[2]

그러나 영국의 경험은 전적으로 실패한 것은 아니고, "큰 그림" 방식의 역사를 가르치기 위한 여러 가지 접근방법들이 현재 영국의 중등학교에서 토론되고, 계획되고, 혹은 실천되고 있다. 첫 번째 사례는 주제활용학습thematic studies으로서 "의료의 역사"가 대표적이다. 다음으로는 시간적으로 문맥화된 주제temporally contextualised topics 방식으로

---

[1] 이 글에서 사용된 "과거 그림pictures of the past"과 "큰 그림the big picture"은 역사학자들, 정치인들, 그리고 교사들이 사용해 온 거대담론들(grand narratives, master narratives 등)과는 구분되어야 한다. "과거 그림"은 교사로부터 배우거나, 교과서와 참고서들에서 얻거나, 아니면 대중매체 등으로부터 얻는 다양한 사실과 인물, 우화와 이야기들을 종합하고 이해하는 방식을 가리킨다.

[2] 오프스테드Ofsted(2007)의 판단에 따르면 학생들은 "연대표를 만드는 데 소질이 없고, 학습한 분야 사이의 관계를 잘 설정하지 못하고, 따라서 전체상을 그리지 못하고 "큰 질문"에 답을 할 수 없다."

서, 예를 들면 다른 시간과 공간에서 벌어졌던 생산 기술과의 비교 혹은 대비를 포함한 1750~1850년 사이의 초기 산업혁명에 대한 심층 연구가 해당된다. 1~2년, 혹은 3년에 걸쳐 가르쳐지는 분리되고 비연속적인 주제들을 넘나드는 패턴patterns이나 관계connections를 분석하는 누적적 복습과 과제summative reviews and tasks 방식의 활용이 세 번째다. 그리고 마지막으로는 계속해서 갱신되는 연대기적 틀frameworks을 가르치자는 제안이 있다. 예를 들면 "생산양식" 혹은 "사회 및 정치적 조직"과 관련된 연대기적 틀을 제시하고 각각에 해당하는 심도 있는 주제들을 찾아서 연결시키고 평가하는 방식이다. 이런 몇 가지 "큰 그림" 방식의 역사는 우리가 추구할 만한 가치 있는 제안임에 틀림없다. 그러나 지금까지 보고된 교사의 경험과 학생의 학습 결과를 보면, 우선은 발전이 느리고, 어렵고, 단편적인 것 같아만 보인다. 둘째로, 우리는 청소년들이 어떻게 과거를 이해해서 더 나은 미래의 전개 방식과 그 방향에 대해 확신하게 되는지에 관한 지식을 결여하고 있다.[3] 아직 검정되지 않은 준거framework 제시방법은 가장 심도 있는 학습 성과를 약속하기는 하지만 아마도 가장 많은 비용과 위험을 수반할지도 모른다. 지금부터 이 네 가지 접근방법의 강점과 단점들을

---

[3] 14~16세 아이들을 대상으로 실시한 주제별 학습의 결과에 관한 공식적 연구 자료는 규모나 질에 있어서 충분하기 때문에 어떤 결론을 제시하기에 어려움이 없다. 시간적으로 문맥화된 토픽형 학습과 누적적 복습과 과제형 학습을 통한 소규모적이고 비공식적인 실험은 런던과 요크셔 지방의 학교들에서 지속적으로 실시되고 있다. 이들 실험으로부터 많은 정보가 획득되고 있지만 다른 모든 학교에 일반화할 수는 없다. 아직까지 어떤 개요적 성격의 준거틀들이 체계적이고 장기적으로 영국 교사들에 의해 사용된 적은 없다.

검토할 것이다.

주제활용 학습Thematic Studies

영국의 경우에 큰 그림 방식의 역사를 지향한 주제중심의 접근법과 관련된 가장 광범위하고 일관된 실험은 지금도 진행 중인 역사교육개선프로젝트School History Project(SHP)(초기 명칭은 SCHP였음 - 옮긴이)일 것이다. 그 대표적인 것이 이 연구의 한 부분인 "의료의 역사" 단원일 것이다. 이 단원은 대부분의 연구 대상 학교에서 14~15세 학생들에게 6~8개월에 걸쳐 가르친다. 이 과정에 대한 초기 경험은 실망스러웠다.[4] 주제가 구체적이었음에도 불구하고 스콧Scott과 쉬밀트

---

[4] SHP(원래 School Council Project "History 13~16")는 1973년에 시작되어 1987년까지 영국의 중등학교의 약35퍼센트에서 가르쳐졌다. 심하게 변형된 형태이기는 하지만 이 프로젝트는 현재 중등교육 일반자격(General Certificate of Secondary Education) 시험위원회가 부과하는 세 가지 14~16세 특별시험의 하나로 남아 있다. SHP의 첫 책임자였던 데이비드 실베스터David Sylvester는 이런 주장을 한 바 있다. 현대사회에서 과거에 관한 지식이 개인적으로든 사회적으로든 유용하기 위해서는 시민들이 단순히 사실에 관한 설명으로서가 아니라 하나의 학문 분야로서, "하나의 지식형태"로서 역사가 갖는 성격과 논리를 이해해야 한다. "지식형태"라는 논리는 SHP 프로젝트가 사료, 증거, 그리고 설명; 변화, 발전, 그리고 진보; 인과론적, 의도적, 그리고 감정이입식 설명 방식 등과 같은 2차 개념들을 강조하는 것을 정당화했다. 13~14세 학생들을 위한 "역사란 무엇인가?"라는 과목이 과거에 대한 지식보다 탐구와 설명 원리에 대한 이해를 강조한 반면에 14~16세 과목에서는 내용과 방법이 같은 비중을 갖고 있었다. 비록 표현은 당시에 통용되는 방식은 아니었지만, 네개의 14~16세 단원 중 두 단원이 요즘 "큰 그림"식 역사 교육이라는 용어에 유사했었다. '현대세계 연구modern world studies'라는 단원들에서 '아랍-이스라엘의 갈등'

Shemilt(1986)가 검토한 연구자료와 공개시험 자료를 보면 많은 학생들, "특히 능력이 부족한 학생들은 정보의 늪에 빠졌고 ……개념적 이해력과 역사적 기술 능력이 있고, 사실들을 정확하게 암기할 수 있는 프로젝트 참가자들조차도 가끔은 전체에 관한 일관적 이해에 기초해서 수업 내용을 잘 조직하여 그럴듯한 "지도"를 그리는 데 실패했다"는 것이 드러났다. 초기의 문제점을 치유하기 위한 노력으로 수업 안내문과 자료들을 갱신했지만, "의료의 역사"에 대해 학생들이 그린 "큰 그림"의 응집성과 일관성은 동원되는 교수 전략에 따라 달라져 버린다. 가르치는 것이 느리고 내용이 많으면 많을수록 전체적인 의료의 역사를 묘사하거나 그에 관해 평을 할 수 있는 학생 비율은 줄어들었다. 학생들이 무엇인가 가치 있는 이야기를 하기 위해서는 상당히 많은 "사실들"에 통달해야 하지만, 15세 학생이 선사시대의 의료에 대해 알아야 할 모든 것을 배우고, 이어서 이집트의 의료에 관해 알아야 할 모든 것과 오늘날의 의료 지식까지 모두 배우고 나서 실제로 일관성 있고 의미 있는 총체적 그림을 만들어 낼 수 있는 학생은 거의 없을 것이다. 게다가, 의료의 역사를 천천히 누적되는 이야기로서 가르친다면, 학생들은 대부분 역사적으로 중요한 일반화된 담론과 덜 중요한 개별 사실들이나 흥미 위주의 일화들을 구분하지 못하게 된다. 이를테면 역사적으로 가장 빠른 다리 절단 수술에 관한 상세한

그리고 '유럽통합을 향한 움직임'과 같은 당시 당면한 이슈와 현상에 대한 역사적 분석을 시도했다. "의료의 역사"라는 주제를 활용한 주제별 학습The Thematic Study in Development은 선사시대로부터 시작해서 현대에 이르기까지의 의료의 발달과정에 대한 묘사적이며 설명적인 개관을 제시하려고 시도했다.

이야기가 "대중의료"를 위한 산업적인 환경조건들보다도 더 생각해 내기가 쉽다. 큰 그림을 그리는 방식의 역사 학습 성과는 교사들이 아래와 같이 행동을 할 때 가장 긍정적으로 나타난다.

- 보다 자세한 내용을 가르치기 전에 1~2회 수업 시간을 할애해 전반적인 의료의 역사에 대한 개괄적 내용을 제시한다.
- 학생들이 주제와 관련된 시대에 대해 충분한 지도를 갖게 될 때까지 인과관계의 요소들, 경향들, 그리고 전환점 등에 대한 설명을 미룬다.
- 의료의 발전과정을 구조화하고 설명할 때 학생들이 이미 가지고 있는 의료의 역사에 관한 구체적 지식뿐 아니라 개괄적 지식을 이용한다.

보다 정교한 교수 전략이 역사교육개선프로젝트SHP의 두 번째 주제인 "에너지의 역사" 학습을 위한 자료와 안내지침에 포함되었다. 에너지의 역사를 위한 교사지침(Scott & Shemilt 1986)은 "잡동사니" 사실들로 오염되지 않은 명료하고 종합적인 개요의 중요성을 강조했다. "(1) 자료의 과잉이 학생들의 마음을 가로막아 그들이 좀 더 광범위한 이야기 구조를 보지 못하게 하는 것을 방지하고, (2) 많은 양의 자료를 다루고 조직하는 복잡한 과제를 해야 하는 학생을 돕는 것이 중요하다." 이는 학생들이 "영구성" 자료와 "일회용" 자료를 구분할 수 있도록 도와야 한다는 것을 의미한다. 많은 역사자료는 단기적으로만 의미가 있을 뿐이다. 자료에 색을 입히고, 요점을 밝히고, 예를 들고, 질문을 제기하거나 혹은 유추와 논쟁을 위한 기초자료로 이용하는 것이 유용할 것이다. 일단 사용되고 나면 기억에서 희미해질 수 있는데, 이런 자료가 일회용이다. 반면에 보관되어야 하는 자료는 영구적 자료다. 예컨대 학생들이 에너지의 역사와 관련된 이야기의 개요를 간직하는 것은 중요하다. 만일 학생들이 이야기에 대한 명료한 개요를 모르고 있다면, 그들은 관련 사건의 원인, 변화, 그리고 발전에 관한 질문을 생각해 낼 수 없고, 사건들의 역사적 의미도 이해할 수 없다. 그런데 이 개요라는 것은 반드시 "어수선하지 않아야uncluttered" 한다. 너무 상세하지 않아야 하지만, 잘 조직되어야 하고 포함된 요소들은 상호 연관성이 있어야만 한다. 다양한 주제들에 대한 서로 연결되지 않는 사실들은 별 가치가 없다.

다음과 같은 사항이 중요하다.

1. 최소한의 개요로 인정될 만한 것을 만드는 것. 이것은 시간을 따라 전개된 변화와 발전을 보여주는 하나의 이야기로서 표현되어야 하며, 사건 목록이어서는 안 된다.
2. 학생들이 일회성 필기나 연습과 개요에 해당하는 정보를 구분하여 기록할 수 있도록 해야 한다.
3. 학생들이 관련 요인들과 문제점들에 대한 분석에 앞서 최소한의 개요를 여러 가지 방식으로 다시 기억해 내도록 하는 것이 유용할 것이다.

공개시험의 결과를 보면, 의료의 역사에서보다 수정된 전략을 가지고 역사를 가르친 것이 16세 학생 대부분으로 하여금 정확하고 유용한 에너지 역사의 개요에 통달하도록 만들었다는 사실을 보여준다.[5] 특히 시험 응시자들은 다음과 같은 결과를 보여주었다.

(1) 사람들이 근육의 힘으로 할 수 있었던 것을 개선하는 방법을 어떻게 개발해 냈는지를 이해했다. 예를 들어, 응시자들은 이러한 개선을 아주 생생하게 보여주기 위해서, 그리고 사회, 환경, 기술의 변화를 참고하여 추세선에서의 기울기 변화를 설명하기 위해서 "에너지 노예energy slave" 단원들을 사용할 수 있었다. 응시자들

---

[5] 시험 성적 자료는 대다수 청소년들이 무엇을 알고 무엇을 이해했는지에 대해 왜곡된 모습을 보여줄 가능성이 있다. 두 가지 이유에서다. 우선, 시험 응시자들이 무작위로 선정된 것이 아니다. 전체 학생 중 가장 열등한 9~10퍼센트는 GCSE시험에 참여하지 않는다. GCSE 응시자 중에 성적이 나쁜 학생들은 역사 과목이 어려운 과목이라고 판단하여 선택을 하지 않는 경향이 있다. 그리고 1990년대에 국가 교육과정이 도입되기 전에는 SHP 응시자들이 다른 과정을 밟는 학생들보다 더 우수하고 학습 능력이 우수했다는 점이다. 두 번째로, 응시자들이 공식 시험을 준비하기 위한 지도를 받기 때문에 시험 결과는 장기간 이루어진 학습 성과를 과장할 가능성이 있다. 이런 문제점들에도 불구하고 응시자들의 시험 성적이 크게 개선된 것은 그들이 에너지와 의료에 대한 "큰 그림"식 역사를 한층 더 잘 이해했다는 증거로 인정할 만하다. 적당한 교수 전략이 같은 주제들에 적용된다면 훨씬 더 성공적일 것이라고 기대할 수도 있다. 여기에서 사용된 "학생 대다수generality of students"라는 표현의 의미는 정확하지가 않다. 14~16세 인구의 근소한 과반수 정도에게 GCSE 시험에서 과거에 대한 주제중심의 큰 그림을 전개하고 분석하도록 가르칠 수는 있다고 말하면 이것은 사실에 가까울 것이다. 그러나 절대다수가 그렇게 하도록 가르친다는 것은 가능은 하지만 확실하지는 않다. 공식 시험 성적은 학생들이 오랫동안 간직하고 실생활에서 활용할 수 있는 지식이나 이해의 수준을 과장한다는 것을 확실히 알고 있기 때문에 GCSE 역사 시험에서 얻을 수 있는 가치가 어느 정도인지를 짐작하는 것은 불가능하다.

은 또한 국민 1인당 가용에너지 자원의 증가를 인간노예제의 쇠퇴 혹은 지역별 폐지와 같은 사회의 변화와 연결시킬 수 있었다.

(2) 에너지 문제를 연료(목재에서 우라늄까지), 원동력(동물의 힘에서 내연기관 엔진에 이르기까지), 그리고 응용 분야(열 산업에서 전자공학에 이르기까지)를 포함한 하위 주제들로 분해하는 능력을 보여주었다. 일부 응시자들은 또한 이 하위 주제들 사이의 제한된 상호관계를 확인할 수 있었다.

(3) "전환점들"을 확인하고 묘사할 뿐 아니라 분석하고 평가하는 능력을 보여주었다. 예컨대, 어떤 지원자들은 증기기관의 중요성을 에너지 변환의 첫 번째 실용적 이용이라는 시각에서 설명했다—"이것이 우리 인간이 말의 일을 하는 데 열을 사용한 첫 번째였다"—. 그리고 다른 지원자들은 전기는 "에너지를 이곳에서 저곳으로, 마치 화석이나 석유 같은 연료처럼 옮길 수 있기 때문에" 혁명적이었다고 주장했다. 이런 사례들은 큰 그림 형식의 지식을 사용하여 시간적으로 국지화된 "화제형 지식topic knowledge"의 역사적 의미를 평가하는 모습을 보여주고 있다.

요약하면, SHP는 반복적인 교수 전략을 사용하고 변화, 발전, 그리고 진보와 같은 2차 개념들에 면밀한 관심을 기울인다면, 구체화된 주제별 역사들에 대한 개요를 6~8개월 동안에 성공적으로 가르치고 배울 수 있다는 것을 보여준다. SHP 프로젝트에 참여한 학생들의 다수는 과거가 어떤 모습이었는가 하는 감을 얻었는데, 그것은 어떤 관점에서는 설명될 수 있는 하나의 형태form를 가지고 있으나, 다른 관점에서는 여전히 이상하고 헷갈리는 것일 수도 있다. 비록 학생들이 인간의 과거와 관련된 모든 측면을 다 지닌 큰 그림을 그리기에는 부족하지만, SHP 실험은 큰 그림 형식의 역사를 만들 수 있는 모형들을 제공한다. 학생들은 과거의 역사를 말로 설명하는 법은 모르더라도, 그것이 대체적으로 어떤 모습일지는 알게 된다.

그럼에도 불구하고, **주제별**thematic 접근방법은 기껏해야 큰 그림 형식의 역사를 가르치려는 과제를 푸는 부분적 해결책에 불과하다. 전체 과거를 담고 있는 일관성 있고 쓸 만한 큰 그림은 의료나 에너지와 관련된 미세한 역사 조각들을 가지고 만들어 낼 수는 없다. 비록 학생들이 다양하면서도 시대를 대표할 만한 여러 가지 주제들의 역사를 개괄적으로 이해했다고 하더라도, 그들이 이런 것들을 녹여서 인류 역사에 관한 일관성 있고 잘 다듬어진 그림을 만들 수는 없을 것이다. 아마도 토픽중심 교육과정의 전형인 연대기적 단편화가 주제별 단편화로 교체되는 것에 그칠지도 모른다.

나아가 의료의 역사를 가지고 개발된 모델이 성공적으로 다른 모든 역사 분야에 적용될 수 있을지는 의문이다. 여러 관점에서 아무리 인기가 있고 성공적이라고 하더라도, SHP 실험의 세 번째 주제인 "범죄와 징벌의 역사"는 큰 그림 방식이 추구하는 성과를 내기에는 효과가 덜한 주제였다. 이 주제 학습의 실패는 아마도 여러 요인들 탓일지도 모른다. 대개 범죄와 징벌의 역사는 특히 에너지 문제와 비교해 볼 때 능력이 낮은 학생들에게 맞는 주제로 보인다. 이 주제를 가르치기 위해 동원되는 교육과 학습자료들은 재미없는 개념적 논제들 보다는 감정을 자극하거나 간혹 무시무시한 소재들이 많았다. 무엇보다도 많은 교사들이 2차적 개념들이나 "큰 그림" 형성보다는 시민의식과 관련된 화제나 이야기와 관련된 학습 내용에 좀 더 관심을 기울이는 경향을 보였다. 어떤 영역에서의 학습 효과 향상은 다른 영역에서의 학습 효과 손실을 초래할 수도 있는 것이다. 물론 그렇다고 모든 경우에 항상 이렇게 되는 것은 아니다. 왜냐하면 시민정신보다는 역사적 관심을 우선시하는 교사들이 가르치는 보다 우수한 학급에서도 역사를 산발적 에피소드나 일화의 덩어리로서보다는 하나의 전체로서 바라본다는 것은 여전히 어려운 일이었다. 범죄와 징벌의 역사에서 발생하는 변화와 전환은 올가미, 매듭, 끈 등으로 가득한 복잡하고 하찮은 사건의 전개과정과 연결시켰을 때보다는 그 일이 발생한 시간과 공간이 지닌 특수성 속에 놓고 보았을 때, 그리고 인간성의 문제나 정책적 시급성 차원에서 볼 때 이해하기가 더 쉽다. 반면에 의료의 역사에 대한 전체적 개요를 학습하는 데는 학생들이 좀 더 넓은 지적, 그리고 기술적 발전을 전달하는 방식으로 하는 것이 더 유용해 보인다. 마찬가지로, 에너지의 역사에 대한 개요는 경제, 인구통계, 생산양식 등과 맥을 같이한다. "범죄와 징벌의 역사" 수업은 사회정치적 배경에 대한 학생들의 지식에 불가피하게 의존한다. 그렇지만 그 수업이 전체 사회정치사라고 하는 큰 그림의 어디에 속하는지를 이해하는 데 큰 도움이 되지는 않는다. 주제는 정보 과잉을 막기 위해 한정적일 필요가 있지만 "범죄와 징벌"은 학습하기에 지나치게 좁은 주제다. 발전과정을 식별하는 데 필요한 패턴과 관계망 등이 어수선한 사건들에 의해 압도되고 모호하게 된다. "인권", "자유와 민주주의", "복지국가" 등

과 같은 주제에서도 유사한 문제가 나타나기 쉽다.[6]

주제별 접근방법이 지닌 현실적인 제한점들과 비용 문제도 받아들이지 않을 수 없다. 많은 교사들은 자신이 담당한 과목에 관한 지식을 더 많이 가질 것을 요구받는 문제를 지적했고, 대부분의 교사는 자신들이 이미 알고 있는 것을 재개념화해야 하고 익숙한 내용을 다른 방식으로 보아야 할 필요성을 느꼈다. 교사들의 직업적 역량에 대한 요구도 더 크다. 특히 주제를 연대기적으로 배열된 작은 화제들의 연속으로 가르치는 것에서 벗어나 앞에서 논의한 순환적인 전략으로 나아가는 것은 좀 더 집중적이고 구체적이며, 많은 시간을 들인 계획과 준비를 요구한다. 교사들이 다음에 무엇을 가르칠 것인가 정도의 거친 생각을 가지고 1~2주 전에 수업계획을 세우는 것으로는 충분하지 않다. 효과적인 수업이 되기 위해서는 전체 수업을 구체적으로 계획하고, 진단 평가와 발달 평가자료를 참고하여 계속해서 갱신해야 한다. 이런저런 이유로, 전통적인 토픽중심의 교육과정을 포기하고, 전반적으로 혹은 압도적으로 주제별 단원으로 구성된 교육과정을 채택할 준비가 된 영국 교사는 거의 없는 듯하다. 역사 교육에서 "큰 그림" 시각의 형성을 촉진한다는 목표를 견지하면서 전통적인 토픽들을 어느 정도까지 가르칠 수 있을까 하는 의문이 제기된다.

---

[6] SHP 경험은 Cambridge History Project(CHP) 경험과 비교될 수 있다. CHP는 1988~1992년에 16~18세 학생들을 위한 공식 시험인 AS와 A레벨 과정을 개발하고 운영했다.

시간적으로 문맥화된 토픽들
Temporally Contextualized Topics

토픽중심 접근법 중 하나는 핵심 토픽들을 시간적으로 사건의 전후를 아우르는 역사적 맥락에 배치하는 방식이다. 각 토픽의 성격과 의미는 문맥화된 정보와 관련하여 평가된다. 이런 접근방법에 잘 맞는 토픽으로는 1750~1850년의 1차 산업혁명을 들 수 있다. 보통은 이용 가능한 수업 시간의 80~90퍼센트를 핵심 토픽 학습에 할애하고 나머지 10~20퍼센트는 단원의 시작과 끝에 "큰 그림" 형태의 문맥화를 설명하는 데 할애된다. 토픽을 문맥화하는 시간적 범위는 필요성과 학생 집단의 역량, 그리고 교사들의 학습 목적에 따라 달라진다. 실제적으로 산업혁명이라는 토픽을 이해하기 위한 문맥은 대략 1600년부터 1914년까지 영국에서의 석탄과 철광 생산의 양과 방법처럼 단기적이고 국지적이다. 가장 야심차게 한다면, 고전시대, 중세, 그리고 초기 근대 시기에 있었던 사회 조직과 기술의 발전으로부터 시작해서 2차 산업혁명 시기의 과학 기반 산업들과 정보화 사회의 세계화된 경제를 다루고, 마지막으로 최근의 도전과 가능한 미래 모습에 대한 검토로 마무리해야 한다. 토픽중심 접근방법이 지닌 장점으로는 낮은 위험성과 낮은 비용을 들 수 있다. 교육과정 변경과 수업자료 개발에 최소한의 시간과 에너지가 소요될 뿐이다. 영국의 국가 교육과정과 공공시험 표준에 맞는 학업계획을 다시 작성할 필요가 없다. 학습 시간의 10~20 퍼센트만을 문맥화, 복습, 평가에 할애하면 되기 때문에 추가적인 준비는 적당한 범위 안에서 이루어진다. 그렇기 때문에 중등 교사들은 초보적 교사 훈련을 통해 "큰 그림" 방식을 도입하려는 경향이 있다. 일부 교사들은 이미 스스로 변화할 준비가 되어 있다.

토픽중심 접근방법의 잠재력은 아래 질문들에 대한 16~18세 학생들의 응답을 통해 설명할 수 있다. 이 질문들은 명시적으로 핵심 토픽을 드러내고 있지만 더 넓은 역사적 맥락에 대한 직접적 언급은 피하고 있다.

1. 1750~1850년의 영국 산업혁명은 얼마나 혁명적이었는가?
2. 산업혁명은 중요한가? 왜 중요한지, 왜 중요하지 않은지를 설명하라.

소수의 AS레벨Advanced Subsidiary level(영국의 대학 입학 자격시험인 A레벨 시험의 첫 단계로 보통 17세 즈음에 응시함—옮긴이)과 A레벨Advanced level(영국 학생들이 대학에 입학하기 위해 18세에 치르는 시험 단계—옮긴이) 학생들은 1750~1850년 사이에 일어났던 사건이나 발전과 관련하여 이들 질문에 답했지만 좀 더 넓은 역사적 배경에 대한 정보는 무시하거나 거의 사용하지 않는 수준이었다.[7] 그들은 산업에 대한 다양한 정보를 통합할 수 있고 산업혁명을 일련의 사건들과 발명들이 아닌 하

---

[7] 산업혁명이라는 주제는 사회적으로 혜택 받은 학생들이 다니는 두 학교에서 예비교사들이 주로 가르쳤다. 주제의 문맥화와 관련된 평가도구, 학습자료, 교수법 등은 ITT 지도자들이 고안했고, 예비교사들이 필요한 경우에 변형했다. AS/A레벨 학생들의 숫자는 대표성이 없을 정도로 적었기 때문에 학습이나 평가가 통제된 상황에서 객관적으로 이루어졌다고 할 수 없다.

나의 복합적 현상으로 이해하고 있다. 그러나 학생들에게 그것은 하나의 시간-공간의 거품 속에 갇혀 있는 것으로서, 그 자체로는 완전하지만 역사의 다른 영역이나 시대에 대해서는 아무런 의미도 없는 것이다. 똑똑한 학생들조차 산업혁명의 중요성에 대한 질문들(그것은 혁명이었나? 그것은 중요한가?)과 역사의 큰 추세나 전환점에 큰 의미가 있는 자료들의 관계를 제대로 설정하지 못한다는 사실은 학생들에게 역사적으로 사고하는 방법을 가르치는 것이 얼마나 어려운지를 잘 보여준다. 다음 답안들이 이런 실패를 설명한다.

산업혁명은 마치 연쇄반응의 한 부분과 같은 것이었다. 사건들은 스스로 일어나지 않았다. 한 사건이 다른 두 사건을 유발하고, 다시 같은 일이 이어졌다. 섬유공장들이 생기면 대규모로, 그리고 낮은 비용으로 원재료들을 공장으로 옮기고, 생산품을 밖으로 반출하기 위해서는 교통이 개선되어야 했다. 이것이 처음에는 공장에 필요한, 이어서 1830년대부터는 기관차에 필요한 증기기관 시장을 확대했다. 증기기관과 철도는 석탄과 철광, 그리고 강철에 대한 수요를 확대시켰다.…… 그것은 빙고게임을 닮은 단순한 발명은 아니었다. 철의 용해를 위한 코크스는 17세기 말 이래 이미 존재했고 그런 공장들이 튜더시대에 시험되었다.…… 빙고게임보다는 스누커Snooker(1개의 공으로 21개의 공을 포켓에 떨어뜨리는 당구게임—옮긴이)를 닮았다. 공들이 때때로 움직였다. 하나로 여러 개를 치는 것으로 시작해서 마지막에는 테이블 위의 모든 공이 다 자리를 옮겼다.
1850년대 즈음에는 1750년대에 없었던 많은 것들이 있었기 때문에 그것은 혁명적이었다. 예를 들면, 인구가 많은 큰 도시들, 공장과 증기기관으로 움직이는 기계들, 운하, 도로와 철도, 깊은 수직갱도와 베세머 전로(영국인 H. Bessemer가 발명한 제강로)······ 이런 변화는 중요했다. 왜냐하면 그것은 (당시) 사람의 생활을 더 편하게 만들었기 때문이다. 그들은 실내에서 일을 할 수 있었다. 해변으로 여행할 수 있었다.······ 그러나 그것은 사람들에게 좋지 않은 일도 만들었다. 예를 들면 아동노동, 장시간 노동, 열악한 근로 조건, 인구과밀 도시, 열악한 위생과 질병, 매연과 분진, 인간의 생활을 어떤 점에서는 좋게, 어떤 점에서는 나쁘게 만들었기 때문에 산업혁명은 중요했다.

가끔씩 보이는 오류에도 불구하고 이 답안의 내용은 꽤 정확하고 학생들이 핵심 주제와 관련해서 특정한 그 시기와 맞닿아 있는 삶의 양식과 사회관계를 인식하고 평가할 수 있음을 보여준다. 이런 양식들은 1750~1850년의 기간 동안 산업들 사이의 차이점들을 나타내기 위해, 그리고 다양한 산업들을 가로질러 일어났던 변화들을 인과관계로서 서로 연결시키기 위해 사용되고 있다. 인구 증가, 무역에 기초한 제국주의, 중앙집권적이고 간섭주의적인 통치형태 등에 미친 장기적 영향은 무시되고 있다 하더라도, 학생들은 산업 발전이 당시 사람들의 생활에 미친 영향을 일일이 사례로 보여줄 수는 있는 것이다. 튜더 시대에 대한 잠깐의 언급을 제외하고는 대답이 1750~1850년 사이의 시간 속에 갇혀 있는 것은 문제다. 이런 문제는 장기적 시간 배경이 가르쳐지기 이전인 과거 학생 세대가 보였던 전형적인 모습이다. 덧붙여 말하건대, 영국 시험 응시자들은 이 질문, 다른 것은 말고 바로 그 질문에 대해 답을 하도록 거듭 훈련을 받는다는 것을 알아야 한다.

간단히 말해서 학생들은 1750~1850년 사이의 산업혁명에 대한 질문들을 받기 때문에 많은 학생들은 이 시기 밖의 사건은 적합하지 않다고 생각하는 것이다. 그러나 시험 응시자들은 또한 문제를 해독하도록 훈련을 받는다. 그런데 학생들이 산업혁명의 중요성 및 혁명적 위상과 관련된 질문에 연관된 사건과 현상의 역사적 배경을 이해하지 못한다는 것은 그들이 핵심을 놓쳤다는 것을 의미하고, 학생들이 비록 직접 배운 "큰 그림"을 흉내 낼 수는 있어도 그것의 목적이 무엇이고, 그것이 어떻게 그들로 하여금 현재의 사건과 현상을 깨닫도록 하는지를 이해하지 못하고 있다는 것을 의미한다.

대부분의 학생들의 대답은 핵심 토픽의 연대기적 한계를 넘어선다. 어떤 학생들은 1750~1850년 사이의 산업혁명을 현대세계와 연결시키고 현재에 주는 그 의미를 평가한다. 또 다른 학생들은 시간적으로 산업혁명 그 이후와 동시에 그 이전으로 거슬러 올라가는 그런 긴 역사적 배경 속에 논의를 한다. 다음 발췌문은 독창성과 지적 탐구심이 부족한 한 답안지에서 뽑은 것이다.

그것은 혁명적이었지만 유일한 산업혁명은 아니었다. 예를 들면, 전문화된 석기는 구석기시대 장인에 의해 만들어졌다. 음식 생산에 있어서의 신석기시대의 혁명은 베짜기, 술 담그기와 집 짓기를 가능하게 했다. 도자기, 유리와 금속 등의 초기 "열처리 산업", 중세 후기의 복잡한 기계의 발전, 1870년대부터의 과학 기반 산업(화학과 전기)에서의 혁명, 1960년대부터의 정보기술혁명, 이들 중 몇 가지는 1750~1850년 사이의 산업혁명만큼 혹은 그 이상 혁명적이었다.

이 학생은 게임을 어떻게 하는지를 알고 있다. 그렇다. 1750년과 1850년 사이에는 하나의 산업혁명이 있었지만, 이것은 오직 여러 개 중의 하나이기 때문에 우리는 그냥 산업혁명이라고 말하지 말아야 한다! 핵심 토픽이 장기적으로 지속적인 일련의 변화 속에서 다루어지고 있다(변화 중 몇 가지는 정당하게 "혁명"이라고 부를 만하다). 그러나 일련의 변화들을 하나의 연대기적 목록으로 이해해야 할지 아니면 발전 과정으로 이해해야 할지는 분명하지 않다. 다음 발췌문은 이런 관점에서 더욱 설득력이 있다.

1750~1850년 사이의 산업혁명이 없었다면 이어지는 발전과 혁명이 발생할 수 없었을 것이기 때문에 그것은 중요하다. 예를 들면, 우리가 증기기관과 같은 외연기관 엔진을 당시에 발명하지 않았다면, 누구도 내연기관 엔진을 발명하려고 시도하지 않았을 것이다. 오랫동안 사람들은 화약엔진을 만들려고 노력했고, 그런 다음에는 경유의 부산물인 휘발유 엔진의 개발을 시도했다.…… 기술이 1750년 그대로 정지되었을 수도 있다는 것을 의미하는 것은 아니다. 그들이 수세기 동안 노력한 덕에 기술은 분명 더 좋아졌을 것이다. 우리는 더 좋은 배를 만들게 되었을 것이지만 어쩌면 돛을 단 나무배였을지도 모른다. 우리는 보다 나은 자물쇠와 과학적 도구들을 가지고 있을 수도 있지만, 아주 훌륭한 기술자가 작은 작업장에서 만드는 것들이었을 수도 있다. 그리고 에너지 위기가 훨씬 일찍, 마치 장작 위기가 4세기에 로마제국을 약화시키고 11세기에 이슬람제국을 약화시켰던 것처럼, 아주 치명적인 결과와 함께 닥쳤을 수도 있다.

이 답은 흥미롭다. 이 학생은 글에서 때때로 내연기관과 외연기관 엔진의 경우처럼, 교수 학습자료를 마음대로 바꾸어 쓰기도 한다. 그러나 이 학생은 일반적인 관점에서 독창적인 사실을 추론할 줄도 안다. 비록 "보다 나은 자물쇠와 과학적 도구들"의 경우는 사실 여부가 의심스럽기는 하다. 요약하자면, 이 서술이 도움을 받지 않고 그가 쓴 글이라고 가정하면, 이 학생은 1750~1850년 사이의 산업혁명을 오래전과 최근을 포함한 일련의 발전과정 속에 위치지우는 것 이상을 할 수 있다. 그는 이런 발전과정의 중요성을 다른 맥락 속에서도 평가할 수 있다. 예컨대 에너지 위기는 미래의 예상이 아니라 과거에 있었던 일이고 그래서 현재 겪고 있는 것이기도 하다고 인과론적으로 설명할 수 있는 것이다. 이런 생각을 공상적이고 전형적으로 사춘기적인 생각이라고 물리치는 것은 쉽지만, 그렇게 하는 것은 핵심을 놓치는 것이다. 이 학생은 역사적으로 벌어진 산업혁명이라는 큰 그림을 이용하여 우리가 어디에 있고, 우리가 어디에 있었음에 틀림없고, 우리가 어디로 갈 수 있고 또 왜 가야 하는지를 생각하게 만들고 있다. 그의 명상은 공상적이고 사춘기적일 수 있지만 그럼에도 불구하고 매우 드문 역사인식을 드러내고 있다.[8]

이에 필적할 만한 지적 탐구심과 역사의식의 편린이 다른 몇 개의 발췌문 속에서도 발견된다. 다음 문장은 전체 역사라는 큰 그림 혹은 적어도, 장기적이고 광범위하며 교통과 에너지, 광산물과 공산물

---

[8] 역사의식이라는 개념은 외른 뤼젠Jörn Rüsen(1990)에 기원을 두고 있다. 이 글은 피터 리(2004)의 뤼젠에 대한 연구 결과의 도움을 크게 받았다.

같은 특정한 사실 이상을 포함하는 과거라는 "큰 그림"에 기초하고
있다.

그것은 혁명이었다. 단지 특정한 무엇(교통, 증기기관, 공장 등) 때문이 아니
라, 그것은 기타 모든 것을 변화시켰기 때문이다.…… 그것은 역사적으로
가장 빠른 인구의 팽창을 가능하게 했다(신석기혁명 이후보다 더 컸다). 그것
은 위대한 유럽제국들 그리고 유럽 문화와 사상의 전 세계적인 헤게모니
장악을 가능하게 만들었다. 이것보다 더 좋은 것 혹은 나쁜 것이 산업혁명
이후 다가왔다. 전 세계에 걸친 공항도 같은 경우다. 그들은 심지어 모두
같은 디자이너의 상점을 갖고 있고 영어를 구사하는 판매원을 갖고 있다.
이런 표준화는 바로 산업혁명으로부터 발생했다. 하나의 충격으로부터 점
차 확대되었던 것도 아니고…… 그리고 아주 다른 문화와 사회구조를 만
들어 냈던 신석기혁명과는 다른 것이었다. 농촌 마을은 지구촌이 아니었
다. 그러나 산업도시들은 하나가 되고 있다.

인구 증가와 서구 제국주의와의 연결은 교수자료에도 나와 있었다.
농업의 다양한 기원도 또한 눈에 띈다. 그러나 다양한 농경문화와 점
차 표준화되어 가는 산업사회 문화의 대비는 학생 자신의 것처럼 보
인다. 그렇다면 이것이 바로 기르고 격려해야 할 만한 가치가 있는
"큰 그림"식 사고를 잘 표현하고 있는 사례다.
마지막으로 소개할 발췌문은 역사를 이론적, 그리고 사변적 수준에
서 다룰 수 있는 청소년들의 역량을 역사에 대한 낙하산식 관점
parachutist's perspective을 가지고 어느 정도로 향상시킬 수 있는지를 보

여준다.

1750~1850년 사이의 산업혁명은 진실로 혁명적이었다. 변화의 속도를 증가시켰기 때문이 아니다. 변화의 속도를 증가시키긴 했지만 그 이전이나 이후의 다른 변화들만큼은 아니었을 수도 있다. 그것이 혁명인 것은 인간의 역사가 전개되는 방향을 변화시켰기 때문이었다. 역사상 처음으로 인간이 동물의 힘, 그리고 바람과 물이라는 요소에 의해 제한받을 필요가 없어졌다. 열과 화석 연료가 대신했고, 우리가 다룰 수 있는 에너지가 급속하게 증가했다. 강력한 힘과 조직이 개인의 영민함과 기술을 손쉽게 물리쳤다. 산업혁명은 동력의 대단한 증가, 그리고 대다수의 사람이 그 작동 원리를 몰라도 쉽게 이용할 수 있는 기술의 발전을 가져오는 데 이르렀다. 대중들이 노동으로부터 자유로워졌을 뿐 아니라, 사상으로부터도 자유로워졌다. 이것은 대단한 앞으로의 도약은 아니었다고 해도 엄청난 옆으로의 도약이었다.

다른 발췌문과 마찬가지로 위 글도 수업에서 가르치는 내용과 제시되는 자료의 맥락을 유지하고 있다. 그렇지만 그 이후의 영향과 "엄청난 옆으로의 도약a great leap sideways"이라는 개념은 아주 독창적이다. 수업이나 교재 개발에 직접 혹은 간접으로 참여한 누구도 1차 산업혁명에 대해 이런 식으로 생각하지는 않았다.

이들 발췌문들은 전문가의 도움과 지원을 받아 시간적으로 문맥화된 토픽을 가르칠 경우 의무교육 이수 직후의 학생들이 무엇을 성취할 수 있는지를 설명하고 있다. 보통의 11~16학년 학생들이 실험적 상황이 아닌 일상적 상황에서 이런 접근방법으로부터 혜택을 볼지 여부는 여전히 불확실한 문제이기는 하다.[9]

여기서 얘기할 수 있는 것은 시간적으로 문맥화된 토픽 방식의 실험적 실시는 다양한 수준의 성공 가능성을 보였는데, 전체적으로 보면 첫 번째 방식에서 드러난 성공보다는 덜했다. 이미 있어 왔던 교수 학습의 내용에 단순히 "추가"한다면, 문맥적 자료는 그 힘을 잃어버리고 학생들은 이미 배우던 핵심 내용에 덧붙여진 관계없는 서론이나 군더더기로 여기는 경향이 있다. 핵심 토픽들을 그 토픽 이전이나 이후의 시간적 배경과 연결되는 방식으로 혹은 그것을 이용하는 방식으로 가르치기 위해서는 새로운 교수 학습자료들이나 전략들을 고안할 필요가 있다. 그렇게 되면 위에서 설명한 산업혁명의 경우처럼, 학습 성과는 아주 긍정적일 것 같지만, 동시에 비용과 위험성 또한 더 커질 것이다.

조심스럽게 준비되고 잘 가르쳐질 때조차도, 시간적으로 문맥화된 많은 토픽들은 주제의 측면에서도 편협할 뿐 아니라 지리적으로 국지적이며 연대기적으로는 제한적이게 된다. 예컨대 대헌장Magna Carta(1215년 존John 왕이 서명한 영국 최초의 헌법-옮긴이)을 핵심 토픽으로 한다면, 배경은 대략 1000~2000년으로 한정되기 쉽고, 심지어

---

[9] SHP 경험이 교훈을 준다. SHP의 야망과 엄격함 때문에 보다 학문적이고 모험적인 역사 교사들에게 이 방법이 추천되었다. 이 방법이 제공된 학교에서 아주 많은 학생들이 역사 14~16을 선택했고, 우수한 학생들 중 대다수가 제2선택과목 외국어나 제3선택과목 과학 대신에 역사를 선택했다. SHP 성공의 가장 큰 원인은 참가한 교사들과 학생들의 높은 수준 때문이었을 것이다.

는 1199년과 1689년 사이의 영국의 법적 및 헌법적 역사로 제한되기 쉽다.[10] 이런 것을 통해 우리가 알 수 있는 것은 중등 역사 과목 내의 모든 토픽을 적당한 시간적, 지리적, 그리고 주제 관련 문맥 속에 배치한다고 해도, 그런 문맥들이 특별하고, 혼란스럽고, 가끔은 역효과를 내는 방식으로 상호 작용할 수도 있다는 점이다. 이 접근방법은 지금까지 가르쳐 온 토픽들과 함께 사용되어야 하기 때문에 이런저런 추론은 입증되지 않은 상태다.

요약하자면, 시간적으로 문맥화된 토픽이라는 방식은 과거에 대한 일관성 있고 유용한 "큰 그림"을 발전시키는 일상적인 수단으로서보다는 연구와 훈련 수단으로서 더 큰 가치를 갖게 될 것 같다.

누적적 복습과 과제 Summative Reviews and Tasks

세 번째 접근방법은 그 해 그리고 이전 몇 해에 걸쳐 가르친 토픽들에서 나온 줄거리들을 종합하기 위해 각 학년 말에 특별한 시간을 안배하는 것이다. 분리된 토픽을 관통하거나 혹은 토픽을 싸고 있는 주제의 끈(예컨대 정치적 권력, 개인의 자유, 그리고 권리 분담에 관한)을 묶음

---

[10] 한 학교에서 마그나 카르타라는 토픽이 셀틱, 게르만, 그리고 스칸디나비아 민족의 관습법과 습속으로부터 1948년 세계인권선언으로 이어지는 역사적 문맥 안에 효과적으로 배치된 적이 있었다. 그렇지만 교사들도 우수했고, 학생들도 평균 이상의 능력을 지니고 있었기 때문에 이런 결과를 11~14세 모든 학생이나 학급에 일반화시키는 것은 현명하지 않을 것이다. 추가적인 정보를 필요하면 praguespring9@hotmail.com으로 문의할 수 있다.

으로써 과거에 대한 하나의 큰 이야기를 구성할 수 있다. 그냥 놓아두면 과거에 대한 작은 이야기들의 특별한 모음으로 남을 수밖에 없을 것이다. 이런 접근은 북요크셔North Yorkshire 지방에 있는 한 학교에서 아주 성공적으로 활용되고 있다. 3년에 걸쳐 가르쳐진 토픽에는 1066~1900년 사이의 영국, 프랑스혁명, 미국의 내전과 흑인의 인권 투쟁, 1933~1945년 사이의 집단학살과 독일 문제를 강조한 20세기 세계사 등이 포함된다. 학년 말 평가 과제를 통해 학생들은 1년간 배운 역사 토픽들로부터 구성해 낸 "큰 그림"에 대한 분석과 평가를 할 수 있게 된다. 이런 과정이 3년간 지속된다. 몇 가지 평가 과제는 영국의 대부분의 중등학교에서 학생들이 보통 수행할 것 같은 과제들과는 아주 다르다. 예를 들면, 14세 학생들에게 몇 세트의 즉답카드와 x축과 y축에 시간과 권력이라고 표시된 빈 그래프를 제시하고, 시간의 흐름에 따른 정치권력에서의 변화를 구상하고 전환점을 확인하라는 질문을 한다.[11]

이런 학습에서 나타난 성과의 분석은 두 가지 전제를 갖고 시작해야 한다. 첫째, 11~14세 학생들에게 묻는 질문임에도 많은 대학생들에게도 부담을 줄 정도라는 것이다. 주제들이 지리적으로 분산되어 있고, 엄격히 연대기적인 순서대로 가르쳐지지 않으며, 간혹 제시된 질문과 연결시키는 것이 어렵기도 하다. 더욱 문제가 되는 것은, 이전 학년이나 이전 학기에 배운 주제에 대한 요약이 즉답카드 요약형태로

---

[11] 이 프로젝트에 대한 보다 자세한 정보는 리즈 스파레이Liz Sparey(sparey@inpongrammar. co.uk) 혹은 프랜시스 블로우Frances Blow(F.Blow@leedstrinity.ac.uk)로부터 얻을 수 있다.

제공되기는 하지만, 성적 나쁜 학생들이 길게는 3년 이전에 배운 것과 관련된 내용을 기억하는 것은 어렵다. 단서가 될 만한 지식을 기억하거나 인지하지 못 할 때, 성적이 나쁜 학생들은 그것을 무시하고 자신의 머릿속에 있는 작은 지식을 가지고 문제를 풀거나 무심하고 기계적인 방식으로 힌트카드를 이용해서 과제를 마무리한다. 예를 들면, "영국의 첫 운하(1770)…… 프랑스와의 선생(1815)…… 레베카 반란(1839)…… 국제연맹(1919)" 등 카드에서 마구잡이로 선택한 표제들을 가지고 "권력 도표" 위에 점수를 부여하는 식이다. 두 번째 전제는 학교의 특성과 관련된다. 이런 학습에 참여한 학교는 특별히 선택된 것인데, 학생들은 분명 이들 선택된 학교가 제공하는 역사 교육의 질에 의해 혜택을 받게 된다.[12] 대부분의 영국 중등학교의 대다수 학생들은 위에 묘사한 방식으로 배우고 평가받는 것에 동의하지 않을 것이고, 따라서 설정된 기준에 비해 성취도가 낮을 것이다.

요약하자면, 전통적인 역사 토픽의 한계를 벗어난 사고를 할 수 없는 소수 학생이 있기는 하지만, **누적적 복습과 과제** 방식을 사용하여 분산적으로 학습한 토픽들을 연결시키면 이처럼 특수한 중등학교에서는 주요한 학습 성과를 만들어 낸다는 것이다. 학생 대부분은 분리되고 잡다한 토픽들을 포괄하는 과거에 대한 "더 큰 그림"을 만들고 공부할 수 있다. 또한 간혹 흠이 있기는 하지만, 대부분의 학생들은

---

[12] 소수의 학생들만이 사회적으로 불리한 상황에 놓여 있을 뿐, 이 학교는 평균 이상으로 혜택 받은 학생들이 많다. 신입생들 또한 지능지수IQ 분포에서 상위 20퍼센트 이내에 들 정도로 지적으로 우수하다. 이 학교 학생 집단의 동질성을 고려한다면 "큰 그림" 문제에 대한 응답 내용에서의 다양성은 주의 깊게 살펴볼 필요가 있다.

연대표에 대해 충분한 이해 능력을 보여준다. 특히 고무적인 것은 "발전 도표"와 서면 답변들이 매우 다양하고 분명히 개별적이라는 사실이다. 지시에 따라 학습되었거나 재생한 듯한 주장이나 설명이라는 느낌이 없다. 3년 동안 학습이 성장한 분명한 증거도 있다. "더 큰 그림"을 구성하고 사용하는 정교한 방식을 보면 이런 성장이 분명하다. "자유"와 같은 복잡한 개념에 대한 학생들의 이해가 점점 더 확고해지고 학생들의 "변화"와 같은 2차 개념에 대한 이해력도 시간이 지남에 따라 개선된다.

물론 1, 2학년 그리고 3학년에 걸쳐 가르쳐지는 주제의 내용에 대한 학생들의 기억, 그리고 인식에서의 다양성은 받아들여야 한다. 더욱 중요한 것은 역사적 자료를 조직하고, 재개념화하고, 평가하는 능력은 변화나 발전과 같은 2차적 역사 개념에 대한 이해력뿐만 아니라 사회적 그리고 정치적 관계에 대한 그들의 사전 지식과 이해에 의해 영향을 받는다는 점이다. 예를 들면, 전자와 관련해서, "사회적 관계"에서의 변화에 관한 질문을 인간적 관계 차원에서 해석하는 학생들은 그 질문을 사회 집단의 경제적 및 구조적 관계에 대한 질문으로 해석하는 학생들과는 역사적 자료를 이해하는 감각이 아주 다를 수밖에 없다. 다음 두 학생은 같은 것을 배웠겠지만 그들이 이해한 것은 비슷하지가 않다.

학생 A: "그들(노르만족)은 잉글랜드 사람들에게 아주 잘해 주지는 않았다. 그들은 프랑스어로 말을 시켰기 때문에 잉글랜드 사람들이 이해하지 못했다."
학생 B: "'지배자들'은, 귀족과 같은, 계급적으로 그들보다 조금 낮은 사람들에게 말을 걸었지만, 농민들과는 별로 소통하지 않았다."

사회정치적 변화에 대한 학생들의 역사적 판단이 일상적 경험에 의해 형성되고 변화된다는 것은 놀랄 만한 일이 아니다. 대다수에게 정치는 누가 누구를 억압하기 위해 권력을 갖느냐 하는 문제, "가진 자들"과 "갖지 못한 자들" 사이의 전면적 투쟁이다. 이 한없는 투쟁은 돈, 자유, 권리, 그리고 적어도 이 학교 학생들에게는 "존경심"에 관한 것으로 생각된다. 존경심의 부재는 부와 권력의 불평등보다 그들을 더 힘들게 하는 것이다. 항상 폭력적인 것은 아니라고 하더라도 "저항"은 사회정치적 변화의 주요 도구라고 생각되기 때문에 대부분의 학생들은 1381년의 농민봉기 같은 사건을 아주 중요하게 생각한다. 그들은 농민봉기가 왕의 양보를 강요했고, 그럼으로써 자신들을 보호하고 "존경심"을 얻었다는 사실에 초점을 맞춘다. 그 양보가 거의 소득 없이 끝났다는 것은 망각되거나 아니면 덜 중요하게 여겨진다.

우리가 역사 과목에 고유한 2차 개념들을 보면, 이 혜택 받은 특별한 학교의 11~12세 학생들 대부분은 시간이 지남에 따라 생활이 변하는 양태와 방향을 찾기를 기대하게 되며, 그리고 아무리 초보적이라고 해도 이런 가정이나 기대가 결국은 산발적 토픽들을 가로지르고 서로 연결하는 과거에 대한 "더 큰 그림"을 구성하도록 촉진하는 역할을 한다. 예를 들면, 한 학생은 "처음 남작들이 주도권을 장악하고, 이어서 하원의원들이 이어받았다"는 아주 의미 깊은 문장 하나로 중세의 역사를 현대세계와 연결했다. 이것이 배아 단계의 사회정치적 "큰 그림"이고, 비록 세포 분열이 막 시작되었다고 하더라도 이 배아는 성장을 위한 잠재력을 갖고 있는 것이다. 그러나 큰 그림이 성장하는 속도와 방향은 '변화'와 연관된 개념들에 대한 가정에 의해 향상될 수도 있고, 방해받을 수도 있다. 예를 들면, "(중세 후기에) 도시의 발달은 잉글랜드가 더 발달된 국가가 되고 있었다는 것을 어떻게 보여주는가?"라는 질문을 받았을 때, 어떤 학생들은 "진보"의 단위로 연표를 사용한다("시간적으로 후에"는 필연적으로 "더욱 발전했다"가 된다). 다른 학생들에게는 오늘날이 모든 진보가 평가되는 기준이 된다(어찌됐든 "좀 더 요즘 같다"가 "보다 발전했다"가 된다). 이런 방식은 진보를 사물의 어떤 필연적인 상태가 아니라 불확실하거나 우연적인 상태로 생각하는 특징을 지닌다. 반면에 여타 학생들은 진보를 결정하는 데 일종의 행복계산법felicific calculus(쾌락과 고통의 양을 수치화하는 방식-편집자)을 적용하려고 한다. 예를 들면 흑사병이 그가 기억하는 어떤 변화보다도 많은 사람을 죽였기 때문에 그것을 중세 후기에 있었던 "가장 후진적 변화"로 생각하는 학생의 경우다. 많은 학생들이 보여주는 이런 경향은 변화를 사건이나 현상의 지속적 결과 혹은 역사적 의미에 대한 어떤 일반화로서가 아니라 사건 혹은 발생했던 일과 동의어로 이해하고 있음을 보여준다.

필기시험 결과를 보면 학생들이 2차 개념을 이해하고 적용하는 방식에 관해서는 이미 알려진 사실을 단순히 확인시켜 주었을 뿐 다른 측면은 없다. 반면에, 완성된 "권력 그래프"의 모양과 복잡성을 분석해 보면 역사적 사고에 대한 새로운 통찰 방식을 보여준다. 아주 소수의 학생들에게 그래프는 활용하기에 완결성이 떨어지고 일관성이 충분하지 않고, 그래서 이 주제에 대한 흥미의 부족, 과제에 대한 이해의 부족, 주제들을 꿰뚫는 능력의 부족, 그리고 알고 있는 지식을 1,000년 넘는 시간의 척도에 배치하는 능력의 부족을 초래하고 말았다. 알고 있는 지식을 조직하고 재배치할 수 있는 능력이 있는 학생들이 완성했거나 반쯤 완성한 그래프들은 크기에 있어서도, 구성된 "그림"의 복잡성에 있어서도 아주 다양하다. 몇몇 학생들은 단선적 줄거리를 제시해서 지배자들의 권력이 지속적으로 약화되는 것을 나타냈다. 어떤 학생들은 권력구조를 지배자들과 피지배자들 양쪽에서 바라봄으로써, 양쪽은 서로 거울 이미지를 갖게 된다. 하나의 레이블label을 두 줄거리에 적용하기도 하고, 더러는 각각의 줄거리에 별도의 레이블을 붙이기도 하였다. 단일 줄거리 그래프보다 덜 생략적이기는 하더라도 이중 줄거리 그래프들은 추가적인 정보를 거의 담지 않는 결과를 가져왔다. 정치권력은 크기는 고정되어 있어서 시간이 지남에 따라 크기가 증가하거나 감소할 수는 없고, 오직 분배를 다시 하는 것만 가능한 속성을 지닌 것으로 이해되고 있다. 따라서 지배자들과 피지배자들 사이의 권력투쟁에서 권력이란 것은 얻는 사람이 있으면 그만큼 잃는 사람이 생기는 식의 "제로섬게임"이 된다. 그러나 이것은 복잡한 "권력 그래프"에 어울리지는 않는다. 권력의 획득과 손실 사이에 균형이 깨지면 거울은 깨져 버리고 간혹 지배자들과 피지배자들의 정치권력 중 한쪽이 증가하거나 감소하는 것으로 생각된다. 학생들이 쓴 레이블 Written labels들을 보면 정치권력은 양적으로 고정된 것도 아니고 시간에 따라 변하는 것이라는 점을 확인시켜 준다. 비대칭 그래프에서 한 학생은 19세기에 정부의 특권과 제도의 개혁에 따라 어떻게 지배자와 피지배자가 모두 권력을 얻었는지를 설명한다. "사람들은 마침내 정부로 하여금 가난한 여건을 변경하는 무엇인가를 하도록 만든다. 인민의 목소리가 더 들리게 된다.…… 정부는 국가적 수준에서, 비록 인민을 통해서이지만, 변화를 꾀하기 위해 더 큰 권력을 갖는다. 인민은 이제 지방정부를 변화시킬 수 있다.” 이 학생은 정치권력이라는 케이크는 시간이 지나면 다르게 분배될 뿐 아니라 점점 더 커지고 보다 매력적이고 복잡한 과자가 된다는 것을 알게 된다. 정치권력의 성격과 기원에 대한 1차적 개념들에 대한 그의 이해는 다른 학생들의 이해보다 더 복잡하기는 하지만, 그는 또한 변화와 발전의 과정을 근본적으로 다른 방식으로 이해하고 있다. 그의 동급생 중 일부도 지배자와 피지배자에 의해 시간을 두고 이루어진 일련의 정치게임을 이해하고 있다. 그들은 게임 성적이 게임에 따라 다르다는 것을 알고, 천천히 그러나 확실히 약자들이 차이를 좁혀서 마침내 정상에 이르렀다는 것을 인지한다. 어떤 학생들은 권력게임의 역사를 비슷하게 이해하지만 지배자와 피지배자 사이의 격차는 시대에 따라 좁혀졌다 넓어진다는 식의 조금 다른 인식을 보여준다. 피지배자에 호의적인 경향은 불변의 것은 아니다. 일부 학생들은—위에서 인용한 학생처럼—권력게임에 대해 뭔가 획기적인 것을 발견한다. 게임의 성격은 시간이 지남에 따라 변하고 더 많은 게임 방식이 출현한다(예를 들면, 정치권력을 잡고 행사하는 다양한 방식). 그에 따라 게임을 통해 얻는 점수는 점차 축적되게 된다.

2차적 개념들인 변화와 발전에 대한 상보적 가정complementary assumptions들은 그래프 구성형태를 분석함으로써 유추할 수도 있다. 단선 구성single line plots은 보통 단조롭고, 따라서 거의 1,000년 동안의 서양(영국, 프랑스, 독일, 그리고 미국) 역사를 통해 지배자가 지닌 정치권력의 지속적 감소를 보여준다. 이런 감소를 직선으로 보여주는 권력 그래프는 거의 없다. 대부분의 그래프에서 지배자 권력은 어떤 기간에 빠르게 하강하고 다른 시기에는 천천히 하강하는 것을, 그러나 지속적으로 하강하는 것을 보여준다. 또 다른 학생들에게 그래프 구성은 2등급 수준의 복선형이다. 즉 선들이 특정 시점에서는 꺾이기는 하지만 결코 방향을 거스르지는 않는다. 대부분의 복선적 구성은, 다는 아니지만 이중선 그래프이며, 사례에서는 지배자와 피지배자를 보여주는 각각의 선은 항상 상대와 대칭을 보인다.[13] 보다 복잡한 구성을 보이는 아주 소수의 그래프는 3급 수준의 복선형이다. 즉, 이 경우에는 그래프 속에서 선들이 특정한 시점에서 방향을 되돌리기도 한다. 예상할 수 있듯이, 복선형 그래프에 부여되는 정치권력 및 그것의 변화와 발전과정에 대한 설명은 평균보다 더 복잡하고 인상적이다.

위에서 개괄해 본 관념적 설명들의 성격, 구조, 그리고 인과론은 후속 연구가 필요한 내용들이지만, 그것들이 뜻밖의 내용들 같지는 않다. 권력 변화와 관련된 일관성이 없는 그래프, 간단한 그래프, 복잡한 그래프들의 비교는 이제까지 논의하지 않은 하나의 중요한 특성을 드러낸다.[14] 권력 그래프의 통일성coherence과 복잡성complexity 사이,

---

[13] 몇몇 권력 그래프의 제도 기술은 "거울 이미지mirror image" 모습이 잘 보일 정도로 수준이 높다. 반면 나머지 사람들의 거친 제도 기술은 이런 의도가 제대로 드러나지 않게 한다.

[14] 산만한 권력 그래프는 완전하지 않은 구성이나 연속성이 없는 구성이 특징이다. 단순한 권력 그래프라는 것은 단일한 선으로 되어 있거나 아니면 거울 이미지를 보여주는 두 개의 선(똑같은 모양의 두 선이 마주보고 있는 모양)으로 된 것이 특징이다. 복잡한 권력 그래프란 거울 이미지에서 크게 벗어난 두 개의 줄거리 선을 갖는 것

그리고 그래프에 적용된 역사적 자료의 숫자와 내용의 풍부성 사이에는 아주 명백한 관계가 있다. 어떻게 보면 이 관계는 주목을 끌 만한 것은 아닐 수 있다. 첫째로, 좀 더 지적으로 능력 있고 적극적인 학생들은 복잡한 역사자료를 다루고, 따라서 좀 더 잘 정리되고 정교한 그래프를 만들어 낼 준비가 더 잘되어 있다. 그리고 역사적 지식의 정확성, 깊이, 그리고 일관성이 만들어지는 그래프의 복잡성에 반드시 영향을 미친다. 그러나 이보다 더 중요한 것이 있다! 일관성 없고 단순한 그래프를 만든 많은 학생들도 아주 만족할 만한 수준의, 심지어는 매우 인상적이기도 한 상당한 역사 지식을 드러내고 있다. 그들이 지닌 역사 지식은 만일 전통적인 형태의 토픽-기반 질문에 답하는 것이었다면 아주 만족스럽거나 심지어는 획기적인 답으로 여겨졌을 만한 것들이었다. 문제는 이렇다. 일관성이 결여된 권력 그래프를 그리는 학생들의 경우에는 이러한 지식들은 조직해서 긴 시간에 걸쳐 잘 배치할 수 없고, 일련의 잡다한 이야기들에 들어 있는 정보로부터 "큰 그림"을 그리지 못한다는 것이다. 단순한 그래프를 만드는 많은 학생들 또한 그들이 사용할 수 있는 것보다 훨씬 많은 지식을 보여준다. 실로, 지식의 과잉은 종종 권력 그래프의 명료하고 분명한 선들을 혼란스럽게 하고 어지럽힐 수도 있다.

일단 자신의 머릿속에 정치권력이 소수에서 다수로, 지배하는 엘리트에서 지배받는 대중으로, 천천히 그러나 가차 없이 옮겨 간다는 명료하고 **단순한** "그림"을 갖게 되면, 학생들은 이 논리에 거슬리고 모

이 특징이다.

순되는 사실들을 여러 방법으로 처리한다. 토픽 연대표도 종종 과거에 대한 단순한 "큰 그림"에 합치하도록 조정된다. 가끔은 미국이나 프랑스의 사건들을 영국의 역사적 사건에 의해 만들어진 그래프 구성에 맞도록 재배치하는 일도 있다.[15] 비록 학문적으로는 인정될 수 없지만, 그러한 오류는 교육적으로는 가치가 있다. 보다 흥미로운 것은 1660년의 왕정복고처럼 "역류" 사건이라고 부를 만한 것들은 보통 학생들에 의해 무시된다는 점이다. 학생들은 17세기 중반의 영국 정치에 대하여 많은 것을 알고 있고 영국 시민전쟁을 지배자들로부터 피지배자들에게로의 정치권력의 재분배를 이해하는 데 있어서 핵심적 변화로 받아들인다. 따라서 비록 "역류"와 관련된 사실이 인용된다고 하더라도 그 중요성은 아마도 인정되지 않을 것이다. 예를 들면, 자코뱅당의 공포Jacobin terror(프랑스혁명 직후 자코뱅당이 행한 공포정치—옮긴이)는 많은 "큰 그림"식의 설명에서 인용될 정도의 큰 힘을 갖고 학생들의 사고에 영향을 미치는 것 같지만, 프랑스혁명이 사람들을 해방시켰고 자의적 체포와 처형에 종말을 가져왔다는 확신을 훼손하기에 충분한 정도는 아닌 것 같다. 요약하자면, 단순한 "큰 그림"과 복잡한 "큰 그림" 사이의 가장 큰 차이는 후자의 경우 모순되는 자료의 문제는 그 그림을 정교화하거나 세련되게 만듦으로써 해결될 수 있는 반면에, 단순한 "큰 그림"의 경우에는 불편한 사실들은 모두 그림에 대한 예외로 취급되거나, 심한 경우에는 사실과 연대기를 편집해서

---

[15] 몇몇 11~12세, 그리고 일부 12~14세 학생들은 토픽들이 가르쳐지는 순서 때문에 혼란을 겪기도 한다.

억지로 맞추기도 한다는 것이다.

종합해 보면, 지금까지 살펴본 권력 그래프 이야기는 우선 토픽의 경계를 넘어서 시간적 척도에 기초해 역사적 자료를 재개념화 하는 학생 능력은 변화-기반 일반화change-based generalizations에 대한 그들의 가정이 어떤 성격이냐에 달려 있다는 것을 말해준다. 그리고 두 번째로, 과거에 대한 안정적이고 일관성 있는 "큰 그림" 모형을 만들 수 있다고 하더라도, 알려진 지식을 배제하거나 왜곡하지 않고 그렇게 할 수 있는 학생들의 역량은 그러한 그림이 어떤 모습이어야 하는지, 사례에 합당한 그림은 어떤 종류여야 하는지에 대한 가정에 의해 제한된다는 것을 말해 준다. 이들 가정들은 군주정체나 정치권력과 같은 제도와 현상을 변하지 않는 상수constants로 보느냐 혹은 역사적으로 변화무쌍한 변수variables로 보느냐와 관련되는 것이다.

큰 그림을 강조하는 역사 교육의 한 방법인 누적적 복습과 과제라는 방식은 자료 수집에 협조한 이 중등학교에서는 성공적인 것으로 증명되었다. 학습 성과가 성공적이었다는 증거자료들은 아주 설득력이 있고 인상적이다. 그러나 앞서 얘기했듯이 학교 선정이 매우 선택적이었고 사용한 학습 전략은 일반적인 종합학교에서 흉내 내기에는 너무 어려울 수도 있다. 조건이 이보다 못한 대부분의 일반학교에서는 덜 성공적일 것이라는 사실은 말할 것도 없다. 이는 큰 그림을 이용한 학습을 추구하는 모든 방법에 해당하는 말이다! 누적적 복습과 과제라는 방식은 소수의 뛰어난 중등학교를 제외한 많은 평범한 학교에서는 통하지 않을 수도 있다고 생각할 만한 여러 이유들이 있다. 선택된 학교들에서의 성공 가능성을 낮추지 않으면서도 일반학교에서 실패를 피하기 위해 고려해야 할 요소들이 있다. 소개하면 다음과 같다.

1. **"큰 그림" 형식에 어울리는 방식으로 사회정치적 역사를 가르치는 것의 어려움.** 권력과 자유, 권리와 존경과 같은 문제에 초점을 맞춘 주제나 수업은 학생들에게는 매우 친숙한 것이며 분명히 영국에서 현재 관심거리인 시민교육 의제에도 잘 들어맞는다. 그런데 불행하게도 이런 개념들을 일차적 색으로 사용하여 그리는 사회정치적 "큰 그림"은 혼란스럽고 모호한 경향이 있다. 대부분의 11~16세 아이들에게는 설명하기 어려운 이유들로 인해, 1830년대 대영제국English 국회의 권한은 1430년대 잉글랜드 국회의 권한보다 더 축소되었다. 18세기와 20세기의 위대한 혁명적 운동들은 자신들이 해방시킨 바로 그 사람들의 자손들을 멸망시켜 버렸다. 그리고 21세기에 사람들은 부와 안전을 얻기 위해 17세기와 18세기 그들의 선조들의 마음속에서 아주 소중하게 여겼던 다수의 자유를 포기했다. 문제는 영국 학교에서 가르쳐지는 사회정치사가 현존하는 혹은 예상되는 악과 대항한 영원한 투쟁으로 표시된다는 것, 결과적으로 "정치"는 원죄에 가까운 것, 즉 없으면 더 좋지만 결코 그것에서 벗어나기 어려운 것으로 표현된다는 것이다. 개인들이 공동 생활을 위해 지불해야만 하는 희생, 불평등하고 비효율적으로 지불되는 그 희생이 무엇인지를 생각하기 전에, 학생들은 정치란 무엇이며, 복잡한 경제, 사회, 그리고 정치조직의 구성원이 됨으로써 얻는 혜택이 무엇인지 그리고 그런 조직의 규모, 성격, 기능에 변화를 가져오는 것은 무엇인지에 대해 학습

해야만 하는 것이다. 사회정치사의 초점을 이런 방향으로 제대로 변화시키려면 "큰 그림" 준거로부터 학습을 처음 시작하는 것이 최선이다. 학생들이 이전에 학습한 토픽들 중에서 기억에 남아 있는 조각들을 꿰어 맞추려는 시도로는 곤란하다.

2. **임의적인 시점에 가르치기 시작하고, 따라서 이해하기가 어려운 사회정치적 발전과정을 파악하는 데 있어서 학생들이 만나는 문제들.** 대개 영국의 11~12세 아이들은 중등 역사 수업을 로마제국이 전성기인 시점에서 혹은 11세기 노르만족의 이동에서 시작을 한다. 이 두 시점은 학생들의 일상경험과는 멀리 떨어져 있고, 따라서 두 시기의 사회정치적 사상과 조직은 이해하기 쉽지 않다. 로마 지배 하의 영국과 노르만의 영국 침공을 이해하기 위해서는 학생들이 어떻게 그리고 왜 당시 사회가 그렇게 되었는지에 대해 배울 필요가 있다. 학생들은 최근의 복잡한 사회의 변화나 조직보다는 작은 수렵 채취 부족사회의 사회정치적 변화와 조직을 더 잘 이해할 수 있다고 말할 수도 있다. 남녀, 성인과 청소년 그리고 어린아이들로 이루어진 작은 집단 안에서 사냥과 채취, 도구 제작과 이동, 공동소유와 방위활동을 통제하고 조정하는 것은 어린 청소년들에게는 자신의 가족 생활과 동료관계 경험에 비추어서 보면 이해하기가 더 쉬울지도 모른다. 신석기 이전의 사회정치적 조직과 문화를 설명하는 핵심적 상수와 변수는 비용과 산출의 관점에서 보면 분석하기가 확실히 더 쉽다.

3. **이전에 학습한 토픽을 인과관계로 연결하고 문맥화하는 데 있어서의 한계.** 단 하나의 중등학교에서의 실험만 보더라도 능력이 우수

한 11~14세 어린이들의 경우 산발적으로 가르쳐진 토픽들로부터 "큰 그림"을 구성하라는 질문을 받았을 때 큰 어려움에 닥치리라는 것은 분명하다. 이런 접근의 가치를 부인하는 것은 아니다. 그 가치는 학생들이 작성한 서술형 답안지와 "권력 그래프"에서 명료하게 드러난다. 물론 다음과 같은 경우에는 그 효과가 배가될 것이다. 첫째, 큰 그림 형식의 학습이 미리 실시되거나 토픽별 학습과 교대로 이루어진다면 좋을 것이다. 둘째, 다루어질 토픽들이 학생들이 이미 가지고 있는 과거에 대한 그림과 관련해서 선택되고, 나열되고, 가르쳐진다면, 이런 수업의 효과는 더 증가할 것이다. "큰 그림"이라는 목표를—2차적 개념 목표에 더해서—학습 단원 설정과 구성의 기획 단계에 포함시킨다면 이는 실험 대상이 된 학교에 다니는 능력 있는 학생들의 학습 효과를 높일 뿐 아니라 일반학교에 다니는 대부분의 학생들에게도 실행해 볼 만한 가치가 충분히 있다.

다음은 위에서 설명한 세 가지 접근방법들—주제별 학습, 시간적으로 문맥화된 토픽, 그리고 누적적 복습과 과제—과 관련된 공식적 및 비공식적 연구자료들을 활용하여 만든 하나의 이론적 전략speculative strategy이다. 누적적 복습 방식과 마찬가지로 이 방식은 "큰 그림 역사"를 전체 역사 교육과정 속에 삽입하려는 시도라고 할 수 있다. 누적적 복습 방식과는 달리, 이 이론적 전략은 현재의 기획과 교육 현실의 급격한 변화를 추구한다. 따라서 교사예비훈련과정ITT(Initial Training for Teachers)에 속한 학생과 교사들에 의해 가르쳐지는 통상적인 학습과는 달리, 이 방법과 관련해서 일반학교에서 아직은 아무것도 시도된 것이 없다.

지식의 준거-검증되지 않은 제안

학교 현장에서의 공식적이고 비공식적인 실험에 대한 평가로부터 얻을 수 있는 핵심 아이디어는 지식의 준거(*frameworks of knowledge*)[16]라는 아이디어다. 그것이 의도하는 것은

- 앞으로 가르칠 토픽들을 위한 사전 조직자로서 기여할 것. 준거는 초보적인 "큰 그림"을 제시할 것이고 모든 토픽들은 그 안에 연대기적으로 그리고 이야기 구조에 따라 배치될 것이다. 심층적인 토픽들을 가르치기 전에 준거를 통해 긴 역사를 미리 검토하게 되고, 각 사건을 공부한 후에는 다시 준거를 점검하게 된다.
- 준거 내용의 분석과정에서 제기되는 "핵심 질문들"을 이용하여 토픽 기반 교육과 학습의 방향을 정하고 구조를 만들도록 할 것.
- 각 토픽에 대한 결론에서 준거를 확장하고, 상세화하고, 수정함으로써 토픽 기반 학습이 "큰 그림" 방식의 학습에 주는 의미를 요약하고 검토하는 것.

참여 교사들과의 토론, 그리고 소규모 학생들과의 수업 실습에 기초해서 역사 교육과정은 최대 네 개의 준거를 중심으로 기획할 수 있을 것이다. 생산양식, 정치적 조직과 사회적 조직, 민중의 성장과 운

---

[16] 준거들은 "(1) 과거에 의미를 부여하고, (2) 이어지는 과정의 한 부분으로 현재를 표시하고, 따라서 (3) 추후 연구에 따라 더욱 확대되고 상세화될 수도 있는 사실, 일반화, 그리고 해석의 비계|scaffold" 라고 규정된다(Shemilt 2000).

동, 문화와 실천(물론 중등 수준의 학생들에게 사용되는 준거 제목들은 아이들 톤으로 조정되어야 한다). 각 준거는 인류 역사의 전 영역을 포함해야 하며, 그러면서도 담론적 일관성을 유지하고 전 세계를 포함해야 한다. 학생들이 네 개 혹은 그보다 적은 수의 개요적 준거 하나하나에 해당하는 일관성 있고 유용한 "과거 그림"을 개발하면, 그 그림들 사이의 연계성을 탐색하는 것이 절대적으로 필요하다.

짐작컨대, 새로 소개하는 "처음" 준거를 11세 학생들에게 50~70분 정도의 단일 수업에서 가르쳐야 할 것 같다. 영국의 11세 아이들에 대한 실험을 통해서 "처음" 준거들을 다양한 방법과 다양한 자료들을 이용해 가르치는 것이 가치 있다는 것은 확인되었지만, 중요한 것은 평균적인 능력을 지닌 학생들이 단번에 알고 이해해야 한다는 사실이다. 만일 이틀 혹은 그 이상으로 나누어 가르치면—혹은 점심시간 전후로 나누더라도—연대기적으로 긴 기간에 해당되는 과거에 대한 개요적 설명은 조각이 나서 잡다한 옛날이야기들과 섞여 버릴 수도 있다. 심층적인 토픽 학습 후반에 준거에 대한 복습 시간을 더 사용할 수도 있다.

네 개 혹은 그보다 적은 수의 종합적 준거는 질문을 제기하거나 일상생활과 연결시키는 방식으로 11세 학생들에게 소개되어야 한다. 예를 들면, 생산양식 준거를 소개할 때는 왜 지금의 생활이 당시의 생활과 다른지를 묻는 것으로 시작할 수 있다.

만일 6,000년 전에 태어났다면 너는 맨손으로 땅바닥을 기어다니면서 먹을 만한 뿌리와 달팽이를 찾았을지도 모른다. 지금은 왜 그렇게 하지 않는가? 우리는 어떻게 뿌리와 달팽이를 얻기 위해 땅을 파던 시대로부터 말하는 자판기에서 콜라와 감자칩을 사는 단계로 변화했는가?[17]

각각의 준거는 연대기적으로 정리된 두 가지 종류의 일반화를 포함해야 한다. "시간을 어떻게 소비하는가?" 혹은 "무엇을 먹는가?"와 같은 묘사적 일반화, 그리고 "얼마나 오래 사는가?"와 같은 평가적 일반화이다. 생산양식에 대한 "처음" 준거의 사례가 〈표 8-1〉에 나와 있다. 경험을 통해서 보면 이 준거는 11세 아이들에게는 너무나 복잡하지만 다른 연령의 아이들에게는 너무 직설적이고 단순하다.[18] 준거들은 학생들의 필요와 능력에 맞추어져야만 한다. 준거들은 또한 언어뿐만 아니라 행동, 이미지, 그리고 상징들을 이용하는 방식으로 가르치고 강화될 필요가 있다.

일단 준거 내용들이 이해되었다면, 학생들에게 "그때와 지금이라고 하는 두 개의 기준 사이에서 무슨 일이 일어나는지"에 대해 일반화를 시도하게 해야 한다. 예를 들면

6만 년 전으로부터 현재로:
- 사람들은 음식을 얻기 위해 점점 더 짧은 시간을 그리고 다른 일을 위해 더 긴 시간을 보낸다.

---

[17] 이런 생각은 런던대학 교육연구소University of London, Institute of Education(UMIE)의 로스 애쉬비 Ros Ashby의 도움을 받았다.

[18] 생산양식에 해당하는 "시작" 준거의 유동 가능성은 많은 사람들로부터 심각한 비판의 대상이기도 하다. 첫 번째 줄은 기원전 6만 년 경의 모든 인류에게 해당하지만 그다음 줄의 내용은 오직 일부에게만 해당된다.

<표 8-1> 달팽이에서 스낵까지

시대	시간을 어떻게 소비하나?	무엇을 먹는가?	얼마나 오래 사는가?
6만 년 전	약탈자: 뿌리와 열매, 작은 동물, 조개, 달팽이 등 먹을 것을 찾는다. 이런 일로 대부분의 시간을 보낸다.	소화할 수 있는 것은 무엇이나 찾아서 먹는다.	태어나자마자 죽을 수도 있다. 그렇지 않다고 해도 5세 이전에 죽을 가능성이 많으며 30년 이상 살 가능성은 없다.
1만 5천 년 전	사냥꾼: 여자라면 여전히 뿌리와 굼벵이를 찾는다. 만일 남자라면 50~100명이 함께 큰 짐승을 사냥한다. 큰 동물들이 옮겨 가는 대로 따라서 이동한다.	운이 좋으면 고기를 먹는다. 고난의 시기에는 달팽이나 굼벵이를 먹던 시절로 돌아간다. 운이 없으면 굶거나 동료를 먹기도 한다.	30세까지 살 가능성이 조금 높아졌다. 아프거나 다치면 낙오되어 굶어죽거나 잡아먹힌다.
7천 년 전	농부: 동물을 사육한다. 씨를 뿌리고, 잡초를 뽑고, 곡식을 수확한다. 빵을 굽는다. 죽과 연한 맥주를 만든다. 특별한 지식과 기술을 지닌 일부는 바구니, 자기, 옷을 만든다.	운이 좋으면 고기를 먹고 우유를 마신다. 매일 빵, 콩 음식, 죽을 먹는다. 어려울 때 먹기 위해 음식을 저장한다.	더러는 30 내지 40세까지 산다. 부상이나 질병을 치료하지만 여전히 질병이나 전쟁 혹은 화재로 죽기 쉽다.
150년 전	산업노동자: 공장이나 광산에 가서 일을 한다(남녀노소 모두). 벽돌, 기계, 옷, 그리고 오늘날 우리가 사용하는 물건들을 만든다. 일주일에 몇 시간 정도 여가 시간을 즐기고 1년에 며칠은 해변에서 보낸다. 여전히 많은 농민들이 있지만 농토보다는 공장에서 일하는 것이 더 일반적이다.	고기, 빵, 신선한 야채, 과일을 먹는다. 차를 마시고 다른 나라에서 구입해 온 것을 먹기도 한다. 일을 해서 돈을 버는 한 언제나 음식과 맥주를 살 수 있다.	대부분의 사람이 40대 이상까지 살 수 있지만 질병은 큰 위험이며, 특히 5세 이하 아이에게는 그렇다. 늙고 약해졌는데 너를 돌보아 줄 가족이 없다면 오래 살기 어렵다.
지금	서비스 산업 종사자: 상점, 사무실, 혹은 음식점에 가서 일을 한다. 가르치고, 간호하고, 서빙을 하고, 글을 쓰고, 수학 문제를 풀고, 혹은 컴퓨터를 사용한다. 어떤 사람은 농담을 하거나 운동을 해서 돈을 번다. 여전히 농사를 짓는 농부와 전기로부터 종이컵에 이르기까지 무엇을 만드는 산업노동자가 있지만 농토나 공장보다는 사무실에서 일할 가능성이 높다.	테이크어웨이로 사거나 냉동음식을 데워서 정크푸드와 주전부리를 먹는다. 너무 많이 먹고 마신다. 배고픔을 거의 느끼지 않으며 굶주리기보다는 비만일 가능성이 더 크다.	대부분은 뭔가 특별히 잘못되지 않는다면 ……70 혹은 80세 이상 살 수 있다. 대부분의 음식을 외국에서 가져오며, 세계 인구는 급속하게 팽창하고 있다. 그렇다면 무엇이 잘못될 수 있는가? 필요할 때 충분한 먹거리가 있을 것인가?

- 살아가는 방식이 더 다양해졌다.
- 사람들은 훨씬 다양한 종류의 음식을 먹는다. 키웠거나 혹은 잡았다고 보기 어렵게 생긴 더 많은 음식류가 포함된다.
- 단지 살기 위해서 음식을 먹는 사람들은 적어졌고 대신 음식이 주는 즐거움이 점점 더 커졌다. 준거들은 또한 시간적으로 특정화된 토픽들에 대한 학습의 방향을 설정해 주는 핵심적 질문들을 만들어 내는 데 활용될 수 있다. 예를 들면, 신석기혁명이라는 토픽에 적합한 핵심 질문에는 다음과 같은 것이 포함된다.

1만 2천 년 전에서 7천 년 전 사이에 수렵으로부터 농업으로 전환했을 때:

- 어떤 새로운 도구와 장비가 필요했는가?
- 평균적으로 농부들은 왜 유목을 하는 사냥꾼들보다 더 오래 살았는가?
- 왜 농민들이 다른 집단과 더 많은 전투와 전쟁을 했는가?
- 대부분의 농부들은 요즘 몇 마일 정도씩 떨어진 농가에 산다. 그런데 왜 초기 농부들은 마을 그리고 심지어는 도시에 함께 모여서 살았는가?

이런 종류의 질문에 대한 답은 "처음" 준거들을 새롭게 하고, 확장하고, 그리고 정교화하기 위해 사용되어야만 한다. 새롭게 한다는 것 updating은 새로운 정보를 활용해서 처음의 주장(혹은 상징이나 이미지)

을 변경하거나 수정하는 것을 포함한다. 처음의 준거에 새로운 주장 (혹은 상징이나 이미지)을 추가함으로써 준거는 확장될 수도 있다. 시간 틀time frames을 분할함으로써, 그리고 새로운 핵심 질문을 제기함으로써 준거들이 정교화될 수도 있는 것이다. 11~12세 아이들이 있는 학급들에서는 "처음" 제시된 준거의 구성 내용을 갱신하고 확장하는 것 이상은 할 수 없다고 하더라도—물론 몇몇 학급은 그 이상을 하기 위해 노력하겠지만—학생들이 과거에 대한 큰 그림을 만들어 내기 위해서는 직접 가르친 준거를 발전적으로 정교화 하는 것은 필수적인 것이다. 예를 들어, "초기 도시들"에 초점을 맞춘 심층수업을 하자면 약 5,000년 전즈음에 새로운 기술자 종류가 급증했다는 것을 인식함으로써 처음에 설정했던 시간틀은 정교화될 수 있다. 초기 도시의 산업 지역을 살펴보면 직물, 도기, 야금, 제빵, 주조, 그리고 다른 열 산업 분야의 전일제 기술자들이 출현했다는 것을 보여준다. 두 번째로, 동일한 "초기 도시"라는 토픽의 경우, 예를 들면 "너와 네 가족은 무엇을 소유하고 있나?" 혹은 "얼마나 멀리 혹은 무슨 목적으로 여행을 하려고 하는가?"라는 새롭고 추가적인 질문을 제기함으로써 "처음" 준거가 정교화 될 수 있다.

개요적 준거를 활용하는 방법의 이점은 긴 기간을 통해 지속적으로 실행했을 때 좀 더 분명해진다. 일련의 토픽에 적용시키는 과정을 통해, 준거들은 3년 내지 5년 정도의 역사 교육을 통해 발전적으로 검토되고, 확장되고, 정교화 되어야만 한다. 이런 교육의 최종 결과는 개인별 "과거에 대한 그림들"로 나타난다. 개별 학생들은 이 그림을 이해하여 활용할 수 있고, 결국에는 계속되는 자료 수집과 평가, 분석과 종합의 과정을 거쳐 새로운 그림을 만들게 된다. 이런 관점에서, 11세 아이들에게 제시되는 "처음" 준거는 격자 무늬와 비교될 수 있다. 마치 수정 위에 나타나는 무늬처럼 준거를 기초로 그려지는 "과거에 대한 그림"은 천천히 흩어졌다 모이기를 반복한다.[19]

위에서 샘플로 제시한 "처음" 준거를 경제사나 기술사 같은 무난한 주제와 연결하는 것에 반대가 있을지도 모른다. 이런 분야에서는 "규범적 지식" 그리고 "국가 정체성"과 관련된 논쟁이 거의 벌어지지 않기 때문이다. 사회사 혹은 정치사에 적용될 준거 전략이 만들어지지 않을 경우에는 의욕을 크게 느끼는 교사가 거의 없을지도 모른다. 이 분야의 준거를 만드는 일은 어려운 일이다. 특히 영국의 수업 현장에서는 논쟁의 여지가 많은 권력, 자유 그리고 권리 등에 대한 지나친 강조 때문에 더욱 어렵게 여겨진다. 역사 수업에서 실제로 일어나는 일과는 아마도 관계가 없는 이유들로 인해, 권리와 책임의 상호 관계는 대부분의 영국 청소년들이 잘못 이해하는 것 같다. 자유의 성격에 대해서도 같은 이야기를 할 수 있다. 공동체 생활에 참여하기 위해서는 필수적으로 희생되어야 하는 자유와 공동체의 성원으로서 살아가면서 취득하는 자유 사이의 상호관계를 이해하는 학생은 거의 없다. 그리고 정치적 권력에 대한 생각은 거의 그것의 실제적 그리고 잠재적

---

[19] 총 네 개의 준거틀—경제-기술적, 사회정치적, 인구학적, 그리고 문화-지성적 역사에 관한 개괄적 지식을 제시하는—이 제안될 수 있다는 사실 때문에 커리큘럼 설계는 복잡하다. 전단계에서 학습된 준거틀로부터 제기된 질문들에 기초해서 보다 정교한 새로운 준거틀이 만들어지는, 그래서 결국에는 인류 역사와 관련된 잘 다듬어진 "큰 그림"을 구성하게 되는 단계적 방식으로 역사 커리큘럼이 만들어져야 한다.

오용에 대한 관심을 넘어서지 않는다. 단순 공동체들이 어떻게 그리고 왜 복합사회로 발전했는지에 대한 학생들의 역사적 지식 혹은 이해가 부족하기 때문에 이런 가정과 인식이 생겨나고 지속된다. "시민사회"는 물론, 공동체 생활의 장점과 편안함은 학생들의 생활에서 아주 당연한 부분이다. 개별 학생 혹은 학생 집단과 그런 문제에 대한 비공식적 대화—현장 교사들보다는 교사 훈련생들이 더 쉽게 할 수 있을 것 같다—를 해 보면 대부분의 학생들이 자신의 생활이 더 좋아질 것으로 기대한다. 즉 더 나은 도구, 더 많은 권리와 자유를 누릴 것으로 기대한다. 그러나 그런 도구의 제공이나 권리와 자유의 지속이라는 것이 어떤 식으로든지 자기 자신 혹은 자기 친구들의 선택 혹은 행동에 따라 좌우된다고 생각하는 학생은 거의 없다. "정부는 왜 존재하는가? 우리는 왜 정부를 가져야 하는가?"와 같은 질문을 받으면 보통 "사람들이 서로 죽이는 것을 막기 위해" 그리고 "사물을 공평하게 나누기 위해"와 같은 답이 돌아온다. 이런 답들은 상식적이다. 그러나 "사람들이 서로 죽이는 것을 걱정한다면, 왜 우리는 서로 가능한 한 멀리 떨어져서 살지 않고 모여서 사는가", 그리고 "우리는 처음부터 어떻게 사물을 공평하게 분배할 수 있는가?"라는 추가 질문을 제기하면, 대부분의 11세 아이들은 답을 하는 데 애를 먹는다. 샘 와인버그 Sam Wineberg(2001)는 현재 그리고 이곳의 논리와 가치를 과거에 투사하는 경향인 "현재주의presentism"[20]가 잘못 이해되고 있다고 강하게 주

---

[20] 대부분의 교사들이 "현재주의"를 역사적 사고에 있어서 하나의 심각한 장애물로 인식하지만, 최근 시민성이 역사 교육의 우선적 목표가 되면서 일부 교사들은 그것을 무시하거나 심지어는 부추기는 경우도 있다.

장한 바 있다. 미래를 피상적으로 개선된 현재의 또 다른 형태로 잘못 이해하고 있는 경향도 있다. 많은 사람들, 특히 대부분의 영국 청소년들은 생활의 기초적 물질과 사회적 조건은 현재와 마찬가지로 미래에도 당연히 주어질 것으로 여긴다. 그리고 정치적 "권력", "권리" 그리고 "자유"를 지배자들에 의해 불공평하게 배분되었던 것이지만 피지배자들에 의해 공평하게 쟁취된 것—그래서 단지 속의 캔디처럼 언제나 우리 가까이 있는 것—이라는 설명이 위와 같은 잘못된 인식을 해결하는 데 거의 도움이 되지 않는다. 역사 학습은, 물론 논란의 여지는 있지만, 학생들에게 자신들이 당연시하는 권리와 자유라는 것이 과거나 현재의 정부가 양보했거나 베푼 것이 아니라 함께 살아가고 일하는 보통사람들이 복잡하고 훈련된 방식으로 만들어 내고 유지시켜 온 것이라는 것을 가르쳐야 한다.

그렇기 때문에 사회정치사 분야에서 "처음" 준거의 밑받침이 되는 핵심 개념은 권력 혹은 권리나 자유보다는 조직이어야 한다는 것이다. 11세 아이들의 시작 단계에서 이런 개념은 아래와 같은 요소들을 포함해야 한다.

- 함께 일을 함으로써 사람들은 같은 수의 사람들이 홀로 가능한 것보다 더 많이 이룰 수 있다.
- 사람들이 함께 일을 하기 위해서는 규칙과 의사결정 과정에 대해 동의해야만 한다.
- 함께 일하는 사람의 수가 많으면 많을수록 더 복잡한 규칙과 의사결정 과정이 필요하다.

"조직"을 핵심 주제로 하는 사회정치적 처음 준거에 어울리는 도입 질문은

- 만일 6만 년 전에 살았었더라면, 너는 네 부모와 몇몇 다른 가족들이 음식을 찾을 때나 네가 모르는 큰 집단과의 충돌을 피하려고 할 때 네 가족들에게 뒤처지지 않기 위해 투쟁했어야 할 것이다. 피곤하거나 다치게 되면 너는 뒤처졌을 것이다. 오늘날에는 남겨져서 굶어죽거나 얻어맞고 잡아먹힐 염려 없이 거의 세계 어디로든 안전하게 날아갈 수 있다. 왜 오늘날의 생활이 더 쉽고 더 안전할까?

정치적 조직과 사회적 조직political and social organization이라는 개념에 어울리는 초보적 처음 준거는 〈표 8-2〉에 나와 있다. 아직은 이 준거에 대해서는 어떤 주장도 제시되지 않았다. 그것은 특별히 이 책을 위해 작성된 것이며, 따라서 리즈Leeds(영국 잉글랜드의 지역명으로 영국의 역사교육개선프로그램을 기획하고 실험하는 중심지-옮긴이)와 런던 지역에서 현재 실시되고 있는 좀 더 실천적인 수업들과 어깨를 나란히 할 수는 없다.[21] 이런 한계에도 불구하고 이 준거는 처음에는 11세 아이들에게 가르쳐지고, 이어지는 3~7년간의 역사 교육을 통해 정교화될 수 있는 그런 종류의 준거라고 할 수 있다. 언젠가는 학교에서 시행될 만한 것이지만, 어떻게 하는 것이 최선인지는 아직 확실하지 않다.

---

[21] Jonathan Howson(ULIE, J.Howson@ioe.ac.uk)과 Frances Blow(Leeds Trinity, F.Blow@leedstrinity.ac.uk)를 참조할 것.

우리가 확실하게 알고 있는 작은 사실들을 근거로 판단해 보면, 분명한 사실은 장기적 시간틀 안에서 관련된 사실과 일반화된 주장들을 점점 더 많이 가르치는 것만으로는 충분하지 않다는 것이다. 학생들에게 미리 제시하는 과거에 대한 "큰 그림"(예를 들면 규범적 거대담론에 관한)의 내용을 기억하고 재생하도록 가르칠 수는 있다. 작은 조각 지식들로부터 어떤 그림이 만들어질지는 생각하지도 않은 채로, 그리고 작은 지식 조각들을 보는 시각과 거리에 따라 다양한 그림이 만들어질 수 있다는 것은 더욱 생각하지도 않은 채로, 각각의 이야기 조각들이 언제, 그리고 어느 경우에 맞는지를 가르치는 것도 가능은 하다!

위에 제시한 처음 준거 사례들과 비교할 때 아무리 그것들이 복잡하다고 해도, 직접적으로 가르치는 준거들을 기억하고 재생하는 능력은 과거에 대한 가치 있고 유용한 큰 그림을 습득하기 위한 첫 단계에 지나지 않는다. 준거들이 단순한 조직적 장치에 그치지 않고 어떤 의미를 갖게 되는 것이 두 번째 단계다. 지금까지는 오직 협소한 주제 혹은 시간적으로 특수한 시대의 이야기와 토픽에만 의미가 부여되었었다. 세 번째 즉, 마지막 단계에서는 외른 뤼젠Jörn Rüsen(1990)과 피터 리Peter Lee(2004)가 말한 **역사적 의식**historical consciousness이라는 좀 복잡한 표현과 일치하는 그런 방식으로 의미 있는 "큰 그림"을 활용하게 된다.[22]

---

[22] 역사의식과 과거에 대한 큰 그림 사이의 관계는 외른 뤼젠Jörn Rüsen보다는 리Lee 가 주로 논의했다.

<표 8-2> 가족과 친구로부터 하나의 세계로

시대	네가 속한 집단의 크기는?	누가 무엇을 하나?	너는 얼마나 안전한가?
6만 년 전	친족 집단: 너는 10~25명 정도의 가족 및 친척들과 함께 살며 일을 한다.	모든 남자들이 같은 일을 한다. 모두 여자들이 같은 일을 한다.	다른 사람들에게 낭패를 초래하면 너는 집단에서 내처진다. 너 스스로 생존할 수는 없기 때문에 이런 상황은 좋지 않다! 늙고, 아프고, 다치거나 따른 시깁들과 ● ◖◗ 뚤 수 없으면 너는 뒤처진다. 다른 집단과의 싸움으로 네 집단이 전멸할 수도 있다.
1만 5천 년 전	부족들: 일 년의 대부분을 가족과 함께 지낸다. 일 년에 두 번은 큰 짐승의 무리를 사냥하기 위해 네가 속한 부족의 다른 가족들에 합류한다. 너의 부족은 50명 내지 100명 정도 된다.	남자와 여자가 다른 일을 한다. 남자들은 사냥꾼, 도구 제작자, 그리고 예술가다. 여자들은 채소나 과일을 채집하고 짐승 가죽으로 옷을 만든다.	부족은 네 가족이 어려움에 처했을 때 돕기도 한다. 다른 가족들이 너의 부모가 죽었을 때 너를 돌보기도 한다. 부족은 네 가족이 혼자 잡기 어려운 큰 동물을 사냥할 수 있다—그래서 음식에 여유가 있다. 가족과 부족은 자신들이 만든 물건을 교환한다.
3천 년 전	마을과 도시: 네가 사는 도시와 마을에는 5천 명 이상이 산다. 너는 그 사람들 이름을 다 알지 못하며 단지 특별한 몇 사람만 안다. 논밭에서 이웃들과 일을 하고 관개용 수로를 정비하고 도시의 큰 사원을 짓기 위한 벽돌을 만들기 위해 낯선 사람들과 함께 일을 한다.	사람들은 특별한 직업을 갖는다. 농부와 목축업자, 도공과 대장장이, 상인과 군인. 어떤 사람들은 다른 사람에 비해 부자이고 권력을 더 갖는다. 어떤 사람들—왕과 성직자—의 직업은 지도하고 다스리는 것이다.	음식은 저장할 수 있고, 따라서 굶주릴 가능성이 적다. 한 곳에 정착해 살기 때문에 아프거나 다치거나 늙었을 때 보호를 받을 수 있다. 많은 사람들이 도시에 함께 살고 기술자들이 좋은 무기를 만들기 때문에 작은 사냥꾼 집단에 의해 네 집단이 진멸할 가능성이 적다. 성직자들이 도시에 평화를 유지하기 위해 법을 만든다.
800년 전	왕국: 1~2백만 명의 사람들과 함께 살며 일을 하는데, 그들 대부분을 알지 못한다. 너와 그들은 같은 왕에게 세금을 납부하고 같은 군대를 위해 편자를 만들거나 음식을 보내고, 같은 언어를 사용한다. 같은 장소에서 태어나서 왕국의 대부분을 보지도 못한 채 같은 장소에서 죽는다. 왕과 다른 지배자들은 너와 상관이 없는 어떤 작고 특별한 집단에서 배출된다.	어떤 사람들은 다른 사람들보다 훨씬 부자거나 큰 권력을 지닌다. 어떤 사람들은 왕을 위해서 일을 하고, 교회가 있어서 기록을 관리하고, 죄인을 심판하고 징벌하며, 똑똑한 아이들을 교육하고, 법을 만들고, 그 법이 준수되도록 만드는 역할을 한다.	너와 같은 왕을 모시고 같은 종교를 가진 이들이 사는 낯설고 먼 곳으로 안전하게 여행을 할 수 있다. 교회는 흉년이 들었을 때 너에게 음식을 주기도 하고, 네가 아플 때 돌보아 주기도 한다. 왕의 신하들이 다리와 도로를 수리하고, 도적과 강도들을 잡아서 벌주고 외국 군대로부터 국경선을 보호하도록 명령을 한다.

100년 전	민족국가와 제국: 너는 같은 너와 비슷하게 생기고 언어를 사용하는 3~4천만 명의 사람들과 함께 살면서 일을 한다. 너는 또한 다른 언어를 사용하고 습관이 다르지만 같은 법에 따라 살아가는 수천만 명의 다른 사람들이 사는 곳으로 옮겨 가서 살기도 한다. 대부분의 남자들이 —여자는 아니다—법을 만들고 중요한 결정을 하는 사람을 뽑을 수 있다.	많은 사람들은 무엇을 만들고 키우는 일을 할 뿐 아니라 무엇인가를 운영하는 일—사람들에 의해 선출되는 입법가, 공무원, 전문가, 교사, 과학자, 은행원, 기획자, 변호사, 교도관, 그리고 경찰—을 한다. 어떤 사람들은 무역을 하고 외국의 낯선 땅에서 일을 하기도 한다.	일을 할 수 있는 한, 언제나 먹을 수 있고, 따뜻한 곳에서 살고, 안전하고 편하게 사는 데 필요한 물건들을 소유할 수 있다. 과학과 교육으로 인해 아프게 될 가능성이 적고 의사들이 이제는 질병을 치료할 수 있다. 거리는 청결하고 안전하게 유지된다. 물, 가스, 전기가 가정으로 배달된다. 어두울 때조차도 범죄로부터 비교적 안전하다. 법률이 일터에서 너를 보호하고 노동조합이 있어서 임금이 비교적 공평하도록 돕는다.
현재	국제사회: 너는 60억 명 이상이 사는 세계에서 살고 일을 한다. 다섯 개의 서로 다른 나라에서 만들어지는 부품들로 이루어진 컴퓨터를 설계하는 일을 할 수도 있다. 번 돈을 다른 나라에서 소비할 수도 있다. 너의 마을 그리고 너의 나라, 그리고 국가 연합에서 법을 만들고 운영할 사람들은 네가 뽑는다. 네가 군인이나 전문가라면 평화를 유지하거나 세계 도처에서 발생하는 재앙을 치유하기 위해 다른 나라에서 온 군인이나 전문가들과 함께 일을 할 수도 있다.	많은 사람들이 자기 생활의 많은 부분을 다른 나라에서 보낸다. 기업들은 공장, 광산, 농장, 그리고 상점을 세계 도처의 많은 나라에 소유할 수 있다. 대부분의 원유와 가스는 일부 국가에서 도입한다. 많은 사람들이 교통 분야—배와 비행기, 통신 분야—전화, 라디오와 TV—에서 일을 한다. 세계 어디에서나 인터넷에 연결할 수 있다. 너의 신용카드는 세계 어디서나 사용 가능하다.	거의 세계 모든 곳—정글이나 사막조차도—이 휴일을 즐기기에 안전하다. 네가 전쟁에 휩싸이게 되면 나머지 세계가 전쟁을 중지시키고 너를 구하려고 노력할 것이다. 네가 기근, 쓰나미, 혹은 지진으로 고통을 받는다면 나머지 세계가 나서서 도울 것이다. 세계은행과 국제연합과 같은 국제적 기구들이 네가 직업과 돈, 교육과 좋은 정부를 갖도록 돕는다. 너의 안전에 대한 대부분의 위협은 너로부터—불량음식, 알코올, 마약, 그리고 게으름—그리고 네 주위의 사람들로부터—범죄, 반사회적 행동과 테러—나온다. 왜 이런 일이 벌어지는가?

과거에 대한 지식으로부터 역사적 의식으로

학생들에게 직접 가르치는 과거에 대한 준거 지식 단계로부터 시작해서 학생 개개인의 특성이 드러나는 과거에 관한 "큰 그림"을 거쳐, 마지막으로 "역사적 의식"으로 향하는 앞서 제시한 일련의 단계가 의미하는 것과 의미하지 않는 것이 무엇인지를 분명히 하는 것이 중요하다. 거시적 과거macro-past에 대한 "준거" 지식을 갖기 이전에는 학생들이 작은 토픽이나 협소한 테마에 어울리는 변화-기반 내러티브와 인과론적 주장을 구성할 수 없다는 것은 아니다. 전통적인 토픽들로부터 만들어지는 변화-기반적 혹은 인과론적 주장이 지식 "틀"의 발전적 전개나 조직을 촉진시킬 것이라고 생각할 만한 충분한 이유가 있다. 학생들이 자신들의 "개인적 과거"를 넘어서는 "역사적 과거"를 개념화할 수 있게 되어야만 갖게 되는 초보적 수준의 역사인식의 경우에도 마찬가지 이야기를 할 수 있다. 과거에 관한 "작은" 그림에서 "큰" 그림으로 전개하는 것이 모두 완전하다는 것을 이야기하는 것도 아니다. 오히려 그 반대로, 단계적 과정은 반복적인 것이어서, 학생들이 일단 파편화된 역사 조각들뿐 아니라 전체 역사에 의미를 부여할 수 있게 되면, 개요적 "준거" 안에 들어 있는 토픽중심의 "작은 그림들"을 더 잘 해석하고 평가할 수 있게 되는 것이다.

충분하게 많은 정보가 확보되고, 이 정보들을 이용하여 학생들이 종합적 일반화를 할 수 있고 개괄적 질문을 제기하기에 이르지 않는 한, 거시적-과거에 대한 정보는 어떤 의미조차 지닐 수 없다는 것을 주장하는 것이다. 최근의 경험에 의하면 우수한 학생들조차도 시간적으로 비연속적인 토픽들 사이의 간격을 채우거나 거시적-과거에 적합한 역사구조를 추정해 내기는 어렵다는 것을 알 수 있다. 이 방법이 의미하는 것은 또한 학생들의 역사의식이 지닌 성격과 내용은 간접적으로는 그들이 알고 있는 지식의 양(선다형 시험에서의 성적)에 의해, 그리고 직접적으로는 그들이 배운 바를 이해하는 방식에 의해 제한을 받는다는 것이다.

제시된 역사 교육 단계별로 필요한 것이 어느 정도인지, 예컨대 단계별로 얼마나 많은 자료가 필요하고, 조직적 준거가 얼마나 복잡해야 할지는 아직 정해진 바가 없지만, 과거가 하나의 전체로서 의미 있게 되고 역사적 의식이 발전하는 데 필요한 각 단계들의 성격을 미리 생각하는 것은 가능하다.[23] 과거에 대한 "작은 그림들"로부터 역사의식에 이르는 학습 단계에 대해 나름대로 생각해 낸 요약이 〈표 8-3〉에 제시되어 있다. 이 분석에 함축된 역사 교육 프로그램은 매우 야심찬 것이다. 그것을 실천할 방법을 모른다는 점에서는 또한 실천 불가능한 것일 수도 있다. 우리의 무지는 이중적이다. 우선, 지금의 실천 모델들은 앞에서 제안한 주제별 학습thematic studies과 마찬가지로 필요조건들을 충분히 충족시키지 못하거나, 혹은 누적적 복습 전략 summative review and task strategies처럼 일반 중등학교의 보통 수준 학생들에게는 비현실적인 요구사항들을 부과하고 있다. 두 번째로, 우리는 어떻게 하면 개별적이고 비연속적인 역사 지식 묶음을 일관성 있

---

[23] 이하의 논의는 피터 리Peter Lee(1991)가 제시한 "준거틀"에 관한 주장에 상당 부분 기초했다.

고 의미 있는 "과거에 대한 그림들"로 변환시켜서 역사적 의식의 형성에 도움을 줄 수 있는지, 그 방법에 대해 거의 아는 것이 없다.

〈표 8-3〉 역사적 의식을 지향한 학습 단계

단계 1 직접 가르치는 역사 지식 준거들	이 단계에서 필요한 것은: • 시간의 흐름에 따라 배치된 정확한 역사적 정보 꾸러미의 이해. • 자료별 중요성에 따른 우선순위 결정. 우선순위 결정은 학습될 수는 있으나 이해될 수는 없고, 추가적-역사 기준에 기초해야 할 것이다. 이 단계에서는 충분히 안정적이고 정당한 방식으로 자료들의 우선순위가 결정되면 충분하다. • 연대순, 지역별, 주제별로 역사적 자료를 나열하고, 분류하고, 색인을 작성하기. • 기존 자료의 변형과 새로운 자료의 통합을 촉진하는 방식으로의 정보 준거의 조직. N.B. 1. 앞서 언급했듯이, 위 변수들에 가치를 제시하는 것, 즉 무엇이 적합한 자료 집단이며, 시간 범위는 얼마로 할 것인가 등을 정하는 것은 아직은 가능하지 않다. 2. 준거들의 다른 많은 특성들을 이해하는 것은 바람직하기는 하지만 두 번째 단계로 진행하기 위한 필요조건은 아니다.
단계 2 과거에 대한 큰 그림들	이 단계에서 필요한 것은: • 개개의 사실들을 일반화에 종속시키기(그리고 하위 수준의 일반화를 상위 수준의 일반화에 종속시키는 것). "큰 사실들"(혹은 특징들)을 지지하기 위해 "작은 사실들"(혹은 특징들)을 어떻게 사용할 것인지를 학생들이 배우게 되면 이런 과정의 처음이 명백해진다. 그러나 일대일 토론을 해 보면 큰 사실들과 작은 사실들 사이의 관계는 보통 절대적이라기보다는 상대적이라는 것, 즉 부분과 전체의 관계(마치 코와 얼굴 관계처럼)는 명료한 것이 아니다. 학생들이 상위의 일반화와 하위의 일반화 사이, 그리고 축소 가

능한 일반화와 축소 불가능한 사실의 진술 사이를 구분하도록 가
르쳐야 한다는 것을 말한다. 학생들은 낱개가 아니고 잘 짜인 과
거, 시공간적으로 고립된 개별 사건들과는 전혀 다른 상호 중첩
된 사실들의 묶음으로 과거를 상상하기 시작한다.

- **어떻게 그리고 왜 사건이 장시간에 걸쳐 발생했는지를 묘사하고 설명
  하기 위해 개념에 기반한concept-based 일반화를 활용하기.** 이야
  기 형식이나 설명문 형식의 일반화를 시간적으로 특정한 시대에
  만 해당되는 것에서 과거에 대한 큰 그림으로 연장하는 것은 작
  은 것에서 더 큰 그림으로, 간단한 것에서 점차 복합적인 것으로
  단계적으로 진행될 것 같다. 학생들이 "무슨 일이 일어났는지"에
  대한 일반적인 설명을 하는 것보다는 과거에 "어떤 일이 벌어지
  고 있었는지"에 대한 거시-역사적 이해를 하게 될 때 역사적 의
  식에서 중요한 변화가 생긴 것이다. 이렇게 되어야 학생들이 과
  거를 의미와 방향을 지닌 하나의 움직이는 그림으로 보기 시작하
  는 것이다.[24]
- **과거에 대해 시간적으로 국지화되고 주제적으로 협소한 묘사와 해석의
  이행성transitivity(다른 무엇을 위해 변화할 가능성-옮긴이)의 수용.**
  큰 그림은 그 부분들의 단순한 종합 이상으로 여겨진다. 어떤 한
  구성요소 혹은 측면에 대한 수정은 전체에 대한 재평가를 수반하
  기 때문이다. 예를 들면, 학생들이 16세기에 영국의 중앙정부 권
  력에서의 증가가 (한때 헨리 8세가 교회의 최고지도자로 인식되
  었듯이) 군주 개인에 해당하는 것이었는지 아니면(튜더 정부에서
  의 추정되는 "혁명"이 가져온) 관료적 도구에 집중되었는지에 관
  한 결정이 반드시 튜더시대 전후를 보는 역사적 관점과 해석에
  영향을 미친다는 것을 인식할 때, 학생들이 지닌 과거에 대한 큰
  그림의 발전과정에서의 비약적인 발전이 가능하게 되는 것이다.
  기술적이고 경제적인 부문에서의 발전에 대한 재평가는 인구적,
  문화적, 그리고 사회정치적 측면에서의 발전에 대한 재평가를 불
  가피하게 한다는 것을 인식하게 할 수도 있으나 그렇게 쉽게 발

---

[24] "의미와 방향을 지닌"이라는 표현이 역사에 관한 목적론적 철학이나 역사에 관한
일련의 가정을 의미할 수도 있지만 꼭 그런 것은 아니다. 셀 수 없이 많은 과거 시간
에, 셀 수 없이 많은 사람들이 만든, 셀 수 없이 많은 의미들과 구별되는 또 다른 어
떤 의미가 과거 자체 속에 들어 있을 수는 없다.

견할 수 있는 일은 아니다.

N.B. 이런 측면들은 학생들이 과거에 대한 지식을 활용하여 현실에서의 결정을 잘하고, 미래를 꿰뚫어보게 하는 방향으로 역사적 의식의 변화를 가져오기 위한 최소한의 전제조건들이다. 보다 발전된 큰 그림이 지녀야 할 바람직한 기타 특징으로는 아래와 같은 내용이 포함된다.

ⓐ 대안적이고 보완적인 큰 그림의 적용과 생성. 보완적 큰 그림은 우리가 과거의 조각이나 흔적에 대해 상이한 질문을 제기할 때 나타난다. 상이한 질문은 반드시 상이한 대답, 그래서 결국은 같은 과거에 대해 어느 정도 다른 "그림들"을 만들어 낸다. 대안적 "큰 그림"은 같은 질문에 대해 둘 혹은 그 이상의 대답이 제시되고 어떤 대답도 명백하게 수용되지 않을 때 상상하고 마음에 새기면 유용하다. 예를 들어, "기나 긴 중세"에 대한 토론 같은 경우다.

ⓑ 실제 과거에 대한 큰 그림을 인과론적으로 가능한 과거들에 대한 반사실적 그림들에 비추어 평가하기. 인과론적으로 현상을 설명하는 방식이 지닌 속성에는 어떤 전제조건이 없어진다면 결론은 당초와 달라진다는 측면이 있기 때문에, 가능한 과거들에 대한 반사실적 그림들은 역사적 설명에 의미를 부여하기 위해 사용되는 변화 기반, 그리고 인과론적 일반화의 의미를 명료하게 만든다.

단계 3
역사적 의식

이 단계에서 필요한 것은:
- **과거의 유사하거나 필적할 만한 사례, 그리고 과거로부터 현재까지 계속되는 경향들을 참고하여 현재의 상황과 미래의 가능성을 분석하기.**

 학생들의 역사적 탐구가 지닌 불가피한 한계를 전제로 할 때, 그러한 분석은 과거에 대한 "큰" 그리고 일관성 있는 그림들뿐만 아니라 작고 일관성 없는 그림들로부터 도출되는 과거에 대한 타당성이 떨어지고, 왜곡되고, 부분적인 진술들에 입각하여 이루어질 수도 있다. 국가 정체성을 확인하기 위해, 그리고 선제공격 전쟁과 불화 투성이인 국내정책을 정당화하기 위해 정치인들과 선동가들이 사용하는 많은 "역사 교훈들"이란 것은 많은 신화와 뒤섞인 작은 지식의 위험성을 예시한다. 이런 위험성들은 역사를 좀 더 학문적으로 접근함으로써 완화되기는 하지만 완전히 제거되지는 않는다. 길고 넓은 역사 캔버스에서 떼어 낸 "작은 그림들"은 특정한 시간과 공간에만 해당될 수밖에 없기 때문이다.

- **과거에 대한 "큰 그림"을 참조하여 현재의 상황과 미래 가능성을 분석하기.**
  이 단계는 성숙하고 가치 있는 역사의식을 형성하기 위한 결정적인 조건이다. 과거에 대한 지식은 일단 얻게 되면 해를 끼치기보다는 도움을 주는 방식으로 현재와 미래에 대한 개념을 형성하는 데 사용될 수 있다. 그러나 보장될 수는 없다. 예를 들면, "신념에 기초한 역사faith based history"를 지지하는 사람들은 기후 변화, 자원 고갈, 인구 압력과 전염병이 인류를 위협할 때마다 어떤 기술적이고 사회적 처방이 오랜 재앙을 피하게 해 주었다고 주장할 수도 있다. 이 신념에 따른다면 우리는 "무엇인가 항상 나타날 것이다"라는 확신에 찬 기대감으로 미래를 맞이해야 한다. 인류 역사에 대한 다른 필적할 만한 하나의 대안적인 "큰 그림"은 인구가 계속 증가하여 인류가 "아주 위험한 지경the threshold of vulnerability"[25]에서 살게 되고, 결국에는 최근의 세계화된 경제로 볼 때, 다음에 닥칠 위기는 영향이 미칠 범위에서 전 세계적일 것이고 결과를 예측할 수 없을 것이 확실하다.[26]
- **인류 생활여건의 정상화.** 무엇이 "정상적"이고, 따라서 "옳고 적당한" 것인지에 대한 대부분의 청소년들의 관점은 가족과 친구들의 삶, 같은 시대를 살아가는 중요한 준거 집단들로부터 추론된다. 그런 개념들은 과거에 대한 "큰 그림" 지식에 의해 유용하게 제시될 수도 있다. 학생들은 자신과 자신의 부모들이 우리 선조들의 예상을 훨씬 넘어서 아주 안전하고 편안한 삶을 살았다는 것을 아는 것으로부터 도움을 받을 수도 있다. 보통 사람들에게 인생이란 것이 그렇게 쉽고, 화려하기란 좀처럼 쉬운 일이 아니

---

[25] 이런 주장을 설득력 있게 제기한 것은 브라이언 파간Brian Fagan(2004)이다. 비록 아주 다른 자료와 분석방법을 사용했지만, 로널드 라이트Ronald Wright(2004)와 재레드 다이아몬드Jared Diamond(2005)도 이 주제에 관해 상당히 예언적인 주장을 했다.

[26] 과거에 관한 "큰 그림들"로부터 이끌어 낸 몇몇 일반화는 널리 수용되었고, 연구와 정책이 기초하고 있던 가정에 변화를 가져오기도 했다. 예컨대 오늘날 많은 경제학자들이 로버트 솔로우의 주장, 즉 1950년 이전에는 경제성장의 거의 10퍼센트 정도가 노동력, 원료, 그리고 자본 공급의 증가로 인한 것이고 나머지 90퍼센트는 기술적 변화로 인한 것이었다는 주장을 받아들이고 있다.

다. 학생들은 그런 예외적인 상태가 저절로 지속될 것 같은지에 대해 의문을 던지기 시작할지도 모른다.[27]

● **인류에게 일들이 어떻게 그리고 왜 벌어졌는지에 대하여 역사적 지식에 기초하여 일반화하기.**
어떤 일반화는 예컨대 유물사관과 같은 역사 이론의 지위에 이른다. 반면에 나머지는 유용한 잠정 이론상태로 남는다. 예를 들면, 질적인 측면에서의 큰 변화는 종종 양적 측면에서의 작은 변화로부터 나온다는 엥겔스의 주장이 그것이다, 그것보다 높은, 그리고 보다 특정한 수준의 일반화에는 과거는 자세히 보면 혼란스럽게 보이고 대충 보면 보다 질서가 있어 보인다는 시각 같은 것이 속한다. 더 큰 그림이 작은 그림보다는 더 의미 있어 보인다.[28]

지금까지의 이야기를 다시 요약하면 아래와 같다.

1. 과거에 대한 그림들은 학생들이 먼 과거로부터 현재로 이야기를 전개시키고, 이어서 가능한 미래를 생각할 수 있어야 가장 의미가 크다.

2. 여러 달, 여러 해에 걸쳐 배운 일련의 개별 이야기들로부터 과거에 대한 "큰" 혹은 "더 큰" 그림들을 종합해 낼 수 있는 학생은 거

---

[27] 물론 어떤 학생들은 요즘의 편리함과 풍요로움을 신의 섭리의 증거로, 진보의 불가피성의 증거로, 혹은 어떤 다른 종류의 신비스런 힘의 증거로 여길지도 모른다.

[28] 페르낭 브로델Fernand Braudel(1972)이 아마도 이런 현상을 가장 효과적으로 이용한 첫 번째 역사가였을 것이다. 그는 역사를 세 단계로 구분했다. 반복, 명료한 순환주기와 느린 변화가 특징인 "물질의 역사", 어떤 뿌리 깊은 힘이 광범위하게 작용하는 "집단과 집단화"의 역사인, "사회적 역사", 그리고 "사건의 역사"가 그것이다. 학교의 역사 교육이 브로델의 두 단계 역사를 거의 배제하고 인류 관심사 중심의 "사건의 역사"에만 집중하는 것은 이해할 수는 있으나 교육적 견지에서는 도전을 받아야 마땅하다.

의 없다. 대부분의 학생들은 개략적인 요점을 빠르게 가르치고, 자주 검토하고, 수정하고, 나아가 주요한 경향과 전환점에 대한 질문에 답을 하는 식의 교육을 받을 때 비로소 과거에 대한 아주 광범위한 "보다 큰 그림들" 그리고 구체적인 주제에 대한 "큰 그림들"을 그릴 수 있다.

3. 학생들이 여러 토픽을 가로지르는 질문과 관련된 자료를 잘 찾아내고, 기존 정보를 수정하고 새로운 정보를 조정하고, 시간 범주에 맞추어 낮은 수준과 높은 수준의 일반화 사이를 이동하는 데 도움이 되는 방식으로 역사 지식을 조직하는 것은 필요하지만 이것이 일관성 있고 개인적으로도 의미 있는 과거에 대한 "큰 그림"을 그리는 데 필요한 충분조건은 아니다.

4. 적절하게 조직된 "작은 그림들"을 일관성 있고 의미 있는 "큰 그림들"로 변화시키는 능력은 학생들이 "변화"와 "발전", "인과관계"와 역사적 "설명"의 성격과 지위 등 2차 개념들을 이해하는 방식에 의해 영향을 받는다.

3번과 4번이 모호하다는 것은 "큰 그림" 형성과 관련된 심리적 과정에 대해 우리가 얼마나 아는 것이 없는지를 잘 보여준다. 학생들이 사용하는 2차적 개념의 복잡성은 전체로서의 과거에 대한 그들의 인식을 제한하고 종종 왜곡시킨다고 이야기할 만한 근거는 많다. 따라서 학생들에게 토픽 기반이라는 척도뿐 아니라 거시적-역사척도에 기초해서 경향과 전환점, 그리고 원인과 결과를 분석하도록 가르쳐야 한다고 제안하는 것은 타당하다. 마찬가지로, 과거에 대한 그림들은 내용이 있어야 하고, 내용은 쓸모 있게 조직되어야 하며, 정보 제공의 정도가 학생들이 통달한 정보 조직 능력을 초과하지 말아야 한다는 것도 분명하다. 이로부터 알 수 있는 것은 정보를 조직하는 기술과 도구(예를 들어 준거 혹은 기능적으로 그에 상당하는 도구들)는 반드시 가르쳐야 하고 갱신되어야만 한다는 점이다. 그렇게 함으로써 학생들이 학년이 올라감에 따라 배우리라고 기대되는 많은 역사적 자료들과 보조를 맞출 수 있게 된다. 이런 간단하고 상식적인 측면들 이상은 현재로서는 제안할 것이 거의 없다!

마지막으로 비록 역사적 의식이란 것이 분명히 명료한 이론구조임에도 불구하고, 여러 연령 집단에 걸쳐서 그것을 발현하는 경험적 방식에 대해서는 알려진 것이 거의 없다. 어린이들이 기억이 작용하는 과거와 작용하지 않는 과거 사이, 자기 스스로 살았던 과거와 그렇지 않은 과거 사이를 명료하고 안정적으로 구분할 때 시작된다고 말할 수 있을 것이다. 나는 이바르 더 본리스Ivar the Boneless(9세기 후반 북유럽 지역에서 활동했던 바이킹 지도자. 본명은 이바르 라그나르손Ivar Ragnarsson, 본리스Boneless는 별명－옮긴이)에 대한 일화에 특별히 관심이 많던 한 특수장애 학생이 "그것은 제가 사람이었을 때였나요?"라고 물었던 것을 기억한다. 이것은 아주 극단적인 사례이며, 이 학생에게 역사의식은 하나의 먼 전망에 불과하다. 영국의 중등학교에 다니는 대부분의 학생들에게 역사의식은 "활동이 벌어지고 있는" 현재와 "죽고 사라진" 과거 사이를 분명하고 철저하게 나누는 것으로부터 시작한다. 피터 리(2004)가 한 글에서 인용한 18세 소년의 복잡한 감수

성은 매우 놀랄 만하다.[29]

나는 그것을…… "미래로 뒷걸음질치기"라고 부르려고 한다. 이것은 영국
이라는 나라의 현실에 관한 얘기는 아니다. 미래로 향해 가면서도 네가 네
앞에 무슨 일이 벌어지고 있는지를 분명히 알 수 없다는 것을 얘기하는 것
이다. 당신은 이미 지내 온 것만을 볼 수 있고, 과거가 이끄는 방식에 따라가
고 있다고 해석하려고 노력할 뿐이다. 너는 네 좌우에 있는 보잘것없는 것
을 볼 수 있고, 따라서 현재 벌어지고 있는 일의 아주 작은 부분들을 볼 수
있을 뿐이다. 전에 벌어진 전체 그림을 거의 파악하지만, 미래는 아직도 하
나의 신비로운 대상이다. 그래도 우리는 미래로 걸어갈 자유는 갖고 있다.[30]

이 학생은 역사적 과거, 살아가고 있는 현재, 그리고 예상되는 미래
를 하나의 지속적으로 전개되는 과정의 부분들로서 이해하고 있다.
현재는 이 연속적 과정의 한 경계선에 불과한 것이다. 그는 자신이 살
아 온 과거의 문화적 연장으로서 역사적 과거를 이해하고, 그리고 이
를 유추하여 이미 경험한 시간들이 현재 이곳에서 일어나는 "단편적

---

[29] 피터 리(2004)의 획기적 논문은 영국에서 발표된 역사의식 연구에 기여할 만한 유
일한 글이다.

[30] 이 발췌문에서 필자가 의도했거나 이해했던 것 이상의 의미를 찾아 내는 것은 쉬운
일이다. 예컨대 국가 혹은 인류 역사에서 더 의미 있는 어떤 발전들이 왜 당시에 살
았던 대다수 사람들에 의해 인지되지 않거나 오해되었는지에 관해 이 학생은 의식
적으로 일반적인 설명을 하고 있는가? 아마도 아닐 것이다! 그렇지만 이 학생이 지
나고 나면 다 아는 것benefit of hindsight에 관해 상투적 표현을 반복하는 것 이상의
무엇인가를 말하고 있다고 추론할 수는 있다.

사건들"보다 더 분명하게 이해된다는 것을 알아차린다. 이 소년은 자신이 하나의 문화적 수레cultural vehicle 안에서 살아갈 것이고, 계획을 세우고 어려운 결정을 내릴 것이라는 것을 이해하고 있다. 이 문화적 수레의 추진력과 방향은 대체로 이 수레에 타고 있는 오랫동안 잊어왔던 다른 탑승객들이 지니고 있었던 다양하면서도 조정되지 않은, 집단적이고 개인적인 계획과 행동들에 의해 만들어져 왔던 것이다. 이런 수준의 역사의식은 아주 인상적이다. 이것이 중학교 저학년 학생들의 전형적 모습이라면 역사를 핵심 과목으로 만드는 일이 훨씬 쉬울 것이다. 안타까운 것은 이 소년은 "과거에 있었던 일에 대한 전체 그림"과 "지금 벌어지고 있는 파편화된 사실들"을 비교하는 반면에 그의 대부분의 학우들은 "예전에 벌어졌던 일들"에 대한 아주 "파편화된" 어렴풋한 기억만을 갖고 졸업을 한다는 사실이다. 그들의 역사의식은 결국 매우 낮은 수준에 머문다.

많은, 아니 대부분의 중등학교 학생들에게 과거 혹은 엄격히 말하면 자신이 살아 본 경험보다 앞선 과거(혹은 자기의 친구나 가족의 과거)는 "죽고 사라진" 것이며 따라서 자신들이 현재를 인지하고 보는 방식과는 관계가 없는 것이다.

역사 교육, 특히 토픽 기반 교육과정이 학생들의 역사의식에 미치는 잠재적 영향은 최근에 일반 종합학교에서 실시된 비공식적 연구에서 아주 분명히 나타난다.[31] 11~12세 학생들로 이루어진 우수 학급에

---

[31] 이하의 내용은 리즈Leeds의 벤튼 파크 학교Benton Park School의 릭 로저스Rick Rogers가 쓴 미출판 논문을 반영했다. 자세한 내용은 praguespring9@hotmail.com을 참조할 것.

서 로마 지배 하의 영국에 대한 이야기를 과거와 현재의 연계성을 강조하는 방식으로 가르쳤다. 수업 후 시험에서 학생들에게 만일 로마제국이 존재하지 않았다면 오늘날 영국인들의 생활이 더 좋아졌을 것인가 아니면 더 나빠졌을까, 아니면 같았을까라는 질문이 주어졌다. 모든 학생들은 로마의 유산이 없었더라면 오늘날의 생활이 더 나빴을 것이라고 주장했다. 이런 성공적 결과는 학습의 질과 효과를 증명한다. 그러나 학급 학생의 3분의 2는 마치 로마와 현대세계가 시간적으로 연속적이었던 것처럼, 혹은 서기 408년에서 2008년 사이의 1,600년 동안에 아무것도 일어나지 않았던, 아무것도 일어날 수 없었던 것처럼 생각하는 기술적으로 잘못된 방식으로 자신들의 대답을 정당화했다. 일부 학생들은 심지어 영국은 로마의 영국 침입과 점령 이전 상태로 남았을 것이라고 주장했다. 반면에 거의 3분의 1의 학생들은 그중간의 여러 세기 동안에 영국이 지닌 문제점들은 치유되었을 것이라고 대답했고, 거의 17퍼센트의 학생들은 역사적 발전이 계속되었을 것이라고 주장했다. 그러나 이런 주장들은 순전히 가설적이었을 뿐, 역사적 사실들에 의해 전혀 뒷받침되지 못했다.

교사로부터 로마 문명은 현대적인 적합성을 갖고 있다는 취지의 묵언의 메시지를 배웠을 것이기 때문에, 학생들에게는 로마제국이 미래에도 그렇게 중요할 것인지에 대한 질문이 주어졌다. 절반 이상의 학생들이 현재적 관점에서 부정적인 의견을 내놓았다. 로마인들에게는 현재뿐 아니라 미래에도 도로, 위생시설, 그리고 여타의 것들이 부족할 것이기 때문에 발전이 더딜 것이라는 주장을 했다. 로마로부터 오늘날, 그리고 미래의 영국으로 이어지는 직선적인 발전을 생각하는 학생들은 역사가 상이한 방향으로 전개될 수도 있다는 것을 생각하지 못한다. 역사는 일방통행으로 이해되었고, 따라서 그 길을 따라 로마인들은 전진했지만 방향을 바꿀 수는 없었던 것처럼 이해한 것이다. 알려진 과거와 알려지지 않은 과거를 구분하는 사건 수평선을 설정하는 더 참신한 반응도 있었다. 한 소년은 학교에서 한 자신의 역사 경험을 통해 이렇게 추정하고 있다.

[미래로 갈수록] 로마시대는 너무 멀어서 학생들이 이해하기 어려울지도 모른다. 마치 우리가 로마 이전 시대 혹은 고대 이집트 시대 이전에 대해 배우지 않는 것처럼.

이 소년이 무엇을 말하고 있는지 확정하기는 어렵다. 좀 더 의미 있는 과거와 의미없는 과거 사이, 알 만한 가치가 있는 과거와 관심을 갖기에는 너무 먼 과거 사이를 구분하고 있는 듯하다. 어찌 보면 그는 "알 수 있는" 과거와 "알 수 없는" 과거를 구분하고 있는 것 같기도 하다. 다른 학교의 나이가 좀 더 많은 학생들 중에는 종종 시간적 거리 이외의 것으로 혹은 시간적 거리에 다른 기준을 추가하여 "알 수 있는" 과거와 "알 수 없는" 과거를 구분하기도 했다. 그 문장이 어떻게 해석되더라도, 과거에 관해서 논리적으로는 가능해 보이는 어떤 거대 담론적 가정meta-narrative assumptions이 전제되고 있는 것이다. 이 가정은 실제로 일어났던 과거, 그리고 일어났을 수도 있었으나 일어나지 않았던 과거(예를 들면, 클라우디우스가 영국으로 가기 전에 아그리피나가 클라우디우스를 제압했더라면)와는 구분되는 것이다.[32] 이런 종류의 가정 역시 직접적으로 연구되어야 함에도 불구하고, 대부분의 역사 연구를 위해 수집된 공식적, 비공식적 연구자료들을 재분석해 보면 학생들은 과거를 하나의 "사건 공간event-space"으로 가정하고 있다는 것을 알 수 있다. 그 안에서는 어떤 일들은 일어날 수 있지만 다른 일들은 일어날 수 없게 되어 있는, 예를 들면 정해진 종류의 사진들만이 그려질 수 있는 하나의 캔버스로 가정한다는 것을 알 수 있다. 더 흥미로운 것은, 역사를 "사건 공간"으로 보는 가정은 지식의 구조와 2차 개념들이 "큰 그림"의 발전을 억제하고, 가능하게 하고, 그리고 구체화하기 위해 상호 작용하는 방식에 실마리를 던지며, 비록 그보다는 덜 분명하지만, 그런 가정은 또한 역사의식의 발전 가능성을 보여준다.

과거를 "사건 공간"으로 보는 청소년들의 가정

"사건 공간"은 학생들이 과거를 행동과 사건이 일어나는 공간으로 보는 가정을 상징하는 개념이다. 인류의 과거에 대한 어떤 설명도 그것

---

[32] 여기서는 논리적으로 가능한 과거와 인과론적으로 가능한 과거 사이를 분명히 구분한다. 전자가 상상 가능한 과거의 부분집합이듯이 후자는 전자의 부분집합이다. 많은 학생들에게 인과론적으로 가능한 과거는 단 하나, 우리가 실제로 갖고 있는 (아니면 갖고 있다고 생각하는) 과거이다. 더 많은 수의 과거는 논리적으로 불가능하다고 여겨진다.

을 구성하고 있는 내용인 행동이나 사건의 수효와 성격에 의해 그려지는 암묵적인 기하학적 구조geometry를 지니게 된다. 예를 들면, 역사적 설명은 시간적, 그리고 공간적 차원에 의해 규정되는 식이다. 뉴질랜드와 그린란드에 대한 시간적 차원은 중국이나 메소포타미아에 대한 시간적 차원에 비해 덜 넓다. 그리고 무작위로 뽑은 어떤 날짜에 대한 역사의 경우, 지리적 차원에서 아이슬랜드를 포함할 수도 포함하지 않을 수도 있지만 남극 대륙을 포함할 것 같지는 않다. 다른 측면에서 보면, 역사를 "사건 공간"형태로 보는 가정은 과거에 관한 어떤 사고방식이나 토론 방식을 가능하게 하기도 하고 방해하기도 한다. 어떤 대학원생들에게 과거는 하나의 반사실적counterfactual 차원을 지닌다. 그 안에서 잠재적 사건들은 실제로 일어났던 사건들만큼, 경우에 따라서는 그보다 더 그럴듯하게 배치될 수 있기 때문이다. 반면에 어떤 대학원생들은 반사실적 "사건 공간"을 어떤 목적에서도 받아들일 수 없는 것으로 생각한다. 심지어는 인과론적 설명의 정당성을 검증하고 인과론적 설명의 한계를 정하기 위한 도구로서도 받아들이지 않는다.

"사건 공간"속에는, 시공간 차원뿐 아니라, 사건, 현상 그리고 사태가 구분되고, 분류되고, 순서가 정해지는 방식과 관련된 일정한 관례와 절차를 포함하고 있다. 좀 더 흥미로운 것은, "사건 공간"이라는 가정 속에는 사건들이 서로 연결되고 일반화가 만들어지는 방식을 지배하는 규칙도 들어있다는 것이다. 그런 규칙의 작은 예를 들어본다면, 단순히 시간 차원에서의 동시성만을 기준으로 하는 것이 아니라 정보의 전달, 반응, 대응 가능성을 참조하여 사건을 "연속적

consecutive" 혹은 "동시적concurrent" 사건으로 분류하는 것이다. 변화에 기반을 둔 발전적 일반화, 인과론적이고 조건적인 연결기호, 삶의 재구성 형태와 집단적 정신, 의도적 행동모델 등을 이용하여 사건들을 연결시키고 다양한 종류의 종합적 실체를 구성해 내는 좀 더 높은 차원의 규칙도 생각해 볼 수 있다.[33]

학생의 학습과 관련시켜 보면, "사건 공간" 개념은 몇몇 오래된 난제(퍼즐)에 대한 해결책을 제시하기도 한다. 첫째로는 "큰 그림" 구성을 촉진하기 위한 상식적 전략들이 지녔다고 하는 일정한 효과성은 이해하기 어렵다. 예를 들면, 영국 역사 교육에서 흔히 보이는 연대기적으로 연속성이 없고, 지리적으로 오락가락하고, 그리고 주제적으로도 다양한 뒤죽박죽인 이야기들을 특정 장소와 연결되고 일관된 주제를 지닌, 그리고 연대기적으로 잘 정리된 이야기들로 대체함으로써 큰 그림 구성이 촉진될 것으로 기대할 것이다. 그러나 실제로 SHP 연구에서의 경험으로 증명되었듯이, 연대기적으로 연속적이고 주제적으로 초점이 집중된 학습이라고 해도 그것이 보다 발전된 학습 전략과 결합되지 않는 한 나타날 수 있는 장점은 아주 제한적이다. 그 방

---

[33] 2000년에 필자는 "사건 공간"을 과거의 내용을 지배하는 "규칙과 요인rules and parameters"이라고 규정했다. 예를 들면, 행동, 사건, 그리고 일의 상태 등은 정확한 시공간적 경계를 지닌 사물 같은 실체thing-like entities로 이해될 수도 있다. 일반화는 "큰 사물" 혹은 "많은 부분들로 이루어진 복잡한 전체" 혹은 행동이나 결과의 범주로서 이해될 수 있다. 과거의 내용은 다양한 종류의 질서—시간적이며 공간적 질서, 인과론적이며 우연적 질서, 자연적이고 필연적인 질서—를 나타내는 것으로, 혹은 무질서를 보여주는 것으로 여겨질 수도 있다. 행동의 유형은 개인적이거나, 제도적이거나, 집단적이거나, 혹은 이 모든 성격을 포함한 것일 수 있다.

식만 고집한다면, 대부분의 학생들은 예컨대 "역사 속에서의 의료"라는 이야기처럼 천천히 가르치는 연속적 이야기들을 우연히 듣는 재미있는 이야기나 표준 시험 문제로 적합해 보이는 일련의 비연속적 이야기들로 분해해 버린다. 시대구분이나 역사 유형과 같은 연대기적이고 조직적인 장치들을 직접 가르치려는 시도도 마찬가지로 "큰 그림" 형성에 최소한의 영향만을 미칠 뿐인 것 같다.

두 번째, 퍼즐은 왜 토픽중심의 역사에 대한 지식이나 이해의 수준이 비슷한 학생들이 종류에 있어서나 질에 있어서 아주 상이한 모양의 과거에 대한 "큰 그림"을 가지고 있느냐 하는 점이다. 둘 사이에 무시할 만한 혹은 부정적 상관관계가 있다는 것을 의미하는 것은 아니며, 단지 긍정적 관계의 유형이 희박하고 예외적이라는 것을 의미할 뿐이다(매개적 상관관계 계수나 비매개적 상관관계 계수 모두 계산되지 않았다는 것을 알아야 한다. 아직 학생들의 "큰 그림"의 질을 측정하는 도구가 이런 목적에 충분히 튼튼하지는 않다).

이 두 가지 퍼즐에 대한 답의 공통적 특징은 많은 학생들이 과거가 어떻게 대규모로 작동하는지에 대한 이해력을 결여하고 있다는 것이다. 복잡하기 이를 데 없는 과거가 어떻게 이미 드러난 현재로 전개되었는지를 간단하게 쉽게 상상할 수 있을 때까지 학생들은 "작은 그림" 자료들을 이용해 일관성 있고 사용 가능한 "큰 그림"을 표현하기란 쉽지 않다. 간단히 말해서 "큰 그림"의 구성은 과거에 대한 총체적 느낌이 어떤 것이냐에 달려 있다. 반면에 "사건 공간"으로서의 과거에 대한 일반적 이해나 느낌은 다양한 시간과 공간에서 실제로 발생했던 사건에 대한 지식에 달려 있다. 하나의 비유를 들어보면 이런 주장이 지닌 간단하고 아마 단순한 상식을 충분히 이해할 것이다. 분해된 디젤엔진 부품을 조립하도록 요구받은 열한 살 난 기술자를 상상해 보라. 이 어린 기술자가 이 완벽하게 구색이 맞추어진 잡동사니들과 아무리 친숙해진다고 하더라도, 그 또는 그녀가 엔진에 대한 전체 이미지, 그리고 무엇보다도 그것이 어떻게 작동하는지에 대한 느낌을 가질 때까지는 어떤 시도도 불가능할 것이다. 하나의 부품이 "이리저리 돌고", 다른 부속이 잘 "드나들고" 하는 것을 이해하는 것만으로는 그 일이 성공하기에는 충분하지 않다. 그 기술자가 조립된 엔진이 열에너지를 어떻게 기계에너지로 바꾸고, 기계적 에너지를 회전형태로 표현하고, 회전력을 바꾸는지를 상상할 수 없다면, 한 부품은 연료 주입 시스템의 일부이고 다른 것은 트랜스미션에 속한다는 지식이 큰 도움은 되지 않는다. 비슷한 방식으로 개개의 역사적 사실에 대한 상세 지식, 그리고 이 지식을 중세 후기 혹은 근세 초기, 경제적 혹은 헌법적, 지역적 혹은 국가적 역사로 분류하는 능력이라는 것은 역사를 공부하는 학생이 과거가 어떻게 작동하고 전체로서 어떻게 움직이는지를 개념화할 수 없는 한 어떤 의미를 지닐 수도 없다.

그래도 질문은 남는다. 만일 "사건 공간"에 대한 정확한 이해가 "큰 그림" 형성의 전제조건이라면, 비교적 그런 개념 형성이 덜 된 학생들이 어떻게 미시적-과거micro-past를 잘 이해할 수 있는가? 생활 경험에서 도출된 현재의 모형들models of the present은 큰 규모의 과거보다는 작은 규모의 과거에 더 적절하다는 것이 부분적인 대답이 된다. 현재가 어떻게 작동하는지에 대한 생각과 가정—가족과 친구관계, 영화와 비디오게임, 페이스북과 유튜브 등의 영향을 받는—이 과거를 보는 올바른 통찰력을 제공해 준다는 것을 말하려는 것은 아니다. 반면에 역사적 이해가 아무리 부족한 학생들이라고 해도 재난영화를 보는 것이 중세의 흑사병 혹은 런던대화재에 대한 이해를 돕고 사춘기에 경험하는 사랑과 질투가 헨리 2세와 베켓Henry II and Becket(두 사람은 친구였으나 정적으로 변한 비극적 역사의 주인공들임—옮긴이)의 이야기와 같은 "우정이 증오로 변한" 이야기를 이해하는 데 도움을 준다. 반면에, 현재의 생활 경험이나 대리 경험은 세대와 생활형태를 가로지르고, 지리적 위치와 범위를 넘어서고, 인구 증가와 이동, 경제 및 기술적 발전, 사상과 이념의 기원과 변형 등과 같은 추상적 주제들을 다루는 "이해하기 쉬운" 표준을 세우기는 쉽지 않다. 간단히 말해서 과거에 대한 "작은 그림들"을 그리는 데 작용하는 많은 "사건 공간" 모형들은 "큰 그림들"을 그리는 데는 절대로 역할을 하지 못한다.

"사건 공간" 아이디어와 가정의 기초가 되는 2차 개념들과 관련시켜 본다면 이런 실패의 원인은 가장 분명해 보인다. 예를 들면, 많은 학생들은 인과관계라는 것을 어떤 힘agency이라고 생각한다. 사람처럼 "원인들"은 무슨 일을 하고 일이 생기게 하는 그 무엇으로 생각한다. 행동을 하는 이유와 사건의 원인 사이의 구분은 인식되지 않고, 따라서 의도하지 않은 결과는 실수, 즉 무능한 힘이 만들어 낸 산물로 취급된다. 그리고 1905년 혹은 1911년의 유럽 전쟁처럼 우려하고 염려했던 것이 일어나지 않았다는 사실은 불활동inaction, 즉 원인이 될 힘의 부재라는 의미로 설명된다. 그러한 인과론적 오해는 "사건 공간" 가정들의 가치를 떨어뜨리지 않은 채 전통적인 토픽들, 작은 규모의 과거에 적용되는 것으로서 그 가치가 적당히 얼버무려진다. 그러나 이야기와 주제를 넘나들면서 작동하는 인과론적 힘을 확인하는 것은 아주 어렵다. 당연히, 인간적이거나 의인화되었거나 행위자들은 일상생활에서 그리고 미디어에서 마주치는 그런 종류의 이야기들에 딸려가게 된다. "큰 그림" 역사의 이야기는 규모에서도 종류에서도 다르다.

역사적 해석accounts의 성격과 위상에 대한 가정에 관해서도 동일하게 지적할 수 있다. 그리고 변화change와 발전development이라는 개념들이 이해되고 사용되는 방법에 대해서도 마찬가지다. 예를 들면 내가 읽거나 들은 과거 이야기는 실제로 일어났던 것과 일대일의 관계가 있다는 인식은 역사적 설명이 지닌 성격과 위상에 대해 대부분의 학생들이 갖고 있는 눈에 띄는 가정이다. 이런 가정은 논쟁하고 싸우는, 일하고 즐기는, 항해를 하고 땅을 경작하는, 우리가 인지할 수 있는 사람들에 대한 소규모 설명에는 적용된다. 왜냐하면 이런 종류의 활동은 우리가 사는 현재의 익숙한 "사건 공간"을 채우고 있기 때문이다. 반면에 거시적 과거의 구조는 지금 여기라는 시공간을 뛰어넘어 존재하는 추상과 수준 높은 일반화로 짜인다. 실제로, 역사적 설명은 획일적인 게 아니라, 다양한 수준, 다양한 차원에서 "사실적"일 수 있다는 명제가 설득력을 얻으려면 학생들이 실제적 과거와 설명된 과거 사이에 일대일의 대응이 성립한다는 인식을 확실히 포기해야 한다.

그럴 때까지는 "큰 그림"이라는 것이 가능한 모든 "작은 그림"의 합 이상이라는 생각은 거짓으로 이해된다. 마찬가지로 변화를 "발생했던 무엇"으로 이해하는 학생들 혹은 "두 개의 사건 혹은 상태 사이의 차이"로서 이해하는 학생들은 현재를 이해하는 것만큼 작은 규모의 역사를 잘 이해하게 될지도 모른다. 그렇지만, 그들이 변화를 "사건이나 상태들 사이의 역사적으로 의미 있는 차이"라는 개념으로 이해하게 될 때, 학생들은 비로소 과거에 대한 "큰 그림들"이 어떤 모습인지를 상상할 수 있게 된다. "사건 공간"의 날실이 인과론적이고 가정적인 논쟁으로 형성된다면, 씨실은 경향들로부터 시작되어 전환점들로 짜이는 일련의 발전들로부터 구성된다. 당연히, 변화를 "역사적으로 의미 있는 차이들"에 대한 하나의 일반화로 인식하기 위해서는 바로 그 의미 있는 차이를 찾을 수 있는 능력이 전제되어야 한다. 저자가 리즈 시의 1870년대와 1970년대 사진을 도심에 있는 학교에 다니는 학업 성적이 우수하지 않은 12세 아이들에게 보여주고 물었다. "100년간 무엇이 변했나?" 대부분의 대답은 "비가 그쳤다" 혹은 "개가 사라졌다"와 같은 사소한 차이를 지적했다. 모든 차이점은 과거에 대한 지도에서 변화에 기반한 "랜드마크"로서 활용될 수 있는 것이다.

요약하면 과거를 "사건 공간"으로 가정하는 것은 세 개의 인지적이고 사상적인 요소들 사이의 상호 작용의 결과물인 것처럼 보인다. 역사적 내용에 대한 지식과 이해, 학생들이 사용할 수 있는 조직적 도구들(가장 중요한 것은 다양한 종류의 일반화를 형성하고 평가하기 위해 사용된다), 그리고 변화, 인과관계, 해석과 관련된 2차적 개념들에 대한 학생들의 이해 방식 등이다.

"사건 공간" 개념은 또한 "큰 그림" 형식의 역사에 대한 이해와 "역사의식" 사이의 가설적 연계를 강화한다. 예를 들면, 그들이 아는 역사가 무엇인지와 상관없이, 학생들이 "사건 공간"에 대해 가정하는 것에 따라 그들의 "과거에 대한 그림"이 "지도"로서 역할을 할지 아니면 "이야기들"로서의 역할을 할지가 결정된다. 물론, 이런 비유는 극단적이지만 그럼에도 불구하고 아주 중요한 구분을 나타낸다. 지도는 랜드마크들을 등록해서 관계들을 표시한다. 반면 이야기는 논리와 방향이 있어서 의미를 부여하고 판단을 내리는 것도 가능하다. 예상해보면 청소년들의 거대담론 가정들이 "지도 사건 공간map event-space"에 더 가까우면 가까울수록 그들의 역사의식은 덜 발달되는 경향을 보인다. 반대로, 청소년들의 거대담론 가정들이 "이야기 사건 공간 story event-space"에 가까우면 가까울수록 그들은 역사 지식을 현재의 사건에 대한 분석, 미래 가능성에 대한 추정, 그리고 선택 가능한 행동들에 대한 평가에 더 잘 적용할 수 있을 것으로 예상된다.

　과거를 "사건 공간"으로 보는 학생들의 관점이 무엇인지 모범적인 답을 제시하는 것보다는 그에 관해 일반적 의견을 제시하는 것이 더 쉽다. "사건 공간"에 대해 지금까지 발표된 연구 결과나 분석을 보면 학생들의 생각에서의 핵심적 변화는, 첫째, 과거와 관련된 내용들이 지도에 표시될 수도 있고, 표시되어야만 하는 위치들을 갖고 있다는 가정이다. 둘째, 현재처럼 과거 또한 일들, 사건들, 사고들과는 반대되는 이야기들을 포함한다는 가정, 그리고 세 번째로는 척추처럼 과거로부터의 작은 이야기들이 이상하고 복잡한 방식으로 연결되어 과거에 대한 하나의 큰 이야기를 구성한다는 가정이다.[34] "큰 그림"식

---

[34] "과거에 관한 그림pictures of the past", "작은 그림들little pictures", "큰/더 큰 그림들big/bigger pictures"이라는 표현들은 이야기, 담론, 그리고 설명을 강조하는 사람들이 선호한다. 왜냐하면 "그림"이라는 은유는 매우 포괄적이기 때문이다. 대부분의 어린 학생, 그리고 일부 상급 학생들이 전체로서의 과거에 대해 갖고 있는 생각이나 가정은 "담론narrative"보다는 "지도map"에 더 가깝다. 실제로 어떤 학생들에게는 과거란 것이 이름, 사건, 그리고 날짜로 혼란스럽게 채워진 하나의 컨테이

역사 교육의 최신 실험들을 보면 11~12세 정도의 어린이들 중 일부는 "실제로 일어났던" 것을 "일어날 수도 있었던" 것과 대비하는 방식으로, 그리고 실제로 있었던 과거를 인과론적으로 가능한 여러 과거 중의 하나의 특별한 경우로 보는 방식으로 과거를 이해할 수 있다. 이런 결과는 예상하지 못했던 것이다. 또한 많은 대학원생들이 반사실적counterfactual 과거를 가정하는 개념이나 주장들을 가지고 고민을 하고 있다는 것을 고려한다면 이런 변화는 매우 고무적이기도 하다.[35]

이전에 발표되었던 것과 최근의 연구 결과들을 결합한 6단계 모형이 〈표 8-4〉~〈표 8-9〉에 나와 있다. 단계별 제목과 설명문에 나와 있는 은유적 표현은 현재의 모형이 아직은 예비적이고 실험적인 상태라는 것을 보여준다. 단계별로 질적인 차이가 있고, 각 단계는 상대적인 복잡성 수준을 반영한다. 아직도 검증되어야 할 제안들이다.

너에 가깝다.

[35] 반사실적 과거라는 것이 단일한 개념이라고 주장하는 것은 아니다. 반사실적 이론들이나 주장들이 논쟁 대상이라는 것을 부인하는 것은 더욱 아니다.

<표 8-4> 사건 공간 모형 1단계

마술 항아리로서 이해되는 과거
이 단계에서 학생들은 전통적인 토픽형태로 제시되는 과거, 그리고 작은 규모의 과거를 효과적으로 이해하지 못한다. 과거는 내용을 갖고 있고, 어떤 내용들은 다른 것들보다 더 항아리의 바닥에 가까운 것이라고 이해된다. 그러나 구조에 대해서는 어떤 가정도 이루어지지 않는다. 과거에 대한 내용들(=사건, 이름, 날짜들)은 시간적인 경계를 지니고 있고, 분리되어 있고, "아무것도 벌어지지 않은" 빈 시간들에 의해 다른 것들과 나누어져 있다. 항아리의 내용 일부가 제거되더라도 남아 있는 것은 같아 보인다. 마술에 의한 것처럼 항아리는 더 적어지지 않는다. 내용물의 무게도 가벼워지지 않는다. 초보적이기는 하지만, 과거를 "사건 공간"으로 보는 이런 인식 태도는 디폴트 자세default position는 아니다. 학생들은 다음과 같이 배워 왔다. (a) "역사적 과거"는 "개인적 과거"와는 거리가 멀다. 학생들은 자신이나 자신의 친구나 친척 누구도 보지 못했던 과거의 실재를 인정한다. 일부 학생들이 확신하지 못하는 것은 개인적 과거와 역사적 과거를 어떻게 상호 연결시키느냐 하는 것이다. 그 두 개의 과거는 항상 동연적co-extensive인 것으로 보이지는 않는다. 저자와의 대화에서 피터 리는 역사적 과거는 자신들 혹은 자신의 부모들이 태어났을 때 끝났다고 생각하는 학생들과 했던 토론을 얘기한 적이 있다. (b) 과거는 시간적이고 공간적 차원을 지닌다. 많은 학생들은 이 두 개의 차원이 어떻게 상호관계하는지에 대해 확신하지 못 한다고 하더라도 그들은 과거가 현재보다는 훨씬 크다는 것을 확신한다.

<표 8-5> 사건 공간 모형 2단계

랜드마크가 표시된 지도로서 이해되는 과거
이 단계에서의 핵심적 발전은 조금 복잡한 시간표의 내면화이다. 즉 공룡, 스톤헨지stonehenge(영국의 솔즈베리 근교에 있는 고대 거석 유물—옮긴이), 혹은 로마시대로부터 시작해서 달 착륙 혹은 베를린 장벽의 붕괴에까지 이르는 시기에 있었던 랜드마크가 되는 사건, 유명한 인물, 그리고 중요한 발명을 시간 순서대로 정리한 시간 골격의 내면화다. 랜드마크들은 다른 사건들을 서로 연결시켜 배치하는 데 활용된다. 예를 들면 15세 소녀는 헤이스팅스 전투Battle of Hastings(1066년 북프랑스를 다스리던 노르망디 공국의 윌리엄 공이 영국을 공격하여 헤럴드 2세를 죽이고 승리한 전투—옮긴이)를 로빈 후드Robin Hood와 알프레드Alfred가 케이크를 태운 시기(9세기 말 영국 왕 알프레드가 피난 중 실수로 케이크를 태웠다는, 역사적으로 확실하지 않은 사건임—옮긴이) 사이의 한 시기에 배치했다. 다른 학생들은 군주들의 통치 시기들을 이용하여 과거를 여러 시기로 나누기도 한다. 요약하면, 랜드마크들은 과거에 모양과 질서를 부여한다. 부족한 것은 그림 같으면서도 의미 있는 정보를 함축한 과거에 대한 어떤 느낌이다. 앞의 <표 8-4>와 <표 8-5> 그리고 뒤에 나오는 <표 8-6>~<표 8-9>에 나와 있는 "사건 공간"에 대한 진행모형은 잠정적인 것이다. 그것의 경험적 기초는 깊지 않고 허약하다. 그것은 다른 목적을 위해, 그리고 부분적으로는 비공식적 방법으로 수집한 자료에 기초하고 있다. 해석은 지극히 추정적이고 아직도 엄격한 형태의 집락분석cluster analysis을 거쳐야 할 것이고, 결과적으로 정확하기보다는 비현실적이라고 드러날지도 모른다.

〈표 8-6〉 사건 공간 모형 3단계

연속방송극으로 이해되는 과거

1단계와 2단계에서 과거는 분명한 경계를 가지고 있고 빈 시간에 의해 상호 단절된 하나의 사건 저장소로 가정되었다. 3단계에서의 핵심적 발전은 사건 묶음을 극적인 사건으로 엮은 에피소드로 이해하는 것이다. 그러나 에피소드들은 서로 분리되고 시간적으로 경계가 그어지고 인과론적으로는 연결이 되지 않은 것으로 여겨진다. 과거는 막연한 이야기들…… 그리고 주제들…… 그리고 산문들로 가득 찬 무엇이다! 이것이 바로 "작은 그림들"로 구성된 과거의 모습이다, 이런 "작은 그림들"은 과거 속에 있는 것이다. 아직 학생들은 과거에 대한 일관성 있는 그림을 갖고 있지 못하다. 연속방송극에서처럼 역사적 사건은 에피소드 모양이지만 주제와 상황의 반복은 친숙한 느낌을 만들어 낸다. 예를 들면, 가톨릭 거부자들과 청교도 급진주의자들 사이, 군주와 의회 사이, 그리고 프랑스의 해외 제국과 영국의 해외 제국 사이의 반복되는 투쟁 속에서 학생들은 바로 전 주, 전 시기, 그리고 전 연도에 경험했던 갈등을 회상하게 하는 상황을 인지한다. 과거가 규칙성, 심지어는 예측 가능성을 드러내는 것처럼 보일 수도 있다. 마치 학생들이 비록 장소, 법률, 그리고 전쟁의 이름은 바뀐다고 해도, 그리고 사람들이 다른 옷을 입고 머리 모양을 한다고 하더라도, 모든 이야기 줄거리는 몇 가지 제한된 주제에서의 작은 변형이라고 생각하는 것과 같다.

재활용되는 이야기 구조와 친밀하다는 것은 창피할 수도 있지만, 그것은 또한 무엇이 "정상적"이고 "기대할 만한 것"인지에 대한 밈meme(생물체의 유전자처럼 재현·모방을 되풀이하며 이어가는 사회관습·문화—옮긴이)을 만들어 낼 수도 있다. 예를 들면, 상이한 종교는 상호 적대감을 나타낼 것이며, 정치는 권력투쟁이 본질이고, 전쟁은 외교의 필요한 수단이라는 밈이 생성되고, 이것은 현재에 대한 분석에 영향을 준다. 이것은 비록 단순하고 간혹 유해하기도 하지만 역사적 의식의 공통된 표현이다. 1945년 이래 영국 정치가들은 이른바 "타협 상황appeasement situations"을 맞았을 때 반복적으로 역사적 기시감déjà vu(실제로는 처음 경험하는 것을 이미 경험했던 것의 반복으로 착각하는 것—옮긴이)이 찾아오는 것을 경험했고, 결과적으로 몇 가지 비극적인 외교적 결정을 했다. 수에즈, 포클랜드, 그리고 이라크 위기 당시, 예상되는 위험과 정책적 대안에 대해 분석할 때 분명하고 강한 "역사 느낌sense of history"에 의해 영향을 받았다. 역사의 본질에 대한 기초적 가정들이 단순하고 견고하지 못하기 때문에 이는 결국 정치적 판단을 예리하게 만들기보다는 둔하게 하는 데 기여했다.

3단계 개념들은 또한 아래와 같은 측면에서 한계가 있다.

▶ 전체로서의 과거는 그 부분의 합 이상의 그 무엇으로 이해될 수는 없다. 그 의미와 중요성은 그것을 구성하고 있는 에피소드들에 부여되는 의미 이상이 될 수는 없다.

▶ 과거는 앞으로 굴러가는 것처럼 보이지만 특별히 어느 곳으로도 향하고 있지 않다. "그때"로부터 "지금"으로 달리는 어떤 동적인 이야기도 없다.

〈표 8-7〉 사건 공간 모형 4단계

서사시로서 이해되는 과거

이 단계에서는 학생들이 "과거에 대한 큰 그림들"을 그릴 수 있는 충분한 지식을 갖고 있든 없든지, 역사는 구조와 방향을 갖고 있다고 가정된다. 학생들은 이제 과거를 아래와 같이 생각한다.

● 과거는 현재 및 미래와 연결되고 그에 영향을 미친다.

● 과거는 그것을 구성하고 있는 사건들, 행사들, 그리고 에피소드들에 형태와 의미를 부여한다.

● 과거는 어둡고 침울한 과거로부터 시작해서 보다 만족스러운 현재, 그리고 더 밝은 미래로 향하는 서사적 여행에 단계를 표시하는 여러 "기간들"로 구성될 수도 있다.

가장 중요한 것은 4단계에서 학생들은 과거는 그 안에서 단기적으로 에피소드도 벌어지지만 장기적으로도 무엇인가 진행되고 있는 것, 그리고 뛰어난 개인뿐 아니라 전체 인구를 포함하는 것으로 그린다. "사건 공간"의 4단계 개념이 지닌 한계는 다음과 같다.

▶ 역사는 "일방통행 도로", 여기저기에 이야기가 변화하며 전개되는 하나의 서사시로 생각된다. 달리는 속도는 바뀔 수 있지만 여행 방향은 고정되어 있다.

▶ 하나의 "큰 그림"을 구성하기 위해 몇 개의 이야기 중심의 "작은 그림들"을 함께 묶을 수는 있다고 하더라도, 과거에 대한 그림은 항상 단주제적이다. 사건 공간의 이런 구성에 대한 철저한 검증은 영국의 역사교육개선프로젝트SHP Studies in Development를 통해 이루어졌다. 다양한 주제들을 이해할 수 있는 학생들도 한순간에는 하나의 주제만을 공부할 수 있다. 마치 사건과 현상이 하나 이상의 그림에 공통적일 수 없듯이 하위 주제들은 용접 밀봉한 듯한 정신적 칸막이에 갇혀 있다. 예를 들면, 화기의 사용, 산업도시의 급속한 성장 등이 의학에 새로운 문제들을 야기하는 방식을 설명하고 예증할 수 있는 학생들이 의학이 전쟁의 수행, 도시계획, 그리고 인구통계에 영향을 미친 방식을 설명하지 못한다. 의학의 역사에 속하는 어느 것이 다른 무엇의 역사의 한 부분이 될 수 없다는 것과 같다.

<표 8-8> 사건 공간 모형 5단계

무지개처럼 이해되는 과거

5단계 가정을 하는 학생들은 여전히 과거를 내재하는 의미와 고정된 방향을 지닌 것으로 받아들이지만, 이제 그 구조의 복잡성도 인정된다. 결과적으로, "과거에 대한 그림들"은 어느 정도 무지개를 닮게 된다. 하나의 무지개가 있지만 그 구조는 다색상이다. 비슷한 방식으로 학생들의 "과거에 대한 그림들"은 인접한 여러 개의 줄들로 엮여져 있다. 그것들은 이제 다주제적poly-thematic이다. 임시변통의 시대구분—이집트시대, 그리스시대, 로마시대, 기타—에 일련의 구조적 주제들—정치적, 경제적, 그리고 기술적—이 덧붙여진다. 몇몇 SHP시험 응시자들은 또한 의학의 역사를 외과, 공중보건, 약리학 등의 하위 영역으로 나누는 식으로 큰 주제 안에 작은 주제를 넣게도 한다.

"무지개 과거"의 관점은 학생들로 하여금 겉으로 보아서는 이질적인 사건과 발전들이 지닌 연속적 성격뿐만 아니라 동시발생적 특성도 생각하게 해 주며, 그들로 하여금 어떤 사건과 발전들이 지닌 인과적 상호 의존성이 중요하다는 것을 받아들이게 해 준다.

5단계 가정이 지닌 한계들은 다음을 포함한다.

▶ 연대기적인 구조와 주제 관련 구조를 조화시키는 데 있어서의 어려움. 예를 들면, 의료의 역사 단원을 공부하는 많은 SHP 응시자들은 공중보건이란 것이 로마시대에 불쑥 나타났다가 19세기의 콜레라 대유행까지는 역사에서 사라졌던 것으로 본다. 의학이라는 주제는 공중보건, 수술, 해부학적 지식, 세균 이론, 여성 의료 등의 다양한 하위 주제를 따라 과거를 휩쓰는 것으로 인식된다. 마치 무지개가 하늘에서 초록, 남색, 그리고 빨강으로 활 모양을 이루다가, 이어서 빨강, 보라, 파랑 등으로 변하는 것과 같다.

▶ 과거와 현재를 보다 나은—보다 자유롭고, 보다 번영하고, 보다 멋진—미래를 향해 몰고 가는 신성한 목적과 작동 원리의 작용을 가정하는 경향!

▶ 가장 중요한 것은 5단계 개념들이 이제 다주제적이라고 하더라도 학생들은 여전히 하나의 조화로운 "주된 이야기master narrative"가 바람직하다는 생각을 계속한다. 적어도 일부 학생들은 그런 이야기의 실현 가능성을 의심하지만 실제로 모든 학생들은 하나의 최상의 설명의 부재는 장점이라기보다는 단점이라고 생각한다.

<표 8-9> 사건 공간 6단계

만화경으로 이해되는 과거
1~3단계에서 묘사한 바와 일치하는 "사건 공간"에 대한 거대서사적meta-narrative 가정들은 11~14세 정도에 속하는 영국 학생들에게서 나타나는 전형적 특징이다. 2~5단계는 14~16세 정도의 역사 수업을 듣는 학생의 대다수가 가지고 있다. 그리고 교원 양성과정 지원 역사 시험을 보는 학생들이 지닌 거대서사적 가정들은 3단계에서 6단계 사이에 속한다. 물론 모든 연령 집단에서 예외는 있을 수 있다. 예를 들면, 6단계 정도의 "사건 공간"에 대한 개념에 일치하는 사상과 가정들은 가끔은 11~12세 학생들의 시험 자료에서, 혹은 똑똑한 16~18세 학생들과의 토론에서도 발견되었다. 그들 중 일부 학생들에게는 "무지개" 과거의 복잡하지만 분명한 구조가 해결되기 시작한다. 변화의 선들이 다양한 속도로 움직이고 심지어는 반대 방향으로 움직인다는 것을 학생들이 이해함에 따라, 역사의 여러 가닥이 정확히 현재를 향해 나아가고 미래를 결정한다는 생각을 그치게 된다. 그들은 여전히 현대는 과거의 산물로서 이해하지만, 과거 속에서 보이는 어떤 경향이나 힘들을 더 이상은 조화로운 것으로 이해하지는 않고, 그것의 해결책은 미뤄질 수도 있고 불가능한 것으로 드러날 수도 있다. "사건 공간"을 이런 식으로 인식하는 몇몇 학생들은 또한 "실제의 과거"를 일정한 규모의 "인과론적으로 가능한" 과거의 특수한 한 경우로서 이해한다. "인과론적으로 혼란스럽고" "반사실적인" 것들로 이루어진 과거에 대한 사상과 가정들은 반드시 다른 단계에 속해야 하지만, 추가적이고 더 나은 증거가 이용 가능할 때까지 그리고 오컴의 면도날Ockham's razor(스콜라 철학자 윌리엄 어브 오컴이 주장한 '실체가 필요 이상으로 늘어나서는 안 된다'는 원리—옮긴이) 관점을 존중하여, 그것들은 6단계 사고의 상이한 측면들을 나타내는 것으로 받아들여질 수 있다.

좋게 보았을 때, 과거는 만화경의 속성을 지닌, 여러 가지 변화하는 유형을 지닌 하나의 "사건 공간"을 표시하는 것으로 생각된다. 그 안에서 매 순서마다 많은 가능한 유형 중의 하나가 나타날 수 있다. 최악의 경우에는, 학생들은 역사를 서로 충돌하고 상처를 입히는 파편 조각 같은 이야기들로 이루어진 하나의 혼란스러운 체제로 보게 될 염려가 있다. 따라서 과거는 작은 척도로는 상대적으로 이해할 수 있고 설명할 수 있지만 우리의 시각이 길고 넓어질수록 점차적으로 신비스럽고 설명하기 어려운 것으로 이해한다. 이러한 오해는 많은 대학 역사학과 졸업생들이 빠지기 쉬운 기술적 실수의 하나이다. 과거를 그리는 척도는 바꾸면서도 그것이 제시하는 해상도는 변경시키지 않는 것과 같다. 한 대학원 역사학도의 말에 따르면, "전체로서 보면 역사는 하나의 혼란 덩어리다.…… 누구에게나 너무 큰 덩어리여서 골라 내기가 어려울 것이다.…… 나는 그것을 가르쳐야 하기 때문에 골라 내는 것을 기대하지 않는다!" 이런 실수의 근원은 일반화, 즉 미시적 과거와 같은 섬세함으로 거시적 과거를 그리려는 시도의 실패다.

이런 관점들의 한 원인은 단 하나의 "주된 이야기master narrative"—과거에 대한 하나의 규범화된 설명—는 가능하거나 혹은 바람직할 것이라는 생각이다. 어떤 대학원 학생들은 이런 저런 포스트모더니즘 해석에 동의한다—"역사가들이 본질적으로 타당하지 않다고 느끼는 것은 텍스트의 문학적 속성"이라거나 혹은 "역사적 경험만큼 많은 수의 역사가 존재하며, 누구의 역사가 서술되느냐는 권력관계에 달렸다". 그러나 일부 학생들은 적어도 역사적 설명은 우리가 찾은 퍼즐과 과거에 대하여 제기되는 질문들을 연결하는 것이기 때문에 주어진 질문에 대한 답에서 하나의 가장 유효한 설명을 만들어 낸다는 것은 가능할 수도 있지만 과거에 대한 하나의 최상의 질문이란 것이 있을 수 없기 때문에 하나의 사건 자체에 대한 단 하나의 최상의 설명은 있을 수 없다는 주장에 대해서는 민감하다.

〈표 8-10〉 청소년들은 역사를 현재에 대한 보완으로 이해한다

과거			현재		
역사적 과거	v.	개인적 과거	개인적 현재	v.	간접적 현재
학교에서 얻은 자료. 또한 미디어, 소설, 그리고 전통 문화로부터.		과거에 보고, 듣고 느낀 것의 회상. 현재의 관심에는 별로 관련이 없음.	살아가고 있는 "지금". "지금"의 많은 부분은 최근 과거이지만, 진행 중인 행동과 경험의 일부로 남음.		가족, 친구, 미디어가 제시하는 자료. 일부는 자신과 관련이 없음.

　　"사건 공간"은 또한 "과거", "변화" 그리고 "원인" 등과 같은 일반적 개념들과는 매우 다른 하나의 이론적 구성물에 불과하다고 거부할지도 모른다. 이런 일반적 개념들은 일상생활과 담론 속에 간주관적인 실체로서 들어 있다. "1차 세계대전은 한 가지 원인 혹은 많은 원인이 있었는지?"와 같은 구두 혹은 서면 질문에 답을 해야 하기 때문에, 학생들은 불가피하게 역사에서의 인과관계의 성격에 대해 나름의 가정을 하게 된다. 예를 들어 결과의 크기와 "그 일이 일어나게 하는 데" 필요한 원인의 숫자를 동일시하는 것처럼 인과관계에 관한 여러 가정들이 오해라는 것이 사실임에도 불구하고, 이런 가정들이 현실에 영향을 미친다는 사실을 바꾸지는 못한다. "원인"이라는 개념은 우리의 보통 문화가 만들어 낸 상징적 인공물이다. 비록 학생들이 일상생활과 학문적 개념들을 혼동한다고 해도 이런 사실은 여전히 진리이다. 그러나 "사건 공간"에 대한 사상과 가정들은 이것과는 다르다. 그것들은 간주관적 실체를 결여하고 있는, 개인적으로 만드는 이론적 구성물에 불과하다. 이런 관점에서, "사건 공간" 구성은 체셔 고양이 Cheshire Cat(이상한 나라의 앨리스에 나오는 고양이, 갈림길에서 앨리스가

길을 묻자 애매하게 대답하여 혼란스럽게 한다—옮긴이)의 6촌처럼 취급을 당할지도 모른다. 목표가 불확실한 사람에게는 거의 도움이 될 수 없는 우스운 방법일 수가 있다.

그렇다면 "사건 공간"에 대해서 어떤 인식론적 의미가 주어질 수 있는가? 첫째, 완전한 형태의 역사 서술은 "사건 공간으로서 인식되는 과거"라는 것을 인식해야 한다. "과거past"는 누구나 사용할 수 있는 열린 개념이고, 다른 어떤 상징적 가공물처럼 실재real다. 역사를 "사건 공간"으로 보는 것은 과거를 보는 특별한 하나의 관점이다. 대부분의 청소년들은 "과거"를 "현재"의 한 부분으로 이해한다(《표 8-10》을 보라).

앞에서 보았듯이, 일부 성적이 낮은 중등학교 학생들은 개인적 과거와 역사적 과거 사이를 구분하지 못하고, 결과적으로 개인적 기억을 넘어서는 "사건 공간"—행동과 경험의 세계—을 상상하는 것을 어려워한다. 그러나 대부분의 학생들은 자신의 경험을 넘어서는 현재에 대한 인식처럼 기억을 넘어서는 과거에 대한 인식에 접근하는 것도 가능하다. 역사 수업에서 읽고 듣는 것은 1066년이나 1215년, 1789년, 혹은 1939년에 하는 9시뉴스와 흡사하다. 역사적 과거의 사건 공간과 간접적 현재에 대한 "사건 공간"은 이들에게는 서로 비슷하다. 이런 사고는 학생들이 과거의 생활, 사고, 그리고 느낌을 역사적으로 재구성하려고 할 때 시대착오주의와 "현재주의"라는 실수를 저지를 가능성을 높인다. 이런 오해와 실수들은 쉽게 고칠 수 없고, 이것이 역사적 사고에서 가장 큰 문제임에 틀림없다. 역사적 과거란 고정된 것이 아니라 중첩되고 계속 변화하는 일련의 사고형태라는 것을 인식할 때까지, 학생들은 그것을 간접적 현재보다 별로 어렵지 않은 것으로 이해한다. 실제로, 역사 공부를 시작할 때 거의 모든 학생들은 과거에 있었던 행동과 사건들을 마치 그것들이 (간접적) 현재에 일어났던 일들처럼 이해한다. 많은 학생들은 현재를 기준으로 여긴다. 즉, 현재에 비추어 "그들은 다르게 행동했다"고 인지하는 경향이 있다. 이들 중 일부 학생들은 과거를 큰 규모에서 그리고 새로운 방식으로 생각하는 능력을 얻게 된다. 역사에 대한 모든 접근 방식들에 공통적인 것은 역사적 사실에 관한 기본적 지식과 조직이론이 2차적 개념들과 상호 작용한다는 점이다. 간단히 말해서, "사건 공간"의 인식론적 위상은 '마치 ~인 것처럼as if'으로 시작하는 문장처럼 불확실하다. 그것은 복잡한 상호 작용들을 단순한 대상으로 표시하는 하나의 넓은 은유다.

만일 "사건 공간" 개념을 인식론적이고 경험적인 근거에서 그 가치를 인정할 수 있다고 해도, 교육적으로도 의미가 있으려면 실제적 효용성을 보여줄 필요가 있다. 첫째로, "사건 공간"식 구성 개념은 "큰 그림" 형성을 위한 하나의 전략을 제시한다. 이때 2차 개념들을 조직 원리로 활용한다. 대부분의 교사들은 "증거", "변화" 그리고 "원인" 등의 2차적 개념들이 학생들이 과거에 대한 작은 그림들, 토픽 규모의 그림들을 이해하는 데 있어서 일정한 역할을 하는 것을 받아들인다. 그런데 불행하게도 과거에 대한 "작은 그림들"에 적합한 개념적 이해 방식은 학생들이 거시적 과거를 상상하라는 질문을 받았을 때 부적합한 것으로 드러난다. "에드워드 5세와 그의 동생 리차드 이야기The Princes(Edward V and his brother Richard) in the Tower"의 미스터리를 풀라는 질문을 받았을 때, 대부분의 학생들은 이 질문에 해당하는 사료들을 효과적으로 활용하기에 충분할 정도로 "증거"라는 개념을 이해하고 있다. 학생들이 제시한 해답은 질적으로 아주 다양하지만, 전체적으로는 가치 있는 학습이 이루어졌다는 것을 보여준다. 이와 대조적으로 피터 리와 로스 애쉬비Ros Ashby(1998)가 제기한 "로마제 국은 언제 멸망했는가, 서기 476년인가 아니면 1453년인가"라는 식 의 질문에 대해서는 아무리 학생들이 갖고 있는 "증거" 개념에 대한 이해가 깊다고 해도 문서와 유물자료에 대한 정밀 분석만으로는 좀처 럼 답을 할 수 없다. 이런 질문을 잘 이해하기 위해서는 학생들이 역 사적 "설명"의 성격과 위상을 이해할 필요가 있다. 만일 학생들이 과 거와 관련된 질문들에 대한 모든 답들이 과거 속에서 혹은 과거로부̇터̇ 살아남은 기록이나 유물 속에서 발견되어야 한다고 생각한다면, 그들은 위 질문이 로마약탈사건sack of Rome(1527년 신성로마 황제 카를 5세가 주동이 되어 교황이 사는 로마를 습격한 사건−옮긴이)에 대한 질문 과 비슷한 질문인 듯이 대답할 것이다. 물론 "증거"와 "설명"이라는 개념들은 서로 관계없이 독립적인 것은 아니다. 그러나 두 개념의 상 호관계, 그리고 "설명" 자체의 성격과 위상은 영국의 중등학교에서는 좀처럼 가르치지 않는다. 학생들은 문서, 그리고 가끔은 유물자료들 을 평가하고 그것들을 통해 유용한 추론을 하도록 훈련받는다. 이런 훈련은 학생들로 하여금 "작은 그림들"과 관련된 판단을 하고, 토픽 형 퍼즐을 풀도록 준비시킨다. 그러나 이런 훈련은 그들로 하여금 "큰 그림" 질문들에 대해 답을 하기는커녕 그것들을 이해하도록 준비조 차 제대로 못 시키게 된다.

"변화"나 "원인"과 같은 2차 개념들과 관련해서도 유사한 논의를 할 수 있다. 예를 들면 의사당방화사건Reichstag fire(1933년 2월 27일 베를린에 있는 의회 의사당에서 일어난 화재사건으로 나치 독재정치 확립의 계기가 됨–옮긴이)이 특히, 단기적으로 볼 때 독일 역사를 변화시켰다고 주장하는 것은 옳다. 그러나 반 데르 누베van der Lubbe(방화범으로 체포되어 처형된 네덜란드 공산주의자–옮긴이)의 방화가 나치의 통치를 민주주의적 경로에서 이탈하여 독재와 전제, 전쟁과 대량학살로 이끌었다고 말하는 것은 터무니없다. 학생들은 거의 직관에 의해 그 화재사건이 왜 나치의 권력을 강화했고 민주주의적이고 사회주의적인 경향의 반나치파의 힘을 약화시켰는지를 알 수 있다. 대조적으로 재레드 다이아몬드Jared Diamond(1997)가 제기한 질문에 답을 하는 데 필요한 개념적 도구들은 종류와 정도에서 이와는 상이하다. 다이아몬드는 왜 뉴기니, 그리고 기타 세계가 유럽인들에 의해 식민지화되었는지, 왜 그 반대 현상이 벌어지지 않았는지를 물었다. 다이아몬드의 친구인 얄리Yali에게 제기된 실제 질문은 "왜 너희 백인들이 그렇게 많은 화물을 개발해서 뉴기니로 가져왔지만, 우리 흑인들은 우리 자신의 화물을 거의 갖지 못했는가?"였다. 독일 의사당방화사건에 대한 질문과는 달리, 다이아몬드(혹은 얄리)의 질문은 두 가지 경로의 문화적 발전의 상호관계에 초점을 맞춘다. 뉴기니와 서유럽의 인류 문화는 거의 같은 시기, 5만~4만 년 전에 시작되었다. 약간 과장인지는 모르지만 뉴기니는 고유한 신석기혁명을 이룬 몇 지역 중의 하나였고 서유럽보다 유도농업에서 거의 1,000년 정도 앞섰다. 문제는 왜 이 두 경로의 역사 발전이 결국은 뉴기니에 의한 유럽의 식민지화가 아니라 유럽인들에 의한 뉴기니의 2차 식민지화라는 현상에서 서로 만나게 되었느냐이다. 좀 더 정확히 말해서 왜 뉴기니 인들이 유럽을 식민지화하는 것이 불가능했는지, 그리고 왜 역사의 어느 시점에서 유럽의 뉴기니에 대한 식민지화가 가능하게 되었는지와 같은 질문들에 답을 하기위해서는 학생들이 독일 의사당방화사건과 같은 시간적으로 국지화된 사건뿐 아니라 복잡하고 장기적인 발전과정을 이해할 필요가 있다. 그들은 또한 이웃한 빈 땅과는 아주 다른, 멀리 떨어져 있고 사람이 사는 지역을 성공적으로 식민지화하기 위한 필요조건들을 인지하기 위해서는 시간에 따른 불균형 발전을 분석할 필요가 있다. 무엇보다도 학생들은 식민지 정착지와 무역 거점 그리고 유럽의 모국 사이의 접촉의 유지와 관리에 필요한 조건들을 이해할 필요가 있다. 의사당방화사건과는 대조적으로 개인적, 혹은 집단적 조건, 관념, 그리고 동기의 분석은 다이아몬드가 제기한 종류의 "큰 그림" 질문들에 답하는 데는 보조적 역할 이상을 하지 못한다.

토픽형 질문과 퍼즐에 적용하기 위해 학생들이 배우는 개념적 도구들은 더 큰 역사적 화폭에는 사용될 수 없다. 물론, 학생들은 단일한 특수 사건들을 선별하고, 평가하고, 배열하는 법을 배우고 "증거", "변화", "원인" 그리고 "공감"과 같은 개념들을 과거에 대한 "작은 그림들"에 적용하는 합당한 방법을 배워야 한다. 그러나 그들은 또한 일반화를 어떻게 형성하고 검증하며, 2차적 개념들을 분석 도구로서 뿐만 아니라 조직 원리로서 사용하는 방법을 배워야만 한다. 앞에서 제시했듯이 준거와 학습 주제단원의 수정은 "큰 그림들"의 끊임없는 갱신과 정교화를 유지하는 방법의 하나다. 역사적 이해와 역사의식의 발전에는 이것과 함께 조직 도구의 개선도 필요하다.

일반적인 교육 전략에 더해서, 〈표 8-4〉~〈표 8-9〉에서 제시한 임시적 발전모형은 학생들의 학습 욕구를 충족시키기 위한 전략들을 모색하는 데 "사건 공간"에 대한 그들의 생각과 가정을 고려하는 것이 얼마나 중요한지를 제시하고 있다.

이런 측면에서 보면, 학생들 사고의 분기점은 "사건 공간"에 대한 3단계 가정으로부터 4단계 가정으로의 전환이다(〈표 8-6〉과 〈표 8-7〉을 보라). 이 지점에서 과거에 관한 내용들은 방향과 의미를 획득하고, 과거 속에서뿐 아니라 과거에 관한 그림들에 대해 이야기하는 것이 가능하게 된다.[36] 사건 공간에 대한 4단계 가정들을 강화하기에 앞서, 교육은 "큰 그림" 형성을 위해 본질적이고, 개념적이며, 조직적인 전제조건들을 확립하려고 노력해야 한다. 일단 4단계 가정들이 잘 정립되고 나면, 학생들의 과거에 대한 그림들은 포스트모던 상대주의라는 스킬라 바위Scylla(이탈리아 시실리 섬 앞의 소용돌이Charybdis와 마주 대하

---

[36] "방향direction"은 직접적으로 가르치지 않는 어떤 경향성에 대한 인지identification of trends 정도를 의미한다. 예를 들면, 1660년에 있었던 찰스 2세의 복위가 "좋은 일"이었는시에 내해 질문을 받았을 때, 한 학생이 대답하기를 "아니다, 아니다! 그때까지 모든 것이 진전되고 있었는데 왕이 모든 권력과 돈을 갖게 되면서 이제 모든 것이 과거로 돌아갔다." 만일 이것이 이 학생이 역사를 보는 전형적 방식이라면, 만일 모든 역사적 사건들이 단순히 발생하고 마는 것이 아니라 "전진하거나" "후퇴하는" 것으로 여겨진다면, 이는 그 학생의 역사적 사고 단계와 관련하여 아주 중요한 의미를 지닌다. 사건이나 사건의 결과가 숨은 의미를 갖고 있다는 것을 아는 순간 과거는 "의미 있는" 것으로 여겨진다. 개인적 수준에서, 학생들은 인간의 행동을 행위자의 성격이나 감정을 고려해서 묘사하는 단계에서 출발하여 사람들이 상황을 어떻게 이해했는지, 즉 그들이 무엇이 일어나기를 바랐고 일어나지 않기를 바랐는지를 기준으로 "행위들"을 분석하기 시작한다.

는 해안의 큰 바위-옮긴이)와 역사적 허무주의라는 차리브디스 소용돌이 사이의 현명한 길을 항해하면서 계속적으로 해체되고 재구성되어야만 한다.

일단 학생들이 역사적 과거에 대해 확고하게 이해한다면, 즉 그들이 "사건 공간"에 대한 1단계 개념들을 갖게 된다면, 이 공간 안에서 시간적으로 배열된 랜드마크들을 세우는 수단으로서 준거들frameworks을 가르쳐야 한다. 정확한 날짜들을 표기해야 한다는 것을 말하는 것은 아니다. 반대로 날짜들은 중요한 랜드마크들을 차례로 나열하고 배치하는 데 유용한 도움이 되며, 날짜와 기간들이 개인적으로 의미 있게 되고 일상적으로 사용되면 랜드마크를 대신하는 공식적인 도구가 되기도 한다. 제안하고자 하는 것은 사건 공간 1단계에서 2단계(〈표 8-4〉와 〈표 8-5〉를 보라)로의 진척을 촉진하려면 랜드마크들을 현재와 먼 과거 사이에 비교적 일정하게 배치된 일련의 연결고리로서 가르쳐야 한다는 것이다. 이런 목적에 정확하게 맞는 랜드마크들이 무엇인지—저명인사 수준의 개인들, 엄청난 사망자 수의 사건들, 민족신화에서 상징적 의미가 있는 순간들, 혹은 일상생활 양식에서의 큰 변화—는 다양한 논의가 가능하다. 마지막 내용(일상생활 양식)이 학습에서 효과적으로 사용될 수 있는 가장 큰 잠재력을 갖는다. 그러나 앞의 두 내용(개인이나 사건) 중 하나가 학습 효과는 제일 빠를 것 같다. 물론 랜드마크가 될 만한 사건들을 가르치는 것, 즉 과거 속에 연대기라는 뼈대를 끼워 넣는다는 방식이 새로운 것은 전혀 아니다. 교사들은 여러 해 동안 비슷한 활동을 해 왔다! 그래도 조금 덜 진부한 것은 학생 친화적인, 그래서 조금은 사소해 보이는 랜드마크들이 역사적으로 의미 있는 일반화 준거 속에 삽입되어야만 한다는 제안이다(⟨표 8-1⟩과 ⟨표 8-2⟩를 보라).

역사적 일반화를 파악하고, 형성하고, 평가하는 능력은 학생들이 습득하는 가장 가치 있는 기술과 도구라고 할 수 있다.[37] 일반화 능력은 나열된 개별 사건들에 의해 형성된 과거 개념으로부터 에피소드풍이지만 개인적으로 의미 있는 이야기들을 중요시하는 과거 개념으로의 진전을 촉진한다(⟨표 8-5⟩와 ⟨표 8-6⟩을 보라). 과거 속의 "작은 그림들"을 "더 큰" 그리고 결과적으로는 과거에 대한 "큰" 그림들로 표현하기 위해서는 상위의 발전적 혹은 인과적 일반화가 요구된다(⟨표 8-6⟩과 ⟨표 8-9⟩를 보라). 학생들에게 일반화에 필요한 조건인 개념적이고 조직적인 도구들을 사용하는 방법을 가르치는 것은 쉬운 일이 아니다. 그들은 구체적 사실들로 과부하가 걸리면서 여러 층위의 일반화에 의해 쉽게 헷갈리게 된다. 그리고 일반화를 관리하고 평가하는 기술들은 논쟁 중인 일반화의 종류만큼이나 다양하다. 러시아 인형세트처럼 구체적 사건들을 상위의 일반화 안에 위치지우는 데 필요한 기술들은 인과론적 관계의 유형을 만들고 검증하는 데 사용되거나 혹은 시간적으로 국지적인 현상을 장기적 경향이나 발전경로와 연결시키는 데 사용되는 일반화들과는 상이하다. 범주에 의한 그룹핑 같은 것은 독자적으로 가르쳐질 수 있고 역사적 자료에 적용될 수 있는

---

[37] 여러 해 전에 프란시스 블로우Frances Blow는 과거에 대한, 그리고 "지식의 한 형태"로서의 역사가 지닌 성격과 논리에 대한 학생들의 이해에서 하나의 핵심적 요소인 "일반화"의 중요성을 밝힌 바 있다. 시간이 지남에 따라 그의 통찰력이 지닌 예지력은 점차 분명해지고 있다.

논리적 활동들이다. 반면에 인과론적 설명이나 변화 기반 담론과 관련된 일반화는 인헬더Inhelder와 피아제Piaget(1958)가 말한 "조작적 인지"와 함께 그 학문 분야에 해당되는 2차 개념들에 통달해야 이룰 수 있다.[38]

2단계 학생들에게 우선적으로 필요한 것은 갱신된 "큰 그림" 준거들 안에서 사건 혹은 이름 기반 랜드마크들을 활용하여 작은 이야기들(토픽형 "이야기들")을 대체하는 것이다. 이것이 가능하려면 학생들은 준거들이 하나, 둘, 혹은 이보다 많은 토픽형 이야기들의 압축적 일반화 혹은 요약이라는 것을 이해해야 한다. 이것이 되지 않는 한 학생들은 과거에 관한 "작은 그림들"을 "큰 그림들"로 바꾸어 표시해야 할 필요성을 느끼지 못할 것이다.

3단계에서 4단계로의 발전(〈표 8-6〉과 〈표 8-7〉을 보라)은 앞서 언급했듯이, 정렬된 일련의 "작은 그림들"을 활용해서 발전적 그리고 인과론적 일반화를 구성해야만 성취할 수 있다. 만일 연대기적으로 정렬된 토픽으로 이런 일반화를 성취하기 어렵다면, "의료의 역사"와 같은 주제를 과거에 대한 다면체의 그림들로 용해하는 것은 쉽지 않

---

[38] 구성주의 심리학자들의 주장들을 아무런 수정도 없이 역사 교육과 학습에 적용시킬 수는 없다. 예를 들면, 과학과는 대조적으로 하나의 예외가 어떤 규칙을 부정하는 것, 즉 양적인 일반화는 역사에서는 적용될 수 없다. 만일 그렇다면 과거와 관련해서는 어떤 결론도 내릴 수가 없을 것이다. 이럴 경우 학생들은 언제 어떤 예외적 사건이 어떤 규칙, 혹은 일반화를 부정하게 될지를 계속 지켜보아야만 한다. 이는 또한 학생들로 하여금 예외적 사건들의 숫자(양)뿐만 아니라 성격(질)까지도 고려하도록 요구한다. 학부와 대학원 학생 집단이 증언하듯이, 이는 대부분의 피아제 학파 심리학자들이 고려해야 하는 것보다 더 복잡하고 더 논쟁적인 논리 작업을 요구한다.

은 일이다. 그렇지만, 이런 주제들themes을 과거의 독립적인 조각들로 내버려두기보다는 그것들을 좀 더 넓은 종합적 준거들 안에 놓인 긴 토픽들로서 다루는 것이 현명할 것이다.[39] 예를 들면, "노예제의 역사"는 사회정치적 조직을 다루는 준거 속에 넣을 수 있다. "에너지" 주제는 생산양식 준거에 명료하게 들어간다. 그리고 덜 명료하기는 하지만, "의료의 역사"는 문화와 습관 순거에 넣을 수 있다.[40] 4난계에서 5단계로의 진전을 촉진하는 방법들(〈표 8-7〉과 〈표 8-8〉을 보라)은 처음에 생각했던 것보다는 덜 명료하다. 경험을 통해 보면 학생들은 현실 정도로 복잡한 것만을 견딜 수 있을 뿐이다. 긴 기간을 다루는 역사 서술은 한 차원일 필요가 있다. 즉 이야기나 주제는 하나하나씩 그려야 할 필요가 있다. 의료의 역사와 같은 주제들은 "수술", "약학", "보건" 등의 하위 주제들로 분해될 때 더 잘 통한다. 문제는 학생들이 역사를 일방통행로(〈표 8-4〉)로 생각하는 것으로부터 그것을 여러 개

---

[39] 사건 공간에 관해 5단계 수준의 개념을 갖고 있는 학생들은 무지개 형태로 배열된 주제들을 갖고 작업을 하고 주제들을 가로지르는 연결고리를 찾아보는 작업을 즐기게 된다는 점을 기억해야 한다. 예를 들면 1차 산업혁명(생산양식), 산업도시에서의 인구의 급증(인구의 증가와 이동), 그리고 법과 질서를 유지하기 위한 전통적 메커니즘의 붕괴(정치사회 조직) 사이의 연결고리를 찾는 일이다.

[40] "문화"는 창조되거나 학술적으로 발견되는 일종의 상징물로서 어떤 민족에게 명백하게 잘 알려지거나 인정받는 특성이 있다. 따라서 "문화"는 세라믹 디자인, 음악, 수학, 과학, 그리고 종교를 포함한다. "프락시스"는 사고와 행동의 방식과 관련된다. 프락시스도 어떤 문화가 만들어 낸 인조물이지만 그것으로 인지되지는 않는다. 그것은 행위 속에, 생산물 속에, 그리고 "상식"으로 통하는 것 속에 잠재되어 있다. 이 용어는 또한 예술, 문학, 그리고 철학과 같은 문화적 산물 속에서 당연하다고 여겨지는 부분과 관련된다. 프락시스를 조금 다른 시각에서 보려면 지그문트 바우만 Zygmunt Bauman(1973)을 보라.

의 그러한 길들을 가진 "사건 공간"으로 보는 것으로 성장하고 나면, 일방통행 체제들끼리는 서로 의미가 연결될 수 없다는 점이다. 의료 분야의 하위 주제들조차도 의료라는 상위 범주의 하위 주제라는 공통된 자격을 넘어서 상호간에는 어떤 연계도 없다고 생각되는 것이다. 마치 많은 일방통행 도로들이 서로 연결시켜 주는 측면 도로들을 가지고 있지 않은 양상이며, 현재라고 하는 해안에서 공통적으로 끝이 난다고 하더라도, 상이한 장소에서 끝이 나는 것과 마찬가지다. 준거들 사이의 연결은 여러 준거들에 공통적으로 속하는 전환점들을 통해 가능할 수 있다. 예를 들면, 생산양식에서의 혁명(신석기, 산업, 그리고 세계화)과 사람들의 성장과 이동에서의 혁명 사이의 일치가 그것이다. 준거들 사이의 연결은 또한 결과의 공통성을 통해서도 상호 연결될 수 있을 것이다. 두 번째 방법은 처음부터 초기 준거들 안에 비슷하거나 동일한 핵심 질문들을 포함시킴으로써 어느 정도는 인위적으로 설계될 수 있다. 생산양식(《표 8-1》을 보라)과 사회적 및 정치적 조직(《표 8-2》를 보라)에 대한 각각의 초기 준거들 속에 세 개의 핵심 질문들이 제기되어 있다. 이 질문들은 준거들을 가로지르는 두 개의 접합점이 가능하도록 선택되었다. "너는 얼마나 오래 사느냐?"(《표 8-1》)는 "너는 얼마나 안전하냐?"(《표 8-2》)와 교차한다. 그리고 "너는 시간을 어떻게 소비하느냐?"(《표 8-1》)라는 질문은 "누가 무엇을 하느냐?"(《표 8-2》)라는 질문과 연결된다. 이런 질문들의 상호 유사성은 4단계와 5단계에 있는 학생들에게는 분명하게 보일 수 있지만, 필요하다면 동일한 문장으로 대체될 수도 있다.

미시적 과거와 거시적 과거를 조정하는 것이 어렵기 때문에 5단계로부터 6단계로의 발전(〈표 8-8〉과 〈표 8-9〉를 보라)은 쉽지 않을 것 같다. 예를 들면, 아즈텍제국Axtec Empire(15세기에서 16세기 초까지 멕시코 중부와 남부를 지배했던 제국-옮긴이)에 대한 코르테즈Cortes(아즈텍 문명을 멸망시킨 스페인 정복자 에르난 코르테즈-옮긴이)의 승리가 트랙스칼란Traxcalans(코르테즈에 협력한 멕시코 부족-옮긴이)과 여타 다른 부족들의 적극적인 협력 때문에 가능했었다는 것을 이해할 수 있는 14세의 우수한 학생 집단이, 만일 스페인 정복자들이 전멸했다면 현대 멕시코 인들이 스페인어가 아닌 다른 언어를 사용할 수도 있다는 것을 이해하지 못했다. 최근의 연구에서 12세 학생들 중 일부가 노르망디의 윌리엄William of Normandy(정복자 윌리엄이라고 불리는 11세기 초의 노르망디 공-옮긴이)이 1066년에 있었던 헤이스팅스 전투에서 패배했다는 것을 상상하라는 질문을 받았을 때 "어떤 다른 왕"이 1215년에 마그나 카르타에 서명했을 것이라고 주장했다. 여기서 흥미로운 것은 노르망디의 정복이 실패했다면 윌리엄 1세로부터 이어지는 왕위 계승에 변화를 가져왔을 것임을 아는 학생들이 그 외의 모든 것은 그대로 발생했을 것이라고 생각했다는 것이다(복잡한 역사에 덜 익숙한 학생들은 헤이스팅스와 마그나 카르타가 상이한 이야기에 속해 있고 서로 연결되지 않기 때문에, 존 왕이 1215년에도 여전히 왕이었을 것이라고 주장했다). 그것은 마치 과거에 대한 "작은 그림들" 속에서 반사실적 가능성 counterfactual possibility(실제 일어났던 일과 정반대의 일이 있어났을 가능성-옮긴이)들을 받아들이려는 학생들이 이런 가능성을 현재나 혹은 과거의 다른 부분에 적용시키기를 거부하는 것과 마찬가지다. "큰 그림" 과거라고 하는 일방통행로는 교차로를 갖고 있지만, 어떤 방향으로 전환하든, 모든 길은 결국 그 일방통행로로 돌아오게 된다. 반사실적 가능성들은 미시적 과거를 위해서는 허용되지만 거시적 역사에서는 거부된다. 그 이유는 아마도 현재라는 시간은 토픽형 과거의 분석을 위한 기준으로는 쓸모가 있지만 과거에 대한 큰 그림들을 위한 기준으로는 적합하지 않기 때문이다. 학생들이 어느 한 시점에서 마음에 간직하는 역사적 변수의 숫자는 제한적일 필요가 있다. 그렇게 된다면, 반사실적 전략이 "큰 그림"의 결과로부터 "작은 그림"의 원인으로, 혹은 그 반대방향으로 효과적으로 작동할지도 모른다. 예를 들면, "만일 당신이 과거에 있었던 일 중 하나를 변화시킴으로써 현재의 멕시코 사람들이 스페인어를 말하지 않도록 할 수 있다면 그것은 무엇인지 설명하라"와 같은 형태의 질문이 그런 효과적 전략일 수 있다.

지금까지 추천한 전략들은 추가적 연구를 통해 수정되고 정교해져야 할 발전모델이 지닌 실용적 유용성을 설명하는 것 이상은 아니다. 그럼에도 불구하고, 역사적 사실들과 종합적 설명들을 조직하고 구조화는 데 사용되는 장치apparatus는 핵심적인 2차 개념들에 대한 학생들의 이해와 밀접히 관련되고, 어느 정도는 그것들로부터 나온다는 점은 논란의 여지가 없는 사실이다.

결론

보다 다양하고 사회적으로 생산적인 역사의식을 발현시키기 위해서는 인류 과거에 대한 "큰 그림"을 획득하는 것이 필요하다는 것이 이

장의 핵심 내용이다. 국가 정체성과 공동체의 결속을 강조하는 역사 의식의 중요성이 의도적으로 무시될 것이라는 점에서 이런 주장은 도전받을 수 있다. 예를 들면, 만일 학교의 역사 교육이 시민 가치의 배양과 국가 정체성의 형성을 위한 도구로서 사용되어야 한다면, 원하는 메시지에 맞는 파편화된 이야기들만을 편파적으로 선택할 수밖에 없다. "큰" 역사의 진흙과 수렁으로부터 패배, 민족 혼합, 문화 접변 등으로 오염되지 않은 민족 기원, 투쟁, 그리고 승리의 이야기들이 발굴된다면, 국가 정체성 의제는 가장 성공적으로 성취될 것이다. "민족 기원"과 "황금시대"에 대한 많은 이야기들은 과장이나 축소 없이 냉정하게 이야기한다고 해도 진실로 놀랍고 감화적이고, 영웅적이고 감동적이다. 그러나 이 빛나는 이야기들은 일반적으로 고유한 국가 가치관이나 민족성과는 아무 관계가 없다. 모든 나라나 민족 역사의 시작 부분에서 나타나는 실패, 퇴보, 그리고 공포 등의 에피소드 이상은 아무것도 아닌 경우가 허다하다. 그러나 우리가 학생들의 국가 정체성 의식을 만들어 내고, 수정하고 혹은 키워야 한다면, "황금시대" 이야기들을 활용함으로써 학생들이 장차 무엇이 될 수 있고, 무엇이 되어야 하느냐라는 비전, 즉, 현재의 보잘것없는 모습 밑에 숨겨진 영원한 잠재력이라는 비전을 수월하게 제시할 수 있을 것이다. 이것은 특히 학생들이 자신들의 현재의 평범함 혹은 퇴보가 다른 누군가의 잘못이라고 생각하도록 설득하기 위해서 과거에 아주 많이 작동했었던 깔끔한 속임수인 것이다! 또한 과거로부터 조심스럽게 선별하고 가공한 이야기들을 냉정하고 솜씨 있게 들려주는 것은 시민으로서의 학생들의 행위에 뚜렷하고 긍정적인 영향을 미친다. 물론 이것은 이민족을 포용하는 행동을 포기하게 하는 위험을 동반한다.

국가 정체성 목표에 맞게 만들어진 역사 수업을 듣는 학생들과 비교해 볼 때, 앞에서 소개한 과거에 대한 "큰 그림들"을 통해 수업을 받고 역사학의 학문적 성격과 논리에 대한 기초적인 이해를 한 학생들은 다원적(예를 들면, 플라망적이면서 벨기에적인), 혹은 초국가적인(예를 들면, 유럽적인), 혹은 "문화적 공동체"(예를 들면, 서구)적 정체성을 갖게 될 것이다. 정확하게는 모른다! 그러나 과거와 역사학에 대한 학생들의 이해가 정교해질수록, 전체적으로 "국가"와 "정체성"에 대한 그들의 시각이 더 냉철해질 것이다. 만일 역사적 해석이 과거가 주는 선물이 아니라 역사적 연구의 산물이라고 여긴다면, 만일 역사가들이 "원래 있었던 것을 이야기"하는 것이 아니라 "그것이 어떠했는지에 대해 이야기하려고" 시도하는 것이라면—다른 말로 하면, 만일 역사가들이 "진실게임"(정답을 찾는 게임–옮긴이)이 아니라 "정당성게임"(그의 이야기에 타당성이 있는지를 판단하는 게임–옮긴이)을 한다면—그래서 만일 프랑스혁명에 대한 가장 정당한 설명이 하나가 아니라 많은 수의 정당하고 수용 가능한 설명이 있다면, 우리는 프랑스 민족이 어디서 왔는지, 누가 프랑스 사람이었고 현재는 누가 그런지, 그리고 누가 프랑스 사람이 아니었고 현재는 누가 아닌지, 그리고 시대에 따라 프랑스 사람이라는 것이 무엇을 의미하는지에 대해 역사가 하나 이상의 설명을 할 수 있고 해야 한다는 것을 받아들여야만 한다. 1920년 유럽의 프랑스 시민의 25퍼센트 정도는 프랑스어를 제2언어로 썼다는 것을 안다면 요즘 학생들은 과연 놀랄 것인가? 이런 사소한 통계는 국가 정체성을 위해서 은폐되어야만 하는가? 세계화 시대에 학생들은 "국민성"이라는 개념이나 감정이 역사적으로 변화 가능하다는 점을 이해해야만 한다. "국적"은 역사적 산물이지 타고나는 것은 아니다. 21세기에 프랑스라는 나라에 부여된 혹은 프랑스가 주장하는 성격과 가치관은 1792년에 프랑스가 갖고 있던 성격과는 아주 다르다. 843년은 말할 것도 없다. 의심할 여지없이, 프랑스라는 나라의 문화적이고 현상학적인 발전은 프랑스가 지금 차지하고 있는 지리적 영역과 관련된 발전보다는 서유럽 "문화 공동체" 전체의 역사와 더 관계가 깊다. 간단히 말해서 "국가 정체성"은 과거에 대한 "큰 그림" 안에 놓고, 방법론적으로 잘 다듬어진 역사의식이라는 렌즈를 통해서 볼 때 더 다양하고 세밀해진다. 역사적 구성물로서 "시민성"에 대해서도 똑같이 주장할 수 있다. "권리"와 "자유"에 대한 생각들, 사회와 제도가 작동하는 방식들은 시간이 지남에 따라 급격히 변화해 왔고, 따라서 현재의 상황과 탈문맥화된 과거 사이의 차이와 유사함을 이야기하는 것은 오해를 살 수도 있고 위험하기도 하다. 미래의 시민들을 위한 보다 정당한 학습은 "큰 그림"이라는 문맥 안에서 이루어지는 특수한 변화와 변동에 대한 분석과 설명으로부터 시작되어야 한다.

"큰 그림" 방식으로 역사를 가르치기 위한 네 가지 접근방법이 검토되거나 제안되었다. 이 중 주제별 연구방법 하나만이 학교들에서 잘 정착해 있다. 시간적으로 문맥화된 토픽형과 일상적으로 가르쳐지는 토픽에 대한 누적적 복습이라는 두 가지 접근법들은 소규모 학교들에서의 실험상황에서 사용되어 왔다. 네 번째 접근법, 즉 지식 준거에 기초한 방식은 아직도 실천되어야 할 하나의 제안이다. 첫 번째 방식과 관련하여 수집된 과정과 결과에 대한 자료들은 중요하고 형식을 갖추었지만, 유념해야 할 것은 이 자료들이 원래 다른 목적을 위해 수집된 자료들이었다는 점이다. 두 번째와 세 번째 접근방법과 관련된 자료들은 비공식적이고 임시적이다. 이렇게 보면 연구상황에서 얻은 결론은 통상적인 주의 이상의 주의를 기울여서 조심스럽게 해석해야만 한다는 것이다. 결론은 다양한 시도와 검증의 결과가 아니라 경험에 기반을 둔 추론 정도로 받아들여야 한다.

이런 경고들에도 불구하고 몇몇 추론들은 아주 광범위하고 자주 반복되는 자료들에 의해 지지를 받고 있다. 이들 추론 중 두 가지는 부정적인데 어쩌면 어렵지 않게 해결될지도 모른다. 첫째, 학생들은—그리고 일부 대학원 수준의 역사학도들조차도—과거에 대한 "큰" 혹은 심지어 "더 큰" 그림들을 형성하는 데 어려움을 겪고 있다. 그 과정이 보통 느리고 고되다. 둘째, "큰 그림"을 가르치기 위한 네 가지 접근방법 중 어느 것도 만족스럽다고 할 수 없거나, **지식 준거틀**의 경우처럼 앞날이 보장된 것이라고 할 수도 없다. **주제적 접근법**은 주제가 협소할 때는 작동하는 것으로 알려져 있다. 그러나 주제들을 상호 연결하거나 묶어서 더 큰 주제로 만드는 것은 극히 어려워 보인다. **시간적으로 문맥화된 토픽** 방식은 나이가 많고 좀 더 능력 있는 학생들에게는 잘 작동을 하는 편이다. 비록 이 방법들을 평균 수준의 능력을 지닌 나이가 어린 학생들에게 적용하는 것이 가능하다고 하더라도, 결국은 토픽 핵심으로부터 뻗어 나온 축소된 작은 주제들에 가까워지고 만다. 그렇게 됨으로써 토픽의 비연속성과 주제의 협소성이라는 두 개의 단점을 모두 갖게 된다. 그렇다고 해도 이 방법은 여전히 유용한 연구 도구이기는 하다. **누적적 복습과 과제** 방식은 선발형 학교에서는 성공적인 것으로 나타났지만 일반학교에 다니는 보통 수준의 학생들에게 사용하기에는 너무나도 도전적이다. 지식의 준거 방식은 원칙적으로는 매력적이지만 엄청난 시간과 에너지의 투자를 요구하며, 이로 인해 아직도 더 많은 시간을 갖고 시도되어야만 한다.

긍정적인 추론들은 아래와 같이 요약된다.

1. 과거에 대한 큰 그림들은 먼 과거를 시작점으로 해서 점차 드러난 현재, 그리고 가능한 미래를 포함하도록 확장될 때 학생들에게 더 접근 가능하며 적합한 것이 된다. 위에서 언급한 네 가지 중 두 가지 방식에서 지지를 받을 수 있는 이 추론은 꽤 가능성이 높아 보인다. 이것보다는 가능성이 낮지만 여전히 제기할 만한 가치가 있는 의견은 "큰 그림" 역사를 과거와 미래로 기계적으로 확장하는 것이 역사의식에서의 급격한 변화를 촉진할 수 있다는 추론이다. 두 가지 생각이 떠오른다. 첫째는 과거에 있었던 일 중 불가피한 것은 없었고 무작위적이거나 우연인 결과도 거의 없었던 것처럼, 미래에도 이미 예정되어 있는 것은 없지만 대부분의 일들은 예측 가능하다는 인식이다. 많은 수의 가능한 미래가 있지만 가능성의 범위는 제한적이다. 우리는 우연을 넘어, 물리학과 생물학의 법칙들과 일치하는 무한한 숫자의 미래들을 묘사할 수 있다. 두 번째 생각은 미래는 과거와 현재에 의해 만들어진다는 것이다. 가능한 미래와 불가능한 미래의 대부분은 과거에 정해지고 따라서 되돌릴 수 없다. 게다가 현재에 사는 우리는 의식적으로 그리고 무의식적으로 미래를 계속해서 만들어 가고 있으며,

가능성들을 열고 닫고 있으며, 가능한 미래들이 지닌 유·불리를 재고 있다. 미래의 시각으로부터 과거를 분석하고 조사한다는 측면은 **역사의식**의 형성에서 핵심적인 과정이며, "과거는 죽어서 없어진 것"이라는 너무나도 평범한 생각을 넘어서는 발전이다.

2. 과거에 대한 종합적 개요를 신속하게 가르치고, 이어서 수정하고, 확장하고, 지속적으로 정교화해야만 한다. 능력이 뛰어난 학생들조차도 여러 달 혹은 여러 해에 걸쳐 가르쳐지는 비연속적 토픽들에서 얻는 개별적 사실들로 큰 시간구조를 만들어 내는 것을 어렵다고 생각한다. 평범하거나 열등한 학생들에게는 이런 기대를 하는 것 자체가 어렵다. 왜냐하면 우선 여러 수업을 통해 가르쳐지는 정보는 쉽게 잊히기 때문이다. 그리고 두 번째로 다수의 자료를 포괄하는 개요는 완전해 보이지 않기 때문이다. 이런 추론은 위에서 언급한 "큰 그림" 교육에 대한 네 가지 접근들 중 세 가지로부터 도출한 증거들에 의해 지지를 받는다. 따라서 이것은 받아들일 만한 의견이다. 학생들이 가능한 이른 시기에 과거 전체에 대해 개인적 통찰을 할 수 있도록 해야 한다는 2차적인 추론은 이보다는 가능성이 적어 보인다.

3. 역사는 "풍부한 정보를 담은 과목"이기 때문에 학생들은 토픽, 이야기, 그리고 시험 질문들과 연관된 "작은 그림" 척도에 기초해서뿐 아니라 "큰 그림" 척도에 기초하여 정보를 조직하고 관리하는 방법을 배워야만 한다. 이 추론은 위에서 언급한 접근방법

중 두 개로부터 수집된 자료들에 의해 지지를 받을 정도의 타당성을 지니는 의견이다. 첫째는 가르쳐진 원래의 이야기의 단순한 복사 이상으로 과거에 대한 "작은 그림들"을 구성하기 위해서, 그리고 두 번째로는 "작은" 그림들을 연결하여 의미와 방향이 있는 과거에 대한 "보다 큰" 그림들을 만들어 내기 위해서 학생들은 다양한 종류의 일반화에 통달해야 할 필요성이 있다는 주장은 지금까지의 증거로 보아 조금은 불안하지만 강조하고 싶다.

4. 과거에 있었던 "작은 이야기들"을 과거에 관한 "큰 그림들"로 변형시키는 것, 그리고 이어서 "큰 그림들"을 다듬고 세밀화하는 능력은 학생들이 "변화와 발전", "원인과 결과" 그리고 역사적 "설명"의 성격이나 지위 등 관련된 2차적 개념들을 어떻게 이해하고 있는지와 밀접하게 연결되어 있다.[41] 위에서 언급한 네 개의 접근 방식 중 세 개에 의해 확실하게 지지를 받고 있기 때문에 이 주장은 충분히 할 만하다. 보다 덜 확실한 두 개의 다른 주장들이 있다. 첫째, 그리고 아주 임시적 수준의 주장은 "큰 그림" 발전은 2차적 개념들의 구성과 단순하게 연결되거나 영향을 받는 정도가 아니라 그것에 의해 추진된다는 주장이다. 두 번째는 "큰 그림" 형성은 인과론적이고 발전론적 개념들을 미시적인 토픽이나 사례뿐만 아니라 거시역사적 질문들에 체계적으로 적용시킴으로써 가속화될 수 있다는 주장이다.

---

[41] 이런 관계에 대한 가장 명료하고 설득력 있는 설명은 피터 리(2005)를 참고할 것.

위에 나열된 추론이나 주장들은 경험적 자료들과 실천적 경험들에 기초하고 있지만 좀 더 체계적 연구를 통해 검증할 필요가 있다. 유명한 라디오 퀴즈쇼$64,000 Question의 핵심은 문제들이 옳은가 혹은 그르냐에 대한 것이 아니라 그것들이 어떻게 잘못된 것으로 판명날 것이냐에 대한 것이다. 연구 또한 아주 임시적인 대답조차도 시도되지 않았던 질문들을 제기해야 한다. 첫 번째 가장 긴요한 질문은 "큰 그림"을 가르치는 전략과 관련된다. 준거 전략은 시간과 자원의 투자가 필요하지만 지속적으로 추진되고 평가되어야 한다. 다른 접근법들은 청소년들이 역사를 어떻게 생각하는지, 무엇을 어렵게 여기고 왜 그런지에 관해 유용한 자료를 계속 만들어 낼 것이다. 그러나 이 장에서 검토된 비−준거적 접근법들은 여러 가지 이유 때문에 보통 수준의 학생들을 "큰 그림" 형성으로 향하는 길에서 아주 멀리까지 진전시키지는 못할 것이다. 따라서 좀 더 설득력 있는 전략이 제안되기까지는 준거적 접근이 선호 옵션으로 남는다! 충분한 시간을 갖고 답을 찾아야 할 질문들은 대부분 역사의식의 성격적, 인지적, 그리고 지식 기반적 결정요소들과 관련된다. 과거에 대해 융통성 있고 과도적인 그림들을 만들어 내기 위하여 "사회정치적 조직"이나 "생산양식" 등과 같은 주제와 경향들을 연결시키는 방식을 학생들에게 가르치는 방법들, 그리고 기초적 지식, 조직구조와 장치들, 그리고 2차적 개념들 사이의 상호 작용의 결과를 표시하는 타당한 은유로서 "사건 공간" 개념이 적당한 것인지 등이다.[42]

---

[42] 세 번째 질문에 답을 하려는 시도는 생각보다 더 복잡해질 수 있다. 과거를 "사건

이 글은 답을 제시하기보다는 질문을 던지고 있으며, 제시된 답의 대부분은 경험에 기초한 추론들에 불과하다. 더 심하게 말하면 역사 교육의 미래 방향과 관련해서 제대로 작동하지 않을 것, 그리고 수용되지 말아야 할 것에 대한 설명들이 작동할 만한 것 혹은 작동하도록 되어야 할 것에 대한 설명들보다 오히려 더 가능성이 있어 보인다. 그렇다면 이런 이야기를 왜 하는가? 보다 명확하고 상세한 것을 쓸 수 있을 때까지 왜 기다리지 않는가? 그 이유는 첫째, 영국이 이런 규모와 성격을 지닌 연구를 후원할 전망이 없다. 따라서 교사들이 우연히 시도해 볼 기회를 얻었을 때, 교사들이 결코 도착하지 않을 바람직한 연구 결과를 기다리기보다는 이런저런 추론들에 기초해서 행동할 때 여기에서 제기된 현안 문제들에 대한 답을 얻을 수 있을 것이다. 연구가 아니라 교육 현장으로부터 얻어지는 자료들은 주의 깊게 처리해야 하지만, 자료가 충분하다면 현실 교육이 제자리에서 맴돌지 않고 앞으로 나아가기 위해 필요한 충분한 지혜들을 얻을 수도 있다. 두 번째 이유는 여기서 제기한 추론들은 학습 성과에 견주어서뿐 아니라 학급 경험에 견주어서 검토해야 할 필요가 있기 때문이다. 실험식 조건 하에서 작동하는 것으로 알려진 많은 훌륭한 생각들이 실제 생활에서 청소년들에게 적용했을 때, 그리고 실제 학교 현장에 적용했을 때, 실패하거나 혹은 쓸모없는 것으로 드러나기도 한다. 그리고 영국 교사

공간"으로 보는 학생들의 가정을 새롭고 다른 시각에서 탐구하려면, (여러 가지 인간심리학 혹은 역사적 "사실"이 지닌 인지론적 위상을 다루는) 다른 지식 구조들과 다른 2차적 개념들—"감정이입empathetic"식 혹은 "의도적intentional" 설명양식 등—이 "큰 그림" 교육이나 학습을 위해 중요할 수도 있다.

들은 특히, 학교의 역사 교육을 점점 더 어떤 방법에 의하든 시민의식의 함양과 국가 정체성 형성의 수단으로 보려는 정부의 영향 하에 놓여 있다. 이런 환경 하에서 교사들이 역사의식과 같은 멀고도 어려운 개념들에 대해 큰 관심을 기울이거나 과거에 대한 "큰 그림들"을 지향하면서 가르치는 것은 어렵다. 더구나 누구도 최선의 방법이 무엇인지를 잘 모른다. 그러나 우리는 전에 더 심한 곤경에 처해 있었던 적도 있다. 이제 역사에 충실해야 할 뿐 아니라 역사의 가치를 믿어야만 한다.

"역사는 자신이 역사를 바꾸고 있다고 생각하는 사람들을 변화시키는 경향이 있다. …… 역사는 역사가 무엇을 하고 있는지를 안다. 꽤 오래전부터 그랬다."

— 테리 프라체트Terry Pratchett

● 참고문헌

Bauman, Z. (1973). *Culture as praxis*. London: Routledge & Kegan Paul.

Braudel, F. (1972). *The Mediterranean and the Mediterranean world in the age of Philip II*. London: Collins.

Buchanan, M. (2000). *Ubiquity*. London: Phoenix.

Diamond, J. (1997). *Guns, germs and steel*. London: Jonathan Cape.

Diamond, J. (2005). *Collapse: How societies choose to fail or survive*. London: Allen Lane.

Fagan, B. (2004). The long summer: How climate changed civilization. London: Granta.

Hirst, P. H. (1965). Liberal education and the nature of knowledge. In R. D. Archembault (Ed.). *Philosophical analysis and education*. London: Routledge & Kegan Paul.

Inhelder, B., & Piaget, J. (1958). *The growth of logical thinking from childhood to adolescence*. New York: Basic Books.

Lee, P. (1991). Historical knowledge and the national curriculum. In R. Aldrich (Ed.), *History in the national curriculum* (pp. 39~65). London: Kogan Page.

Lee, P. (2004). Walking backwards into tomorrow: Historical consciousness and understanding history. *International Journal of Historical Learning, Teaching and Research, 41*(1). Retrieved from http://www.ex.ac.uk/historyresource.journal7/contents.html

Lee, P. (2005). Putting principles into practice: Understanding history. In J. D. Bransford & M. S. Donovan (Eds.), *How students learn: History, mathematics and science in the classroom* (pp.31~78). Washington, DC: National Academies Press.

Lee, P., & Ashby, R. (1998). *History in an information culture*. Paper presented at symposium, the Teaching and Learning as Epistemic Acts Symposium, San Diego, CA.

Ofsted (2007). *History in the balance: History in English schools 2003–07*. London: Ofsted.

Rüsen, J. (1990). *Zeit und Sinn: Strategien historischen Denkens* [Time and sense: Strategies of historical thinking]. Frankfurt–am–Main, Germany: Fischer.

Scott, J., & Shemilt, D. J. (1986). *Schools history project 13~16: Energy through time: Teachers guide.* Oxford, England: Oxford University Press.

Shemilt, D. J. (2000). The caliph's coin: The currency of narrative frameworks in history teaching. In P. N. Stearns, P. Seixas, & S. Wineburg (Eds.), *Knowing, teaching and learning history* (pp. 83~101). New York: New York University Press.

Wineburg, S. (2001). *Historical thinking and other unnatural acts.* Philadelphia: Temple University Press.

Wright, R. (2004). *A short history of progress.* Edinburgh, England: Canongate Books.

9

"다섯 명 중 두 명은 헨리 8세가 여섯 명의 아내를 두었다는 것을 몰랐다": 역사 교육, 역사교양, 그리고 역사의식

_ **피터 리**Peter Lee
영국 University of London, Institute of Education 교육사, 역사철학 교수. *Understanding history, recent research in history education*(2005)의 공동저자.

_ **조나단 호슨**Jonathan Howson
영국 University of London, Institute of Education 문화와 교육 교수. *Teaching about the holocaust in English secondary schools: An empirical study of national trends, perspectives and practices*(2009)의 공동저자.

역사 교육은 학생들이 역사적 방향을 잡는 법을 어떻게 도울 것인지 하는 문제에 직면해 있다. 학술적 이해disciplinary understanding와 시간 속에서 방향을 잡는 것orientation in time은 서로 연결되어 있으며, 따라서 이 문제를 "방법skills"과 "사실적 지식factual knowledge"의 이분법으로 개념화하는 것은 실패를 지속시킬 가능성이 있다. 학생들의 역사 이해에 대한 연구를 보면 학생들이 역사에 어떤 의미를 부여하고 있는지를 알 수 있다. 그러나 학생들이 갖고 있는 과거 인식에 대한 우리의 이해는 매우 제한적이다. 이 장에서는 학생들의 역사 이해가 기초하고 있는 바탕을 탐구하고, 그 파편적 성격에 주목한다. "준거"와 "큰 그림"을 구분하고, 학술적 개념들이 학생들의 "큰 그림" 구성 능력을 결정하는 데 한계와 기회를 함께 제공할 수도 있음을 제시하고자 한다. 역사 교육을 오크쇼트Oakeshott의 "실용적 과거practical past"를 닮은 어떤 것으로 변질시키려는 사회적 목표에 직면해서 우리가 기울여야 할 주의점을 강조하는 것으로 결론을 삼을 것이다.

역사 교육이 당면한 문제들은 무엇인가

민하르트, 심콕스, 그리고 윌셔트(2006)는 연구 제안서에서 두 가지 질문을 던졌다. 하나는 우리가 세계화 시대라고 하는 현실과 한 나라의 시민으로서 한 개인이 기능해야 할 오랜 요구를 어떻게 조화시킬 것인지를 묻고 있는 것이다. 한 나라의 시민으로서 모든 개인은 과거, 문화, 그리고 정치적 운명을 공유하고 있다. 또 다른 하나의 질문은 역사 교육이 하나의 준거틀frame of reference을 형성해야만 하는지를 묻고 있다. 이 두 질문 사이의 관련성을 설명하는 것은 매우 조심스러운 일이다. 따라서 우리는 이번 학술회의의 주최자들이 선택한 것보다는 조금 덜 민감한 사례를 가지고 논의를 시작할까 한다.

1999년에 유명한 역사가 노만 데이비스Norman Davies는, 현재의 영국과 아일랜드를 합한 "섬들the Isles"의 역사에 관해 서술한 유명한 책 서문에서, 영국에서의 역사 교육에 대해 언급했다.

교육이 책임질 것이 많다. 50년 전에도 모든 아이들은 그들이 "잉글랜드"라고 부르는 나라의 역사와 발전과정을 배웠다. 그것은 영국과 그 식민지에 대한 것이었다. 그들은 왕과 왕비들, 영웅과 여걸들, 승리, 영광스런 패배, 그리고 국가적 성취에 대한 설명으로 즐거워하면서 그것을 긍지와 애국심 차원에서 배웠다. 그들은 역사가 무엇을 의미하는지, 그리고 역사가 지닌 시민적이고 애국적인 목적이 무엇인지를 이해했다. 이후 50년이 지난 지금, 옛날 방식은 거의 남아 있지 않다. 그것은 물론 단점을 갖고 있었다. 그러나 그것을 대체할 만한 방식을 발견하지는 못했다. 제국이 붕괴되었을 때, 애국적 역사는 인기를 잃었다. 전쟁과 전투는 존경하는 사람이 거의 없었는데, 특히 교사들 사이에서는 더 그랬다. 왕과 왕비와 관련된 날짜와 사실들은 젊은 사람들의 정신건강에 해로운 것으로 여겨졌다. 교실에서 그들이 차지하던 자리는 연구방법과 사료들에 대한 비판적 토론, 그리고 더욱 자주 공감 훈련에 의해 대체되었다(p. xxv)

그렇게 간단하면 좋을 것이다. 우리 앞에는 마치 이해할 수 있을 것 같아 보이는 그리고 이미 실천방법을 알고 있는 듯한 두 가지 전략들 사이에서의 선택이 남아 있다. 첫 번째 방식은 학생들에게 시민으로서의 역할을 하도록 해 왔고, 앞으로도 그렇게 할 것이다. 데이비스(1999)는 다른 방식으로부터는 어떤 이점도 예상할 수 없고, 따라서 그의 선택은 분명하다.

확실히 문제는 있지만, 우리가 그것을 어떻게 설명할지에 관해서는 주의를 기울여야만 한다.[1] 우리가 어떻게 할지를 알고 있지만, 나쁜 습관에 빠져 있었기 때문에 혹은 더 넓은 세계가 새로운 방식으로 우리의 소위 국민국가에 영향을 미치고 있기 때문에, 그렇게 하지 못하고 있는 것은 아니다. 영국에서 "훌륭하고 오래된 연대기적 국가 역사"가 "완벽한 역사 지식"을 제공해 왔다는 것은 결코 분명하지 않다. 그동안의 역사 교육이 이론의 여지는 있지만 잉글랜드(영국이 아니라) 정체성이라는 신화를 가르치기 위한 계획에는 철저했다. 그러나 보통

---

[1] 이 장에서는 대체로 영국의 사례와 경험적 연구로 제한될 것이다. 왜냐하면 저자들이 가장 잘 아는 영역이기 때문이다. 어떤 해결책을 제시하기보다는 우리 생각을 제시하는 수준에 그칠 것이다.

사람들은 차치하더라도 학교 학생들이 50년 혹은 100년 전에 어떤 역사적 "사실들"을 알고 있었는지에 대한 정확한 증거는 없다. 우리가 지금 아는 것은 지금의 학생들은 우리가 알았으면 하는 것을 알지 못한다는 것이다.

자유의 쟁취와 수호의 과정으로 미국 역사를 보는 지배적인 담론이 무르익어 역사가들의 비판을 받고 있는 미국에서도, 학생들이 "기본적인" 역사적 사실들을 잘 모른다는 불평이 여러 해에 걸쳐 있어 왔다. 와인버그Wineburg(2000)가 잘 지적했듯이, 지난 100년 동안 학교 교육, 교육방법, 그리고 전체 사회에서 극적인 변화들이 발생했지만, "변하지 않은 것은 학생들이 지속적으로 무식했다는 점이다. 전체 세계는 지난 80년 동안 큰 지각 변동을 이루었지만, 한 가지는 여전한 채 남아 있다. 아이들은 역사를 모른다."(p. 307)

학생들이 지금보다 역사를 더 많이 알았던 시대가 있었다고 하더라도, 학교 역사 교육의 문제가 주로 역사 지식의 규범canon을 갱신하는 문제라고 생각하는 것은 잘못일 것이다. "역사에서 배워야 할 특별한 지식"이 무엇을 의미하는지에 대해 납득할 만한 설명을 하기는 어렵다. 우리는 "파당적 역사party history"의 함정에 빠지는 것을 염려하여 완전한 이야기를 확정하는 것을 회피하려는지도 모른다. 그렇지만 "사실들"만을 나열하는 것은 대안조차 되지 않을 것이다. 사실들의 명단lists of facts이라는 것은 역사적 지식이나 교육의 본질에 맞지 않는다.

역사에서 사실들은 차원분열도형fractal(자기 유사성을 갖는 복잡한 기하 도형의 한 종류–옮긴이)이다. 우리가 1차 세계대전을, 예컨대 하나의 "사실"로서 본다면, 그것은 더 작은 조각들로 나누어지고, 각각의 조각들은 처음 주제처럼, 논쟁 가능한 경계와 지위를 갖게 되며, 계속해서 더 해체될 수도 있다. 그렇다면 이런 사실을 안다는 것이 무엇을 의미하는가? 이렇게 대답할 수 있다. 우리가 의미하는 것은 학생들이 1차 세계대전이 있었다는 것, 그리고 그것이 1914년에 발발했다는 것을 알아야 한다는 것이다.[2] 이런 주장은 적어도 우리가 학생들에게 요구하는 지식이 임시적이라는 것을 인정하는 장점은 있다. 그러나 그 의미, 즉 학생들이 연대표를 배워야만 한다는 것은 환영할 만한 얘기는 아니다.

게다가, "사실들"을 마치 과거에 있었던 실체로서 본다는 것(우리가 일상세계에서 "사실들"로서 의자 혹은 강에 대하여 이야기할 때처럼)은 어떤 주장이 담긴 이야기는 아니다. 결과적으로 그것들은 옳거나 그를 수가 없다. 그것들은 과거에 대해 무엇을 말하지 않으며, 지식이나 이해를 전하지 않고, 심지어 이해할 수 있는 무엇인가에 해당하지도 않는다. 이런 일들(말하고, 전하고, 이해하기)을 하기 위해서는 사실들이 진술상태로 놓여야 한다. 사실facts—거칠게 말해서—이란 것은 진실된

---

[2] 주디스 주드Judith Judd(2001)는 *The Independent*에 오스프레이Osprey 출판사에서 실시한 전화조사 결과를 발표했다(www.independent.co.uk/news/UK/Education/2001-01/history180101.shtml). 11세에서 18세 사이의 200명을 대상으로 40분간 실시한 면접에서 "거의 중등학교 학생의 3분의 2 정도가 1차 세계대전이 언제 시작되었는지를 모른다. 4분의 1 정도는 몇 세기에 일어났는지조차 짐작하지 못한다." 게다가 "다섯 명 중 두 명은 헨리 8세가 6명의 아내를 두었다는 사실을 몰랐고, 3분의 1 이상의 학생은 그가 여덟 명의 아내를 두었다고 생각했다." 두 번째 사례가 더 충격적이기는 하지만, 주드가 독자들에게 설명했어야 했던 것은 아마도 조사 대상이었던 많은 청소년들이 국가 교육과정을 따라 배우면서 1차 세계대전까지는 배우지도 않았을 것이라는 점이다.

진술들이 진술하는 것what true statements state이다. 교육과정에 제시된 그 많은 이름과 날짜들은, 아무리 그 교육과정이 규범적이라고 해도, 학습해야 할 사실들의 본체라고 하기 어려운 이유가 여기에 있다.

어떤 경우에도, 우리는 여전히 문제를 잘못 다루고 있다. 규범적 canonical "사실들"(혹은 이야기들)을 구체화하려는 시도는 "기술들 skills"(연구방법상의 기술들—옮긴이)이 그것들을 대체해 왔다는 두려움에 의해 촉발된 측면이 있다. 이 또한 잘못이다. 영국에서 그것은 하나의 역사적 오류이다: 그것이 지난 40년간 일어났던 것을 묘사하지는 않는다.[3] 그것이 역사적 묘사로서 타당하지 않은 하나의 이유는 그

---

[3] (1) 역사학 방법론 얘기는 교사들이 상황을 너무 단순화한 것이었고, (2) 영국 역사 교육에서의 변화를 대규모적으로 밝힌 연구 SHP를 통해 그런 오류를 피하는 방법을 곧 터득했다는 사실이 인정된다면 역사 교육과 관련된 논의에 들어 있는 오류가 무엇인지는 명료해진다. SHP에서 발행한 *Evaluation Study*는 이 문제를 이렇게 묘사하고 있다.

> 많은 과목들이 연구기법을 개발하기 위해 활용될 수 있다. 공민, 현대 문제와 유럽 연구와 같은 과목은 현대세계와 관련하여 학생들을 깨우치는 데 기여할 수 있다. ……그러나 오직 역사 과목만이 사회 변화를 설명할 수 있고, 그리고 인간성에 대한 어떤 평가도 반드시 우리가 공통으로 경험했던 과거에 대한 이해를 필요로 한다. 따라서, 예를 들면, 사회가 항상 변한다고 해도, 변화에는 어떤 한계가 있다는 것을 학생들이 이해하는 것이 중요하다. 인간 역사에서 진보는 변화뿐만 아니라 지속성도 요구한다는 것을 아는 것도 마찬가지로 중요하다. 합리적으로 행동하려면, 사람들이 사물을 이해하고 판단하는 방식은 자신들이 사는 사회에 의해 규제된다는 사실을 또한 알아야 한다. 가장 중요한 것은 우리가 사는 이 문제 투성이이면서 불완전한 세계는 수많은 교사들, 부모들, 조부모들, 그리고 조상들의 의도적 행동과 비의도적 행동, 이기심과 선의 등 다양한 것들이 만들어 낸 결과물이라는 것에 대한 인식이다(Shemilt 1980, 2~4).

기간 동안에 있었던 역사 교육에서의 변화를 "연구법"의 학습으로 규정하는 것은 일종의 범주화 실수category mistake이기 때문이다.

여기에는 두 개의 핵심 쟁점이 있다. 첫째는, 일반적으로 연구법이란 것은 반복적 연습에 의해 학습된다. 왜냐하면 그것들은 자전거 타기처럼 성공이 논쟁이 되지 않는 뻔한 단일 노선이기 때문이다. 역사는 지적 표준들에 맞추고, 반성을 요구하며, "성공"을 판단하는 기준이 복잡하다. 이런 의미에서 "복선multi-track"적이며 단순히 반복적 연습을 통해서 학습될 수는 없다. 둘째, 우리가 역사에서 무슨 연구법들을 가르쳐야 할지를 조목조목 이야기하려면, 우리는 이해의 단계로 옮겨 가야 한다. "분석" 같은 개념들은 너무나 일반적이어서 역사의 어떤 진정한 의미를 전달할 수 없으며, "증거 기술들" 같은 보다 구체적인 개념들로 대체하려면 "증거"가 무엇을 의미하는지, 그리고 역사에서 무엇이 증거를 이해하는 것에 해당하는지를 알아야 한다.

변화한 것은 교사들이 이제는 역사 연구방법에 대한 학생들의 이해를 돕고, 학생들로 하여금 역사가들이 과거에 대해 안다고 주장하는 근거가 무엇인지를 이해할 수 있게 하려고 노력한다는 것이다. 학생들이 역사에서 말하는 변화, 증거, 설명, 해석 등의 개념을 철학적으로 분석할 수 있어야 한다는 의미는 아니다. 그것은 (예를 들면) 학생들이 과거에 대한 어떤 설명을 들었을 때 적절한 질문을 제기하고 답을 하는 방법을 안다는 것을 의미한다. 이 설명이 모든 관련 증거를 설명하는가? 얼마나 잘 설명하는가? 그것이 설명하지 못하는 것은 무엇인가? 이런 관점에서 다른 경쟁적인 설명들과는 어떻게 비교 가능한가? 어떤 이야기를 구성하는 데 포함된 문제들, 혹은 그 이야기를 평가하는 데 관련된 기준을 이해하지 못하고, 그 이야기를 단순히 기억하는 능력이라는 것은 역사적 성격을 지니고 있지 않다. 어떤 설명을 역사적 설명으로 만드는 것이 과연 무엇인지에 대한 이해 없이는 모험, 전설, 혹은 신화를 암송하는 능력과 역사적 설명을 구분할 방법이 없다. 학생들에게 이런 모든 것은 간단히 "이야기들"일 뿐이다.

어떤 역사가들은 이런 종류의 교육 목표들이 어린 학생들에게는 아주 어려운 것으로 해석하는 경향이 있다. 그러나 지금 논의하고 있는 종류의 학술적 사고들이 역사 내용을 다룰 때 일상적으로 다뤄야 하는 주요한 사고들보다 반드시 더 어렵다고 믿을 이유는 없다. (예컨대) 역사는 증거에 의존한다는 사실을 이해하는 것이 마그나 카르타 혹은 헨리 8세의 로마와의 결별을 이해하는 것보다 더 어렵다고 간단하게 말할 수는 없다. 어떤 개념들이 다른 개념들보다 더 어렵다고 말하는 것은 타당하지 않다. 학문적 이해는 전부가 아니면 아무것도 아닌 그런 성질의 것이 아니다. 분명히 많은 역사가들이 과학을 학교 혹은 대학에서 배우지만 그들의 과학에 대한 이해는 파인만Feynman(양자전기역학의 권위자인 리처드 파인만Richard Feynman—옮긴이)이나 아인슈타인은 말할 것도 없고, 어떤 전문 물리학자와 동일한 수준에 있을 수는 없다. 그렇다고 일곱 살 된 아이의 이해와 동일하다는 것을 의미하는 것은 아니다. 역사가 무엇인지에 대한 학생들의 이해 수준을 높이는 것은 어떤 대단한 주장을 하는 것이 아니다. 이런 질문들에 답을 하려면 경험적 증거가 요구된다.[4]

---

[4] 우리가 일단 연구방법에 대한 논의를 포기한다면, 그것은 학생들이 작은 역사학자

이 학술회의의 주최자들이 제기한 두 가지 문제 중 어느 하나에라도 답하려면 우선 우리가 해결해야 할 문제가 새로운 문제라는 사실을 받아들여야 한다. 세계가 변했고, 따라서 지금까지의 규범canon을 다른 것으로 대체해야 할 상황이기 때문에 새로운 것이 아니고, 우리가 지금까지 실패해 온 것이 무엇인지를 겨우 인지하기 시작했기 때문에 새로운 것이다. 우리가 누구나 동의할 최고의 설명을 결정할 수 있고, 모든 것은 잘될 것이라는 생각을 계속 유지한다면 이런 고민을 무시할 수도 있다. 그렇지만 이런 경우는 역사 교육을 포기한 것이나 마찬가지다. 어떤 경우에도 하나의 이야기로 과거를 설명할 수 없기 때문이다.[5]

제기된 두 질문 뒤에는 학교 역사 교육이 학생들로 하여금 시간 속에서 방향을 잡을 수 있도록 도와 주어야 한다는 생각이 깔려 있다. 그들이 과거에 관한 어떤 그림을 갖더라도 그것은 사용할 수 있을 정도로 조리가 있어야만 한다. 그것은 학생들로 하여금 스스로를 시간 속에 위치지우고 과거가 베풀고 제시하는 한계와 기회를 인지하도록 해 주는 이야기여야 한다. 어떤 이야기나 다 그럴 수 있는 것은 아니

---

mini-historians가 될 수 있다거나, 아니면 "역사학자와 같은 일을 할 수 있다"는 생각을 포기하는 것이 된다.

[5] 역사학자들이 단일한 이야기를 가르치기를 주장하는 이유 중 하나는 학생들이 이야기를 해체하기 이전에 이야기를 하나 가지고 있어야만 한다는 것이다. 논리적으로 이 주장을 비판할 수 없어 보이지만, 학습에 관한 그리고 학습이 지닌 임시 과정적 성격에서 보면 토론할 여지가 많다. 사실, 어느 수준에서든 실제로 발생했던 일을 알지 못하면, 학생들은 왜 그런 변화가 일어났는지를 이해할 수 없고, 그 변화의 중요성을 평가할 수 없다.

다. 이야기의 성격이 역사적이어야만 하고, 그것을 활용하려면 역사적 연구방법에 비추어 타당해야 한다. 현재의 사회적 혹은 정치적 과제를 해결하기 위해 만들어진 역사 이야기는 그런 역할을 하지 못할 것이다. 학생들이 자신의 현재의 욕망이나 행동을 정당화하는 데 쉽게 이용할 수 있는 이야기도 그런 역할을 할 수 없다.

다양한 역사적 해석의 가능성을 열어두면서도, 나름대로 활용하기에는 충분히 조리가 있는 역사적 "큰 그림"을 가르치는 방법이 무엇인지를 아직도 우리는 알지 못한다. 그러나 그것이 충족시켜야 할 기본 기준임은 분명하다. 그 기준이 무엇인지를 드러나게 하는 하나의 방법은 외른 뤼젠Jörn Rüsen의 역사의식에 대한 설명을 통해서다. 이 분야에서 뤼젠의 모든 생각에 동의하고 싶지는 않지만, 단지 과거와 인간이 맺는 다양한 종류의 관계들 사이에서 몇 가지 핵심적 관계들을 명료하게 하려는 그의 시도는 의미가 있다는 것은 인정하고 싶다.

뤼젠이 볼 때 우리가 역사—학문 영역—를 어떻게 보는가는 우리가 살아가는 일상의 생활방식Levenspraxis과 깊이 연결되어 있다.[6] 물론 학술적 역사와 일상의 생활방식은 같은 것이 아니다. 학술적 역사는 "행동 주체의 정체성 요구를 넘어서는 이론적 성과를 생산"하며 "이런 이론적 성과는 연구 지향적 역사 서술의 분명하고 타당한 성취로서 여겨진다." 따라서 역사는 "생활세계 안에서의 상식적이며 구체성 있는 하나하나의 행동 지향을 초월한다"(Rüsen, as cited in Megill 1994,

---

[6] 여기에서 요약한 뤼젠의 역사관과 그의 역사의식 이론은 두베니지Duvenage 논집에 발표한 그의 논문들(1993)에 기초하고 있다.

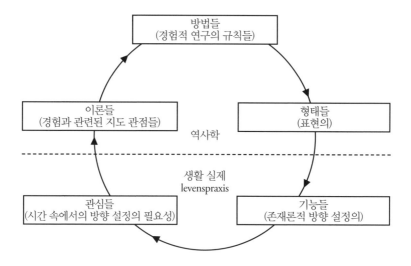

〈그림 9-1〉 외른 뤼젠Jörn Rüsen의 학술 모형

방법들
(경험적 연구의 규칙들)

이론들
(경험과 관련된 지도 관점들)

역사학

형태들
(표현의)

생활 실제
levenspraxis

관심들
(시간 속에서의 방향 설정의 필요성)

기능들
(존재론적 방향 설정의)

51). 역사는 스스로의 방법론적 규칙과 습관을 지니고 있고, 이론에 의해 도움을 받는, 그 자체가 하나의 역사학적 성취물이다. 따라서 현실 생활의 이해관계나 요구에 대해 비판적 입장을 취할 수 있다(Megill 1994).[7] 그래서 학술적 역사는 단순히 일상의 생활방식에 영향을 줄 뿐만 아니라, 시간 속에서 방향을 설정하고자 하는 인간적 관심은 역사로 하여금 세계가 어떻게 작동하는지에 대한 이론을 발전시키도록

---

[7] 뤼젠은 "이론theory"을 일정 범위의 상이한 사고를 지칭하는 것으로 사용하고 있으며, 보통 이론의 종류나 수준을 확정적으로 이야기하는 데는 조심스런 태도를 보이고 있다. 특히 그는 역사 연구 내에서의 (과거에 대한) 객관적 이론object theory을 역사 연구 자체에 대한 거대이론meta-theory과는 구분하고 있다(Duvenage 1993, 15~16).

이끈다. 이런 이론들은 관련된 방법론적 규칙이나 습관과 결합하여 이 학문의 특성을 만들어 낸다. 학술적 과정을 거친 이런 산출물은 일상생활 세계에 환류되어 삶의 방향 설정 기능을 수행한다.

핵심적 생각은 뤼젠이 제시한 〈그림 9-1〉의 학문 모형disciplinary matrix에 잘 나타나 있다. 이 모형이 제안하는 것은 실천적 관심들이 우리의 방향 설정orientation 욕구를 불러일으키는 반면, 과거에 대한 우리의 사고는 (특정한 시기에 존재하는) 역사이론과 방법을 통해 여과된다는 사실이다. "학문 모형"이라는 개념은 쿤Kuhn(1962)이 개발했고, 뤼젠은 학문적 패러다임의 변화가 왜 일어나고 어떻게 발생하는지와 관련된 질문에 답을 하기 위해 이 개념을 활용했다. 그리고 그런 변화들(예를 들면 계몽사상이나 19세기 역사주의)에도 불구하고 역사가 어떻게 여전히 과거에 대한 합리적 접근으로 여겨지는지를 이해하기 위해서 이 개념을 사용했다.

뤼젠은 역사 교육에서 다루는 사실적 지식은 움직일 수 없는 것이어서는 안 된다고 주장한다. 그것은 학생의 "정신적 구조mental household 안에서 하나의 역할을 수행"해야만 한다는 것이다. 학문과 실제적 생활 사이를 나누는 개념적 선 위에 있는 무엇인가의 관여 없이도 역사적 지식은 획득할 수 있다. 즉 역사학적 연구의 어떤 역할도 없이 역사학적 지식을 획득하는 것은 가능하다. 이것은 아마도 오크쇼트(1962)가 말한 "실천적 과거"와 유사한 무엇일 것이다. 그러나 우리의 현 역사의식 상태에서 보면, 역사 교육은 적어도, 이른바 "선위"와 어떤 연결을 맺으려 하고 있다.

뤼젠의 모형을 신중하게 고려해야 하는 이유는, 우리가 학생들을 상위 영역이 전하는 이야기들의 단순한 소비자로서 내버려 둘 의도가 있지 않는 한, 그림에서 도형을 나누는 선이 다른 세계로 들어가는 것을 막는 방벽이 될 수 없다는 것을 내포하고 있기 때문이다. 역사 교육은 "의미를 찾는 능력을 향상"시킨다는 뤼젠의 주장, 시각과 그것이 역사에서 차지하는 위상에 대한 그의 견해, 그리고 역사를 보는 시각의 유연성 확대와 독단주의에 대한 경계 등에 대한 그의 주장, 이 모든 것을 종합해 보면 학생들의 역사의식이 적합하게 발달하기 위해서는 역사 교육이 그 선의 위 영역으로 들어가야 한다는 것을 알 수 있다.

역사의식은 정적인 것이 아니라는 것, 그리고 그것의 발달과정이 어떤지는 뤼젠이 제시한 상징 모형(표면적으로는 개체발생론으로, 그러나 동시에 암시적으로는 계통발생론으로)에 잘 요약되어 있다. 이 모형은 특히 역사 교육에 적합하다. 왜냐하면 그것은 우리가 과거를 이해하는 방식에 대한 뤼젠의 가설을 제시할 뿐 아니라 역사의식이 어떤 과정으로 성장하는지와 관련된 개체발생론을 제시하기 때문이다. 이 선험적 모형은 역사의식의 발전과정을 보여준다. 즉 전통적 담론들이 이미 주어져 있고 그것들이 우리에게 가치의 근원과 삶의 유형을 제공해 준다고 보는 전통적인 역사의식으로부터 출발해서, 과거가 모든 시대에 유효한 변화의 규칙과 인간 행위를 내포하고 있다고 보는 모범적 역사의식의 단계를 거치고, 전통적 담론들에 도전하고 모범적 규칙들로부터의 일탈에 관심을 나타내는 비판적 역사의식의 단계를 지나, 마지막으로는 변화가 역사의 핵심이고 변화가 역사에 의미를 부여한다고 보는 발생론적 역사의식으로 발전하는 것을 가정하고 있다. 이 마지막 영역에서는 상이한 관점들이 수용되고, 항구불변과 지속성은 시간적으로 한정된다. 사람들과 사건들은 변화에 의해, 그리고 변화를 통해서 살아남는다(Rüsen, Duvenage, 1993 3~47, 63~93). 뤼젠의 모형과 경험적 연구 사이의 관계를 탐구하는 것은 이 글의 범위를 벗어난다. 그러나 그것이 강조하고 있는 방향 설정의 중요성은 미래의 연구와 교육적 목표 사이의 중요한 연결점을 제시하고 있다.

역사적 문해의 기준을 설정할 때 두 개의 핵심 개념을 고려해야만 한다고 제안한다는 점에서 뤼젠의 역사의식 개념은 가치를 지닌다. 방향 설정과 개체발생론의 영역으로 나눌 수 있다. **방향 설정** 영역에서는 역사 교육이 어떤 종류의 유용한 역사적 준거를 제공하려고 노력해야 하는가? 학생들의 과거 활용에 대해서는 무슨 말을 할 수 있는가? **개체발생론**의 영역에서는 학생들이 역사에 대한 어떤 종류의 이해력을 개발하도록 우리가 도와 주어야 하는가? 학생들이 과거에 대한 기초적 그림을 그리고 그 속에 자신의 위치를 표시하는 것보다는 방향 설정과 정체성 문제가 더 중요하다. 뤼젠의 학술적 모형이 의미하듯이, 학생들이 접하는 과거가 어떤 종류인지가 그들에게 이용 가능한 방향 설정의 종류를 결정하는 데 도움을 준다.[8] 따라서 "큰 그림"에 대한 우리의 기준은 (1) 학술적 혹은 거대역사적 이해에 기초해야 한다는 것, (2) 그것은 학생들의 정신적 구조 속에서 하나의 유용한 부분이 되어야만 한다는 것이다.

---

[8] 여기에서 과거의 "종류"란 오크쇼트가 제시한 "역사적" 과거와 "실천적"—그리고 기타—과거 사이의 구분을 의미한다(앞에서의 논의 참고).

학생들이 하나의 지식형태로서 역사를 이해하다[9]

역사적 문해의 첫 번째 필요조건은 학생들이 역사란 무엇인가에 관해 어느 정도 이해하는 것이다. 역사학 고유의 특성들, 특징적인 조직 원리들, 그리고 역사학에서 특별한 의미를 부여하는 표현 어휘들, 예컨대 '과거', '발생', '상황', '사건', '원인', '변화' 기타 등등과 같은 어휘들을 활용한 "연구 활동"이다(Oakeshott 1983, 6). 따라서 학생들은 정식 학교 교육을 마칠 즈음에는 (무엇보다도) 증거라는 개념을 수반하는 역사적 지식이 어떻게 가능한지를 이해해야 한다. 역사적 설명들은 불확정적이거나 조건적일 수 있다는 것, 그리고 과거에 이루어진 행동을 설명하려면 행위자가 갖고 있던 상황 인식, 가치관, 그리고 의도를 재구성할 필요가 있다는 것을 학생들이 이해하기를 기대할 수도 있다. 역사적 설명이 과거를 그대로 복사하는 것은 아니며, 학생들의 역사적 설명은 학생들이 제시하는 증거의 범위, 그들의 설명 능력, 그리고 다른 지식과의 일치성 등에 따라 평가를 받을 수는 있다는 사실을 학생들은 알아야 한다.

이런 종류의 이해를 위한 교육이 비극적 결과를 가져왔다는 데이비스Davies(1999)의 주장을 되돌아볼 필요가 있다. 증거를 보면 정확하게 그 반대가 사실로 드러난다. 말 그대로 학생들이 이런 문제들을 이해하도록 하는 시도들이 행해지지 않으면 역사 교육은 기이한 결과를 만들어 내기 쉽다. 사실, 지난 30년간의 경험적 연구에 따르면 역사

---

[9] 이 부분은 물론 폴 허스트(1972)를 참조했다.

교육에서 학술적 이해 능력을 가르치는 것은 뤼젠의 모형이 제시하는 것보다 더 중요하다는 것을 알 수 있다.

그 이유를 이해하기 위해서 우리는 인지심리학이 제시하는 광의의 학습이론에 주의를 기울일 필요가 있다. 미국의 국립연구원National Research Council의 **사람들은 어떻게 학습하는가**How People Learn라는 프로젝트는 지난 30년 이상 수행되어 온 수많은 인지적 연구로부터 아주 분명한 학습 원리들을 뽑아내려고 노력했다(Bransford, Brown & Cocking 1999).[10] 세 개의 핵심 원리들이 드러났지만 우리의 관심을 끄는 것은 그중 첫 번째다. 학생들은 세계가 어떻게 움직이는지에 관한 선입견을 갖고 교실에 온다. 만일 그들의 초기 이해가 받아들여지지 않으면, 그들은 새로운 개념들과 정보를 이해하지 못하거나 혹은 그것들을 시험 목적으로 배우지만 교실 밖에서는 자신들의 선입견으로 귀속시켜 버릴지도 모른다(Donovan, Bransford & Pellegrino 1999, 10).

학생들의 사전 인식은 그들이 배우는 것에서 가장 중요하다. 왜냐하면 그들의 생각이 받아들여지지 않으면 그들은 새로운 개념과 정보를 그들이 이미 가지고 있는 생각들에 간단히 흡수시켜 버리기 쉽기 때문이다. 이것이 역사 교육에 정확하게 어느 정도 중요한지는 학생

---

[10] 나머지 두 원리는 다음과 같다. (2) 어떤 탐구 영역에서 자신감을 가지려면 학생들은 (a) 사실 지식에 대한 충분한 기초를 다져야 하고, (b) 개념적 준거라는 맥락 안에서 사실과 사상을 이해해야 한다. 그리고 (c) 지식을 조직하되 개선과 적용을 촉진하는 방식으로 해야 한다. (3) 교수법instruction에 대한 거시인지적 접근을 시도하는 것은 학생들이 학습 목표를 규정하고, 학습 목표 달성과정을 모니터링함으로써, 자신들의 학습을 스스로 통제하는 법을 배우는 데 도움이 된다(Donovan, Bransford & Pellegrino, 12~14).

들이 역사에 부여하는 초기 생각들이 무엇이냐에 좌우될 것이다.

학생들의 역사에 부여하는 초기 생각들에 대해 우리가 아는 것은 무엇인가? 사람들은 종종 역사는 과학이나 수학에서 발견될 수 있는 생각의 "진보"를 결여한 "상식적" 과목이라고 가정한다. 이것은 잘못된 생각이다. 지난 30년간의 연구를 보면 역사는 반직관적이라는 것, 그리고 역사학과 관련된 핵심적 사고에서 이룬 진보에 대해 어렵지 않게 얘기할 수 있다는 사실이 드러난다.[11] 그 연구가 타당하다면, 낮은 수준의 학술적 이해disciplinary understanding는 학생들의 역사 이해 능력에 심각한 한계를 가져올 수 있다. 그러나 그러한 학술적 이해 능력이 역사 교육의 부분으로 가르쳐진다면, 학생들에게 역사를 보는 강력한 생각들을 제공할 수 있고, 학교 역사 과목의 주요 내용, 그리고 마찬가지로 중요한 더 넓은 세계에서 만나게 되는 쟁쟁한 이야기들을 다룰 수 있는 능력에서의 새로운 가능성을 열어 줄 수 있을 것이다.

우리가 과거를 어떻게 알 수 있는지, 그리고 과거에 대해 무슨 이야기를 할 수 있는지와 관련하여 학생들이 갖게 되는 생각은 일상생활에서 마주치는 상식적인 과거에 기초하고 있다. 과거는 그들에게 두 가지로 다가온다. 첫째는 그들이(직접 경험했었기 때문에) 존재했다고 이미 알고 있는 그 무엇, 둘째는 TV, 영화, 신문, 그리고 주변의 경험담 등을 통해 들리는 경쟁적인 과거 이야기들이다. 경쟁관계에 있는

---

[11] Lee(2005)에 간단한 요약이 제시되어 있다. 세계의 다양한 지역에서의 연구 사례로는 Ashby(2005), Barca(2005), Barton(1996), Boix-Mansilla(2005), Cercadillo(2001), Hsiao(2005), Lee and Ashby(2000), Nakou(2001), Seixas(1993), Wienburg(2001)를 보라.

설명들은 아주 신중하게 접근해야 한다. 왜냐하면 이들 갈등적이고 경쟁적인 주장들은 자기 주장이 유일한 "진리the truth"로 인정받기를 요구하는데, 흔히 이런 주장들은 특정한 현상이나 기대하는 미래를 정당화시키려 하기 때문이다. "역사적 과거"와 다른 과거, 즉 현실적인 목적을 위해 고안되고, 조직되고, 활용되는 그런 역사 사이의 구분이 그렇게 엄격하거나 분명할 필요는 없다. 만일 학문으로서의 역사가 매일 상식적으로 접하는 과거와 아주 다른 것이라면, 학생들이 상식과 상치되는 역사 찾기를 기대해야 할지도 모른다.

학생들의 역사 이해를 문제 투성이로 만드는 일상적 사고들이 무엇인지는 〈그림 9-2〉에 요약되어 있다. 고정된 과거라는 것은 진실의 이야기가 오직 하나만 있는 상태로서, 그것은 목격할 수 있는 사건들로 구성되어 있다. 그 사건이 일어나는 것을 보아야만 그것을 알 수 있다. 기껏해야 역사가들은 간접적 목격담에 의존해야 하는데, 이런 목격담은 거짓이거나 편견일 수도 있다. 따라서 이런 경우 역사는 불가능한 것이다(Lee 2005; Lee & Ashby 2000). 더욱이, 단일한 사실 진술을 넘어 역사적 해석을 추구할 때, 이런 사고를 지닌 학생들은 역사적 해석을 고정된 과거에 대한 복제로 쉽게 이해할 것이다. 이런 사고는 단토Danto(1965)의 이상적 연대기Ideal Chronicler 모형과 유사한 역사 모형으로 연결된다. 단토는 시간이라는 강이 사건들을 미래로부터 현재로 실어 나르고, 절벽에 이르러서는 마치 과거라는 낭떠러지로 물을 붓듯이 모든 것을 기록하는 것처럼 보았다.

일상생활에서 우리는 과거를, 끝난 것이며 따라서 변경할 수 없는 것으로 여기는 경향이 있다. 발생한 일은 다른 어떤 방식이 아니라,

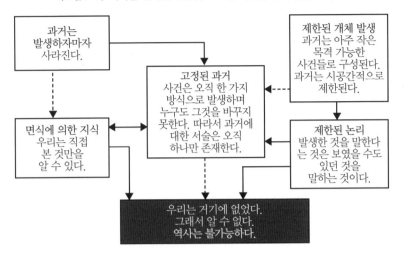

〈그림 9-2〉 역사를 반직관적인 것으로 만드는 몇 가지 일상적 사고

바로 우리가 본 그 방식으로 일어난 것이다. 이렇게 볼 때, 하나의 규율 원칙으로서, 역사를 고정된 과거로 보는 사고는 전혀 문제가 없어 보인다. 실제로 범죄 수사, 계약, 그리고 모든 실제적 과거와 관련된 일에서 우리는 이런 사고 없이는 실제 삶을 거의 영위할 수 없을 것이다. 자신이 한 일에 관해 진실만을 이야기하는 것이 얼마나 중요한지를 어린이들은 잘 안다. 11세 소녀 사라는 이런 실례를 보여준다. "역사 속에서는 어떤 일이든 한 가지 방식으로만 발생한다. 나는 오늘 아침에 일어났다. 만일 내가 오늘 아침에 잤다라고 쓴다면 그것은 틀린 말이다. 사건은 오직 한 가지 방식으로 벌어지고 그 누구도 그것을 바꿀 수 없다."[12] 진실이 이미 알려져 있고 시험에서는 실제로 있었던 것

---

[12] 사례들은 달리 표시된 경우를 제외하고는 모두 역사의 개념과 교수법(Concepts of

그대로 말할 수 있느냐 없느냐를 측정하는 상황에서, "진실을 말하는 것"이 무엇을 의미하는지를 제대로 배운 학생들이라면 이런 식으로 생각하는 것은 놀랄 일이 아니다.

물론 역사가 그렇지는 않다. 발생한 일에 대해 설명을 하자마자 이야기는 더 복잡해진다. 학생들이 역사를 규정하는 이런 원칙이 역사에 관한 특정한 진술에 직접적으로 적용될 수 있는 것처럼 생각하는 순간 그들은 어려움에 직면한다. 열한 살 된 헨리 크리스토퍼는 "실제 삶은 단지 한 번 일어난다. 따라서 하나의 이야기만이 존재한다"고 주장한다. 전제는 맞지만 결론은 맞지 않다.

또 다른 일상적 사고는 우리가 오직 직접 우리 눈으로 본 것만 알 수 있다는 것, 따라서 그 이외의 것은 의심스럽다는 것이다. 직접 경험에 의한 지식이 모든 지식의 모델이라면, 우리가 과거를 알 수 있는 유일한 길은 그 일이 일어났을 때 직접 그곳에 있어서 그것을 목격하는 것뿐일 것이다. "우리가 거기에 없었기 때문에 무엇이 실제로 일어났는지를 말하는 것은 불가능하다"(10세, 베티).[13] 다른 방식으로 생각하는 학생들도 있다. "누군가 그 일을 직접 보고 쓴 책이 있을 수 있고" 아니면 "도움이 될 만한 오래된 일기나 유사한 자료를 발견하면 도움이 될지도 모른다"(에밀리와 샐리, 모두 10세). 따라서 비록 우리가

History and Teaching Approaches) 프로젝트로부터 얻었다. 경제사회연구평의회 Economic and Social Research Council의 후원을 받은 이 프로젝트에는 7세에서 14세 아이들이 참여했다.

[13] 많은 어린아이들에게 과거는 현재와 비슷한 위상을 지닌다. 따라서 우리가 어떻게 아느냐 하는 질문은 제기조차 되지 않는다. 여섯 살 킴벌리는 "책에서는 한 가지로 얘기하기 때문에" 과거에 관한 이야기는 오직 하나라고 설명한다.

사건 현장에 직접 있지는 않았다고 해도 누군가 그곳에 있던 사람이 당시 일어났던 일을 충실히 보고할 수는 있다. 그러나 학생들은 이런 방식으로는 문제가 해결되지 않는다는 것을 곧 알게 된다. 왜냐하면 우리는 어차피 "실제로 일어났던 것"을 우리에게 말해 주는 누군가에게 의존하고 있기 때문이다. 누군가가 거짓말을 하지 않는다 해도 사람에게는 자기 입장이 있기 때문에 자신의 목적을 위해 진실을 왜곡할 수도 있다는 것을 학생들이 모를 수는 없다. 결론은, 우리가 안전한 지식을 원한다면 "그곳에 있는 것"이 유일한 방법이 된다.

학생들이 자주 사용하는 역사에 대한 또 다른 일상적 사고는 역사라는 것은 시공간적으로 아주 국지화된 사건과 행동이라 할 수 있는 "실제로 일어난 일"을 말해 줄 뿐이라는 것이다. 따라서 과거는 전적으로 목격될 수 있었던 것들로 구성된다는 것이다. 이런 초보적인 존재론은 일상생활에서는 전적으로 타당하다. 일상생활이란 것은 자그마한 사적인 사건 더미 속에서 경험되는 것이다. 이런 사고로 인해 학생들은 대규모 발전, 사태, 변화 같은 것을 사건, 행동, 그리고 개인적 결정으로 축소해 버린다(Barton 1996). 과거에 대한 주장은 이런 존재론에 맞도록 축소되고, 역사가들이 말하는 모든 것은 목격자 진술에 의해 검증 가능한 것으로 이해된다. 그러나 역사가들이 흥미로워하는 많은 일들(대규모 발전이나 느린 변화를 포함하여)은 논리적으로는 직접적으로 목격될 수는 없었다. 그런 현상의 일부분만이 목격될 수 있었을 것이다. 더 중요한 것은, 많은 역사가들의 주장(예를 들면 그들의 설명이나 이야기)은 목격되었을 수 있는 것들에 기초해서는 판단할 수 없다는 것이다.

<표 9-1> 어떻게 로마제국 멸망과 관련하여 두 개의 다른 설명이 있을 수 있나?

● 크리스토퍼(7학년):

로마가 멸망할 당시에 그 자리에 없었기 때문에 누구도 정확하게 알 수 없다.

● 토니(7학년):

처음부터 달력이 옳을 수가 없었기 때문에 둘 다 틀렸을지 모른다.

● 로라(9학년):

내 생각에 전해져 내려오면서 혼란스럽게 된 것이 날짜고, 따라서 자기가 들었다고 생각하는 날짜에 따라 의견이 다른 것이다.

● 리차드(9학년):

로마가 서기 476년에 멸망했다는 것은 하나의 설이다—그것은 그의 의견이다. 다른 설에 의하면 로마는 서기 1453년에 멸망했다—그것은 또한 그 사람의 의견이다. 의견의 차이일 뿐이다.

로마제국이 언제 멸망했는지를 어떻게 결정하나?

당신이 결정할 수 없을 것이다. 당신이 내놓는 답 또한 당신의 의견일 뿐이다.

● 나타샤(9학년):

모든 것이 당신의 의견에 달려 있고 로마제국이 물리적으로 멸망한 것과 정신적으로 멸망한 것 중 어느 것을 생각하느냐에 달려 있다. 만일 사람들이 1453년에도 로마제국에 대하여 생각하고 말을 했다면 로마제국은 그때까지는 정신적으로 멸망하지 않았던 것이다. 나는 조금 다르게 로마가 다른 시기에 멸망했다고 생각한다. 즉 로마는 정신적으로 멸망하기 이전에 물리적으로 멸망했다.……

일상생활에서 "완전한 진리"라는 개념은 인식 가능하고 (살인재판에서처럼) 필요하기조차 하다. 그러나 이것은 적절성 판단 기준에 동의했을 때만 가능한 일이다. 역사의 경우 과거에 대한 완벽한 설명은 가능하지 않다. 왜냐하면 과거는 셀 수 없이 많은 방식으로, 그리고 셀 수 없을 정도로 많은 질문들에 대한 대답 형식으로 서술되기 때문이다. 게다가 역사는 또한 역동적이다. 이어지는 사건들로 인해 이야기

할 대상도 계속 변할 수 있다(Danto 1965, 61). 역사적 설명은 구성이 며, 과거의 복제는 아니다.

역사의 개념과 교수법(Concepts of History and Teaching Approaches 7~14) 프로젝트에서 학생들에게 세 가지 질문세트를 제시했다. 각 질문세트는 다른 토픽을 다루었다. 학생들은 어떻게 각 토픽에 대해 두 가지 다른 이야기가 있을 수 있는가라는 질문을 받았다. 로마제국의 멸망에 대해 상이한 설명이 가능한지와 관련한 학생들의 응답 사례들이 〈표 9-1〉에 제시되어 있다.

크리스토퍼, 토니, 그리고 로라 세 명 모두—방식은 조금 다르지만—설명에 차이가 발생하는 것은 지식의 차이 혹은 지식의 결핍으로부터 오는 문제로 여기고 있다. 크리스토퍼에게 문제는 아주 초보적이었다. 토니는 그렇게 된 것은 과거에 있었던 잘못 때문이었다. 즉 여러 보고서들 사이에서 우리가 한 선택의 잘못 때문이었다. 로라는 문제의 근원을 전달 오류라고 보고 있다. 그러나 리차드의 경우에 문제를 만든 것은 저자들이고, 따라서 상이한 의견의 문제로 환원될 수 있다. 이것이 14세 학생들에게 볼 수 있는 가장 공통적인 의견이고, 리차드가 보여주듯이 상이한 설명 사이에서 답을 찾을 방법은 없다.

〈표 9-2〉 역사를 불가능하게 하는 생각들로부터 역사를 가능하게 하는 생각들로의 진행

책에 주어진 역사	=	역사는 가능하다
현장에 없었으면 알 수 없다	=	역사는 불가능하다
증거(일기, 보고서)	=	역사는 다시 가능하다
만일 그들이 거짓말을 했다면 어떻게 할 것인가?	=	역사는 불가능하다
주제와 기간에 대한 증거로부터의 해석으로 본다면	=	역사는 다시 가능하다

나타샤도 "의견"이라는 단어를 사용하고 있지만, 그녀는 그것을 과거를 알려는 모든 시도를 무력하게 만드는 불합리한 요소로 보지는 않는다. 다른 아이들과는 대조적으로 나타샤는 설명 사이의 차이를 준거 차이로 본다. 나타샤의 답안에 함축된 것은 질문이 답에 대한 한계를 설정한다는 생각이다. 따라서 나타샤는 설명이 다를 수 있다는 것, 그러나 그러한 차이가 역사에서 치명적인 것은 아니라는 것을 이해하고 있다. 리차드와는 달리 나타샤는 무력한 상태는 아니다. 역사의 원리를 이해함으로써 학생들은 보다 강력한 사고, 즉 역사를 가능하게 하는 사고를 발전시킬 수 있다(표 〈9-2〉를 보라).

이런 의미에서 학생들의 사고에서 보이는 진보progression에 대해 이야기를 할 수 있다. 이렇게 생각하는 학생들은 설명에서의 상이성을 기대할 것이고, 동시에 이런 상이성을 질문, 시간척도, 그리고 다른 변수들과 연결시키려 할 것이다. 이와는 반대로 학생들이 역사는 과거를 복제하는 것이라고 생각하고, 우리가 학생들에게 다양한 관점에 대해 가르친다면, 학생들은 아주 쉽게 다양한 목소리를 단순한 "의견 차이"로 취급할 것이다. 역사에 단 한 가지 이야기만 존재한다면, 다른 목소리들은 진리에 대한 왜곡에 불과하게 된다.

앞서 살펴본 연구를 정리해 보면, 역사 교육이 당면하고 있는 핵심적 문제는 학생들이 과거에 관한 큰 그림을 획득할 수 있도록 해 줄 핵심적 사고를 알아 내는 것이다. 결국 역사적 문해의 두 번째 구성요소인 방향 설정orientation은 첫 번째 구성요소인 학문적 이해disciplinary understanding와 단절될 수 없다는 것을 말한다. 역사라는 긴 자락을 이해하려면 학생들은 무엇을 알아야 하나? 이 질문에 답한다는 것은 학생들이 현재 접하고 있는 역사에 대한 개괄적 이해가 무엇인지를 탐색하는 작업이다.

학생들이 갖고 있는 영국 역사에 관한 "큰 그림들"

영국 연구자료

영국 역사에 관해 학생들이 갖고 있는 큰 그림이 무엇인지 아는가?[14] 이 질문은 학교 교육과 관련된 질문만은 아니라는 것을 기억해야 한다. 만일 청소년들이 영국 역사에 대한 아주 일관성 있는 인식을 갖고 졸업을 한다면, 그들을 가르치는 교사들이 먼저 그런 역사를 배웠음에 틀림없다. 이런 주제를 토론하기 위해 세 가지 자료를 인용하려고 한다. 2002년에 한 예비연구(이하 PS02)에서는 14~18세 학생들이 어떻게 과거를 현재나 미래와 연결시켰는지를 탐색했다. 2006년 초에는 경제사회연구평의회Economic and Social Research Council가 "이용 가능한 역사적 과거Usable Historical Pasts"(UHP) 라는 소규모 연구를 지원해 14~16세 학생들이 갖고 있는 영국 역사에 관한 그림을 조사했다. 마지막으로 교원자격증Post-Graduate Certificate in Education(PGCE) 과정을 시작하는 대학원 역사전공 학생들을 대상으로 한 하나의 비공식

---

[14] 여기서 논의되는 초기 연구들은 그 자체가 포함하는 범위와 대상으로 삼은 규모가 매우 제한적이다.

적 예비연구로부터 얻은 사례들을 사용한다. 이 과정을 이수하면 중등학교에서 역사를 가르칠 수 있는 자격을 얻는다. 2002년, 2003년, 그리고 2006년에 수집한 이 자료는 약 70명의 학생들로 구성되어 있다. 대학원 학생들이 지난 1,000년의 영국 역사를 간단하게 정리하는 과제에 어떻게 접근하는지를 조사했다(이하 PGCE2-6).

대학 졸업생들의 큰 그림들

PGCE2-6 샘플에 참가한 학생들은 다양한 대학 출신들이고 대부분은 2.1 수준이나 그 이상의 우수한 역사학 학위를 받았다. 많은 학생들이 석사학위를 가지고 있고, 일부는 박사학위를 받았거나 거의 수료한 수준이었다. 요즘 교사 지망생들은 다른 직종에서 상당한 경험을 쌓은 후에 교사가 되는 것이 보통이기 때문에 이 연구에 참여한 학생들은 과거 10년 혹은 그 이상에 걸쳐 상이한 시기에 역사를 공부했다. 물론 약 절반 정도는 대학을 갓 졸업한 학생들이었다. 학생들에게는 "대충 서기 1000년부터 2000년까지의 영국 역사를 서술하되 주요한 주제에서의 중요한 변화들을 잘 보여주고 조직하는 방식으로 하라(단순히 사건을 상술하는 것과는 정반대로)"는 문제가 주어졌다. "일어났던 것what happened"보다는 "전개되고 있던 상황what was going on"을 보여주는 방식으로 생각하는 것이 서술에 도움이 될 것이었다. 〈그림 9-3〉에서 〈그림 9-6〉까지가 이 예비역사학자들이 이 질문에 응답을 한 다양한 방식을 보여준다(진하게 표시된 부분이 응답자들이 대입 준비 과정인 A레벨 혹은 대학에서 학습한 시기를 보여준다).

초보교사들은 소속 지방정부로부터 영국 역사에 관한 훌륭한 지식을 갖기를 요구받고, 학생들은 과정을 시작하기 전에 "학습 격차"를 해소하기 위해 영국 역사에 관한 책을 읽도록 요구를 받는다. 대부분의 응답자들은, 비록 균형 있게 하지는 못하더라도, 지난 1000년 전체를 커버하려고 무리한 시도를 했다. 그러나 몇몇 응답은 차분하면서 솔직했다. 노르망디 정복에서 설명을 시작한 한 학생(11/2003)은 그것이 대단한 변화라고 할 수 있는지 여부를 묻고, 이어서 이렇게 설명했다. "관점의 차이가 있다는 것을 감안할 때, 내 생각에, 생활은 변함없이 지속되었을 것이고, 세상은 변했겠지만 얼마나 그리고 언제까지 변했는지는 모른다." 그리고 이 학생은 헨리 8세 하에서 행해진 로마

〈그림 9-3〉 부분적으로 실패한 답안

학생 3/2003, 연령 20~25, 역사학 학사

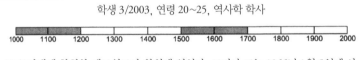

1060년대에 참회왕 에드워드가 왕위에 있었다. 그러나 그는 1066년 1월 5일에 사망했다. 그에게 아들이 없었던 상황, 누구에게 왕위가 전해질 것인가? 결국 왕위는 노르망디 왕 윌리엄에게 돌아갔다.

잉글랜드는 이제 노르망디족에 의해 지배되었다

16세기와 17세기 초에 영국은 튜더 왕조에 의해 지배되었다. 헨리 7세로부터 엘리자베스 1세까지. 16세기는 아주 중요한 시기였다. 이 시기는 가톨릭 영국이 프로테스탄트로 변하는 종교개혁 시대였다. 종교는 동맹관계를 포함하여 외교관계 등 모든 면에서 중심에 있었다. 물론 정치에 있어서도 종교가 중심이었다. 그러나 헨리 8세의 아들 에드워드 6세의 사망 이후 왕위는 메리 공주에게 승계되었다. 그녀의 짧은 통치 동안 영국은 가톨릭으로 환원했다.

〈그림 9-4〉 토픽들로 전개되는 역사: 이야기를 향한 기록들

학생 12/2002, 연령 20~25, 정치학과 역사학 복수전공 학사	

| 1000 | 1100 | 1200 | 1300 | 1400 | 1500 | 1600 | 1700 | 1800 | 1900 | 2000 |

1066 –	헤이스팅스 전투. 노르망디 정복. 기사들에 대한 토지의 재분배가 이후
	100년간의 정치적, 경제적, 사회적 소요를 초래했다.
	1097년 1차 십자군 원정
1260 즈음.	사자심왕 리차드Richard Lionheart 십자군원정 참가.
	마그나 카르타 – 존 왕은 이것의 발효를 위해 노력하기보다는
	오히려 그것에 반대했다. 마침내 발효되었다(한 차례 폐기했다).
1360	농민 반란
1400 –	많은 신비주의, 은둔, 기타
1450~1550 –	연옥에 대한 믿음, 사후에 일어날 일에 대한 공포
1550 –	수도원의 해체, 내전
1700	프랑스대혁명, 나폴레옹전쟁
1800 →	대개혁법, 이전–언론통제법gag act, 반란, 공리주의자들
	참정권 확대. 1860년대–사회개혁
	여성들 개혁 확대 요구, 존 스튜어트 밀J. S. Mill에 의해 지지받음
1900	여성참정권론 운동–팽크허스트Pankhursts
1914	1차 세계대전
1917	루시타니아호 침몰, 미국의 참전
1918	종전, 베르사유 협정
	여성의 사회 참여/참정권 공인
1020년대	연령과 재산에 따라 여성의 참정권 제한 허용
1930년대	모슬리Mosley 영국 파시스티동맹 창설
1939~1945	2차 세계대전
1950	제1차 유럽협의체–석탄철광 공동체
1960	피의 일요일, 인권법–10년
1976	영국 유럽연합 가입

교황청과의 결별에서 설명을 재개했다. 잠깐 가톨릭과 화해를 시도했던 메리 공주Mary Tudor를 다룬 후에 이 학생은 결론을 이렇게 맺었

다. "이후 아주 작은 일시적인 변동은 있었지만 시간은 1900년, 빅토리아 시대 말까지 그렇게 흘러갔다"(이 학생은 미국학 학위를 갖고 있고, 영국 역사는 1000~1100년, 1900~2000년에 대해서만 배웠다고 주장했다).

〈그림 9-3〉의 사례에 해당하는 학생(3/2003)은 역사학 학위를 갖고 있지만, 갖고 있는 지식에서는 편차가 크다는 것을 스스로 받아들였다. 답안은 사건들에 대한 간단한 이야기로 시작되지만 노르망디 정복에 대해서는 산만한 정보 이상은 제시하지 못하고 있다. 설명은 튜더 왕가에서 재개되지만 메리 공주의 사망으로 대충 끝나 버린다. 1500년과 1700년 사이의 영국 역사를 전공했다는 이 학생의 주장을 고려할 때, 이 시기의 정치적 변화는 둘째치고 영국 시민전쟁civil war에 대한 언급이 없다는 것은 놀라운 일이다. 이 답안은 조각 정보 수준을 거의 벗어나지 못하고 있으며, 주요한 변화를 다룰 때조차도 설명하는 의미가 분명하지 않다. 16세기를 중요하다고 규정했지만, 그렇게 본 유일한 이유가 "영국이 프로테스탄트가 됨으로써 종교개혁이 이루어진 시기였다"는 것이다. 전체적으로 보아 일관성 있는 척도가 보이지 않고, 변화를 설명하는 증거가 거의 결여되어 있다. 답안을 구성하고 있는 것은 몇몇 사건, 연대기적으로 나열된 시기, 그리고 간단하고 부분적으로 해석된 하나의 종합(종교개혁)뿐이다.[15] 종교는 하나

---

[15] "종합colligation" 혹은 "종합적 개념colligatory conception"이란 어떤 설명 개념 하에 포괄되는 일정 범위의 역사적 현상들을 의미한다. 월쉬W. H. Walsh(1967)가 19세기 논리학자였던 헤웰W. Whewell의 아이디어를 역사에 적용하여 "적당한 개념들 아래 사건들을 종합하는 것"으로 사용했다. 역사에서 아주 큰 조직 개념이라고 할 수 있는 "르네상스"나 "종교개혁" 혹은 "산업혁명"과 같은 것을 특징화하는 아주 적합한 방식으로 보인다(pp. 24~25 & 59~63). 역사에서 종합적 개념은 명확한 은

의 역사적 주제라기보다는 삶의 한 "측면aspect"으로 취급되고 있다.

〈그림 9-4〉(학생 12/2002) 답안은 어떤 이야기를 염두에 둔 일련의 짧은 기록들로 이루어져 있다.

답안은 하나의 사건으로 시작해서, 그 사건의 영향을 설명하고, 이어서 여러 시기에 벌어졌던 사건들로 구성된 규칙적이지 않은 연표가 제시되어 있다.[16] 이전 사건이나 이후 사건과 분명한 연계성이 없어 보이는 광범위한 사건들이 나타난다. 가장 조리 있게 소개된 구절은 대개혁 법안 부분이다. 이 학생이 정치학과 역사학 이중 전공이라는 점으로 인해 보통 학생들의 답안보다 오류가 좀 더 많다고 볼 수 있지만 그것이 유일한 요인은 아닐 것이다. 일련의 사건을 나열하는 이런 방식은 역사학 전공 대학원생들 사이에서는 일반적이었다(이런 식의 응답은 2002년과 2003년 응답자의 약 20퍼센트를 차지했다). 역사학 전공자들이 이중 전공자들에 비해 얼마나 조리 있는 시간척도를 유지하는지에 관해서는 체계적으로 조사해 본 적은 없지만 추측컨대 차이는 아주 작을 것 같다.

〈그림 9-5〉(학생 8/2003)의 사례는 이 두 집단의 응답 사이의 차이

유적 내용을 지니는 것이지 그 자체로 사건으로 취급될 수는 없다.

[16] 토픽이라는 개념은 여기서 논하기는 어렵지만, 매우 조심스런 분석을 필요로 한다. 여기에서는 일단 아주 다양한 범위의 지식과 이해를 의미하는 "개체틀place-holders"을 가리키는 것으로 사용한다. 토픽은 과거의 현상들을 몇몇 집단으로 나누는 통상적인 방식으로 생각될 수도 있지만, 이러한 분류의 기준은 "토픽"이라는 개념에 의해 명시되지 않은 채로 남아 있다. 논리적으로는 잡다할 수 있다. 따라서 토픽이라는 개념은 한편에서는 대규모의 종합적 개념이 될 수도 있고, 다른 한편에서는 아주 구체적인 행동들을 상징할 수도 있다.

학생 8/2003, 연령 집단 25~30, 역사학 학사

1000　1100　1200　1300　1400　1500　1600　1700　1800　1900　2000

<u>핵심 주제별 주요 변화</u>

정치적으로, 영국은 봉건군주제를 기반으로 한 사회로부터 초기 귀족사회, 초기 의회의 창설, 그리고 튜더 왕조의 성립과 민족주의 개념의 정립을 가져온 가문 간 권력투쟁으로 이어졌다. 튜더 왕조 기간 동안의 재정 문제의 심각성, 세금 인상에 있어서 국회의 역할 증대. 스튜어트 왕조 기간 동안의 군주와 의회의 대립, 국왕의 신성한 권리, 시민의 대표성, 명예혁명과 영국적 권리의 확립, 17·18세기 정당의 등장. 사회 계층에 따른 권력의 점차적 하향 양도, 그리고 계속되는 전쟁으로 인한 국가권력의 간섭 증대. 19세기, 시민저항과 사회 변화의 증가, 노동자 계급 정치활동, 노동조합, 투표권, 그리고 정부의 사회적 책임의 시작. 20세기, 보통선거로의 이행, 복지국가, 세계대전의 영향, 제국의 붕괴, 다문화 사회, 세기말 합의를 향한 움직임.

종교적으로, 이 시기에는 중세교회에 의한 완벽한 종교 통제로부터 변화, 수도원의 역할, 교회와 국가의 지속적 갈등이 나타났다. 종교개혁과 헨리 8세에 의한 로마교황청으로부터의 분리 등에 의해 이런 변화가 어떻게 이루어졌는가. 영국교회의 군주에의 결과적 예속, 대영제국의 형성, 침례교와 복음주의를 향한 퀘이커교와 청교도들에 의한 종교적 이의제기 증가. 대영제국과 영국의 우월성 확대를 바라보는 이들 혼합종교의 영향, 우리가 살고 있는 현대 세속사회로의 이행.

사회적으로, 중세사회의 엄격함, 호족과 교회의 영향력, 중간계급의 점차적 발전, 상인의 나라, 산업화와 인구 폭발, 노동자 대중과 그들의 권리 획득, 여성의 역할, 어린이 권리, 제국의 성립과 확대. 17세기 이후의 저항운동, 위로부터의 개혁.

경제적으로, 단순한 지역 기반 중세 농업 경제, 도시의 증가, 잉글랜드 은행의 등장. 무역의 증가, 대영제국의 시작, 공장제의 성립, 산업화, 철도, 도시, 종합경제, 시장기반 자본주의, 기타.

를 가장 잘 보여주는 흥미로운 사례다.

〈그림 9-3〉 응답과 가장 큰 차이는 1,000년의 기간을 모두 학습했기 때문에, 답안이 전 시기를 망라하고 있다는 점이다. 그러나 근본적인 차이가 또 있다. 이것은 전적으로 종류가 다른 응답이다. 이 답안은 아

<그림 9-6> 연대기적 총괄 도해

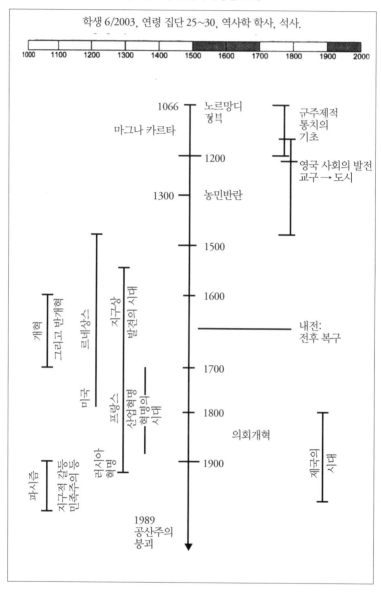

학생 6/2003, 연령 집단 25~30, 역사학 학사, 석사.

| 1000 | 1100 | 1200 | 1300 | 1400 | 1500 | 1600 | 1700 | 1800 | 1900 | 2000 |

1066 ─ 노르망디
          정복
마그나 카르타

규주제적
통치의
기초

1200

영국 사회의 발전
교구 → 도시

1300 ─ 농민반란

1500

개혁
그리고 반개혁

르네상스

지구상
발견의 시대

1600

내전:
전후 복구

1700

미국

프랑스

산업혁명
혁명의
시대

1800

의회개혁

파시즘

지구적
민족주의 갈등

러시아
혁명

1900

제국의
시대

1989
공산주의
붕괴

주 다른 구조를 보여주고 있고 매우 색다른 소재들로 구성되어 있다. 가장 큰 특징은, 1688년의 명예혁명은 예외이지만, 전체적으로 특수한 사건들에 대한 언급이 없다는 점이다. 명예혁명은 하나의 전환점으로 취급되고 있다. 글을 구성하고 있는 것은 "무엇으로부터의 움직임 moves from", "무엇을 향한 움직임moves towards", "등장rises", "시작 beginnings", "진화evolutions", "창조creation", 그리고 "확대expansion" 등이다. 근본적으로 이 글은 대규모적인 일이나 변화의 상태를 보여주는 "중세군주제", "귀족권", 그리고 "산업화" 등과 같은 개념들을 다루고 있다. 주로 사태의 상태, 과정, 시대 등을 포함하고 있다.

구조적으로 이 응답은 "정치" 혹은 "경제"와 같이 포괄적인 주제로 조직되어 있다. 이 글에서 가장 잘 정리된 부분은 정치 분야 설명이다. 전체적으로 이 글은 일정한 척도를 채용하고 있고, 너무 구체적인 사건 수준으로 이야기가 내려가는 것을 자제하고 있다.

〈그림 9-6〉(학생 6/2003) 응답은 지극히 다른 형태의 표현 방식을 사용하고 있다. 구체적 서술이 생략된 상태이지만 많은 것을 암시하고 있다. 그럼에도 불구하고 이 글에서 보여주는 영국 역사에 대한 큰 그림은 명료하게 조직되어 있고 어떤 점에서는 일관성이 있다. 글을 구성하고 있는 요소에는 중요하다고 여겨진 사건들이 포함된다. 물론 왜 중요한지, 왜 그 사건들이 다른 사건들을 제치고 선택되었는지는 알 수 없다. 아마도 마그나 카르타와 농민반란은 각각 정치적 및 경제적 전환점으로서 선택되었을 것이다. 다른 사건들(예컨대 내전 혹은 프랑스혁명)은 저자가 정한 척도에 적합하다.

이 글은 특별히 특징적인 변화들(군주제 통치 기반과 영국 사회의 교구로부터 도시로의 발전)을 언급하고 있기도 하다. 그러나 대부분의 구성 요소들은 "르네상스"나 "발견의 시대"처럼 일상화된 개념들이거나, 그 정도로 일상적인 개념은 아니지만 이와 유사한 개념인 "지구적 갈등" 혹은 "제국의 시대" 등이다. 연대기가 핵심이고 모든 것은 연대표 상에 지도처럼 표시되어 있다.

이상에서 살펴본 4명의 대학졸업 응답자 중 적어도 3명은 상당한 정도의 역사적 지식을 갖고 있다. 역사를 이해한다는 것은 많은 사건들을 의미 있는 큰 개념 속에 잘 끼워 넣는 능력을 수반한다. 그리고 이런 능력은 사람들로 하여금 많은 양의 역사적 정보를 기억할 수 있게 해 준다. 〈그림 9-4〉 응답 학생(12/2002)과 〈그림 9-6〉 응답 학생 (6/2003)은 모두 그런 큰 개념에 접근하고 있지만 그들 사이에는 차이 점도 존재한다. 〈그림 9-6〉 답안은 토픽들을 나열하되 각 토픽의 상이한 역사적 위상을 고려한 흔적이 없다. 이런 종류의 나열은 50년 전 영국(혹은 잉글랜드)의 역사책 각 장의 제목 부분에서 보이는 토픽 요약을 연상시킨다. 예를 들면, 트레블리안G. M. Trevelyan 책에서 "억압과 개혁, 1815~35"이라는 장은 다음 주제 목록으로 소개되고 있다.

옥수수법과 소득세. 코베트Cobbett, 피터루Peterloo, 그리고 6개 법률. 토리Tory 개혁. 필Peel과 허스키슨Huskisson. 캐슬리흐Castlereagh와 캐닝 Canning. 웰링턴Wellington 내각. 휘그당과 개혁 법안. 지방자치법과 노예 제 폐지. 벨기에.

이 같은 목록은 실러버스나 시험안내장에서 발견될 수 있으며, 따라서 학생들이 이 목록이 마치 역사의 전개를 반영하는 것으로 이해하여 무작정 읽어 내기 쉽다. 1950년대에 역사를 배운 우리들 중 일부는 마치 테르모필레Thermopylae(기원전 480년에 있었던 그리스·페르시아 간 전쟁으로 그리스군 전멸-옮긴이)에 이어 살라미스전투(기원전 480년 그리스가 페르시아에 승리한 전투-옮긴이)가 발발했던 것과 똑같은 식으로 나폴레옹전쟁 뒤에 토리 개혁과 휘그 개혁이 있었던 것으로 이해했다. 여기에서의 전제는 트레블리안 책의 주제 목록과 같은 목록에 있는 내용들은 모두 동등하고, 사건처럼 취급될 수도 있다는 것이다.

과거를 나누는 데 활용되는 다소 추상적인 역사 용어들은 다양한 형태와 규모를 지닌다. 그리고 누군가의 도움을 받아 이런 용어들 사이의 차이를 이해하게 되면 학생들이 더 이상 과거를 "일방통행로"로 여기지 않고, 과거에 관한 다양한 설명들이 어떻게 가능한지를 보다 잘 알 수 있게 된다(Shemilt 2000). 위에서 살펴보았듯이, 14세 정도의 학생들은 이미 역사적 설명이란 것은 많은 가능한 질문 중에 특정한 몇몇 질문들에 대해 답하는 것이고, 따라서 반드시 시간척도와 주제를 선택해야 한다는 것을 안다. 쉬밀트는 역사가 지닌 이런 측면을 토픽들 혹은 "에피소드들" 내에서 이해하는 것과, 그것이 전체로서의 과거에 적용된다는 것을 파악하는 것은 아주 별개의 것이라고 지적한 바 있다. 핵심적 생각은 (1) 모든 것을 포함한 하나의 이야기를 확보하는 것은 불가능하다는 것(따라서 이상적인 연대기라는 것은 포기해야 함), (2) 설명은 과거에 대한 구성이며 그 복제는 아니라는 것, 그리고 (3) 과거는 단지 사건과 행동, 혹은 일의 상태나 과정으로부터 만들어지는 것만이 아니고 이런 것들의 결합으로부터도 만들어지는 것이다.

우리가 이해하는 한에 있어서 영국에서는 "큰 그림"이라는 수준에서 그 누구도 (3)를 가르치려는 시도를 해 본 적이 없었다. 오직 1980년대에 가르쳐진 실험적인 A레벨 과정이었던 캠브리지역사프로젝트 Cambridge History Project만이 이 방향으로 몇 발 내디뎠을 뿐이다.

〈그림 9-4〉 답안처럼 〈그림 9-6〉 답안 또한 불연속적인 항목들을 제시하고 있지만 이 항목들은 대규모 종합large-scale colligation(긴 기간 동안 있었던 사회적 변화를 종합하여 표현한 것-옮긴이)과 몇몇 중요한 사건들significant events 사이의 연대기적 관계 설정을 통해 영국 역사를 드러내는 방식으로 표시되고 있다. 이 답안만으로 이 글을 쓴 학생이 영국 역사에 관해 조리 있는 "큰 그림"을 어느 정도 갖고 있는지를 충분히 알 수는 없지만, 의미 있는 항목들이 다차원적 도표 속에 정리되어 있는 이런 형태의 표현을 보면 이 학생이 역사자료를 선택하는 기준이나 의식을 충분히 짐작할 수 있다. 이 "도표"를 통해 변화의 방향이나 속도에 관해서 말할 수 있는 것은 거의 없지만, 상이한 주제 요소들을 다루려고 하는 필자의 의식은 분명히 알 수 있다. 이 학생은 쉬밀트(2000)가 말한 "다주제적polythetic" 설명을 할 수 있을 것으로 보인다.[17]

〈그림 9-5〉(학생 8/2003) 답안은 토픽의 나열도 아니고 이야기식 설명도 아니다. 물론 서술 시간이 좀 더 주어졌다면 후자가 되었을 가능성이 아주 높다. 그래도 이 답안은 잠재적으로는 발전적 서술의 기본

---

[17] 쉬밀트(2000)의 경우 "다주제적" 설명이란 다양한 이야기를 섞는 것이다. 각각의 이야기들은 다양한 속도와 방향을 지닌 변화들을 보여준다.

이라고 하겠다. 즉 사건중심의 이야기가 아니라 변화중심의 이야기로서의 잠재성을 갖고 있다. 변화들이 주제에 따라 조직되어 있고, 주제들 안에는 다양한 요소들이 들어 있다. 몇몇 사례에서는 상이한 시기에 상이한 방향으로 변화가 진행되기도 한다. 광의의 주제 영역(즉 정치와 종교) 사이에 명백한 관계는 설정되어 있지 않지만, 몇몇 변화양상은 하나 이상의 주제 영역에서 나타나고 있다. 비록 교회와 국가 사이의 "영원한 갈등"이 종교개혁에 의해 전환을 맞기는 했어도, 전체적으로 변화의 속도에 대한 언급은 없다. 일정한 한계에도 불구하고, 그리고 이론의 여지는 있지만 이 답안은 상당한 양의 지식을 효과적이고 간명하게 조직한, 영국 역사에 관한 조리 있는 "큰 그림"의 한 증거 사례라고 할 수 있다.

학생들의 큰 그림들

이상에서 살펴본 역사전공 대학졸업생들의 접근 방식과 UHP 프로젝트를 통해 수집한 사례에 나타난 학생들의 접근 방식을 비교할 수 있다. 이 프로젝트는 학생들이 역사 이해를 위해 이용하는 과거의 종류, 그리고 학생들의 "이용 가능한 과거"와 그들의 역사 연구 사이의 관계에 대한 소규모 조사 연구다. 여기서 논의하는 사례들은 10학년 학생(14~15세) 36명을 샘플로 선정했다. 그들은 모두 2년으로 된 중등교육수료증명서General Certificate of Secondary Education 취득과정을 위해 역사를 선택했다(시험은 16세에). 이들에게 다음과 같은 문제에 대해

테리. 평균 이하 시험성적을 보인 학교 재학(스펠링은 수정)
지난 2천 년간 많은 일이 일어났다. 2천 년 동안 생긴 첫 번째 차이는 사람들의 마음이 세대를 거듭하면서 변했다는 것이다. 기술은 진보했다. 지구는 그 표면이 오래되고 구겨진crumply 것으로부터 새롭고 신선한fresh 것으로 천천히 변하고 있었다. 세계가 좀 더 나은 곳으로 변해 가고 있다는 것을 의미한다. 에이즈와의 싸움은 물론 전쟁이 계속되고, 세계적 규모의 빈곤이 아직도 큰 문제로 남아 있기는 하다. 전쟁에 대해서 말하자면 미국과 영국이 이라크와 테러리스트들에 대항하여 함께 싸워 왔다. 1910~1920년에는 1차 세계대전이 있었고, 미국, 영국, 러시아는 히틀러의 잔혹한 전쟁에 맞서 함께 싸웠다. 적자생존이었다. 전쟁에서 승리하자 미국은 뒤에 숨어서 무기를 개발하기 시작했다. 영국도, 러시아도 그랬다. 다른 나라들에게 "우리와 전쟁을 할 생각을 하지 말라"는 경고였다고 생각한다. 그래서 이 지구상에서는 아직도 전쟁이 벌어지고 있으며, 빈곤이 삶을 앗아가고 있다. 그런데 기술은 무기를 만드는 데도 쓰이지만 동시에 의약품을 개발하고 제조하는 데도 쓰인다.

〈그림 9-8〉 사건 이야기

스티브. 평균 이상 시험성적을 보인 학교 재학(최소한의 구두점만 첨가)
1세기에 있었던 로마 침공 이전에 영국 대부분의 땅은 여러 부족들이 다스렸었다. 주로 켈트족이었고 야만상태였다. 로마가 침략했을 때 그중 이케니Iceni 부족이 다른 부족들과 힘을 합쳐서 영국을 지키려고 노력했지만 로마 군대의 우월한 병기에 당할 수 없었다. 일단 점령을 당하자 로마는 우리 영국을 문명화시켰고, 로마가 가톨릭화하자 가톨릭교가 지배 종교가 되었다. 로마 제국이 몰락하자 영국은 야만적인 바이킹들의 공격 대상이 되었고, 이후 몇 세기 동안 그들의 지배를 간헐적으로 받았다. 그들 중 일부는 이곳에 정착했다. 1066년에 헤이스팅스 전투가 있었다. 누가 잉글랜드의 권좌를 차지하느냐를 둘러싼 전쟁이었다. 처음에 노르웨이가 침입했을 때 농민 모병들이 도움을 받은 왕이 맞서 싸워서 물리쳤다. 그러나 상황이 바뀌고 이번에는 프랑스의 한 지역인 노르망디 사람들이 침입했고, 결국 패하고 말았다. 그 다음 대사건은 흑사병이었다. 영국은 대재앙을 입었고 인구가 1천만 명에서 2백만 명으로 줄었다. 쥐는 도처에 있었고, 이 질병은 급속히 퍼졌다. 요즘 제3세계에서 일어나는 일처럼, 암흑시대 내내 소수의 영주들은 점점 부유해지는 반면 백성들은 기근으로 고통을 받고 있었다. 18세기의 산업혁명은 영국을 세계에서 가장 강한 나라로 만들었고, 영국은 무역과 노예제를 이용해서 세계 많은 지역을 식민지화했다. 2차 세계대전 말기에 독일을(단어 누락-패배시킨?) 후에 영국 사람들은 이것의 존재를 믿지 않게 되었고 보수적 정부로부터 노동자 정부로 전환하기로 결정했다. 오늘날 영국은 예전 식민지였던 미국과 긴밀히 연계하여 새로운 전쟁인 테러와의 전쟁을 하고 있다.

답을 쓰도록 요구했다.

최근 2,000년간의 영국 역사에 대해 이야기를 하라. 무슨 일이 일어나고 있었는지what was going on에 대해 "큰 그림"을 제시하도록 하라. "going on"이라고 한 것은 우리가 사실이나 날짜를 원하는 것이 아니라 일어났었던 현상에 대한 큰 그림에 관심이 있다는 것을 의미한다.

학생들은 대부분 런던 지역에 있는 학교에 재학 중이었고, 인종적 배경은 다양했다. 그들의 필명은 영국식으로 표현했다. 왜냐하면 그들이 사용한 관점 자체에 강조점이 주어져야 하기 때문이다(원래 이름으로 표시하는 경우 인종적 배경이 드러나고, 이것이 분석에 영향을 주기 때문이다—옮긴이).

14~15세 학생들과 대학졸업생들 사이에는 분명한 차이가 존재한다. 학생들은 적게 쓰고, 제한된 역사 지식을 활용할 수 있다. 이런 공통점에도 불구하고 그들이 적용한 접근 방식은 아주 다양했다. 대학졸업생들처럼 어떤 학생들은 이야기식으로 글을 쓴 반면, 다른 학생들은 대규모 변화의 모습을 그리려고 시도했다. 우리가 취한 샘플에는 사건 목록식은 거의 없고, 지도 형식으로 표현한 것은 전혀 없다. 그렇지만 과거를 현재와 연결시키고자 하는 불필요한 시도들이 있었다는 것은 놀라운 일이다. 과거를 현재나 미래와 연결시키려는 이들 청소년기 학생들의 태도는 선행 질문들에 의해 영향을 받았을지 모른다. 선행 질문 중 두 개가 각각 현대사회에서 있었던 가장 큰 변화가 무엇이라고 생각하는지, 그리고 향후 50년 혹은 60년 사이에 발생할

것이라고 예상하는 가장 큰 변화는 무엇인지를 묻는 것이었다. 그것은 또한 많은 응답자들의 주된 특징이었던 현재주의와 연결될 수도 있고, 아니면 자기 자신과 직접 관련 있는 문제나 현재의 고민에 초점을 맞추는 청소년들의 일반적 경향의 한 표현일 수도 있다.

위 〈그림 9-7〉에서 테리는 역사 속 변화에 대해 현재 지향적으로 해석하는 것으로 시작해서, 사건들을 이야기식으로 설명했다. 기술적 변화는 정신적 변화와 연결되는 듯하고 결국 인류의 진보로 이어졌다. 그러나 전쟁, 빈곤, 에이즈 등의 문제는 지속되고 있다. 최근의 전쟁에 관한 테리의 지식은 두 번의 세계대전을 무시하는 약간 무질서한 설명을 가져왔고, 다른 이야기들을 혼란스럽게 했지만 그래도 냉전의 시작과 봉쇄정책의 기원에 대해서는 쓸 만한 설명을 하고 있다.

스티브(〈그림 9-8〉)는 2천 년 전체를 설명하고 있다. 최근의 사태에 대한 문장으로 글을 마감하고 있지만 전체적으로 현재보다는 먼 과거에 훨씬 더 무게중심을 두고 있다. 주로 사건중심으로 구성되어 있지만 상황이나 과정도 분명히 언급하고 있고 간혹 변화의 모습도 설명하고 있다. 전체 이야기가 일리가 있고, 적어도 몇몇 사건들은 다른 사건들과 관련되어 있다. 흑사병과 같은 어떤 사건들은 배경 없이 등장하고 있지만 흑사병을 이런 식으로 취급하는 데 완전히 근거가 없다고 할 수는 없다. 스티브는 사건에 따라서는 그것을 현대 사회구조와 연결시켜서 설명할 수 있기 때문이다. 산업혁명 또한 갑자기 등장하고 있고, 어떤 변화의 총합이 아니라 마치 하나의 사건처럼 취급되는 듯하지만 스티브의 나이를 고려한다면 이것은 그리 놀랄 만한 일은 아니다.

테리와 같은 학교를 다니는 헨리(《그림 9-9》)는 어떤 면에서 테리의 글을 닮은 영국 역사를 그려냈다. 그러나 비록 이 답안이 테리의 답안이 그랬던 것처럼 1차 세계대전 부분에서 사건에 대해 좀 더 구체적으로 언급하고는 있다고 해도, 이 답안은 설명이라기보다는 아주 간단한 시대구분에 불과하다. 동력 이용의 변화라는 주제를 첫 부분으로 하고 있다.

새라(《그림 9-10》)는 하나 이상의 주제를 선택했지만 주제들을 서로 연결시키지 않고 있다. 심지어는 두 주제가 서로 연결시키기 아주 쉬울 정도로 충분히 가까운데도 불구하고 그렇다. 이 여학생은 본인이 선택한 주제 분야에서의 변화를 시대구분(스스로 인정했듯이 "순서가 완전하지는 않은")과 연결하고 있지만, 변화가 특정한 시대에 제대로 놓이지 않고 있으며, "과거를 부족한 시간deficit past"으로 묘사하기조차 한다. 현대에 대한 마지막 세 가지 설명 중 두 가지에서 현재가 과

〈그림 9-9〉 시대구분 형식 설명

헨리. 평균 이하 시험성적을 보인 학교 재학
많이 알지는 못하지만 내가 아는 범위에서 이야기한다. 오래전 영국 역사의 초기에는 석기시대가 있었고, 다음에는 중세, 그리고 증기가 동력원으로 등장한 빅토리아 시대가 있었다. 그리고 전기가 사용되기 시작한 산업혁명 시대가 왔다. 독일이 시작한 1차 세계대전이 일어났고 영국은 러시아, 그리고 여러 반독일 국가들과 연합했다. 2차 세계대전이 다시 독일에 의해 발생했고 영국은 다시 반독일 연합에 가담했다. 이번에도 연합국이 이겼다. 그다음 시대가 바로 우리가 살고 있는 현대다. 공해, 전쟁, 질병, 그리고 빈곤 등이 당면한 문제들이다. 그러나 이런 문제들에 대한 불안(해결책?)이 있다. 행동에 옮기는 것이 문제일 뿐이다.

새라. 평균적 시험성적을 보인 학교 재학(철자 수정)
사람들은 서로 떨어진 상이한 장소에서 살았다. 기술이 없었기에 사람들은 음식을 찾고 생존하기 위해 기초적 능력을 사용했다. 왕과 여왕들이 통치를 했다. 자기가 살던 마을 이외의 장소로 이동하는 사람은 거의 없었다. --〉 중세 --〉 튜더 왕조 – 헨리 8세 --〉 스튜어드 왕조 --〉 노예제(오늘날도 일부 남아 있다.) --〉 엘리자베스 여왕 1세 --〉 엘리자베스 여왕 2세 〈--과학기술이 나타나기 시작 과학기술 – 컴퓨터 등이 대단해지기 시작!!! 교육이 개선됨. 삶의 수준이 향상됨.

거보다 우수하다는 주장을 하고 있다.[18] 사건들에 대한 언급은 전혀 없는 반면, 연대순으로 정리된 과거에 대한 어떤 인식이 명료하다. 과학 기술 혹은 다른 분야에서의 진보에 기초한 아주 단순한 의미를 지닌 과거 인식이다.

〈그림 9-11〉에서 조는 2천 년간의 변화를 설명하고 있는데 시간척도의 한쪽 끝에는 현대라는 경계 푯말이 놓여 있다. 그런데 세리의 글

---

[18] "부족한 과거"라는 개념은 과거 행동, 사회적 실천, 그리고 제도 등의 변화, 그리고 이에 대한 설명을 어떻게 할 것인지에 대한 학생들의 태도를 연구한 결과에서 도출된 사고영역이다. 이런 식으로 생각하는 학생들은 차이를 부족함으로 여긴다. 과거에 있었던 낯선 일들을 과거에 살던 사람들의 정신적 열등성의 표현인 것으로 설명하려는 경향이 대표적이다. 현대와 비교해서 과거를 마치 실패인 것으로 규정한다. 과거는 여러 관점에서 당시 사람들이 갖지 못했고 하지 못했던 것들에 의해 특징지워진다. 모든 경우에 학생들이 살고 있는 현재가 기준이다(Lee & Ashby 2001).

〈그림 9-11〉 현재와 불특정 과거 사이의 변화

조. 평균적 시험성적을 보인 학교 재학(철자와 구두점 수정)
지난 2천 년 동안 영국은 아주 많은 국면을 지나 왔다. 영국은 성차별이 심한 백인 중심 국가였다. 다양한 이유로 다양한 국가로부터 많은 사람들이 영국으로 이민을 시작했고 영국은 더욱 반인종주의적anti-racial으로 되었다. 영국이 어떻게 변했는지 몇 가지 사례를 제시하고자 한다. 구식 셰익스피어 시대 언어가 사용된 적이 있었다. 지금 우리는 공식적 영어를 말한다. 어떤 사람들은 비공식적 언어를 쓴다. 여성은 어떤 권리도 없었다. 그들은 아무것도 할 수 없었다. 지금은 남성이 갖고 있는 것과 똑같은 권리를 갖고 있다. 영국은 완전히 하나였었다. 모든 사람들이 완전히 같았었다. 지금은 다른 종교를 갖고, 다른 음악을 즐기는 다양한 사람들이 있다. 더 이상 설명할 수는 없지만 이상 세 가지 사례만 보더라도 영국이 그동안 얼마나 변했는지를 알 수 있다.

〈그림 9-12〉 구체적 사건이 결여된 구성

로시. 평균 이하 시험성적을 보인 학교 재학
세계에는 항상 지도자들이 있었고, 그들만이 완전한 세상이 무엇인지에 대한 다양한 생각을 갖고 있었다. 서기 1년부터 2천 년까지 권력과 금전에 대한 사랑이 서구 세계의 지도자들을 움직였다. 특히 영국의 경우에. 영국은 항상 세계 권력 사다리의 정상에 있었다. 영국은 엄청난 권력을 유지해 왔다. 세계 도처에 거대한 제국을 건설할 때로부터 나치주의를 멸망시킬 때까지, 다른 나라들의 도움 속에 영국의 지도자들은 항상 영토와 돈을 얻기를 희망해 왔다. 다른 나라들에게 영국이 가장 큰 힘을 갖고 있다는 것을 보여주기 위해서였다.

에서처럼 비교 대상인 과거가 전체적으로 구체적이지 않다. 조의 경우에 현재가 우위를 차지하고 있고, 비록 셰익스피어 시대의 영국을 언급하고 있지만 설명은 과거에 투영된 현재의 경향에 전적으로 기초하고 있음을 보여준다. 제시된 사례들을 통해 그가 설명하는 것이 무엇인지도 분명하지 않다. 과거에 여성들이 무엇을 할 수 없었는지를 알 수 없다.

마지막으로, 사건이 들어 있지 않은 설명이 로시의 글(《그림 9-12》)에 가장 극단적인 모양으로 예시되어 있다. 나치정권을 물리치고 제국을 건설한 것이 사건과 과정인 듯 비치지만 변화는 아니다.

2002년 실험연구에서 행해진 학생들과의 면접

지금까지 살펴본 사례들의 출처인 UHP 연구에 앞서서 하나의 실험연구가 있었고, 이 실험연구에서 3명씩 묶은 14~18세 청소년 10개 집단을 대상으로 한 면접자료를 수집했다. 이 자료는 영국 역사에 대해 학생들이 어떤 생각을 갖고 있는지 그 구체적 증거를 보여주고 있으며, 동시에 학생들이 현재와 미래에 대해 생각할 때에 과거를 어느 정도 활용하는지를 탐색하고 있다. 이 자료는 두 학교에서 수집되었다. 역사 과목 선택 경향과 시험성적으로 판단해 보면, 이 두 학교는 효과적인 역사 교과과정을 운영하고 있다고 할 수 있다. 그러나 여기서 얻은 자료들이 제시하는 정보를 벗어난 사고를 하거나 일반화를 추구할 수는 없다(좀 더 많은 자료들이 이용 가능하게 되면 좀 더 근거 있는 추론이 될 수는 있겠지만 소규모 UHP 사례를 통해서 자신 있게 일반화를 시도할 수는 없다).

이 실험연구로부터 드러나는 그림은 자신들의 학교 역사 수업에서 배웠던 몇몇 산발적인 지식들을 기억할 수 있는 학생들이 그린 그림이다. 열다섯 살에 역사 공부를 포기했던 나이가 좀 든 학생들은 거의 아무것도 기억하지 못했다. 먼 과거의 이야기 한 두 개 정도, 그리고 이후 두 차례 세계대전까지의 역사 중에서는 단 하나도 기억하지 못했다. 역사 공부를 계속하기로 마음먹은 16~18세 학생은 조금 더 기억하고 있었지만 일반적으로 14세 학생보다는 인용할 수 있는 토픽이 훨씬 적었다. 두 나이 집단 모두 역사를 토픽 라벨처럼 기억했다. 전체사례를 살펴볼 때, 그리고 이 학생들이 초등학교와 중등학교에서 배운 것을 망라해 볼 때, 세계대전이 가장 자주 언급되는 주제였고, 다음이 튜더 왕조, 그리고 다음에는 로마제국 순이었다. 색슨족, 바이킹, 중세, 그리고 빅토리아시대는 거의 언급되지 않았고, 산업혁명은 단 한 차례, "교통과 운하"와 관련해서 언급되었을 뿐이었다. "튜더 왕조가 존재했다는 것을 기억하지만 그것이 어떤 것이었는지는 기억할 수 없다"와 같은 코멘트가 가장 흔했다. 나이 든 학생 일부는 오직 로마제국과 세계대전만을 얘기할 수 있었다.

지금까지의 영국 역사는 한 마디로 무엇이라고 할 수 있느냐라고 질문했을 때 학생들은 대답하기를 몹시 어려워했다. 제목을 제시할 수도 있고, 이야기 줄거리를 말해도 되고, 아니면 중요하다고 생각하는 주제를 이야기해도 된다고 말해 주었다. 학생들이 과감하게 의견을 제시하는 것을 싫어했다는 것이 아니다. 단지 그들은 이전에 그런 식으로 생각해 본 적이 없던 것이었다.

몇 가지 눈에 띄는 대답을 살펴볼 만하다. 잘 조직된 주제는 물론 거의 눈에 보이지 않는다. 14세 팀이 제시한 답은 예외적으로 일관성이 있었다. 팀의 친구들이 영국 역사를 보여주는 이야기로 "가이 포크스 체포기념일Guy Fawkes Night(1605년 11월 5일 영국 국회의 폭파를 음모한 가이 포크스를 체포한 것을 기념하는 날. 본파이어 나이트Bonfire Night라고도 함–옮긴이), "전쟁" 그리고 "민주주의" 등을 제시했던 반면에

팀은 평등주의의 발전이라는 주제를 제시했다. 그러나 앞 〈그림 9-13〉에서 조가 그랬던 것처럼 팀도 현재를 과거에 투영하는 방식으로 자기의 주제를 나타냈다.

면접자: 영국 역사를 상징하는 또 다른 이야기로 무엇이 있을까? 네가 영국은 민주주의로 유명하다고 했는데, 그것이 이야기가 될 수 있나?

팀: [한참 쉬었다가] 글쎄 …… 내 생각에 영국은, 최근이 아니고 아주 오래 전에 하류계급 사람들이 얼마나 불공평한 대우를 받는지를 보았기 때문에 민주주의를 배웠다. 그래서 시간이 흐르면서 점차…… 차이는 줄어들고, 내 생각에, 곧, 그러니까 앞으로 40년 혹은 50년 안에 평등한 사회가 도래할 것이라고 생각한다.

면접자: 왜 그렇게 되리라고 생각하나? 그렇게 될 원인을 제시하라는 것이 아니고, 네가 그렇게 말하게 된 단서, 혹은 네 얘기의 근거가 무엇인지?

팀: 글쎄. 모든 것이 진보하는 것 같기 때문에, 그러니까 퇴보하는 것은 없는 것 같다. 역사는 언제나 앞으로 나아가는 것 같기 때문이다.

과거에 대한 이런 식의 설명에서 변화란 언제나 합리적 결정의 결과물이고, 이런 흐름은 계속될 것이다. 그러나 팀의 이런 믿음의 기반은 그의 역사 지식이 아니다. 그의 생각은 현재 자신의 입장에서 나온다. 현재가 과거와 미래에 영향을 준다.

아래 사례에서는 14세 학생들의 경우 과거를 구조화하는 데 있어서 전쟁과 침략이 두드러진 주제가 된다는 것을 보여준다.

폴: 영국 역사는 분명히 자기방어, 그러니까 영국이라는 섬나라를 침략하려고 하는 사람들에 대한 확실한 자기방어의 역사라고 생각한다. 2차 세계대전에서는 독일, 그리고 그 이전에 바이킹으로부터 공격을 받았는데, 그런 공격으로부터 얼마나 잘 방어했는지는 모르지만······ 최근에 들어서서 영국 사람들이 다른 민족, 대양의 다른 쪽으로 나아가기 시작했다고 생각한다.

그레이스: 예, 그것은 분명이 전쟁이라고 생각한다.

면접자: 그러면 영국 역사는 주로 전쟁의 역사?

그레이스: 글쎄. 전쟁이나 전투 같은 것은 아니고, 그러니까 일종의 그런 종류로서, 우리는 다른 나라들로부터 우리를 방어하려는 것이었다. 영국은 1차 세계대전과 2차 세계대전, 그리고 그 이전의 전쟁에도 참여했다.

폴: 내가 얘기하려고 했던 것은 우리는 영국이라는 이 나라의 이익을 보호해야만 했다는 것이다. 유럽에 합세하는 것은 나름 좀 더 나은 안전을 보장할 것이지만, 우리를 침략하려 했던 독일의 경우는 우리를 자신들에게 복속시키려고 했던 것이다. 독일은 자신들만의 유럽계획이 있었다.

"침략에 대한 방어"라는 사고는 "영국인들은 대양의 반대편으로 나아가기 시작했다"는 식으로 훗날의 식민지 개척과 제국주의를 합리화하는 데까지 이르렀다. 이 설명은 아주 단선적이며 안전이라는 개념에 계속 집착하고 있다. 다른 사람들에게 귀를 기울인 에디의 경우는 보다 복선적인 설명을 했다.

에디: ······ 전제군주가 항상 권력을 갖고 있었다. 나중에 의회가 생겼고 내

전 같은 것이 발발했으며 결국 지금의 민주주의 제도에 이르렀다. 우리나라는 민주주의의 선봉에 있는, 민주주의의 지도 국가 중 하나다. 우리가 도달하려는 목표였다고 할 수도 있다. 조금 더 이야기하자면, 영국 황실은 이미 많은 권력을 잃었고 아마도 나중에는 폐지될 것이라고 생각하는데 그것이 앞으로 남은 마지막 변화일 것이다. 다음에 산업 분야에서는 산업혁명이 있었는데, 우리나라는 지속적으로 선두에 있어 왔다. 기술은 항상 변하는 것이기 때문에, 산업적으로 우리나라가 확고한 위치를 유지할 수 있다고 생각할 수는 없다. 그래도 우리나라가 산업적으로는 꽤 안정적이라고 말하고 싶다.

민주주의의 성장과 산업혁명 사이의 유일한 연결고리는 "선봉에 있다"는 생각인 것 같다. "확고한 위치"에 도달한 영국이라는 표현은 변화가 이미 시들해졌다는 것을 시사하지만, 기술은 항상 변하기 때문에 "확고함"이라는 단어는 쓸 만하다. 목표점에 도달했기 때문에 변화가 멈추었다는 생각은 문제가 많지만, 그런 사고는 민주주의는 과연 무엇일까라는 재미있는 생각을 하게 만들기도 한다. 기술적 변화는 보통 지속적인 것으로, 그래서 "진보"라는 상식적 생각과 연결되는 것으로 여겨진다(Barton 1996). 그러나 몇몇 학생들은 예컨대 컴퓨터의 주된 영향은 이미 종료된 것으로 생각하는 경향을 보였다. 에디의 답안을 보면, "우리가 오늘날의 상태에 어떻게 도달했는지에 대한 이해"를 강조하는 학교 교육과정에서의 역사 학습에 대한 일반적 정당화에 문제가 있음이 잘 드러난다. 역사 교육의 목적이 이렇게 여겨지고 가르쳐진다면, 자칫 현재를 최고 상태로 보고, 변화란 것이 자신들의 삶에 근본적으로 영향을 미칠 것 같지 않다고 생각하는 학생들의 경향을 오히려 강화시킬 위험에 빠질 수도 있다.

14세에 역사 공부를 포기한 학생 중 일부는 어떤 일관성 있고 통시적인 설명체제보다는 민족 특성을 반복적으로 제시했다. 이고르(17세)는, 예컨대, "어떻게 영국인들은 항상 다른 민족의 전투에 앞장서려고 하는지, 그리고 생각해 보면 동시에 스스로의 전쟁을 벌이는지"라는 질문을 제기했다. 그는 1차 세계대전과 2차 세계대전, 그리고 미국의 테러와의 전쟁에 대한 지원을 인용했다. 헬렌(역시 17세)은 덧붙이기를,

내 생각에 우리는 이처럼 아주 이기적 국가다. 왜냐하면 미국이 실제로 2차 세계대전에서 우리를 도왔기 때문에, 우리 스스로 이익을 보려고 미국을 돕고 있을 뿐이다. 그리고 알다시피 우리가 독일과 2차 세계대전을 시작했던 것은 우리가 점령당하는 것을 막으려고 그랬던 것이었다.

비슷한 설명이 14세인 모리스와 콜린의 설명에도 나타난다. 민족 특성이 과거와 현재로부터 도출되고 있다. 대규모 변화 또한 서술되어 있지만 그것이 얼마나 역사적 기록에 기초하고 있는지는 분명하지 않다.

콜린: 내 생각에 영국은 매우 모험적인 국가인 것 같다.

면접자: 영국의 역사가 많은 모험의 이야기라는 것을 보여주지. 그렇지?

콜린: 다른 제국들처럼, 대영제국도…….

모리스: 탐험가들처럼.

콜린: 탐험가들. 그래. 그들이 기술과 계속 접촉했던 방식, 그리고 그들이 갖고 있었던 돈······.

모리스: 그래, 내 생각에 우리나라는 아주 강한 국가지. 대영제국부터는 그랬는데 지금 우리는 모든 것을 잃어버린 것 같아.

면접자: 그러면 아주 강력했었지만 이야기의 끝에는 그 강력함을 잃어버리는 그런 이야기인가?

모리스: 맞아. 그런데 다른 나라 사람들은 우리가 아직도 강한 나라라고 생각하지.

콜린: ······ 강한 나라······ 그러나 미국이 아마도 세계에서 가장 강한 국가일거야. 영국은 아마도 두 번째 혹은 세 번째 뭐 그 정도일걸. 대부분의 국가들(녹음 불량)······ 대영제국. 오늘날 대부분의 국가들이 독립하기를 원하고 있다. 바다 건너, 어떤 다른 나라에 의해 지배를 받는 것이 아니라 스스로 자기 나라를 다스리기를 원한다.

모리스: 맞아. 내 생각에 나중에 우리를 돕게 하려면 우리가 다른 민족을 도와야 한다고 생각해. 테러와 전쟁하는 미국을 도우면 미국이 우리나라에 잘할 것이고 친구로 남을 것이다.

면접자: 그것이 우리가 전쟁에 참여하는 이유인가?

모리스: 우리가 아주 슬기로워야 한다고 생각한다.

콜린: 맞아, 슬기로워야지.

면접자: 다른 것. 영국 역사가 무엇에 관한 역사인지를 표현해 줄 다른 주제는 무엇일까?

콜린: 크리켓과 축구와 같은 몇 가지 스포츠가 영국에서 만들어졌다.

모리스: (끼어들면서) 문화가 있지. 우리나라는 아주 훌륭한 문화의 역사를 갖고 있어.

콜린: 축구와 같은 세계적 유행을 만들어 냈지.

모리스: 그래. 요즘은 다문화시대여서, 영국에는 많은 종류의 사람들 그리고 문화가 있고, 그래서 그만큼 많은 기회도 있고, 다양한 스포츠와 문학도 있어.

콜린: 종교도.

면접자: 그래서 영국 역사는 보다 많은 문화를 포용하는 영국인의 역사……?

콜린: 내가 말하려는 것은, 우리가 선진국일 수도 있지만 여전히 우리나라로 들어오는 많은 문화들을 수용하는 방식에 있어서는 발전 중인 나라이지. 한때는 국민 건강, 그러니까 무료 국민건강체제를 가진 유일한 나라였었지. 어떤 분야에서는 영국 단독으로, 그리고 다른 분야에서는 미국과 같은 강국과 함께 하는 것이 좋아.

모리스: 그래, 우리는 아주 독립적인 나라고, 지금까지 그래 왔어. 우리나라는 섬나라이기 때문에 국민통합이 중요해. 나라 전체가 단결하도록.

면접자: 과거에도 그랬을까? 즉 그것이 영국의 역사였느냐 아니냐를 묻는 거야.

콜린: 내전.

모리스: 과거에 꼭 그랬다는 것은 아니지만, 내 생각에 현재는 그래.

대부분의 실험연구 응답에 들어 있는 이야기들은 단편적이고 피상적이며, 매우 제한된 사례들에 의존하고 있다. 학생들이 선호하는 사례로는 2차 세계대전, 바이킹, 내전, 산업혁명, 그리고 유럽과의 연합

등이 포함된다. 대부분의 응답들은 현상이나 과정이 아니라 주로 사건을 다루고, 변화가 분명이 서술되지만 그것이 마치 사건처럼 다루어지는 경향이 많다. 학생들이 과거에 관해 보다 조직적이고 유용한 "큰 그림"을 만들어 내는 것을 방해하는 가장 결정적인 요소는 아마도 학생들이 갖고 있는 부족한 존재론일지 모른다. 주제들을 서로 연결시키는 인식이 부족하고, 주제에 따라 변화의 방향이 다를 수 있다는 인식도 부족하다.

지금까지 살펴본 초보적인 수준의 정보에 기초해서 볼 때, 영국에서 학생들이 역사적 방향을 설정하는 데 활용하는 영국 역사에 대한 그림은 잡다한 사실들로 구성되어 있는 것처럼 보인다. 그 사실들 중 많은 것이 현재, 살아있는 기억에서 나온 것들이다. 이런 기억들이 과거에 투영되고, 현재와 미래를 해석하는 데 사용된다. 일부는 간접적 생활 기억에서 나온 이야기들, 예컨대 부모나 조부모가 전해준 기억들 속에 들어 있는 사실들이다. 사건들은 보통 이야기 속에 나타나는데, 간혹 이야기들은 퇴화된 형식으로만 존재하기도 한다. 이런 경우 기억되는 것은 오직 줄거리 정도다. 당시의 상황이나 변화과정 같은 것이 설명되는 경우도 있지만 의미 있는 변화 양식을 찾아보기는 쉽지 않다. 민족 특성 같은 것이 이야기 줄거리나 주제의 기반을 제공하기도 한다.

대학졸업생들이나 중등학생들 모두 자신들의 이야기에서 주요한 구성요소로 토픽 이름에 자주 의존하는 편이다. PS02 인터뷰를 보면 학생들은 이들 토픽 이름들을 어떤 식으로든 말로 풀어 내는 데 어려움을 겪고 있다. 대학졸업생 정도 되면, 꽤 복잡한 방식으로도, 할 수 있는 일이지만, 토픽 이름들을 변화담론으로 바꾸는 것, 특히 큰 그림의 기초가 될 만한 변화담론으로 바꾸는 것은 어려운 일로 보인다. 대학에서의 기본적 역사 교육과정이 이런 어려움을 만든 요인들일 수도 있지만, 지금까지의 경험적 자료들에 의하면 학생들에게 역사의 방향을 잡는 도구를 제공하지 못한 책임이 학교 교육에만 있다고 할 수는 없다.[19]

이상의 토론을 통해서 보면, 모든 단계의 학생들이 역사를 해석하는 데 동원하는 학술적 개념들이 어떤 것이냐가 그들이 과거에 관해 알고 있는 지식을 활용하는 방식에 큰 영향을 미칠 수 있다는 것은 분명하다. 그렇지만 이런 개념들은 또한 학생들이 과거를 둘러싸고 걱정하는 데도 부분적으로 영향을 미친다. PS02 연구는 학생들이 어떤 정치, 사회, 경제적 문제들을 다룰 때 무엇을 고려해야 한다고 생각하는지에 대해 자료를 수집했다. 그런 다음에 학생들에게 역사가 도움이 될지를 물었다. 답을 한 학생 중에 절반 이상이 도움이 되지 않는다고 대답했다. 그들이 제시한 이유는 역사가 도움을 줄 것이라고 대답을 한 사람들의 대답과 같았다. 즉 세상은 계속 변한다는 것이다. 여기서 변화를 어떻게 생각하는지는 아주 상이하다. 어떤 학생들에게 변화란 무작위로 일어나고 따라서 이해 불가능한 것인 반면, 다른 학생들에게 변화는 의미를 가질 수 있다. UHP 연구에서 15세 케이트는 영국 역사 이야기를 하나 제시하라는 제안을 거절했다. "나는 2천 년

---

[19] 교원양성협회Institute of Education에서 매년 광범위한 대학의 역사학과를 우수한 성적으로 졸업한 약 70명의 학생을 비공식적으로 관찰한 결과를 보면 이들 졸업생들의 역사 분야에 대한 학술적 이해 수준이 매우 불안전하다는 것을 알 수 있다.

전의 영국 역사를 알지 못한다. 아는 것에 관심도 없다." 앞선 질문에 대한 답에서 케이티는 "시간이 흐름에 따라 모든 것은 변하고, 따라서 과거에 대해서 배울 필요가 전혀 없기 때문에 역사는 정말 쓸모없다"고 서술한 바 있었다. 만일 변화라는 것이 단순히 사건의 발생이라면, 역사는 우리가 시간의 흐름 속에서 방향을 인식orientation하는 데 있어서 별다른 역할을 할 수 없다.

방향 인식, 준거 그리고 과거에 대한 큰 그림

준거frameworks는 그 자체가 이야기는 아니다. 종종 그렇듯이 여기서도 용어가 문제가 될 수 있다. 경험적 자료들을 논의할 때 지금까지 "큰 그림"이라는 표현을 사용해 왔지만, 이것은 일부 네덜란드와 호주 역사학자들(Christian 2004, Spier 1996)이 "큰 그림"을 언급할 때 의미하는 것처럼 어떤 거대담론과는 다르다. 이 글에서 의미하는 것은 과거라는 긴 변화과정에 관한 학생들의 개요적 지식이고, 쉬밀트(2000)가 *The Caliph's Coin*에서 말한 대부분의 주장에 동의하려고 한다. 쉬밀트는 이 글에서 학생들의 준거frameworks가 과거에 대한 큰 그림에 해당되는 담론구조로 발전하는 방식에 대해 이야기하고 있다.

"준거담론framework narrative" 혹은 "큰 그림"과 같은 표현들에 해당하는 최상의 용법을 규정하려고 하는 것은 아니다. 드 루이 위원회De Rooij Commission(피트 드 루이Piet De Rooij 교수를 위원장으로 한 위원회로 2001년에 역사 10시대구분법을 제시했다—옮긴이)에서 사용했던 네덜란드식 용법인 "준거 기준frame of reference"이라는 용법이 매우 매력적이기는 하다. 그러나 이 개념은 준거 자체와 "큰 그림" 담론 양쪽에 적당히 걸쳐 있는 듯하다. 여기에서는 필자 중 한 명(Lee 2004)이 최근까지 준거와 담론 사이를 나누었던 것보다 훨씬 강력하게 구분지으려고 한다.

준거라는 생각을 담론이라는 생각과 구분하려는 첫 번째 이유는 사람들이 담론이 아닌 형태의 준거를 과거와 관련해서 갖고 있다는 점이다. 준거는 바로 그런 것이다. 그것은 틀 혹은 비계를 제시하고, 담론은 그 안에 지어진다. 담론은 준거와는 다르다. 왜냐하면 담론은 과거를 조직해서 그것에 특별한 의미를 부여하기 때문이다. 준거는 어떤 질문에 답하는 데 조금이나마 도움이 되기도 하지만, 그 자체가 어떤 특별한 이야기를 제시하지는 않는다.

어떤 준거는 아주 간단해 보일 수도 있다. "사실 파악"을 옹호하는 사람들 사이에서 유명한 하나의 준거는 영국 왕과 여왕의 이름과 날짜들이다. 그렇지만 준거의 목적이 학생들로 하여금 일련의 의미 있는 담론을 개발하도록 하는 것이라면, 전제군주의 명단이라는 것은 아주 제한된 성공 가능성만을 제시할 뿐이다. 물론 군주의 명단이 일종의 시기구분으로 여겨질 수도 있지만, 그렇게 해석하는 것은 좀 과장인 듯하다. 군주 명단으로 된 시대구분이 다른 형태의 시대구분과 경쟁해서 살아남을 수 있을까라는 질문이 당연히 제기된다.

전제군주의 명단이 지닌 가능성이 어떠하든 상관없이, 시대구분 구조는 기본적인 준거가 될 수 있는 또 하나의 가능한 대안이다. 이것이 아주 간단한 해결책으로 보일 수도 있지만, 시기라고 하는 개념은 사실 아주 복잡한 개념이다. 게다가 시대구분 형식은 과거를 구성하는 것이 무엇이어야 하느냐와 관련하여 아주 근본적 가정을 내포하고 있고, 특정한 변화에 더 큰 의미를 부여한다. 시대구분 방식은 극히 상반되는 담론과 설명조차도 하나로 담아 낼 수가 있다. 후기 고대late antiquity의 도입을 둘러싼 최근의 논쟁에서 증명된 사실이다(Heather 2005, Ward-Perkins 2005). 실제로 역사에서 시대구분은 아마도 역사 연구에서 도입 부분이 아니라 역사 연구의 절정으로 이해되어야 마땅하다. 올라 할덴Ola Halldén(1994)이 제시한 스웨덴 사례를 보면 얘기가 얼마나 잘못될 수 있는지를 알 수 있다. 르네상스시대 이후에는 어떤 역사적 시기가 오는지에 관한 교사들의 질문에 학생들이 대답을 하고 있다.

학생: 바로크시대

교사: 미술 분야로 보면, 그렇지.

학생: 위대함의 시대the age of greatness

교사: 그건 스웨덴 역사에만 해당하지.

학생: 자유의 시대the age of freedom

교사: 그건 조금 뒤 시대이고.

학생: 절대군주의 시대

교사: 그래. 혹은 독재의 시대. 우리가 지금 읽고 있는 시대가 뭐지?

학생: 자유의 시대

교사: 스웨덴의 경우는 맞아.

학생: 계몽의 시대

교사: 맞았어.

할덴(1994)은 이렇게 평을 하고 있다.

이 특정한 사례에서 학생들이 역사의 연속성을 이해하는 것을 돕는다고 생각했던 개념들이 오히려 문제를 일으키고 있다는 것은 희비극적tragi-comical이다. 이것이 예외적인 경우는 아니고 오히려 역사 학습에서 일반적인 문제일 가능성이 아주 높다. 역사의 과정을 묘사하는 데 사용되는 개념들은 그 자체가 역사의 한 부분이다(p. 187).

할덴(1994)이 제기한 문제 중에는 학생들이 시기구분 준거를 깨닫기 전에 미리 알아야만 하는 것과 관련된 문제도 포함된다. 우선 학생들은 연대기chronology와 시대구분periodization의 차이를 이해할 필요가 있다. 10년decades 혹은 세기centuries는 일정하게 시작하고 끝이 나지만, 시대는 정확한 구분 시점이 없다. 시대 개념은 하나의 맥락 혹은 주제에서는 작용하지만 다른 경우에 적용하면 오해를 불러일으킬 수도 있다. 따라서 할덴의 사례에서 교사의 경고 "스웨덴의 경우는 맞아"라고 한 것은 중요한 지식에만 해당하는 것이 아니다. 세기라고 하는 것도 영역에 따라 상이한 역사적 의미를 갖게 된다. 18세기 음악은 1800년 이전에 끝나지만 18세기 건축은 (논란의 여지는 있지만) 1800년대 초반까지 지속된다(여기에다가 "적어도 영국에서는"이라는 말을 첨부해야만 한다).

두 번째로, 학생들이 만일 시대를 실제의 과거 모습이라기보다는 하나의 준거로서 봐야 한다면, 시대라는 것의 위상은 그 시대에 해당하는 사건, 행동, 그리고 과정과는 다르다는 것을 이해할 필요가 있을 것이다. 그렇지만 우리가 앞에서 살펴보았듯이 연구 결과를 보면 이것이 바로 학생들, 심지어는 역사전공 대학원생들 중 일부도, 이해할 수 없는 일이라는 것을 알 수 있다. 그들은 과거를 사건과 동일시하는 낮은 수준의 존재론, 그리고 설명이나 해설과 사실에 관한 서술을 동일시하는 인식론을 갖고 역사를 바리보는 경향이 있다. 따라시 학생들은 설명이나 해설을 검증하기 위해서 우리가 해야 하는 것은 그것을 구성하고 있는 하위 진술들의 진실 여부를 검토하는 것이 전부라고 믿는다(Lee 2001).

이런 동일시 현상을 가장 잘 보여주는 것이 "변화"라는 개념이다. 초등학교에 다니는 어린 학생들은 과거를 어떤 점진적 과정으로 보는 대신에 행동이나 사건 수준으로 축소해 버리는 경향이 있다는 증거 사례들을 이미 언급한 적이 있다. "변화"는 종종 특정한 순간에 누군가 의식적으로 내린 결정들로 변형되기조차 한다. 이런 경향으로 인해 시대라는 것이 아주 잘못 이해되기도 한다. 쉬밀트는 8세와 9세 아이들의 사례를 인용하고 있다(Shemilt 2000, 94). 1066년부터 현대 사이의 영국 왕조에서 유행했던 스타일로 차려입은 사람들을 묘사하는 연대표를 보여주자, 이 학생들은 유행의 변화는 정확하게 각 왕조의 멸망 시점에 일어났다고 판단했다.

일반적으로 말해서 초등학교 학생뿐 아니라 많은 중등학교 학생들 사이에서도 변화는 "발생하는 것" 혹은 좀 더 구체적으로 "표제headline"가 될 만한 행동이나 사건들과 동일한 것으로 여겨진다(Shemilt 2000, 87~89). 이런 식으로 생각하는 학생들은 시대 자체도 "사건화eventify"하기 쉽고, 따라서 시대구분이라고 하는 것도 준거의 기초로서 작용하기보다는 역사 속에서 전개되는 또 다른 일련의 사건들, 즉 이야기를 구성하기 위한 도구가 아니라 이야기의 한 부분이 되어 버릴 것이다.

시대구분이 준거의 기초로 기능하기 위해서 학생들이 획득해야만 하는 세 번째 핵심적 사고는 바로 역사적 중요성historical significance에 대한 생각이다. 시대는 중요하다고 여겨지는 변화들에 기초해서 서로 구분된다. 한 시대는 여러 기준에 따라 다른 시대와 구분될 수 있지만, 어떤 상황과 일련의 사건들을 다른 것과 구별하는 것을 정당화하고 동시에 그렇게 구별한 시대가 특징적인 것으로 보이게 하려면 그 시대가 지닌 차이점 중 몇 가지는 아주 중요해야만 한다. 그런 관점에서 보면 시대구분은 종합 같은 것이지만 보다 높은 수준에서 행해진다.[20] 이것이 암시하는 것은 시대를 이해한다는 것이 과거에 대한 큰 그림을 전제하고 있다는 것이다. 변화 그리고 이에 따른 "시대"별 차이점들이 중요하게 여겨지도록 하는 것이 바로 큰 그림이다. 다음으로 중요성이라고 하는 것도 간단한 개념은 아니다. 학생들이 중요성이란 것을 사건들의 고정된 속성으로 여기는 경향이 있다는 것을 보여줄 수 있는 사례가 있다. 리스 세르카디요Lis Cercadillo는 영국과 스페인의 12세에서 17세 사이의 어린이 144명을 대상으로 그들이 지닌 역사적 중요성이란 개념이 무엇인지를 비교했다(Cercadillo 2001). 그녀가 발견한 것은 대부분의 학생들이 중요성을 하나의 고정된 속성으로 여겼다는 것이다. 심지어는 16~17세 학생들 중 39퍼센트만이 중요성이란 것이 기준에 따라(기준은 우리가 던지는 질문에 의해 정해진다) 그리

---

[20] 역사는 차원분열도형fractal이라는 생각으로 다시 돌아간다. 별개의 사실로 진술될 수 있고, 외견상 별개처럼 보이고 "확실"해 보이는 많은 사실들조차도 원칙적으로는 여러 사실들로 분리될 수 있다. 역사에서는 차원이 중요하다.

고 우리가 사용하는 시간척도에 따라 다양하다는 것을 인식했다.[21]

따라서 시대라는 준거는 학생들이 과거에 대한 큰 그림을 그리도록 도와야 하는 과제를 해결하지 못한다. 다른 무엇을 제시할 수 있을까? 가장 유력한 대안은 학생들이 중요한 주제들 내에서 변화의 유형을 중심으로 학습하는 방식일 것 같다. 그런 준거는 실제로 어떤 모습일까? 아직은 어떤 실제 모델도 없지만, 준거가 가져야 할 임시적인 성격들을 나열할 수는 있을 것이다.[22]

첫째, 시대구분에 관한 논의에 이미 함의되어 있듯이, 어떤 준거도 학술적 이해라고 하는 맥락 안에서 가르쳐져야 한다. 즉 학생들에게 역사와 관련하여 제기되는 상이한 주장들, 그리고 이런 주장들이 우리의 질문이나 증거와 어떻게 연결되는지를 이해할 수 있는 능력을 길러주어야만 한다. 핵심적인 개념으로는 역사적 **변화**change, **증거**evidence, **설명**explanation, 그리고 **평가**account(significance를 포함) 등이 있다. 학생들에게 정해진 "거대담론"을 가르치는 것이 목표가 아니고, 그들로 하여금 예를 들면 과거에 있었던 사건이나 사건 전개과정에 어떻게 의미가 부여되는지를 이해하도록 함으로써 그들이 다양한 역사적 설명을 평가하고 그런 설명들과 자신이 갖고 있던 질문 혹은 관

---

[21] 세르카디요(2001)의 연구 또한 스페인 학생들보다 더 많은 영국 학생들이 중요성이라는 것을 고정된 것이 아니라 가변적인 것으로 여긴다는 것을 보여주었다. 영국에서는 학술적인 개념들에 대한 이해를 더 강조한 결과라는 것이 흥미롭다(Hunt 2000).

[22] 이하의 논의는 준거라는 개념에 대한 두 편의 기존 논의들에 상당부분 의존하고 있다. 앞에서 인용한 데니스 쉬밀트(2000)의 글, 그리고 리(1991)의 논문 pp. 58~62. 두 번째 글에서 준거에 대해 논의하고 있는 내용의 많은 부분은 쉬밀트와의 논의의 결과라는 것을 이해할 필요가 있다.

심사를 연결시킬 수 있도록 하는 것이 목표가 되어야 한다.[23]

두 번째, 준거는 과거를 스치듯 훑거나 단지 몇 개의 두드러진 사건들만 선정하여 설명하는 식의 단순한 요약된 이야기outline story가 아니라, 반복되는 패턴들로 구성된 개요overview가 되어야 한다. 준거는 빨리 가르쳐질 수 있고, 어떤 다른 역사도 준거 속에 동화시키거나 아니면 준거의 모양을 약간 조정하고 변경함으로써 그것에 맞출 수 있어야만 한다. 교사들이 준거를 빠르게 가르치고 일정한 간격으로 다시 준거로 돌아가서 설명하는 교육 방식을 내포하고 있다. 이는 연대기적 발전을 착실하게 가르치고, 상이한 시대는 상이한 등급에서 다루어지는 교육법과는 다른 것이다. 준거는 퇴적식sedimentary이 아니라 변성적metamorphic이어야만 한다.

세 번째, 뤼젠Rüsen(Ankersmit 1988, 88)과 쉬밀트Shemilt(2000, 93)에 의하면 준거의 주제는 반드시 인간의 역사이어야 한다.[24] 역사에 관한

---

[23] 뤼젠의 학술 모형에 의하면 이런 관심사들은 역사 연구와 일상 생활세계를 나누는 선 밑에 놓이고, 시간 속에서 방향을 설정하는 문제의 기본이 된다.

[24] 앵커스미트의 표현에 따르면, 뤼젠 주장의 핵심은 아래와 같다.

> 역사는 우리가 스스로에 대한 정체성을 느끼도록 해주는 일을 한다. 그래서 역사는 이상적으로 말하면 다른 사람들, 다른 국가들, 그리고 다른 문화들과의 협력을 자극하고 촉진함으로써 이런 기능을 하게 된다. ……인간성humanity이라는 것이 넓은 의미에서 보면 인간 사이의 관계가 실행되는 무대이기 때문에, 인간성이 바로 역사가 쓰여지는 배경이 되는 것이 당연하다 (Ankersmit 1988, 88).

이런 주장을 받아들인다면, 마땅히 받아들여야 하지만, 역사 교육 일반에 그리고 특히 준거에 주는 의미는 분명하다. 준거는 국가, 인종적 혹은 종교적 집단, 혹은

어떤 얘기도 준거와 연결이 되려면, 인간성 부분을 무관계한 것으로 차단해서는 안 된다. 이는 준거가 반드시 인간이 주인공이 되는 주제 지향적인 것이어야 하고, 긴 시간 범위에 걸쳐 전개되어야 한다는 것을 의미한다. 그것이 제시하는 패턴은 기본적으로 인간사회에서의 광범위한 발전을 따라갈 것이다. 핵심 인물, 집단, 그리고 제도의 의도·목적, 그리고 가치관을 동시에 담고 있는 완전한 이야기가 갖고 있는 특성인 복잡한 관계망 같은 것을 엮어 내려고 시도하면 안 된다.

하나의 준거를 세울 때 첫 번째 단계는 (예를 들면) 인간의 삶과 물질의 재생산 과정에서 발견할 수 있는 중요한 변화와 연속성은 무엇이고, 그것들이 무엇을 의미하는지에 대해 질문을 제기하는 것에서 출발할 수 있다. 사냥과 채취 단계에서 농업 단계 혹은 농업의 기계화로 전환하는 것 같은 변화의 의미에 대해 학생들은 자신의 생각을 전개할 수 있다(《표 9-3》). 상이한 질문을 제기하더라도 의미는 항상 같을까? 이런 변화들이 환경에 미치는 영향은 무엇인가라거나 일반 대중들이 이용할 수 있는 음식은 얼마나 다양했는가와 같은 질문과는 전혀 다른 질문인 얼마나 많은 사람들이 해당 지역에서 먹고살 수 있었을까라는 질문의 효과는 무엇일까? 변화를 평가하기 위해 학생들은 자기 스스로의 기준을 제시할 수 있고, 이런 질문들이 바뀜에 따라 어떤 "이야기"(아무리 단순해도)는 변화한다는 것을 이해할 수 있다. 따라서 학생들에게는 자신만의 해석에 도달할 나름의 방법이 있게 된다.

사회계층 등 개인적 특성이나 소속 집단의 수준에서가 아니라 인간성 수준에서 만들어져야만 한다.

〈표 9-3〉 "삶을 영위하는 것getting a living"과 관련된 변화의 표지들

	유목적 수렵 채취자	정착적 수렵 채취자	정착농민	도시와 산업
식량 부족이 발생하면 어떤 일이?	이주	이주	저장하거나 아사	창고를 사용하거나 다른 곳에서 구입
먹일 수 없을 정도로 사람이 많지는 않을 것이라고 갖는다. 어떻게 확신?	어머니들은 오직 부양할 필요가 있는 어린아이 하나만	곤궁한 시절이 아니면 한 명 이상의 아이를 갖는다.	새로운 경작을 시작할 수 있으면 많은 아이 양육 가능하다.	산아제한 음식이 필요하면 세계 도처에서 구입한다.
	아이들 사이의 긴 터울 때문에 전체 무리 수는 크게 증가하지 않는다.	전체 무리 숫자는 일정하게 유지할 필요가 있다. 초과인구는 이주해야 한다.	새로운 땅이 고갈될 때까지 총 무리 수는 계속 증가한다.	농업이 기계화된 산업이 된다.
사람이 환경에 어떤 영향을 미치나?	땅을 많이 변화시키지 않으면서 살아간다.	땅을 많이 변화시키지 않으면서 살아간다.	땅을 변화시키면서 살아간다.	집과 농사를 위해 땅을 파괴하면서 산다. 다량의 폐기물 도시는 CO_2를 방출하는 다량의 에너지를 사용한다. "환경보존"이 문제가 된다.
사람들 사이에 문제가 발생하면 어떤 일이?	사람들은 흩어져서 각자 갈 길을 간다.	사람들은 무리를 떠나 유목민이 된다.	규칙을 만들어서 정치적 토론 후 문제 있는 사람을 배척하거나 싸워야 한다.	법률이 결정. 혹, 군사정변이나 혁명.
변화를 이끄는 어떤 메커니즘이 있나?	무리 숫자가 안정되어 있는 한 변화는 없다.	특정 음식이 고갈되거나 무리 숫자가 너무 커지지 않는 한 변화는 없다. (자기 땅을 방어할 필요?)	있다. 무리 숫자의 증가가 주는 압력과 일부에게 잉여물을 차지할 기회	있다. 무리 숫자 증가 에너지 필요 생산과 판매로 인한 이윤 획득 기회

여기에서 만족이라는 문제가 제기되는데, 그것은 어떤 규범canon에 따라 만족 여부를 판단하는 것이 아니고, 특정한 주제와 질문에 무엇이 적합하냐 하는 문제다.[25]

준거는 발전적인 것이어서 학생들이 새로운 역사 이야기와 만나는 상황마다 다시 점검함으로써 그것을 정교화하고 특수화할 수 있어야 한다. 주제들 사이의 연계점을 더욱 다양화하는 동시에 그 주제들을 세분화하고 재결합하는 과정을 반복함으로써 준거의 내적 일관성을 강화하는 것이 목표가 될 것이다. 다시 한 번 강조하지만 준거를 반복적으로 검토함으로써 이런 목적은 달성될 수 있는 것이다.

다섯 번째, 어떤 준거든 변경, 시험, 개선이 가능해야 하며, 심지어는 다른 준거를 위해 포기할 수도 있는 열린 구조여야만 한다. 학생들은 자신의 준거를 시험하고 발전시키는 과정에서 그들이 설정하는 가정들에 대해 반성적으로 사고하도록 허용되어야 한다. 이는 우리로 하여금 첫 번째 특성을 다시 기억하게 해 준다. 가르쳐야 하는 것은 실제 과거에 대한 다양한 사고방식과 마찬가지로 다양한 역사(학문)에 대한 사고방식들이다.

마지막으로, 하나의 준거는 하나의 비계scafford처럼 기능을 함으로써 학생들이 그것을 이용하거나 그것에 기초해서 과거에 대한 하나의 큰 그림을 그릴 수 있어야 한다.[26]

---

[25] 미국에서의 세계사에 대한 연구가 이런 경향을 가장 잘 보여주고 있다.

[26] 곰브리치Gombrich가 *A Little History of the World*(2005)에서 시도한 한 사회로부터 다른 사회로의 도약적 발전 역사와 맥닐McNeills이 *The Human Web*(2003)에서 채택한 접근방법을 비교해 보라.

이런 종류의 준거는 하나의 준거로서 쉽게 가르쳐질 수는 없다. 따라서 학생들이 "충분히" 알게 되었을 때 비로소 하나의 큰 그림으로 변환될 수 있다. 어떤 준거든 지속적으로 변화에 관한 발전적 담론(초기에는 단순함)의 기초로 작용하게 될 것이다. 그럼에도 불구하고 준거와 큰 그림을 혼합하지 않는 것이 중요하다. 왜냐하면 학생들이 과거에 대해 다르게 이해할 수 있는 여지가 있어야 하기 때문이다. 그렇다고 이것이 포스트모더니즘 혹은 겉치레뿐인 "아동중심주의" 사고에 유행처럼 영합하려는 것은 아니다. 또 학생들의 담론이 전문 역사가들의 담론과 겨룰 수 있다거나 심지어 그것을 대체할 수 있다는 생각을 수용하려는 것은 더욱 아니다.

역사를 배운다는 것은 "같은" 사실들이 어떻게 그리고 왜 하나 이상의 이야기로 해석될 수 있는지, 그러면서도 어떻게 역사를 개인적 의견으로 환원시키거나 극단적 상대주의에 빠지지 않게 할 수 있는지를 배우는 것이다. 이는 학생들이 상이한 사실 진술의 수준에서뿐 아니라 "큰 그림"의 수준에서도 원래 그대로가 아니라 "인위적인artificial" 해석들을 만나야만 한다는 것을 의미한다.

하나의 준거에서 출발하여, 단주제적 담론을 지나, 다주제적 담론으로 이동하기 위해 학생들이 밟아야 할 단계들에 관해서는 역시 쉬밀트(2000)가 적절한 제안을 한 바 있다. 가장 효과적인 학습 전략이 무엇인지에 관해서는 여전히 말할 수 없지만, 〈표 9-4〉에 있는 "경계표boundary posts"라는 개념으로 논의를 시작하는 것은 가능해 보인다.[27] 두 번째 단계는 적당한 랜드마크landmarks를 삽입하고, 그런 다음에 랜드마크 사이에 보이는 상이점을 설명하기 위해서는 무엇이 필요한지를 고찰하는 일이다. 이렇게 하는 목적은 랜드마크에 대해 이야기할 수 있게 해 주는 것은 바로 랜드마크 사이 혹은 그 주변에서 "벌어지고 있는 것" 바로 그것이라는 것을 이해하도록 돕는 것, 그렇게 함으로써 그들로 하여금 모든 것을 "사건화"하려는 경향에서 벗어나게 하려는 것이다.

이즈음에서는 주제 안에서 이루어지는 심층학습이 중요할 것이다. 학생들의 준거 지식(그리고 첫 큰 그림)은 학생들로 하여금 심층학습 과정에서 만나는 정보에 다양한 종류의 의미를 부여할 수 있게 해 준다. 반대로 심층학습은 학생이 발전시키고 있는 준거를 점검한다. 교사들이 계속해서 하나의 준거를 재점검하고 재조정함으로써, 학생들은 광범위한 그림이란 것이 왜 학생들을 조직적으로 잘못 이끌 위험이 있는지, 그렇지만 그것을 가정하지 않고는 역사 이해에서 어떤 진전도 거의 이룰 수 없다는 것을 이해할 수 있게 될 것이다. 자신의 준거를 만들고 새로운 지식의 영향으로 그 준거들을 재구성하는 과정 속에서 학생들은 역사의 잠정성provisionality을 이해할 수 있게 된다(Danto 1965).

우리가 역사의식이라는 것, 그리고 그와 함께 실제 인생에서 아주 중요한 개념인 시간 속에서 자기 위치 인식이라는 것을 중요하게 여

---

[27] 이 사례는 〈표 9-3〉에 있는 사례와는 다른 척도에 기초하고 있다는 것, 그래서 질문이나 표식이 쉽게 준거 기초로서 사용될 수는 없었다는 것을 주목하라.

〈표 9-4〉 우리나라는 500년과 2000년 사이에 어떻게 다스려졌는가

첫 번째 경계표 서기 약 500년	변화의 표지들	마지막 경계표 서기 약 2000년
스스로 권력을 가진 사람 전사 지도자	← 누가 지배하는가? → 어떤 지도자	선출된 정부 공식적 기구에 속한 사람
일정 지역에 사는 부족민 현대의 하나 혹은 두 개 정도의 카운티 넓이	지도자는 무엇을 다스리나? 다스리는 지역은 얼마나 넓나? 지역의 넓이가 중요한가?	영국 (잉글랜드, 스코틀랜드, 웨일즈)
지도자는 자기 주민의 보호자	지도자는 어떤 범위의 일을 하나?	지도자는 나라와 백성을 보호하는 일을 해야한다.
지도자는 자기 가족이나 친구들의 도움을 받아 법을 만들고 집행한다.		정부가 법을 만들고 이 법을 집행하는 기구가 있다. (경찰과 법원)
귀족들의 충성심을 유지하기 위해 그들에게 관대하다.		개인이 원하는 류의 삶을 살도록 최대의 기회를 제공하려고 한다.
지도자가 종교를 바꾸면 추종자 대부분도 따른다.		건강관리, 교육, 그리고 연금제도를 만들어야 한다.
지도자가 전쟁에서 완전히 패배하지 않는 한, 그럴 권리는 없다.	피지배자가 지배자를 선택할 권리가 있는가? 그것을 어떻게 정당화하나?	보통사람들은 자신이 원하는 정부를 가질 수 없다. 그러나 여러 정당 사이에서 선택하고, 5년마다 원하지 않는 정부를 내칠 수는 있다.
귀족들에 의해 선택되었기 때문에 다스린다.	누가 다스리는 권리를 부여하나? 지도자의 관점에서? 피지배자의 관점에서? 어떤 실제적인 권력을 지도자가 갖고 있나? 지도자의 권력은 백성들에게 얼마나 의존하나?	선거에 의해 정부가 구성되고, 법에 따라 규칙이 만들어 진다.
	피지배자들은 어떤 실제적 권력을 갖고 있나? 그 권력은 어디에 의존하나?	

긴다면, 학생들에게 그들이 과거와 미래를 향해 어디에 서 있는지, 그리고 역사는 과연 언제 단일하고 과학적인 이야기를 제시할 수 있다는 망상을 포기하는지를 알도록 해 주는 과제를 풀어야만 할 것이다.

그러나 과거에 대한 단일한 과학적 설명을 포기한다고 해서 역사적 설명이 어떤 표준에 맞아야 하고 어떤 규칙을 따라야 한다는 원칙 자체를 포기하는 것은 아니다. 역사적 설명이 따라야 할 일련의 규칙을 성문화할 수는 없지만 그렇다고 해서 역사에서 합리적이고 간주관적인 절차를 위반하는 것을 인식할 수 없다는 것은 아니다. 뤼젠Rüsen이 간주관적 동의intersubjective agreement를 역사가 지켜야 할 최소한의 규제 원리라고 주장한 것은 타당하다.[28]

이러한 접근법이 학교에서 적용되기 위해서는 다른 하나의 실제적인 문제가 해결되어야 한다. 문제가 되고 있는 준거는 평가를 중시하는 교육적이고 사회적인 분위기에서 살아남아야 한다. 성격상 계속 변화하고, 학생에 따라 상이한 준거를 어떻게 평가할 수 있을까? 무엇보다도, 표준화된 이야기 내용이 없이 학생이 안다는 것을 어떻게 인식할 수 있을까? 하나의 가능성은 아래 기준에 따라 등급화함으로써 준거를 하나의 준거로서 평가하는 것이다. 학생들이 학년을 올라감에 따라 이들 각 기준 영역에서 발전이 있을 것이라는 기대를 할 수 있다.[29] 학생들이 역사를 알면 알수록 이런 기준을 더 잘 충족시킬 수

---

[28] 아주 간단히 말하면, 역사에서는 간혹 받아들이기를 좋아하지 않는 이야기들을 말해야 한다는 것을 학생들이 인식하도록 도와야 한다는 점을 생각해 보면 알 수 있다.
[29] 이 명단은 원래 데니스 쉬밀트와 존 해머John Hamer 사이의 비공식적인 토론, 그리고 이어진 쉬밀트와 피터 리 사이의 토론에 기초해서 만들어졌다.

영역field
넓은 지역과 긴 시간을 포괄할 수 있는 능력.

일관성coherence
각 이야기 가닥 안에서 내적 연계를 만들 수 있는 능력.

차원성dimensionality
포함된 이야기 가닥들 간에 연계를 시킬 수 있는 능력-횡적 전개,
이질적인 변화, 그리고 인과론적 연계.

해결력resolution
전체적 그림이 상세 연구와 어느 정도 맞설 수 있는지를 보여주기 위해
준거의 부분들을 확장시킬 수 있는 능력.

정정 능력revisability
준거에 맞지 않는 새로운 자료를 만났을 때 문제 지점을 드러내고
준거의 구조를 바꾸어 좀 더 나은 접점을 찾는 능력.

형태적 유연성morphic flexibility
상이한 질문이나 변수에 대응하여 대체 설명을 만들어낼 수 있는 능력.

있게 된다는 것을 인식할 필요가 있다. 이들 기준은 역사적 지식과 충돌하는 것이 아니라 그것을 보완해 준다.

〈표 9-5〉에서 제시한 것은 단지 논의를 위한 하나의 시안에 불과하다. 실제로 이것이 작동하게 하려면, 특별한 과제가 설계되어야 한다. 학생들에게 그들이 구체적으로 배운 자료를 보다 넓은 틀에 맞추고, 자신들이 세운 준거에 새로운 자료들을 연결시키도록 요구하기도 한다. 학생들은 어떤 주제 안에서 특정한 사건들이 갖는 중요성이 무엇인지를 제시하고, 나아가 변화의 지표들을 제시하고, 변화의 방향이나 속도를 평가하도록 요구받기도 할 것이다. 다양한 차원의 준거들

을 서로 연결시키도록 요구받을 수도 있다. 역사가가 심층연구를 위해 짧은 시기로 초점을 이동하는 경우 준거의 차원이 바뀜에 따라 무슨 문제가 발생하는지, 그럼에도 불구하고 준거가 여전히 가치가 있는 것은 왜 그런지를 설명하는 것도 학생들에게 요구할 수 있다. 학생들은 또한 최근에 벌어졌거나 최근 벌어지고 있는 사건을 준거와 연결시키고, 미래의 행동 가능성이 과거에 의해 어떻게 열리고 제한되는지를 제시하도록 요구받을 수도 있다(학생들에 대한 평가는 당연히 준거를 어떻게 활용하느냐에 따라 이루어질 것이다). 마지막으로 학생들에게는 같은 소재의 과거를 이용해 쓸 만한 다른 이야기를 만들어 내도록 요구할 수도 있다.

역사적 과거와 다른 종류의 과거

역사가 갖는 학문으로서의 성격을 강조하는 뤼젠Rüsen의 모형으로 시작해서 역사적 준거에 대한 학습의 중요성을 지금까지 역설해 왔다. 이런 주장은 전체 주제에 비추어 불필요해 보일 수도 있다. 역사적 규범으로 돌아가라는 요구는 역사 교육이 지닌 역사적 이해 이외의 또 다른 목적들과 연결되어 있다. 따라서 이런 목적들이 역사 교육을 역사가 아닌 그 무엇으로 얼마나 변질시킬지에 대한 경고로 결론을 제시하려고 한다. 역사를 통해 정체성을 만들고 강화하려는 시민교육적 지향을 목표로 내세운다면, 우리는 틀림없이 역사적 이해라는 것과 특정한 시기에 특정한 사회가 지닌 특정한 정치 사회적 요구를 혼동하게 될 것이다. 보다 넓고, 보다 개방적인 이해를 포기하고 아주 제한적인 이해를 택하게 된다. 학교의 역사 교육을 실천적 과거로 향하는 연속선을 따라 밀고 가서, 결국은 그 내용을 오크쇼트Oakeshott(1983)가 그럴듯하게 묘사한 선과 악의 창고로 축소해 버린다.

교훈적인 혹은 이른바 "살아있는 과거living past"는 결코 진정한 과거라고 할 수 없다. 그것은 현대적 내용들로 가득 찬 큰 창고일 뿐이다. 그 안에서 시간은 계속해서 인류의 삶, 말, 성취, 그리고 고통 등을 덜어 낸다. 그래서 결국 그 창고에는 세상에서 자주 이용되기 때문에 실제 세상사에 마치 영구임대된 것처럼 알려진 유명한 항목들만 남게 된다. 이런 관점에서 그 창고의 내용은 실용적인 용어들로 짜이게 된다. 카인과 아벨, 모세, 호라티우스Horatius(기원전 1세기 로마 시인-옮긴이), 루비콘 강을 건넌 시저스, 니케아Nicea 종교회의(서기 325)와 아타나시오스athanasius(4세기 로마의 신학자-옮긴이), 해변의 커뉴트 왕Canute on the seashore(11세기 초 덴마크 출신의 잉글랜드 왕-옮긴이), 아서 왕, 빌헬름 텔, 보름스 왕정회의(1521)에서의 루터Luther at Worms, 코펜하겐에서 그의 안 보이는 눈에 망원경을 갖다 댄 넬슨Nelson, 로빈 후드, 오테스 대장Captain Oates(20세기 초 남극 탐험가-옮긴이), 데비 크로켓Davy Crockett(19세기 초 미국 개척시대의 영웅-옮긴이), 그리고 마지막으로 조지 커스터 대령Colonel Custer(19세기 남북전쟁과 인디언 토벌에 참전한 영웅-옮긴이)이 나온다. 이런 상징적 인물들을 표현하는 용어들(신화적 인물들이나 신비한 동물들과 구분하기 어려운)은 인류에게 알려진 온갖 선, 악, 그리고 고난을 내포하고 있다(pp. 39~41).

이와는 대조적으로 오크쇼트(1962)에게 역사란

세계에 대한 신중하고 복잡한 사고의 산물이다. 그런 사고는 우리를 둘러싸고 있는 것들에 대한 단순한 관심으로부터 나오는 것이다. ……역사는 어떤 미학적 즐거움의 표현도, "과학적" 인식도, 실천적 이해도 아니다(p. 166).

역사적 과거를 다른 종류의 과거와 구분하는 데 있어서, 특히 "내가 좋아하는 현재와의 관계에 따라 모든 구성요소들이 이해되고 인식되는" 그런 종류의 과거와 구분하기 위해 오크쇼트(1983)는 역사에 관한 하나의 규제적 개념을 제시하고 있다. 그것은 현재적 의미에서 지금 역사라고 여겨지고 있는 모든 것의 묘사는 아니다. 그는 "역사적 과거가 유일한 과거, 혹은 유일하게 의미 있는 과거, 심지어는 역사적 서술에서 발견할 수 있는 유일한 과거라고 주장하는 것은 아니다"라고 말하고 있다(pp. 33~34).

뤼젠Rüsen의 생활세계에서의 방향 설정orientation이라는 생각과 오크쇼트Oakeshott(1962)의 "실천적 과거"에 대한 거부감을 연계시키는 것은 모순처럼 보일 수 있다. 그렇지만 정확하게 말해서 역사 교육의 중심에 놓여 있는 것이 바로 이 모순이다. 과거를 어떤 실제적인 목적(민주주의나 애국심 같은 고상한 목적을 포함해서)에 이용하려는 모든 시도에는 만일 역사 교육이 이런 목적 달성에 실패하면 역사는 다시 쓰여져야 한다는 생각이 함축되어 있다. 이것은 이를테면 역사 교육에서 하이젠베르크Heisenburg(20세기 독일의 물리학자로서 불확정성의 원리의 기초가 된 양자역학 정립에 기여-옮긴이)식의 불확정성의 원리라고 얘기할 수 있다. 역사나 고상한 목적을 각각 인정할 수 있지만 둘 다를 동시에 인정할 수는 없다. 개방사회에서 이루어지는 교육이라는 맥락에서 보면 단지 역사적 과거만이 실천적일 수 있다. 즉 학생들이 시간 속에서 스스로의 위치를 파악하도록 도와 주는 그런 종류의 이해를 가져다 주는 것은 오직 역사뿐이다.

1950년대에 필자 중 한 명은 두 가지 결과물을 설명하도록 조직된 역사 수업을 학교에서 경험했다. 하나는 사회적으로 안정된 영국식 의회민주주의의 성취였고, 다른 하나는 간혹 제국의 성장이라고 설명되었던 세계를 향한 영국의 팽창과 영향이었다. 영국 의회민주주의는 설명해야 할 하나의 최고의 업적으로 여겨졌기 때문에, 모든 과거는 이 성취를 촉진시켰느냐 혹은 방해했느냐의 관점에서 정리되었다. 예를 들면, 의회 권력의 확대라고 하는 "자연스러운" 발전에 왕실이 간섭하는 것에 대응한, 극단적이지만 필요한 대응이었던 것이 시민전쟁이었고, 명예혁명은 시민전쟁의 긍정적 효과를 확인시켜 주었다는 식이었다. 차티스트 운동Chartism(19세기 초 영국 노동자계급의 선거법 개정운동-옮긴이)은 단지 그것이 온건한 의회 민주주의의 발전을 지체시켰기 때문에 중요했다. 이런 식의 과거 구성은 당시 심지어 영국이라는 국민국가의 존재 자체에 대한 의문이 있었다는 느낌 같은 것은 전혀 주지 못했다. 모든 사건들이 켈트족이 지배했던 지역Celtic Fringe(아일랜드, 웨일즈, 스코틀랜드 지역을 통칭-옮긴이)은 제외하고 전적으로 잉글랜드 지역에서만 발생했던 것처럼 보였다. 이런 식의 역사는 질문을 차단하고 독자들로 하여금 다른 해석을 생각할 수 없게 했다. 이런 종류의 정신구조(이 장의 시작 부분에서 인용한 노만 데이비스의 발췌문에 묘사된 것)는 역사적 과거와는 정반대 방향에 있는 극단적인 실용적 과거에 해당한다. 데이비스의 경우 역사의 목적은 사회적 통합을 강화하는 것이다.

이런 방향의 논의를 계속하고 싶다면, 이런 주장이 지닌 한계를 보여주는 증거에 관심을 기울이는 것이 현명할 것이다. 학교에서 가르치는 이런 역사 이야기들이 공동체 정체성을 향상시키는 수단으로서 역할을 충족시킨다는 명백한 증거도 없다. 구소련의 멸망을 통해 우리는 어떤 공통의 역사 이야기를 전파하려는 강력한 국가적 시도조차도 성공하기 쉽지 않다는 것을 알 수 있다(Wertsch & Rozin 1998). 미국과 기타 다른 나라에서의 연구도 학생들이 학교 밖, 특히 부모나 대중매체로부터 듣게 되는 이야기들의 중요성을 강조하고 있다(Levstik 2000, 2001, Wineberg 2000). 와인버그가 강조했듯이, 통일된 이야기를 배우는 것과 그것을 받아들이는 것은 전혀 별개이고, 따라서 이야기를 표준화한다고 해서 학생들이 그것을 기억하리라는 보장도 없다. 만일 학교에서 가르치는 통일된 이야기가 과거에 대한 공인된 이야기로 여겨진다면, 더 넓은 세계에서 다른 이야기들에 의해 도전을 받게 되었을 때 정체성은 결국 배우는 역사 이야기들에 의해 형성되는 것이 아니라 그 이야기들을 무시하게 될 것이다. 더 중요한 것은 학교에서 과거에 대해 다르거나 정반대의 설명이 있을 수 있다는 사실을 배우지 않는다면 학생들은 실제로 만나게 되는 상이한 이야기들 사이에서 선택을 하기가 어렵게 될 것이다(Lee & Ashby 2000).

마지막으로, 공통된 과거에 호소하는 정체성이 반드시 유익한 것인지도 분명하지 않다. 예를 들면, 영국에 사는 아프리카계 카리브해인의 후손 가정 출신 학생들이 계속되는 노예제 이야기로부터 상처를 입는다는 증거가 있다. 노예제를 전적으로 흑인들과 관련된 것으로 설명하고 흑인들을 노예제의 희생자로 묘사하기 때문이다(Traille 2006). 과거가 주는 부담, 과거에 담긴 상처, 그리고 복수나 보상을 바라는 심리 등은 "역사적 정체성"과 관련된 유명한 개념들이다.[30]

과거는 긍정적인 정체성뿐 아니라 부정적인 정체성을 형성할 수도 있다. 교사가 가르치는 내용을 학생들이 그대로 받아들이리라는 보장도 없고, 교사들이 가르쳐야 할 내용으로부터 뭔가 긍정적인 가르침을 주리라는 어떤 보장도 없다. 알바니아에서 사용하는 역사교과서 지침서 중 세계사 부분 일부를 보자.

- 미국과 서유럽 일부 국가들이 모든 돈을 갖고 있다. 그들은 돈이 그들 손에서 절대 빠져나가지 않게 할 것이다.
- 알바니아는 일반적으로 중요하지 않지만, 우리는 알바니아 사람들이다.
- 알바니아는 결코 성공할 것 같지 않다.
- 알바니아에는 일할 직장이 없고, 기회가 없고, 그래서 여기에서는 돈을 벌 수 없다.
- 중요한 것은 돈인데, 돈은 이미 주어진 것이다. 사람은 태어날 때 돈을 갖고 있을 수도 있고 없을 수도 있다. 그러나 사람이 어떤 다른 방식으로 돈

---

[30] 어떤 경우에도, 정체성은 더 많은 측면을 지니고 있다. 역사학자들의 정체성은 본질적으로 그들이 갖고 있는 역사학자란 무엇인지에 대한 인식에 의해 결정된다.

을 벌거나 자기의 금전 상황을 크게 바꿀 수 있을 것 같지는 않다.

• 세상에 돈은 정해진 만큼 있고, 물질도 그렇다. 만일 누군가가 그것을 획득한다면 그것은 누군가 다른 사람의 희생으로 인한 것이다.

• 명예와 돈은 항상 함께하는 것은 아니다.

• 알바니아의 공산주의 정권은 나빴지만 누구도 왜 그랬는지는 모른다. 민주주의는 좋은 것이지만 왜 그런지는 누구도 모른다.

• 개인은 누구나 천재일 수 있다. 알바니아 사람들 누구도 그럴 수 있다. 나머지 사람들은 문제가 되지 않는다. 그들은 위대한 개인들을 따르게 된다 (Pajo 2002, 453~454).

우리는 왜 역사적 과거historical past보다 못한 것에 만족해야 하는가? 학교는 학생들에게 세계를 보는 하나의 방식으로서 역사에 대한 이해력을 길러 준다. 다른 누구도 할 수 없는 일일 것이다. 그런 이해력이 없는 학생은 역사를 허튼소리라고 물리치기 쉽다. 누구도 직접 보지 못한 과거이기 때문에 만들어질 수밖에 없고, 당파의식으로 왜곡되고, 숨겨진 동기의 산물일 수밖에 없는 것이 역사라고 취급하기 쉽다. 만일 학교에서 단 하나의 이야기만을 듣게 되면, 학생들은 실제 생활에서 맞게 되는 과다할 정도로 많은 수의 이야기들 앞에서는 무력하게 될 것이다. 그리고 만일 학생들에게 사실들만 배우라고 한다면, 그들은 역사를 쉽지만 불필요한 것으로 취급하기 쉽다.[31]

---

[31] 처음 두 가지 전망과 관련해서는 Lee & Ashby(2000)를 보라. 두 번째 전망과 관련해서는 Wineburg(2000)을, 그리고 마지막 전망과 관련해서는 Shemilt(1980)를 보라.

우리에게 문제가 하나 있다. 이 문제는 지금까지 우리가 겪어 왔던 것과는 전혀 다른 문제다. 부분적으로는 역사의 내용에 관한 문제이기는 하지만, 역사 표준을 개정함으로써 해결될 수 있는 종류의 문제는 아니다. 역사 속에서 방향의식을 획득하기 위해 학생들이 이해해야만 하는 것이 무엇인지를 이해하려는 시도로써만 해결될 수 있는 문제다. 시간, 연구, 그리고 무엇보다도 교사들이 작은 규모의 다양한 실험 활동에 참여하는 것이 필요하다. 따라서 이 글을 맺으며 하나의 확실한 결론을 제시하기보다는 부드러운 제안을 하고자 한다. 천천히 그리고 참을성 있게 활동하는 것이 필요하다. 역사가 우리에게 그런 준비를 시켰어야만 했다.

● 참고문헌

Ankersmit, F. R. (1983). *Narrative logic: A semantic analysis of the historian's language.* The Hague, The Netherlands: Martinus Nijhoff.

Ankersmit, F. (1988). Review of J. Rüsen (1986): Grundzüge einer Historik II: Rekonstruktion der Vergangenheit [Outlines of a theory of history II: Reconstruction of the past]. *History and Theory,* 27(1), 81~94.

Ashby, R. (2005). Students' approaches to validating historical claims. In R. Ashby, P. Gordon, & P. J. Lee (Eds.), *International review of history education: Understanding history–recent research in history education* (Vol. 4. pp. 21~36). London: Woburn Press.

Barca, I. (2005). "Till new facts are discovered": Students' ideas about objectivity in history. In R. Ashby, P. Gordon, & P. J. Lee (Eds), *International review of history education: Understanding history–Recent research in history education* (Vol. 4, pp. 68~82). London: Woburn Press.

Barton, K. C. (1996). Narrative simplifications in elementary students' historical thinking. In J. Brophy (Ed.), *Advances in research on teaching: Teaching and learning history* (Vol. 6, pp. 51~83). Greenwich, CT: JAI Press.

Boix-Mansilla, V. (2005). Between reproducing and organizing the past: Students' belief about the standards of acceptability of historical knowledge. In R. Ashby, P. Gordon, & P. J. Lee (Eds.), *International review of history education: Understanding history–Recent research in history education* (Vol. 4, pp. 98~115). London: Woburn Press.

Bransford, J. D., Brown, A. L., & Cocking, R. R. (Eds.). (1999). *How People learn: Brain, mind, experience and school.* Washington, DC: National Academy Press.

Cercadillo, L. (2001). Significance in history: Students' ideas in England and Spain. In A. Dickinson, P. Gordon, & P. J. Lee (Eds.), *International review of history education: Raising standards in history education* (Vol. 3, pp. 116~145). London: Woburn Press.

Christian, D. (2004). *Maps of time: An introduction to big history.* Berkeley: University of

California Press.

Danto, A. C. (1965). *Analytical philosophy of history*. Cambridge, MA: Cambridge University Press.

Davis, N. (1999). *The isles: A history*. London: Macmillan.

Donovan, M. S., Bransford, J. D., & Pellegrino, J. W. (Eds.). (1999). *How people learn: Bridging research and practice*. Washington, DC: National Academy Press.

Duvenage, P. (Ed.). (1993). *Studies in metahistory*. Pretoria, South Africa: Human Sciences Research Council.

Gombrich, E. H. (2005). *A little history of the world*. New Haven, CT: Yale University Press.

Halldén, O. (1994). Constructing the learning task in history instruction. In M. Carretero & J. E. Voss (Eds.), *Cognitive and instructional processes in history and the social sciences* (pp. 187~200). Hillsdale, NJ: Erlbaum.

Heather, P. (2005). *The fall of the Roman Empire: A new history*. London: Macmillan.

Hirst, P. (1972). Liberal education and the nature of knowledge. In R. F. Dearden, P. H. Hirst, & R. S. Peters (Eds.), *Education and the development of reason* (pp. 391~414). London: Routledge and Kegan Paul.

Hsiao, Y. (2005). Taiwanese Students' Understanding of Differences in Textbook Accounts. In Ashby, R., Gordon, P. & Lee, P. J. (Eds), *International Review of History Education, Vol. 4: Understanding History—Recent Research in History Education* (pp. 54~67). London: Woburn Press.

Hunt, M. (2000). Teaching historical significance. In J. Arthur & R. Phillips (Eds.), *Issues in history teaching* (pp. 39~53). London: Routledge.

Judd, J. (2001, January 19th). *The Independent*. Retrieved January 18, 2001, from www.independent.co.uk/news/UK/Education/2001-01/history180101.shtml

Kuhn, T. S. (1962). *The structure of Scientific revolutions*. Chicago: University of Chicago Press.

Lee, P. (1991). Historical knowledge and the national curriculum. In R. Aldrich (Ed.), *History in the national curriculum* (pp. 39~65). London: Kogan Page.

Lee, P. (2001). History in an information culture: Project CHATA. *International Journal of History Learning, Teaching and Research*, 1(2), 75~98.

Lee, P. (2004). Walking backwards into tomorrow: Historical consciousness and understanding history. *International Journal of Historical Learning, Teaching and Research*, 4(1). Retrieved November 20, 2008 from www.exeter.ac.uk

Lee, P. J., & Ashby, R. (2000). Progression in historical understanding among students ages 7~14. In P. Seixas, P. Stearns, & S. Wineburg (Eds.), *Teaching, learning and knowing history* (pp. 199~222). New York: New York University Press.

Levstik, L. S. (2000). Articulating the silences: Teachers' and adolescents' conceptions of historical significance. In P. Seixas, P. Stearns, & S. Wineburg (Eds.), *Teaching, learning and knowing history* (pp. 284~305). New York: New York University Press.

Levstik, L. S. (2001). Crossing the empty spaces: Perspective taking in New Zealand. Adolescents' understanding of national history. In O. L. Davies Jr., E. A. Yeager, & S. J. Foster (Eds.), *Historical empathy and perspective taking in the social studies* (pp. 69~96). Lanham: Rowman & Littlefield.

McNeill, J. R., & McNeill, W. (2003). *The human web*. New York: W. W. Norton.

Megill, A. (1994). Jörn Rüsen's theory of historiography. *History and Theory*, 33(1), 39~60.

Mijnhardt, W., Symcox, L., & Wilschut, A., (2006). National history standards: The problem of the canon and the future of history teaching. Unpublished conference position paper.

Nakou, I. (2001). Children's historical thinking within a museum environment: An overall picture of a longitudinal study. In A. Dickinson, P. Gordon, & P. J. Lee (Eds). *International review of history education: Raising standards in history education* (Vol. 3, pp. 73–96). London: Woburn Press.

Oakeshott, M. (1933). *Experience and its modes*. Cambridge, England: Cambridge University Press.

Oakeshott, M. (1962). The activity of being an historian. In M. Oakeshott (Ed.), *Rationalism in politics*. London: Methuen.

Oakeshott, M. (1983). *On history, and other essays*. Oxford, England: Basil Blackwell.

Pajo, E. (2002). Albanian textbooks in the context of societal transformation: Review notes. In C. Koulouri (Ed.), *Clio in the Balkans: The politics of history education* (pp. 445~461). Thessaloniki, Greece: Center for Democracy and Reconciliation in Southeast Europe.

Rogers, P. J. (1984). Why teach history? In A. K. Dickinson, P. J. Lee, and P. J. Rogers (Eds.), *Learning history* (pp. 20~38). London: Heinemann Educational Books.

Seixas, P. (1993). Popular film and young people's understanding of the history of Native-White relations, *The History Teacher*, 26(3), 351~70.

Shemilt, D. (1980). *History 13~16 evaluation study*. Edinburgh, Scotland: Holmes McDougall.

Shemilt, D. (2000). The Caliph's coin. the currency of narrative frameworks in history teaching. In P. Stearns, P. N. Seixas, & S. Wineburg (Eds.), *Teaching, learning and Knowing history* (pp. 83~101). New York: New York University Press.

Spier, F. (1996). *The structure of big history: From the Big Bang until today*. Amsterdam: Amsterdam University Press.

Traille, E. K. (2006). *School history and perspectives on the past: A study of students of African-Caribbean decent and their mothers*. Unpublished Ph.D Thesis, University of London.

Trevelyan, G. M. (1956). *Illustrated history of England*. London: Longmans, Green and Co.

Walsh, W. H. (1967). *An introduction to philosophy of history*. London: Hutchinson University Library.

Ward-Perkins, B. (2005). *The fall of Rome and the end of civilization*. Oxford, England: Oxford University Press.

Wertsch, J. V., & Rozin, M.(1998). The Russian Revolution: Official and unofficial accounts. In J. F. Voss & M. Carretero (Eds.), *International review of history education*: *Learning and reasoning in history* (Vol. 2, pp. 39~60). London: Woburn Press.

Wilschut, A. (2001). *Historical consciousness as an objective in Dutch history education*. Retrieved from http://www.ivgd.nl/Engels/consciousness.htm

Wineburg, S. (2000). Making historical sense. In P. Seixas, P. Stearns, & S. Wineburg (Eds.), *Teaching, learning and knowing history* (pp. 306~325). New York: New York University Press.

Wineburg, S. (2001). On the reading of historical texts: Notes on the breach between school and academy. In S. Wineburg (Ed.), *Historical thinking and other unnatural acts* (pp. 63~88). Philadelphia: Temple University Press.

4부

학생들은 어떻게
역사를 배우는가에 대한 토론

10

욕망의 부인:
역사 교육을 어떻게 무의미하게
만드는가

_ 키스 바튼 Keith C. Barton
미국 Indiana University 교육과정 및 사회교육 교수. *Doing history*: *Investigating with children in elementary and middle schools*(2005)의 공동저자.

역사 교육과정 개혁에서 가장 공통적으로 제안되는 것 중의 하나는 역사가 지닌 학문으로서의 성격을 강조하는 것이다. 그런 개혁은 많은 잠재적 장점이 있기는 하지만, 역사에 대한 학생들의 시각을 무시할 위험성이 동시에 따른다. 또 그 결과 이 과목이 학생들에게 점차 무의미해질 수 있다. 이런 현상은 세 가지 양상으로 벌어진다. 첫째, 철저하게 연대기적 순서를 중심으로 교육과정을 설계하는 것은 학생들의 역사 공부에 대한 동기를 감소시킬 것이며, 역설적으로 역사적 시간에 대한 그들의 이해를 발전시키는 데 장애가 될 것이다. 둘째, 학생들이 자신의 역사적 경험을 통해 형성한 정체성에서 나오는 일상적 관심거리들을 무시하는 것은 그들로 하여금 학교 밖에서 만나게 되는 역사의 분열적 활용에 쉽게 감염되게 만든다. 마지막으로 학문 분야로서의 역사학의 논리에 전적으로 집중함으로써 넓은 사회에서 역사가 활용되는 다양한 방식으로부터 학생들을 멀어지게 하면 학생들은 역사를 자신들의 삶에 거의 의미가 없는 것으로 제쳐 놓게 될지도 모른다. 교육자들은 학생들에게 자신들의 관심과 관점을 부정하도록 요구하기보다는, 학생들이 다양한 배경 하에서 다양한 목적을 위해 역사를 활용할 수 있는 능력을 심화시키고 강화시키도록 노력해야 한다.

지난 20년 동안 많은 나라에서 역사 교육자들은 역사 교육과정의 개혁을 위해 논쟁해 왔다. 그럼에도 불구하고 이것은 그리 놀랄 만한 일은 아니다. 즉, 보통학생들은 역사를 인기 없는 과목으로 여긴다. 이는 부분적으로 그동안의 역사 교육이 지나치게 과도한 전달 중심의 교육이었기 때문이다. 지루한 강의, 재미없게 만들어진 교과서, 그리고 사실 정보에 대한 암기. 게다가, 역사 교육과정은 종종 국가의 발전과정에 대한, 이의가 허용되지 않는 이야기들을 통해서 무비판적인 애국심을 정당화하기 위해 사용되어 왔다. 이런 요인들로 인해 많은 학자들이 학생들로 하여금 역사적 지식이 구성되는 방식을 학습하는 데 적극적으로 참여하도록 하는, 그러면서 특정한 국민/민족국가의 등장을 찬양하는 것에 초점을 맞추지 않는 그런 교육과정을 지지하게 되었다(예를 들면, 북아메리카에서는 Appleby, Hunt & Jacob 2004; Barton & Levstik 2004; Gerwin & Zevin 2003; Holt 1990; Kobrin 1996; Lévesque 2008; Seixas 1993; Stearns 1993; VanSledright 2002; 그리고 Wineburg 2001 을 보라).

　그러한 제안들은 만일 실천만 된다면. 역사 교육과 학습에 아주 많은 긍정적 효과를 가져 왔을 것이다. 학생들이 역사적 질문과 관련하여 결론에 도달하기 위해 증거를 사용하는, 이른바 연구 지향적 접근법을 채용하는 것은 역사학자들이 강조하는 방법론적 절차에 부합할 뿐 아니라 현대 학습이론에도 일치한다(예를 들면, Bransford, Brown & Cocking 2000). 따라서 학생들에게 그런 과정에 참여할 기회를 주는 것은 그들의 역사적 이해의 깊이를 더해줄 것이다(Shemilt 1980). 게다가, 교육과정을 국가/민족주의적 이야기의 기억이 아니라 역사적 질문과 증거에 대한 조사 중심으로 구성하는 것은 학생들로 하여금 보다 넓은 범위의 지적 활동에 참여하게 하고 그들을 과거를 보는 다양한 관점에 노출시킬 것이다. 다시 말하지만 이렇게 하는 것은 학문으로서의 역사학이 추구하는 지적 절차와 함께 학습이론도 반영하는 셈이 된다.

그러나 역사 교육과정에 대한 이런 학문적인 접근방법을 개발하는 데 있어서 우리가 지나치게 우리의 개념적 틀에 사로잡히게 되어 결과적으로 학생들의 관점을 충실히 고려하지 못하게 될 위험이 있다. 결과적으로 하나의 의미없는 역사 과목을 똑같이 의미없는 또 다른 역사 과목으로 대체하게 될지도 모른다. 비록 새로운 역사 교육이 학문적 방법에 더 기초하고 있다고 하더라도. 학생의 관점을 무시하는 경향은 보통 세 가지 방식으로 발생한다. 첫째, 역사를 아주 철저하게 연대기적으로 표시하는 것인데, 이것은 학생의 입장에서는 인지적 측면에서나 동기적 측면에서나 문제점이 있다. 두 번째로는 정체성 문제를 무시함으로써 발생한다. 이 정체성 문제라는 것은 종종 역사 교사들이 묵살하는 것인데 많은 학생들에게는 아주 중요한 것이다. 마지막으로 현대사회에서 과거가 활용되는 무수한 방법을 학생들이 이해하도록 돕는 것을 무시한 채, 학문 연구법에만 지나치게 집착한다면 역사를 의미없게 만들 수도 있다. 결국, 학문이 과거에 대한 독점권을 가질 수는 없고, 과목을 순전히 학문적인 성격으로 좁힘으로써 학생들이 학교 밖의 삶에서 마주칠 수 있는 다양한 현실 환경 속에서 역사를 이해할 준비를 제대로 하지 못하게 할 수 있다.

연대기적 역사가 지닌 인지적 측면 및 동기 유발적 측면에서의 결점들

역사를 연대기적으로 가르치는 것은 직관적 매력이 큰데, 그것은 학생들이 배우는 주제의 시간적 차원을 느낄 때 역사적 이해가 향상된다는 신념이 널리 퍼졌기 때문이기도 하다. 의심할 바 없이 우리는 보통학생들이 역사적 변화 혹은 사건이 발생했던 순서, 그런 시기나 사건들이 서로 얼마나 떨어져 있었는지 혹은 현재와는 얼마나 먼지, 그리고 같은 시기에 어떤 일들이 일어나고 있었는지를 알아야 한다고 가정한다. 본질적으로 시간에 따른 변화를 다루는 학문으로서 역사에서 시간을 이해하는 것은 결정적으로 중요하다. 여기에 더해서 모든 연령의 학생들이 역사적 사건들의 순서 그리고 연표 속에서의 위치를 잘 모른다는 사실이다. 그리고 교육과정은 먼 과거에서 시작해서 점차 현대로 거슬러 올라오고, 그렇게 함으로써 학생들이 역사 학습의 핵심적 측면을 더 잘 이해하게 하는, 즉 연대기적으로 정렬되어야 한다는 것은 거의 논란의 여지가 없어 보인다. 많은 역사 교사들과 교육과정 설계자들은 단순하게 연대기적 역사의 필요성을 당연한 것으로 여긴다.

그러나 이런 결론은 두 가지 이유로 인해 합리성이 떨어진다. 하나는 인지적인 측면이고 다른 하나는 동기유발적 측면이다. 순전히 인지적 관점에서 보면, 학생들이 역사의 시간적 측면을 이해하도록 돕는 최악의 방식은 먼 과거에서 시작해서 현재로 거슬러 올라오는 방식일 것이다. 어떤 연구에 의하면 아동들은 역사적 시간을 인물, 사건, 그리고 기간을 어떤 준거 기준에 비교함으로써 이해한다는 것이다. 예를 들어 특정한 사람, 사건, 그리고 이미지가 "옛 서부시대와 비슷하다", "대략 셰익스피어 시대쯤" 혹은 "대략 2차 세계대전 시대에" 혹은 "바이킹이 있었던 때로부터 그랬었던" 것으로 인식함으로써 이해한다(Barton 2002, Barton & Levstik 1996). 학생들의 시간에 대한 이해는 그들이 보다 많은 준거 기준을 배움에 따라, 보다 우수하고 보다 정확한 구분과 비교를 가능하게 만들어 줌으로써, 발전한다. 학생이 다른 시기를 더 만나면 만날수록, 그들의 시간에 대한 이해는 더욱더 좋아질 것이다. 왜냐하면 그들이 더욱 많은 비교의 관점을 갖게 되기 때문이다.

엄격한 연대기적 순서로 짜인 교육과정은 반대의 효과를 가진다. 그것은 학생이 익숙해질 시간의 범위를 제한하고, 그럼으로써 그들의 시간적 이해를 제한한다. 학생들이 연대기표 상에서 오래된 지점에 대해서만 배운다면 그들의 시간에 대한 인식이 "평평해지고", 그렇게 되면 모든 것이 현재로부터 동일한 거리처럼 보이게 될 것이다. 역사를 연대기적 순서대로 가르치면 학생들이 시간을 더 잘 이해하게 되고, 시간 순서를 어겨서 역사를 가르치면 학생들이 혼란스러워할 것이라고 생각하는 것이 그럴듯해 보이지만, 그런 결론을 뒷받침할 증거는 없다. 북아일랜드 초등학생들은 역사를 연대기적 순서에 따라 공부하지 않는다. 교육과정은 1950년대에서 시작해서, 중석기시대, 바이킹, 19세기 순으로 전개되는데 중간에 고대 이집트와 아일랜드의 대기근(1840년에 있었던 대기근—옮긴이)을 끼워 넣는 식이다. 혼란을 느끼기는커녕, 학생들은 역사적 시간을 이해하는 데 그들이 사용할 수 있는 많고 다양한 기준점들을 갖게 된다. 역사적 인물, 기간, 그리고 사건을 정렬하고 나열하는 데 있어서 그들은 학생들이 학교 안과 밖에서 배운 다양한 시간들을 활용한다(Barton 2002).

학생들을 다양하고 분산된 시기들에 단지 노출시키는 것만도 역사적 시간에 대한 그들의 이해 능력을 향상시킬 것임에 틀림없지만, 교사들은 학생들의 이해를 더욱 돕기 위해서 추가적 조지를 취할 수 있다. 특히 학생들이 어떤 시기를 배우더라도 그 시기가 지닌 시간적 측면에 학생의 관심을 돌리게 하고, 학생들로 하여금 시간이 지닌 다양한 측면들을 조화롭게 이해하도록 도와 주는 것이 이에 해당된다. 예를 들어, 2차 세계대전과 같은 주제를 공부할 때, 학생들에게 그때는 60년 전이었고, 1940년대였고, 학생의 증조시대였으며, 로큰롤시대 이전이었다는 점 등을 (가능하면 반복적으로) 기억시켜 주어야 한다. 그들이 인쇄기 발명에 대해 학습하기 이전에 혹은 이후에 2차 세계대전에 대해 배우는지 아닌지는 중요하지 않다. 중요한 것은 학생들이 과거의 특정한 시기를 배울 때, 그것의 시간적 차원들에 대해 아는 것이다. 다시 말해 그것이 얼마나 오래전인지, 그들이 배운 다른 시간들로부터 얼마나 떨어진 일인지, 같은 시기에 어떤 일들이 벌어지고 있었는지, 그리고 그 시기는 연도, 10년 단위, 세기, 혹은 시대 이름으로 어떻게 불리우는지(Barton 2002; Hodkinson 2003, 2004a, 2004b)를 아는 것이다.

교육과정을 엄격하게 연대기적 순서에 따라 구성하는 것이 지닌 또 다른 중요한 단점은 그것이 학생들의 역사 학습 동기를 제한할 것이라는 점이다. 이런 점은 앨런 맥컬리Alan McCully와 내가 북아일랜드의 중등학생들을 대상으로 실시한 한 연구에서 처음으로 분명하게 드러났다. 이 연구는 처음에는 학생들의 시간에 대한 이해에는 관심이 없었다(Barton & McCully 2005). 북아일랜드에서 초등학교와는 달리 중등학교 3년간의 역사 수업은 아일랜드에 노르만족이 들어온 때(12세기)부터 시작해서 1921년의 영토 분할로 끝나는 연대기적 순서로 진행된다(학생들은 최근 역사를 선택 과목으로 나중에 배울 수 있지만, 우리는 면접 대상을 3년의 역사 필수 과목을 모두 이수한 학생들로 제한했다). 학생들에게 상이한 시대를 상징하는 상이한 주제의 사진들을 제시했고, 학생들에게 무엇이 그들과 가장 관계가 깊은지를 물었다. 우리가 북아일랜드에서 연구를 하고 있었기 때문에 가톨릭과 개신교의 관점이 균형을 갖추도록 신경을 썼다. 그래서, 예를 들면 아일랜드 민족주의 지도자와 아일랜드 민족주의에 대한 반대자들 모두를 포함시켰고, 가톨릭 측에게 "진보"로 보이는 사례들과 개신교 측으로 보아 승리를 대표하는 사례들을 모두 포함시켰다. 그리고 우리가 관심 있었던 것은 역사 교육과정이 학생들의 사고에 미치는 영향이었기 때문에 학교에서 배웠던 시기에 주로 초점을 맞추었다. 우리는 개신교 학생들이 선택하는 사진과 가톨릭 학생들이 선택하는 사진들이 다를 것을 기대했고, 학생들이 교육과정을 따라 학습을 진행함에 따라 이런 선택이 변화할 것인지 여부를 알고 싶었다.

그러나 초기 면접에서 발견한 것은 우리가 기대했던 것과는 꽤 달랐다. 개신교 학생들은 실제로 우리가 예상했던 대로 많은 아일랜드 통합주의unionism의 우상들을 선택했다. 그렇지만 가톨릭 학생들은 민족주의운동과 관련된 유사한 주제들을 선택하지는 않았다. 그리고 실제로, 그들은 어떤 인물도 그다지 강하게 선택하지 않았다. 개신교도들은 에드워드 카슨Edward Carson(영국의 보수 정치인, 1920~ 1987-옮긴이) 혹은 솜전투Battle of the Somme(1차 세계대전 중이던 1916년에 있었던 영국과 독일 사이의 전투-옮긴이)를 자신들의 정체성과 관련된 것으로 선택하는 데 열정적이었던 반면, 가톨릭 학생들은 일반적으로 이런 과제에 별 관심이 없었고, 따라서 예의상 대답하는 것처럼 보였다. 처음에는 어떻게 이럴 수 있을지 궁금했다. 자기 지역의 역사에 대해 가톨릭 학생들이 개신교 학생들보다 잘 모른다고 믿기는 어려웠다. 각 면접의 마지막에 학생들에게 우리가 더 포함시켜야 할 다른 사진들이 있는지를 물었다. 이 질문에 대해 가톨릭 학생 중 일부는 우리가 1980년대 초반의 단식투쟁가였던 보비 샌즈Bobby Sands(보통 IRA로 알려진 북아일랜드 공화국군Provisional Irish Republican Army의 단원이었으며 단식투쟁 중 사망했다. 1954~1981-옮긴이)의 사진을 포함시켰어야 마땅하다는 의견을 제시했다.

가톨릭 학생들의 상대적 참여 열의 부족으로 인해 매우 실망했기 때문에, 우리는 그들의 충고를 따라 샌즈의 사진을 추가하기로 결정했다. 그렇게 하자 우리의 면접이 가톨릭 참가자들에게 훨씬 더 흥미롭게 되었고 그들 중 많은 학생들이 샌즈의 사진을 가장 의미 있는 사진으로 선택했다. 동일하게 중요한 가톨릭 영웅이라고 할 만한 다른 사진들이 (우리 생각에는) 있었음에도 불구하고 그러했다. 샌즈에 관해 이야기하면서 학생들은 북아일랜드에서 가톨릭 공동체가 스스로를 지지하고, 자신들의 시민적·정치적 권리를 확보할 능력이 있음을 보여주는 것이 중요하다고 강조했다. 그러나 우리가 이 연구를 위해 사용한 일련의 사진에 있는 다른 인물들도 가톨릭의 권리와 민족주의적 주장을 옹호하는 데 샌즈와 비슷하게 중요한 위상을 지니고 있었다 (예를 들면, 다니엘 오코넬Daniel O'Connell, 찰스 파넬Charles Stuart Parnell). 우리는 샌즈가 최근까지 생존했기 때문에 훨씬 더 관심을 받았다고 보았다. 그가 생존했던 시기는 가톨릭이 효과적이고 가시적인 방식으로 자신들의 주장을 정립할 수 있던 시기였다. 다른 가톨릭 분야 혹은 민족주의 경향의 우상들은 그 이전 시기 인물들이었다. 그들의 노력은 대체로 성공적이지 못했든지 혹은 성공적 노력이 벌어지긴 했지만 사회적이고 정치적인 복종을 감수하는 상황 하에서 얻어 낸 제한적인 성공이었을 뿐이었다. 이에 비해 개신교 학생들은 17세기, 19세기, 혹은 20세기 초반의 인물들을 선택하는 데 주저하지 않았다. 왜냐하면 이 시기들은 모두 개신교도들이 사회에서 우세하게 역할하던 시기였기 때문이었다.

우리 연구 과제에 대한 이러한 반응들은 아일랜드 통합주의자로서의 배경을 지닌 학생들과 민족주의자 배경을 지닌 학생들이 북아일랜드의 역사 교육과정에 대해 어떻게 상이한 반응을 보일지를 생각하게 만들었다. 수업과정은 상이한 관점들 사이에서 조심스럽게 균형을 잡고 있고, 학생들은 지속적으로 가톨릭/민족주의와 개신교/통합주의 관점 둘 다를 이해하도록 요구받는다. 그렇지만 이런 조심스러운 균형에도 불구하고 교육과정은 주로 개신교도들이 아일랜드 북부에서 공적 생활을 지배했던 시대에 초점을 맞추고 있다. 1921년 분할에 이르기까지. 가톨릭/민족주의적 관점을 포함시키고 있음에도 불구하고, 많은 가톨릭 학생들은 학습 동기가 없는 상태다. 왜냐하면 그들이 가장 궁금해하는 것은 최근 시기이기 때문이다. 최근에 자신들의 공동체가 이룬 업적에 대해서 그들은 자부심을 느끼고 있다. 이렇게 볼 때 학생들의 학교 역사 교육에 대한 적극적 참여를 제한하는 것은 다양한 집단을 내용에 포함시키는 데 실패해서라기보다는 교육과정의 연대기적 구조일지도 모른다.

북아일랜드에서의 이런 관찰 결과는 다른 나라에도 적용될 수 있다. 예를 들면, 미국에는 비록 공식적인 국가 교육과정이 없지만 대부분의 학생들은 먼 과거시대의 역사를 강조하는 연대기적 순서에 의한 역사를 만난다. 학교에서 보내는 대부분의 시간에 학생들은 17세기, 18세기, 그리고 19세기의 북아메리카 역사를 반복해서 공부하게 된다. 많은 학생들은 또한 고대와 중세 역사를 어느 시점에서는 공부할 것이다. 만일 미국 학생들이 20세기 역사—특히 2차 세계대전 이후의 시기—를 공부한다면, 그들은 단지 고등학교의 마지막 학년에서만 그리할 것이고, 그럴 경우에도 아주 최근 시기에 대한 학습은 아주 간단할 것이다. 교육과정에서 다루어지는 가장 확실한 시기는 많은 미국 학생들—아프리카에서의 이주민들, 히스패닉, 아시아 이민자들, 아메리카 원주민들, 여성들 그리고 빈민—의 선조들이 아주 제한된 시민적 그리고 정치적 권리를 가지고 있었던 그런 시기다.

비록 미국에서 사용되는 대부분의 교육자료들, 그리고 대부분의 교사들이 이런 시대를 다루면서 여성과 소수자들을 포함시키려는 큰 노력을 기울인다고 하더라도, 그들은 여성들과 소수자들이 백인 남자들보다 현저하게 낮은 지위를 갖고 있던 사회적 배경에 초점을 맞추면서 그렇게 할 것임에 틀림없다. 다양한 집단을 포함시키는 데 있어서 교육과정이 아무리 균형 있게 다양한 집단을 포함시키려 해도, 학생들이 그런 균형이 제대로 이루어졌다고 생각하는 데는 한계가 있다. 예를 들면 교사들은 자신들이 가르치는 아프리카 출신 부모를 둔 학생들이 노예제도에 대해 공부하는 것을 싫어하는 것을 발견하고는 자주 놀라게 된다. 교사들은 교육과정에 노예제도를 포함시킴으로써 역사 교육에 자신들이 가르치는 아프리카 출신 부모를 둔 학생들을 참여시키는 아주 중요한 노력을 하고 있다고 생각한다. 자신의 조상들이 주로 잔학과 억압의 대상이었던 시대의 역사에 주로 나온다는 것을 배우는 것에 그다지 흥미를 느끼지 않는다는 것은 아마도 그리 놀랄 만한 일이 아닐 것이다. 비슷하게, 공적 영역에서의 여성들의 역할이 아주 제한되어 있던 시기에 대해서만 교육과정에서 여성을 다루거나 혹은 아메리카 원주민들이 대량학살 당하고 자신의 땅에서 축출되고 있던 시대를 다룰 때만 그들에 대해 공부를 하는 것은, 교사들이나 교육과정 설계자들이 바라는 대로 학생들의 흥미를 불러일으키지 못할 것이다.

대부분의 사회는 최근 수십 년간 많은 사회 및 정치적 변화를 겪어왔다. 많은 나라에서 이민으로 인해 인구 구성이 심하게 변모했다. 다른 나라에서는 과거 하찮은 존재로 여겨졌던 부류의 사람들에게 탈식민지화, 민주화, 그리고 인권의 신장으로 정치 참여의 길이 열렸다. 결과적으로 연대기적으로 나열된 교육과정—현대로부터 멀리 떨어진 시기에 초점을 맞추는—은 이런 현대사회를 공부해야 하는 학생들에게는 적합하지 않을 수 있다. 따라서 연대기적 순서에 따라 역사를 공부하는 것은 시간에 대한 학생의 인지적 이해를 제한할 뿐 아니라 역

사라는 바로 그 과목으로부터 많은 학생들을 멀어지게 한다. 학생들
은 자신과 유사한 사람들이 공적 생활에 제대로 참여하지 못했던 그
런 시대를 공부하는 데 대부분의 시간을 바치고 있다는 것을 알게 되
기 때문이다. 교육과정이 좀 더 최근 시기—여성과 소수자가 공적 생
활에 좀 더 모습을 보이는—에 초점을 맞춘다면 보다 많은 학생들이
역사를 자신의 삶에 의미 있는 과목이라고 여길 것이다.

역사 교육과 정체성: 단순화와 회피라는 2대 위험성

학교는 학생들이 "자신과 비슷하다"고 생각하는 역사적 인물들의 역
할을 다루어야 한다는 제안은 역사 과목이 젊은 사람들에게 의미 있
게 여겨지기 위해 필요한 또 다른 결정적(그리고 논쟁적) 요소—역사와
정체성의 상호 작용—를 생각하게 한다. 정체성—특히 국가 정체성—
을 형성하는 데 있어서 역사가 지닌 책무성에 대한 논쟁은 최근 수년
간 많은 나라에서 아주 활발하게 벌어졌다(예를 들면, Clark 2004, Grever
& Stuurman 2007, Phillips 1998, Seixas 2003, Symcox 2002, Taylor 2004).
그러나 그런 논쟁은 종종 정체성-지향의 역사가 지닌 장점과 단점을
충분히 설명하지 못하고, 결과적으로 우리는 똑같이 바람직스럽지 못
한 두 개의 선택지 사이에서 선택해야 하는 처지에 놓이게 된다. 하나
는 단순화되고 포괄적인 국가 발전 이야기이고, 다른 하나는 학생들
이 공유하는 정체성을 발전시키려는 시도를 전혀 하지 않는 "학문적"
이라고 알려진 관점이다. 이 두 개의 접근법 중 하나에 집착하는 것은

이 과목을 부적합의 나락 속으로 떨어뜨리기 쉽다.

역사를 가르치는 가장 보편적 이유 중 하나는 국가 정체성을 발전시키는 것이고, 많은 나라에서 이것이—암묵적이든 명시적이든—교육과정에 역사 과목을 포함시키는 주요 이유가 되고 있다. 예를 들면 미국에서 학교 역사 교육은 주로 국가의 과거에 초점을 맞추게 되고, 학생들은 저급학년으로부터 국가의 영웅들과 교훈적 사건들 속에서 핵심적 인물과 사건에 대해 배운다(그리고 기념한다). 크리스토퍼 콜럼버스Christopher Columbus, 이른바 첫 추수감사절the First Thanksgiving, 조지 워싱턴George Washington과 에이브러햄 링컨Abraham Lincoln과 같은 대통령들, 그리고 마틴 루터 킹 2세Martin King, Jr.와 로사 팍스Rosa Packs 등의 민권 지도자들과 같은 것이다. 상급학년 학생들은 계속해서 독립혁명, 남북전쟁, 서부 개척, 이민 등 국가의 기원과 발전을 이해하는 데 중요하다고 생각되는 역사적 사건들을 공부한다. 국가에 대한 반복적인 강조의 결과로서, 그리고 국가의 역사가 제시되는 아주 긍정적인 방식 때문에, 학생들은 이런 역사와 동질감을 갖게 된다(Barton & Levstik 2004; Vansledright 2008). 비록 모든 나라가 학교 역사 교육을 이런 식으로 활용하지는 않지만—영국이 반대의 사례로 가장 자주 언급된다—학교 역사 교육과 국가 정체성을 연결시키는 것은 전 세계에 걸쳐 교과서와 교육과정의 공통적 특성이다(예를 들면, Foster & Crawford 2006, Vickers & Jones 2005).

그리고 이런 역사 교육은 실제로 작동한다. 적어도 미국에서는 국가 정체성을 위한 학교 역사 교육의 활용으로 많은 젊은 사람들이 국가의 과거와 자신을 동일시하게 만들었다. 학생들은 미국 역사 속의 인물들과 사건들을 언급할 때 "우리" 그리고 "우리들의"와 같은 대명사들을 지속적으로 사용하며, 이는 다양한 인종 집단의 학생들에게도 타당한 이야기이고, 최근에 미국으로 이민 온 이주 가족 학생들에게도 그러하다(An 2007, Barton 2001b; Barton & Levstik 1998, Terzian & Yeager 2007). 게다가 학생들은 학교 안과 밖에서 반복해서 마주쳤던 자유와 진보의 이야기 사례들을 자주 사용함으로써, 미국 역사를 아주 긍정적인 용어를 사용하여 본다(Barton 2001a). 그렇다고 모든 학생들이 국가의 과거에 대해 동일한 시각을 갖고 있다고 주장하는 것은 아니며, 그들이 동일한 인물들과 사건들과 동질감을 느낀다고 말하는 것도 아니다. 예를 들면, 아프리카 이민자 자녀들은 미국의 과거를 아주 경쟁적인 시대였던 것으로 보고, 그래서 그들은 유럽 출신 가정의 아이들보다 미국 역사에서 아프리카 출신자들에게 더 큰 의미를 부여한다(Epstein 1998). 비록 학생들이 국가와 어떻게 관계를 설정하는지 차이가 있다 하더라도 미국인으로서 그들의 역사적 정체성의 주요 부분을 차지하는 것은 국가 자체임에 틀림없다.

국가 역사와의 동질성을 강화하기 위해, 자기 나라의 역사를 아주 긍정적인 용어로 표현하고자 하는 욕구는 불가피하게 주요한 삭제와 왜곡을 수반하며, 이런 "신화화" 과정은 바로 국가 정체성에 도움이 되게 하려고 역사를 이용하는 것에 대한 대부분의 날카로운 비판의 대상이었다(예를 들면, Loewen 1995, Shemilt 2009, VanSledright 2008). 예컨대, 미국에서 학교 역사 교육이 보통 다양한 배경의 인물 이야기를 다룬다고 하더라도, 그런 다양한 경험담들은 그것들이 미국을 상징하는 자유와 발전이라는 전반적 이야기 구조를 강화시키는 범위 안에서만 포함된다. 노예제도와 그리고 다른 인종차별 사례들은 그것들이 국가가 "해결한" 문제로서 제시될 수 있었기 때문에 교육과정에 포함된다. 비슷하게, 동등한 권리를 향한 여성들의 투쟁도 이것이 미국 헌법 19차 개정안의 통과로 인해 "해결된" 문제였기 때문에 포함될 수 있는 것이다.

그러나 모든 경험이 아주 완벽하게 국가적 이야기와 연결될 수는 없고, 학생들은 아주 의미 있는 배제를 경험하기도 한다. 인종적, 민족적 차별이라는 지속적 과제, 경제 후퇴와 혼란, 그리고 전통적 성 역할과의 불일치에서 파생된 문제들은 아직도 해결되지 않은 채 남아 있는 문제의 일부인데, 학생들은 역사 교육과정에서 이런 문제들이 다루어지는 것을 보기 어렵다. 미국의 국가적 경험이 더 다양해짐에 따라, 그리고 이런 다양한 경험이 더 넓은 문화 속에서 보다 큰 주목을 받고 정당성을 얻게 됨에 따라, 많은 학생들이 궁극적으로는 그들이 어릴 적에 형성한 단순화된 국가 정체성을 거부한다. 그런데 역설적이게도 좁은 개념의 국가 정체성은 학생들과 그들이 관심을 갖는 사람들의 역사적 경험 속에 있는 결점들을 감추는 데 실패함으로써 궁극적으로 자멸적이 될지도 모른다.

역사 교육은 정체성 형성에 초점을 맞추어서는 안 된다. 하나의 대안은 역사학자들이 지닌 학문적 공통성을 반영하는 방식으로 역사를 가르치자는 주장이다(Lee 1992, Shemilt 2009, VanSledright 2008). 이 방식은 정체성(국가 정체성이건 다른 것이건) 형성에 초점을 두지 않고, 오히려 역사적 사건의 원인과 결과를 분석하고, 그런 사건들에 참여했던 사람들의 추론을 분석하고, 그리고 역사적 설명을 가능하게 하는 일련의 증거들을 분석하는 데 초점을 맞춘다. 학생들은 다른 사람들의 설명을 되풀이하거나 혹은 특정한 국민–국가nation–states에 대한 헌신정신을 발전시키는 데 매달리지 않으며, 증거에 대한 비판적 사용과 다양한 관점에 대한 고려를 통해 의문점들을 조사하는 데에 주로 관심을 갖는다.

이 방법은 이미 영국에서는 일반적이며, 정체성의 회피는 북아일랜드에서는 최고조에 이르러 있다. 민족주의자와 통합주의자들의 충돌하는 정체성 때문에, 아일랜드에서는, 정체성을 암묵적으로라도 강조하는 것은 지나친 논쟁이나 불화를 일으키는 것이어서 학교 교육과정에 포함시키는 것이 어렵다. 초등 수준에서 하나의 정치 단위로서의 북아일랜드의 역사는 회피 대상이다. 미국 학생들처럼 국가의 발전 이야기를 공부하기보다는 이곳 학생들은 다양한 사회가 경험한 사회생활과 물질생활에 관해 학습을 한다. 중석기 부족, 바이킹, 고대 이집트인 등. 중등교육 단계에서는 학생들이 현재 북아일랜드의 발전을 공부하지만, 그들은 시종일관 증거의 활용이나 다양한 관점의 적용을 통해서 이 지역의 역사에 접근하며, 그럼으로써 그들은 통합주의자들과 민족주의자들(그리고 그들의 전임자들)이 지닌 관점들 사이에서 조심스런 균형을 잡아 간다. 어느 경우에도 학생들이 하나의 공동체 혹은 다른 어떤 공동체를 지지해야 한다는 주장이 제기되지는 않으며, 학생들이 과거에 대한 하나의 "합의된" 관점을 갖도록 하는 어떤 시도도 없다. 영국 전체에 공통적인 학문적 접근법은 북아일랜드의 지역적 논쟁과 결합하여 그 지역의 역사 교육자들로 하여금 정체성 함양을 전적으로 회피하도록 이끌고 있다(Barton & McCully 2005).

상반되는 역사적 경험에 뿌리를 내린 상이한 정체성이 오늘날 북아일랜드의 분열의 중심에 있으며, 이런 상이한 정체성이 이 지역에서의 지속적인 폭력과 정치적 증오의 가장 중요한 원천이다. 따라서 학교 교육과정에서 정체성을 회피하는 것이 좀 더 평화로운 미래를 지향한 하나의 긍정적 단계처럼 보인다. 학교가 정체성을 통해 불화를 조장하는 어떤 일도 하지 않고, 대신 역사를 보는 새로운 사고방식에 학생들을 노출시키는 것은 지역의 많은 교육자들이 희망하듯이 지역에 고착된 역사적 정체성을 와해시키는 데 어쩌면 도움을 줄지도 모른다. 그러나 교육과정에서 정체성 이슈를 회피한 결과로 학생들이 역사를 정체성의 원천으로 사용하는 것을 그만두는 것도 아니고, 그렇다고 그들이 다양한 관점과 증거에 대한 비판적 사용을 포함하는 좀 더 복잡한 정체성을 발전시키는 것도 아니다. 비록 학교가 학생들 사이에 역사적 정체성을 발전시키려는 노력을 하지 않는다 해도, 북아일랜드의 학교 밖의 많은 요인들이 역사를 이런 식으로 활용하고 학생들은 어찌 되었든 이들 외부 압력에 결코 둔감할 수는 없다. 결과적으로 그들은 자기 가족과 공동체를 통해 만나는 역사들에 기초해서 —종종 편협하고 분파적으로 규정되는—정체성을 형성한다.

게다가 중등학교를 다니면서, 학생들의 역사적 정체성은 더 명백하게 되고, 많은 학생들은 자신들의 분파적 정체성을 강화하기 위해서 학교 교육과정에서 선택적으로 정보를 이용한다(Barton & McCully 2005). 북아일랜드에서 학교 역사 교육은 학생들이 특정 분파의 과거 경험을 넘어서는 역사에 기반을 둔 정체성을 형성하는 데 거의 도움이 되지 않는다. 학생들이 스스로를 가톨릭과 개신교 모두를 포함하는 공동체의 구성원으로 보도록 하는 데 거의 도움을 주지 못한다. 따라서 북아일랜드에서는 학교 교육과정이 분파적 정체성을 해결하기는커녕, 정체성에 대한 대안적 사고방식을 제시하는 데 실패함으로써 오히려 의도하지 않게 갈등을 강화하고 있을지도 모른다.

북아일랜드가 이런 관점에서 유일하다고 할 수는 없다. 우리가 학교에서 그런 노력을 도와 주건 아니건, 젊은이들은 역사를 정체성의 원천으로 활용하는 데 철저해 보인다. 많은 새 이민자들―그들의 문화, 종교, 민족성이 기존의 지배적인 문화와 다른―이 있는 상황에서 교사들은 종종 자기 학생들이 역사적 주제에 대해 자신들이 기대하지 않았던 방식으로 반응을 한다고 이야기하고 있다. 그들은 일부 무슬림 학생들이 오스만제국의 승리에 대해(혹은 더 당혹스럽게도, 히틀러나 빈 라덴의 행동에 대해) 환호하거나 혹은 무슬림 세계가 서유럽에 기여한 것이 언급될 때 그들이 자긍심을 보이는 것을 발견할 수도 있다. 오스만제국으로부터 홀란드Holland(암스테르담을 중심으로 한 네덜란드의 한 지역. 네덜란드와 혼용하기도 하나 정확한 표현은 아님-옮긴이)로 튤립을 수입한 것처럼 간단한 일이 네덜란드에 있는 무슬림 학생들에게는 즐거운 일일 수 있다. 갈리폴리전쟁Battle of Gallipoli(터키의 갈리폴리 지방에서 1차 세계대전 중이던 1915년과 1916년 사이에 벌어졌던 영국과 프랑스가 참여했던 전쟁-옮긴이)에 대해 영국과 오스만 양쪽 시각에서 가르치고 났을 때, 두 명의 터키 학생이 "오늘 수업은 우리가 1차 세계대전을 적군이라는 느낌을 받지 않고 배웠던 첫 번째였다"라고 말했다고 호주의 한 교사가 나에게 들려준 적이 있다. 역사 교육자가 현재의 사회 정체성이 교육과정에 적합한지 그렇지 않은지를 고려하건

하지 않건, 학생들은 확실히 그렇게 고려한다. 따라서 우리가 그들의 관점을 우리의 입장에서 무시하는 것이 된다. 학생들은 역사를 정체성 형성을 위해 사용하는 것을 포기하려 하지 않는다. 이유는 간단하다. 그들은 학교에서 자신이 지닌 관점을 만나지 못하기 때문이다. 따라서 그들은 보다 특수하고 잠재적으로 분란을 불러일으킬 만한 사료들에 오히려 의존하려 하고, 그래서 학교에서 행하는 역사 교육을 의미없는 것으로 물리치려고 한다.

게다가 학교는 공통의 정체성을 촉진해야만 하고 이것이 다문화적 민주주의 사회에서 학교가 지닌 가장 중요한 기능의 하나라는 것을 이해해야 한다(Barton & Levstik, 2004). 민주주의 사회에서, 우리 동료 시민의 복지에 대한 관심이 사회의 효과적인 기능을 위해 필요하다. 정체성을 공유하지 않고는 권리를 우리 이웃에게 나누어주고, 필요할 때 이웃을 지원하기 위해 세금을 내고, 혹은 그들이 공격을 받았을 때 방어해 줄 이유가 없다. 민주주의적 국민국가 혹은 초국가적 기구(유럽연합과 같은)는 공통의 정체성에 의존하지만 단일 종교나 민족성이라는 기반이 없을 때는 이 정체성이 어디에서 올 것인가? 가장 유서 깊은 원천의 하나가 역사다—우리가 관련된다고 느끼고 우리 이웃도 마찬가지로 관련된다고 느끼고 있을 과거의 한 부분으로서 우리가 함께 되돌아볼 수 있는 공통의 조상과 경험에 대한 이야기인 것이다. 그런 반면에, 공통의 정체성을 기반으로 하지 못하고 있는 정치적 실체(국가—옮긴이) 하에서는, 학생들이 민주주의의 다양성을 훼손하는 단일한 정체성들을 발전시킴에 따라, 결국은 자신의 슬픈 운명을 스스로 정하게 되는 것이다(Russell 1913, 84).

실용적 경향을 회피하는 이른바 학문적 접근법을 존중하는 나머지 정체성 문제를 회피하기보다는, 복합적이고 다양하며 포용적인 정체성—전통적인 국가주의 역사에서 발견되는 것과 같은 단순하고, 획일적이고 배타적인 것이 아니라—을 발전시키도록 노력한다면 역사는 더욱 의미 있게 될 수도 있을 것이다(Barton & Levstik 2004, Jonker 2007, VanSledright 2008). 예를 들면, 미국에서는 팽창주의를 촉진해 온 엘리트 백인들의 역사를 지지하도록 오랫동안 학생들을 가르쳐 왔다. 아마도 이제는 민주주의와 다원주의를 위해 힘써 온 다양한 사람들의 역사를 지지하도록 격려하는 것이 더 좋을 것이다. 더 중요한 것은, 정치적 실체라는 것은 완전할 수 없고 나름의 비극적 이야기를 담고 있다는 사실을 학생들이 내면화하도록 해야 한다는 것이다. 왜냐하면 우리가 학생들에게 오직 완전한 것만을 지지하도록 요구해야 한다면, 우리는 불가피하게 역사기록을 왜곡할 뿐 아니라 어떤 불화의 씨앗을 뿌리게 되기 때문이다. 어떤 나라도 완전이라는 표준대로 살아갈 수는 없는 것이다. 그리고 마지막으로 우리는 국가 경계를 포함하면서 동시에 초월하는 정체성을 고취시킬 필요가 있을 것이다. 왜냐하면 하나의 정치적 실체를 지지하는 것은 다른 집단—다른 종교, 다른 민족, 혹은 지구의 다른 곳에 사는 사람들—에 대한 지지를 방해하지 말아야 하기 때문이다(Appiah 2006, Bender 2006, Smith 2003). 그러한 복합적이고 다면적인 정체성이 사실은 오늘날의 세계에서 필요로 하는 바로 그 정체성일 것이다.

누가 역사의 주인인가?

정체성의 원천으로 역사를 활용하는 문제, 그리고 "오늘의 세계에서 필요로 하는 것"이 무엇인지(그리고 역사가 어떻게 그런 필요성에 기여하는지)라고 하는 보다 일반적인 고민을 하다 보면 역사 교육자들 사이에서 근본적으로 이견의 대상이 되고 있는 문제를 만나게 된다. 교육과정은 현재의 사회적 관심과 연결되어야 하는가. 이 분야에 종사하는 대부분의 이론가들, 연구자들, 그리고 현장 종사자들은 학생의 사고방식에 대한 이해의 필요성, 역사적 설명을 증거로 구성하는 방법을 가르치는 것이 바람직하다는 것, 그리고 사실과 날짜들의 요약이 아니라 역사에 대한 개념적 이해에 초점을 맞출 필요성 등 많은 주요 문제들에는 동의한다. 그러나 이런 표면적 동의 저변에는 역사의 목적에 대한 뿌리 깊은 갈등이 숨어 있다. 이 갈등은 간혹 밖으로 나타나서 모든 당사자들이 어리벙벙하거나 혐오스러움에 머리를 흔들게 만든다. 그렇다고 이것이 순전히 학술적인 논쟁만은 아니다. 왜냐하면 이 질문에 대한 대답은 교육과정의 설계, 궁극적으로는 학생들이 역사를 교육의 의미 있는 한 부분으로 생각할지 여부에 아주 중요한 의미를 부여하기 때문이다.

우리 모두는 역사가 현대사회에서 다양한 목적에 사용된다는 것을 안다. 정체성을 정립하는 것뿐 아니라 현대에 대한 교훈과 유추를 제공하는 것, 존경할 만하거나 비난할 만한 행동을 한 사람들을 기념하거나 비난하는 것, 현재가 어떻게 만들어졌고 미래는 어디로 가는지를 이해하도록 도와 주는 것, 현재의 사회구조를 정당화하거나 그것의 전복을 주장하는 것 등이다. 그러나 역사 교육자들에는 두 부류가 있다. 하나는 역사를 보통사람들이 과거를 학술 외적으로 이해하는 것과는 확연히 구분되는 아주 분명한 형태의 학술적 지식으로 이해하는 사람들이고, 다른 하나는 이런 두 가지 형태의 이해 형식 사이의 연속성을 주장하는 사람들이다. 고전적 형태인 전자의 관점은 마이클 오크쇼트Michael Oakeshott(1983)의 글 〈현재, 미래, 그리고 과거Present, Future and Past〉에서 발견된다. 이 글에서 그는 소위 "실용적"(혹은 유용한) 과거와 "역사적" 과거를 분명하게 구분했다.

오크쇼트에게 실용적 과거라는 것은 지나간 시대의 말과 사건이 현재를 살아가는 데 있어서 이정표, 현재의 희망과 욕망을 만족시켜 주는 그리고 현재의 생활에 의미와 방향을 제공해 주는 하나의 방식을 의미한다. 이런 종류의 과거는 "자기 이해와 자기 표현self-understanding and self-expression"이라는 용어에 어울린다. 왜냐하면 과거를 칭송하거나 혹은 조롱함으로써 "우리는 우리 자신의 성향을 선언"하기 때문이다(pp. 18~19). 오크쇼트에 의하면, 특히 실용적 과거를 추구한다는 것은 어떤 말이나 사건이 그 당시에 가지고 있었던 의미를 이해하는 것과는 다른 것이다. 그것들은 현재라고 하는 렌즈를 통해서만 이해되며, 그들의 의미도 명백한 것으로 추정된다. 더구나 실용적 과거는 해석의 정확성에는 관심조차 없다. 신화와 전설은 이런 관점에서 보면 실제로 일어났던 사건과 마찬가지로 현대에도 유용하다.

오크쇼트(1983)는 이런 실용적 과거와 역사적 과거를 대비시키는데, 역사적 과거는 현재적 유용성에는 관심이 없다. 그의 시각에서 역사적 과거는 말과 사건들이 그 당시에 가졌던 의미를 재구성하려는 역사가의 노력의 산물이다. 여기에는 과거의 흔적을 복원하고 조립하는 것, 더욱 중요하게는 과거에 있었던 사건들 사이의 관계를 인식하고 그것들의 "진정한 성격"을 판단하는 것이 포함된다. 즉 하나의 사건을 오늘날의 관심에 따라서가 아니라 "그 자체의 관점에서"(p. 38) 이해하는 것이다. 실제로 오크쇼트는 주장하기를 만일 우리가 과거 유물의 "진정한" 성격에 관심이 있다면, 그것들이 "우리에게 어떤 메시지도 줄 수 없다"(p. 38)고 한다. 왜냐하면 그것들은 그 당시의 상황으로부터 떼어낼 수 없기 때문이다.

오크쇼트(1983)에게 실용적 과거와 역사적 과거는 "공통적인 것이 전혀 없다"(p. 35). 둘은 "반드시 서로를 배제하는"(p. 26) 범주적으로 구분되는 이해 방식이며, 역사적 과거가 바로 역사가의 영역이다. 역사적으로 이해된 과거는 "역사가에 의해 만들어진 과거에 대한 질문들에 대해 답을 하며" 그리고 "역사책 이외에 어디에서도 발견될 수 없다"(p. 33). 역사가의 관점과 과거에 관심이 있는 다른 사람들의 관점 사이의 이 분명한 경계 설정은 수많은 현대 학문 활동 속에서 반복되어 왔다. 예를 들면 그것은 "역사"와 "유산" 그리고 "학술로서의 역사"와 "집단적 기억"(간단한 설명은 VanSeldright(2008)을 보라) 사이의 구분에 반영되어 있고, 샘 와인버그Sam Wineberg(2001)가 역사적 사고를 "부자연스러운 활동"으로 성격을 규정하는 것에서 절정에 이르렀다.

그러나 이런 구분의 인기, 그리고 전문 역사가들의 계속적 지지에도 불구하고, 현대사회에서 과거를 읽어 내는 다양한 방식과 관련하여 하나의 대안적 사고방식이 생겨났다. 그리고 이 대안적 방법은 젊은 사람들이 역사를 의미 있는 것으로 받아들이게 해 줄 것이라는 희망을 갖게 한다. 미국역사협회American Historical Association에서 행한 회장 연설에서 칼 베커Carl Becker(1932)는 역사가들과 사회의 다른 여타 구성원들은 과거라는 것을 근본적으로는 유사한 방식으로 사용한다고 주장한 바 있다. 두 집단은 당연히 이야기되고 행해진 일들을 기억하는 데 관심을 갖고 있다. 그러나 두 집단은 또한 "도움을 받지 않는 직접적인 기억은 잘 변한다"(p. 224)는 사실을 알기에, 다른 (일반적으로는 기록된) 사료들에 의존하게 된다. 그래서 그들은 이런 사료들을 비판적으로 비교하여 오류를 제거해야 한다는 것을 알고 있다. 게다가 두 집단은 과거에 대한 자신들의 해석에서 한계에 부딪히게 되고, 이러한 한계들은 자기 동료들에 의해 해결된다. 베커는 역사가들과 다른 사람들이 모두 유사한 목적에 의해 이끌린다고 주장한다. 두 집단은 과거를 이용해서 "찰나뿐인 현재의 경계를 확대하고, 그렇게 함으로써 우리가 과거에 해 왔던 일과 우리가 앞으로 하고자 하는 일에 비추어서 현재 하고 있는 일을 판단"(p. 227)하려고 한다. 베커는 오늘날의 관점과 목적에 기초해서 과거를 "실용적"으로 활용한다는 오크쇼트(1983)식 견해를 불가피한 것으로 여기고 있다. 누구보다도 역사가들은 자신이 속한 시간과 공간의 한계에서 벗어날 수 없고, 그들이 생각하는 과거는 환경과 목적의 영향을 받아 구성될 것이다(Becker 1932, 230). 역사가 지닌 그런 목적을 부인하는 것은—실제로 많은 역사가들이 그렇게 주장하지만—스스로 그렇게 하는지 알지도 못하면서 실제로는 그런 목적들에 복종하는 것일 뿐이다. 베커에게 있어서 역사가들이 일반인들과 다른 것은 그들이 과거를 어떻게 사용하느냐라는 점에서가 아니다. 그들이 하는 일에 동원하는 많은 지식과 전문성에서 일반인들과 다른 것이며, 그들의 목표는 사회가 세운 목표를 달성하기 위해 이런 전문성을 동원하는 것이어야 한다.

이런 두 관점이 가진 함축적 의미는 아주 다르다. 역사가들과 비역사가들 사이의 과거를 활용하는 방법에 있어서의 차이를 인정하는 사람들이 지닌 자연스러운 결론은 학교 교육과정은 역사가들이 하는 방법에 좀 더 밀접하게 연결되어야 한다는 것, 그리고 과거를 대하는 학생들의 사고는 역사가들의 사고를 닮는 것에서 시작해야 하며 비역사가들의 사고로부터는 벗어나야 한다는 것이다. 사실, 오크쇼트(1983, 그리고 그를 추종하는 사람들)는 자신들의 결론을 불가피한 것처럼 만들기 위해 답을 찾기 어려운 의미론적 기교를 활용한다. 예를 들면, 오크쇼트는 "실용적 과거practical past"를 "학문적academic" 혹은 "전문적professional" 과거가 아니라 "역사적 과거historical past"와 구별한다. 그렇게 해서 역사의 정확한 성격이 어떤 접근법이 더 좋으냐에 대한 어떤 논쟁(명시적이고 합의된 평가 기준—오크쇼트가 제시하기를 거부한 것—을 요구하는 논쟁)이 아니라 그의 용어 선택 속에 묻혀 버린다. 학자들이 역사, 학문으로서의 역사, 혹은 역사적 사고와 같은 용어들을 개념 규정하고자 할 때마다, 그리고 이것들과 역사라는 단어를 포함하지 않은("유산", "집단기억" 등을 사용한) 다른 접근방법을 구분하고자 할 때마다, 그들은 즉각 스스로에게 교육적이고 언어학적으로 높은 입장을 부여했다. 결국, 학교는 유산, 기억 혹은 과거가 아니라 역사를 가르치는 것으로 되고—"역사적historical"이라고 간주되는 개념 정의가 자동적으로 다른 경쟁적인 관점들을 물리치게 된다. 많은 역사 교육자들이 어떤 접근방법이 지닌(분명하고 합의된 기준에 따라서) 단점들을 확인해서가 아니라, 그것들이 단지 "역사적이지 않다not historical"라는 이유로 그것들을 쉽게 배척하는 이유가 바로 이것이다.

역사 교육과정을 전문 역사가들이 설정한 목적과 절차에 맞춘다고 해서 역사가 학생들에게 의미 있게 될 것 같지는 않아 보인다. 베커 (1932)는 만일 역사가들이 스스로를 일반인들의 필요에 적응하지 않는다면 일반인들은 "우리를 우리 식으로 하게 내버려두고, 우리로 하여금 골동품 연구 같은 척박한 풍토에서 나온 일종의 재미없는 전문가적 오만을 키워 가도록 내버려둘 것이다.…… 우리가 너무 오랜 동안 고집쟁이로 남는다면, 일반대중은 우리를 무시한 채, 우리의 심오한 책들을 좀처럼 열지 않는 유리문이 닫힌 책장 속에 버려둘 것이다" (pp. 234~235). 의심할 바 없이 많은 역사가들—그리고 몇몇 학교 교사들은—이런 무관심하고 심지어는 오만한 전문 직업의식을 좋아한다. 그러나 이것이 교육과정 정책의 기초가 되기는 어렵다. 학생들은 학교 지식을 학교 밖에서의 그들의 삶과 연결할 수 있을 때 더 효과적으로 배운다. 그리고 그들이 배운 것의 의미를 알 때 배우고 싶은 의욕이 생긴다. 그리고 결국 교육의 목적이라는 것은 학생들이 자기들이 배운 것을 다른 환경에 적용할 수 있도록 해 주는 것이다(Bransford, Brown & Cocking 2000). 역사의 사회적 활용을 무시한다면 우리가 이런 목적을 달성하기를 바랄 수는 없다. 아마도 다른 어떤 과목보다 더 역사 공부는 하나의 사회 현상인데, 그 주체는 사회 전체에 분산되어 있다. 족보학자, 영화제작자, 정치가, 그리고 이들이 생산한 것을 만나는 사람들. 시민, 영화애호가, 가족 구성원, 그리고 물론 어린이들도 포함된다. 어린이들은 역사를 학습하는 다채로운 목적들을 알고 있으며, 실제로 이러한 다양한 목적들이 그들에게 역사를 재미있는 것으로 만든다.

만일 역사 교육이 학생들의 생활에서 의미 있는 부분을 차지한다면, 역사 교육은 반드시 학생들이 중요하다고 인정하는 목표들을 달성하는 데 도움이 될 수 있을 것이다. 이들 목표 중 하나가, 앞에서 논의한 것처럼 정체성의 형성이다. 다른 목표로는 현대사회의 여러 문제들의 근원을 이해하는 것, 도덕적 판단을 하는 것, 현대사회를 위한 교훈을 주는 것, 그리고 자신들의 사회와는 다른 사회들에 대해 배우는 것 등이 있다. 이 모든 것은 학생들이 보기에 어른들이 학교 밖에서 역사를 이용해서 하는 것들이다(Barton & Levstik 2004). 역사 교사들이 제공하는 조심스러우면서도 다양한 관심은 이런 목적들을 달성하기 위한 노력들에 도움을 준다. 그리고 학생들은 학교에서의 체계적 학습의 결과로서 이런 다양한 분야에서 많은 정보를 가지고 좀 더 합리적인 결정을 내릴 수 있어야 한다. 그러나 만일 이러한 목적들을 무시한다면, 학생들은 그들이 과학 과목을 대하는 식으로, 교실에서는 지지를 받지만 교실 밖에서는 무시되는 일련의 내용들로 역사 과목을 분류하게 될지도 모른다.

결론

잭슨Jackson(1990)은 교실 생활의 중심적 특징 중 하나는 "욕망의 부인"이라고 주장한다. 몇 년에 걸쳐 자신들의 희망이 방해를 받고 행동이 무시당하는 경험을 한 후, 학생들이 "학교에서 배우는 삶의 방법 중에서 욕망을 포기하는 방법이 가장 크다"는 것은 이미 분명한 사실이 되었다(p. 15). 궁극적으로 학생들이 학교 생활에서 제기되는 여러 요구들과 복잡성에 대처하는 방식 중 하나는 "심리적 후퇴의 전략, 성공과 실패를 느끼지 못 할 정도까지 개인적 관심과 참여를 점차 축소하는 전략이다"(p. 37). 학생들은 학교 밖에서의 자신들의 생활에 별 의미가 없다고 생각하는 과목으로부터 물러나기 때문에, 역사 과목은 이와 비슷한 운명에 쉽게 처하게 된다. 우리는 역사 과목을 시간과 연표에 대한, 과거 인간들의 사고에 대한, 증거의 사용에 대한 딱딱한 학습으로 바꿀 수 있다. 그러나 이러한 주제들을 역사의 사회적 활용에 연결하지 않는다면, 우리는 무엇보다도 사람들이 역사를 알고자 하는 모든 목적들에 다가갈 수 없을 것이다. 확실히 역사는 이보다는 더 밝은 미래를 가지고 있다.

● 참고문헌

An, S. (2007, April). *Korean-American adolescents' perspectives on U. S. history.* Paper presented at the annual meeting of the American Educational Research Association, Chicago.

Appiah, K. A. (2006). *Cosmopolitanism: Ethics in a world of strangers.* New York: W. W. Norton.

Appleby, J, Hunt, L., & Jacob, M. (2004). *Telling the truth about history.* New York: W. W. Norton.

Barton, K. C. (2001a). A sociocultural perspective on children's understanding of historical change: Comparative findings from Northern Ireland and the United States. *American Educational Research Journal, 38,* 881~913.

Barton, K. C. (2001b). "You'd be wanting to know about the past": Social contexts of children's historical understanding in Northern Ireland and the United States. *Comparative Education, 37,* 89~106.

Barton, K. C. (2002). "Oh, that's a tricky piece!": Children, mediated action, and the tools of historical time. *Elementary School Journal, 103,* 161~185.

Barton, K. C., & Levstik, L. S. (1996). "Back when God was around and everything": The development of children's understanding of historical time. *American Educational Research Journal, 33,* 419~454.

Barton, K. C., & Levstik, L. S. (1998). "It wasn't a good part of history": Ambiguity and identity in middle grade students' judgments of historical significance. *Teachers College Record, 99,* 478~513.

Becker, C. (1932). Everyman his own historian. *American Historical Review, 37,* 221~236.

Bender, T. (2006). *A nation among nations: America's place in world history.* New York: Hill & Wang.

Bransford, J. D., Brown, A. L., & Cocking, R. R. (Eds.). (2000). *How people learn: Brain, mind, experience, and school. Expanded edition.* Washington, DC: National Academies Press.

Clark, A. (2004). History, historiography, and the politics of pedagogy in Australia. *Theory and Research in Social Education, 32,* 379~398.

Epstein, T. (1998). Deconstructing differences in African-American and European-American Adolescents' perspectives on U. S. history. *Curriculum Inquiry, 28,* 397~423.

Foster, S. J., & Crawford, K. A. (Eds.). (2006). *What shall we tell the children? International perspectives on history textbooks.* Greenwich, CT: Information Age.

Gerwin D., & Zevin, J. (2003). *Teaching U. S. history as mystery.* Portsmouth, NH: Heinemann.

Grever, M., & Stuutman, S. (Eds.). (2007). *Beyond the canon: History for the 21st century.* London: Palgrave Macmillan.

Hodkinson, A. (2003). "History howlers': Amusing Anecdotes or Symptoms of the Difficulties Children Have in Retaining and Ordering Historical Knowledge? Some Observations Based Upon Current Research. *Research in Education, 70,* 21~31.

Hodkinson, A.(2004a). Does the English Curriculum for History and its Schemes of Work Effectively Promote Primary-Aged Children's Assimilation of the Concepts of Historical Time? Some Observations Based on Current Research. *Educational Research, 46,* 99~119.

Hodkinson, A. (2004b). Maturation and the assimilation of the concepts of historical time: A symbiotic relationship or uneasy bedfellows? An examination of the birth-date effect on educational performance in primary history. *International Journal of Historical Learning, Teaching and Research, 4(2).* Retrieved Augusts 15, 2005, from www.ex.ac.uk/historyresource/journal2008/hodkinson.doc

Holt, T. C. (1990). *Thinking historically: Narrative, imagination, and understanding.* New

York: College Entrance Examination Boards.

Jackson, P. W. (1990). *Life in classrooms*. New York: Teachers College Records.

Jonker, E. (2007). Citizenship, the canon and the crisis of the humanities. In M. Grever & S. Stuurman (Eds.), *Beyond the canon: History for the twenty-first century* (pp. 94~109). New York: Palgrave Macmillan.

Kobrin, D. (1996). *Beyond the textbook: Teaching history using documents and primary sources*. Portsmouth, NH: Heinemann.

Lee, P. J. (1992). History in school: Aims, purposes and approaches. A reply to John White. In P. J. Lee, J. Slater, P. Walsh, P. White, & D. Shemilt (Eds.), *The aims of school history: The national curriculum and beyond* (pp. 20~34). London: Tufnell Press.

Lévesque, S. (2008). *Thinking historically: Educating students in the 21st century*. Toronto, Canada: University of Toronto Press.

Loewen, J. W. (1995). *Lies my teacher told me: Everything your American history textbook got wrong*. New York: New Press.

Oakeshott, M. (1983). *On history and other essays*. Totowa, NJ: Barnes & Noble.

Phillips, R. (1998). *History teaching, nationhood and the state: A study in educational politics*. London: Cassell.

Russell, G. W. (1913). *Collected poems by A. E.* London: Macmillan

Seixas, P. (1993). The community of inquiry as a basis for knowledge and learning: The case of history. *American Educational Research Journal, 30*, 305~324.

Seixas, P. (2002). Heavy baggage en route to Winnipeg: A review essay. *Canadian Historical Review, 82*, 390~414.

Shemilt, D. (1980). *Evaluation study: Study council history 13~16 project*. Edinburgh, England: Holmes McDougall.

Smith, R. (2003). *Stories of peoplehood: The politics and morals of political menbership*. New York: Cambridge University Press.

Stearns, P. N. (1993). *Meaning over memory: Recasting the teaching of culture and history.*

Chapel Hill, NC: University of North Carolina Press.

Symcox, L. (2002). *Whose history? The struggle for national standards in American classrooms.* New York: Teachers College Press.

Taylor, T. (2004). The politics of historical consciousness in Australia. In P. Seixas (Ed.), *Theorizing historical consciousness* (pp. 217~239). Toronto, Canada: University of Toronto Press.

Terzian, S., & Yeager, E. A. (2007). "That's When We Became a Nation": Urban latino adolescents and the designation of historical significance. *Urban Education, 42,* 52~81.

VanSledright, B. (2002). *In search of America's past: Learning to read history in elementary School.* New York: Teachers College Press.

Vickers, E., & Jones, A. (Eds.) (2005). *History education and national identity in East Asia.* New York: Routledge.

Wineburg, S. (2001). *Historical thinking and other unnatural acts: Charting the future of teaching the past.* Philadelphia: Temple University Press.

11

역사적 사고의 역량,
역사적 구조의 이해,
혹은 역사적 규범에 관한 지식

_ 보도 폰 보리스 Bodo von Borries
독일 University of Hamburg 역사교육 명예교수. *Youth and history: a comparative European survey on historical consciousness and political attitudes among adolescents*(1997)의 공동저자.

역사는 인식론적으로도 이해하기에 매우 복잡한 분야로서 현상의 존재 이유에 대해 다양하고 가끔은 모순적인 설명을 제시한다. 따라서 역사는 엄격한 연대기적 이야기 혹은 역사 표준이라기보다는 "하나의 사고양식"으로 이해해야 한다. 왜냐하면 연대표와 규범은 실제로 일어났던 일의 99.9퍼센트를 탈락시키고, 과거를 지나치게 단순화하기 때문이다. 따라서 역사 교육은 역사적 사고 역량을 창조해야만 한다. 역사는 다양한 관점으로부터 가르쳐져야만 하고, 학생들 자신의 필요성과 경험으로부터 출발해야만 한다. 거기에서 출발해서 교육과정은 변화의 과정들, 학생들에게 특히 중요한 특별한 사건들, 그리고 연구 방법들을 탐색하는 식으로 전개되어야 한다. 저학년 학생들에게는 사례 연구들을 활용하면 사건들을 좀 더 구체적이고 의미 있게 전달할 수 있다. 고학년 학생들은 역사적 용어들과 과정들을 다소 추상적인 수준에서 공부할 수 있다.

"역사"는 무엇을 의미하는가?

"역사"란 무엇이고, "일반 역사"란 무엇이며, "적절한 역사"란 무엇인가? 이 세 가지 질문은 완전히 동일한 것은 아니지만 어느 정도는 유사하다.

- 역사는 사실의 목록, 사건의 창고, 과정, 그리고 구조는 아니다.
- 역사는 "과거" 혹은 "과거의" 가장 "중요한 부분"도 아니다.
- 역사는 과거에 대한─이른바 "사진" 혹은 "정밀"한 수준의─모형이나, 모조품이나, 혹은 복제품이 아니다.
- 반대로, 역사는 하나의 명료한 사고양식, 세계와 자신에 대한 더 나은 이해를 위한 방법론적 접근, 현재의 현상을 이해하고 미래의 방향을 설정하기 위한 하나의 도구다. 기본적으로 과거의 사건, 변화, 그리고 발전에 관한 "사실" 담론에 의해 영향을 받는다.

고전적 질문은 이런 형태다: "아빠, 왜 오스트리아인들은 독일어를 사용하는데도 불구하고 독일인이 아닌가요?" 이 질문에는 체계적 이론 혹은 논리적 주장으로 답할 수는 없으며 오직 과거에 있었던 상이한 상황들(사건, 과정, 구조, 진화), 그리고 오늘날까지의 변화("발전")에 대한 이야기를 들려줌으로써 답을 할 수 있다. 이것은 역사의 "논리적 담론" 구조라고 불린다(Lübbe 1975). 물론 역사를 이야기하는 것(생산: "복원")이 유일하게 중요한 활동이라고 할 수는 없고, 다른 사람들이 이미 완성하고 제시한 역사적 설명을 검토하는 것(분석: "해체")도 동일하게 중요하다(아래를 보라).

앞에서 언급한 사례와 관련해 좀 다른 설명도 가능하다. 그중 하나가 전통적 방식의 설명이다("인물과 사건" 형태).

오스트리아는 독일의 한 부분이었다. 그러나 나폴레옹이 일어났고 옛 신성 로마제국은 멸망했다. 후에 비스마르크가 1866년에 있었던 전쟁에 의해 독일(1815년의 "독일연방")로부터 오스트리아를 분리시켰다. 1919년의 1차 세계대전 이후 오스트리아 인들이 다시 독일에 속하려고 헛된 시도를 했지 만 연합국 측이 반대했다. 1938년에 히틀러가 오스트리아를 다시 접수했 다가 1945년에 그가 패배한 후, 1955년의 오스트리아 국가조약Staatsvertrag (미·영·불·소 4대국이 신탁통치를 종료하고 오스트리아를 영세 중립국으로 인정 한 조약-옮긴이)을 통해 오스트리아는 독립된—그리고 이번에는 승인된— 독일어를 쓰는 "국민국가"가 되었다. 1995년에 언어에 대한 특별한 요구 조건 없이 유럽연합에 가입했다.

그러나 또 다른 방식의 역사 서술이 더 그럴듯해 보인다.

오스트리아와 독일에 대한 위 질문의 기초가 된 "단일 언어-단일 민족-단 일 국가"라는 이론 혹은 이념은 역사적으로 늦게, 적어도 18세기 후반이나 19세기 초반에 이르러 발전했다. 1806년, 심지어는 1866년까지 오스트리 아는 독일의 한 부분이었다. 그러나 독일은 당시에 "민족/국민국가nation state"는 아니었다. 다소 우연적 이유로, 오스트리아는 경제적으로 그리고 군사적으로 독일의 "국가 형성nation building" 과정에서 제외되었다. 후일 (1919와 1938년에), 양 측으로부터 오스트리아를 다시 통합하려는 시도가 뒤늦게 이루어졌었지만 두 번의 전쟁에서의 패배, 그리고 두 나라 사이의 구조적 차이의 확대 때문에 그 시도들은 실패했다.

첫 번째 설명이 좀 더 쉽고 덜 이론적이다("사건의 역사"). 그러나 그
것은 "역사적으로 덜 가능"해 보인다. 왜냐하면 그것은 19세기 이전의
정신구조와 사회구조가 오늘날과는 본질적으로 차이가 있다는 점을
간과하고 있기 때문이다. 이제 세 번째 역사 서술을 시도하는 것이 별
로 어렵지 않다. "독일의 경우에—벨기에, 영국, 그리고 미국과 같은
여러 나라에서처럼—'언어', '문화', '국가', 그리고 '민족'이 조심스럽
게 구분되어야 한다. 역사적 이유로 오스트리아는 언어적으로(그리고
문화적으로) 독일이며 정치적으로(민족적으로) 비독일이기 때문이다."
그리고 네 번째 역사 서술은 더욱 그럴듯하다.

오스트리아는 근본적으로 하나의 국가, 부족, 혹은 영토가 아니라 세계 전
체를 지배한다고 주장했던 하나의 왕국("Casa d'Austria"="Habsburg")이다
("AEIOU"=Austria Est Imperium Orbis' Universi="all the earth is subject to Austria").
19세기 "국가 형성"의 시기에 오스트리아는 스스로 "초국가적 제국"에서
소위 "민족들의 감옥jail of nations"으로 바뀌었다. 1918년의 몰락 이후 오
스트리아는 독일어를 구사하는 작은 국가(혹은 "난쟁이 국가")로 축소되었다.

"역사"는 "정치사"와 동일하지 않다
—그리고 그것은 세계를 이해하는 기본이다

논리적으로는 불가능하고 오직 역사적으로만 대답할 수 있는 그런 질
문들의 숫자는 엄청나게 많다. 그리고 그런 질문은 민족이나 국가의

정치적 분야에서 뿐만 아니라 사적이고 공적인 생활의 어떤 부분이나 영역에서도 가능하다.

- "엄마, 나는 개신교 소녀인데(거의 벗고 다녀도 되는데), 내 친구 매리는 왜 가톨릭이고(긴 치마를 입고), 내 친구 베이한은 왜 무슬림이고(베일은 쓰고) 그래?"
- "뮬러 씨, 미국에는 왜 여자 대통령이 없었습니까?"
- "아빠, 우리 반 친구인 카민스키와 오즈투륵은 그 아이들의 아버지 성을 따라 불리는데 왜 내 이름은 엄마 이름인 칼라 뉴바우어야?"
- "아빠, 왜 대다수 미국 시민들은 영어로 말을 하고 멕시코 시민들은 스페인어를 사용해? 왜 미국 시민들은 대체로 부자인데 멕시코 시민들은 보통 가난해?"
- "콘 부인, 왜 함부르크는 독일연방의 독립된 한 주인데 뮌헨은 아닌가요?"
- "웰러 교수님, 왜 훌릭 가문은 수백만 유로를 소유하고 있는데 우리 가문은 그렇지 못한지를 저에게 말해 줄 수 있습니까?"

세계에 대한 모든 이런 현재적 "사실들"과 "상황들"은 "논리", "자연" 혹은 "역사"에 의해서 설명될 수 있을 뿐이다. 즉 이전의 사건들과 과정들의 지속적 영향으로 만들어진 결과다. 만일 "자연"을 원인으로 받아들인다면, 우리는 인종주의, 생물학주의, 사회적 진화론 혹은 결정론에 쉽게 다다를 것이다(Lévi-Strauss 1952). 그런 경우에는 사회구조와 사회적 차이점들이 그것들의 원래 속성과 다를 수가 없다. 만일 우리가 "역사"를 설명 기준으로 선택한다면, 현재에 대한 책임은 과거가 지게 되고 우리는 "우연"이나 "사건"("우연성")을 설명해야만 한다. 그렇지 않으면 우리는 사소한 얘기들로 논쟁을 마치지 못하는 문제 혹은 순환 논쟁의 사태를 맞게 된다. "역사는 특정한 상태에 있는 현상이 왜 그렇게 되었는지를 설명한다. 그 현상들은 지금처럼 되었기 때문에 그렇게 된 것이다."

이것은 만족스러울 수 없는 설명이다. 이런 논리를 지지할 수 없는 사람이라면 다른 방식으로 설명해야만 한다. 역사적으로 사고한다는 것은 많은 다른 견해들을 듣고, 비교함으로써 그 견해들이 지닌 타당성과 설득력을 점검한다는 것을 의미한다(다시각적, 논쟁적, 그리고 다원적 성격). 이것은 시시한 얘기라고 할 수 없다. 가장 중요한 역사적 질문일수록—식민주의와 산업화의 인과관계처럼—근본적으로 그리고 열렬하게 논쟁이 이루어진다.

반면에, 이런 논쟁에 수반되는 불확실성과 긴 시간 때문에 다양한 역사 서술에 대한 비교 노력을 거부하는 사람들은 역사의 가치를 무시하게 된다. 그들은 결국 현재의 상황을 이해할 수 없게 되거나, 아니면 그릇되게도 그것을 "자연" 혹은 "논리"로 설명하려 한다. 과거에 있었던 변화에 관한 이야기를 이용해서 현재의 상황을 회고적이고 가설적으로 설명하는 이런 경향이 바로 역사가 지닌 인식론적 성격이다.

"이야기 구조"의 중요성과 "오늘로부터의 회고"

따라서 세계화와 탈국가 시대에 고민해야 할 "역사 교육"의 문제는 다음 세대와 하위문화("만들어지고/상상된 공동체"로서의 신화적 "국가"가 아니라 "보통사람들")를 위해 보존하고 전달해야 할 자료의 표준이 무엇이냐가 아니라, 다양한 조건(인종, 언어, 연령, 성, 종교, 문화, 지역, 계층, 권력, 부, 직업, 소비, 생활양식, 정신구조) 속에서 역사적으로 사고하는 능력을 어떻게 배양하느냐 하는 것이다. "역사"는 "과거"와 구분되어야 한다. 과거는 복구되거나 인지될 수는 없으며, 단지 재구성되고 이야기될 수 있을 뿐이다. 그래서 이미 말했던 것처럼 "담론narrative" 구조structure는 역사가 지닌 불가피한 조건이다.

역사는 오늘의 관점에서 쓰여진다. 오해하지 말아야 한다. 좋은 역사는 과거에 살았던 사람들의 가능성과 정신구조에서 출발하여 사고하려는 진지한 노력 없이 쓰일 수는 없다. 당시의 조건으로 엄격하게 돌아가는 것(이후의 발전이나 성과에 대한 지식 없이)이 역사적 성찰의 전제조건conditio sine qua non이다. 그러나 이것은 단지 필요한 한 단계일 뿐이며, 다른 것, 즉, 현실적 관점으로부터의 종합과 평가가 또한 중요하다("방법론적으로 역사가는 두 다리로 걸어야 한다. 오른쪽은 역사적 발, 왼쪽은 현실적 발").

역사는 지극히 선택적highly selective일 수밖에 없다. 모든 과거의 사건들, 상황들, 그리고 구조들의 99.99퍼센트는 어떤 보존된 유물도 없이 사라지게 된다. 여기에 더해 기록된 역사적 정보의 99.99퍼센트는 (아주 전문화된 연구의 경우에서조차도) 고려 대상에서 제외된다. 한 사람이 하루 동안에 한 모든 경험, 말, 생각에 대한 온전한(완전한) 역사를 쓰는 데도 긴 책 한 권이 필요할 것이다(예를 들면, 제임스 조이스 James Joyce의 《율리시스Ulysses》). 그렇다고 해도 가능한 한 많은 정보가 미래를 위해 보전되어야만 한다(역사의 "기록보관소 위상"). 주어진 사회에서 역사의 "살아 있는, 기능적" 성격은 아주 작다("역사의 보물 위상")(Assmann 1999).

역사의 관점에서 우리 시대가 지닌 특수한 조건과 필요는 무엇인가? 변화의 시대에 방향을 효과적으로 잡기 위해서 그리고 현재와 미래에 맞는 새로운 환경에 대처하기 위해 우리가 상세하게 알아야 할 경향에는 무엇이 있나?

- "유럽화" 그리고 "탈유럽화"(예를 들면, "탈식민주의" 그리고/혹은 "신식민주의" 구조).
- 균형이 잡히지 않은 세계 경제와 세계 권력.
- 유럽의 통합.
- 여성의 해방.
- 늘어나는 예상 수명과 연령 집단 관계의 변화("세대 간 합의"와 "세대 간 갈등").
- 의사소통에 있어서의 혁명(PC, TV, 인터넷, 휴대전화, "지식 기반 사회")과 다른 첨단 기술들.
- 소위 "세계화"(조화, 경쟁, 그리고 갈등 속에 있는).
- 이민과 다양성("다문화 사회").
- 신체적 그리고 정신적 이동("유동성", "평생학습").
- 발전의 "가속화"(위축되는 "지식의 반평생").
- 세계 여러 곳에서의 인구 팽창(그리고 몇몇 부유한 나라에서의 "인구 감소").

• 환경오염과 파괴(기후의 변화, 천연 자원의 고갈).

대부분의 이런 현상은 이전 시대에 전조가 있었다. 그래서 이 모든 것은 비교와 회고라는 수단에 의해 더 잘 이해될 수 있다. 가끔은 이전의 상황들이 지금과 큰 차이를 보여주기 때문에 아주 생산적이고 유익하다(예를 들면, 세대 사이의 이동과 관계). 반면에 종종 시대를 넘는 유사성이 중요하기도 하다(예를 들면, "환경 위기", "다문화사회").

"일반 역사"의 종류들

다시 "일반 역사"란 무엇인가? 이 질문은 아주 중요하다. 여러 세기 동안, 오랜 역사 서술의 전통 속에서, 권력 혹은 지배라고 하는 기준이 최고였었다. 사실 이것이 역사 서술 자체의 기원이었다. 생활의 나머지 모든 영역은 자명하거나 지루했다. 그래서 사회의 나머지 현실적 영역들(예를 들면, 젠더관계, 환경적 조건)은 변함이 없는 비역사적인 영역으로 그릇되게 생각했다. 오늘날 우리는 이와 반대로 종종 특정한 지도자들이나 지배적 권력에 대한 긴 이야기를 지루하게 생각한다. 물론 오늘날조차도 많은 학생들, 교사들, 그리고 교수들조차도 "'일반 역사'란 무엇인가"라는 질문을 잘 이해하지 못한다. 그들은 정치적 지배를 역사와 동일시하는 전통을 어떤 의심도 없이 지속하고 있다.

그러나 인간의 생활이 국가보다 더 오래되었고 보다 근원적이다.

우선 남자와 여자는 살고, 일하고, 결혼하고, 협력하고, 그리고 아이들을 키워야만 한다. 그 이후에 그들은 국가를 조직하고, 확대하고, 남들을 복종시키고 살해한다. 따라서 나의 의견으로는 "역사인류학" 혹은 "일상의 생활과 일상의 정신구조의 역사"가 진정한 "일반 역사"다(이런 이해는 새로운 것이 아니다. 1929년 이래 "아날Annales" 학파에는 이미 잘 알려졌었다). 부가적으로 일상생활의 역사는 국가나 전쟁의 역사보다 더 쉽게 학습될 수 있다. 어린이들은 이미 오늘날의 일상생활을—적어도 부분적으로는—알고 있다. 그들은 역사를 시작하고 비교할 지점을 알고 있다. 그들은 현재의 국가를 잘 알지 못하기 때문에, 국가 중심의 역사를 쓰는 경우에는 어떤 이점도 누릴 수 없다.

역사를 서술하는 능력도 없이, 사람들은 많은 자료(통치, 전쟁, 조약, 발명 등)를 안다. 이런 일은 대학의 역사전공 학생들 사이에서도 종종 발생하는 듯하다(Borries, Filser, Pandel & Schönemann 2004). 그리고 여기에 더해서 그들은 어떤 비판의식이나 방법론적 기술도 모른 채 긴 역사를 이야기할 수 있을지도 모른다. 내 의견으로는 이 두 가지 특성 모두 "역사적 능력"이 갖추어야 할 조건을 충족시키지 못한다. 역사적 방식으로 생각하고, 연구하고, 논쟁하고, 판단할 수 있는 능력만이 역사 학습의 목표가 될 수 있다. 역사는 끝이 없고 한이 없다. 그것은 "내용"으로서 가르쳐질 수는 없다.

대부분의 나라에서—독일도 마찬가지로—권위자들이 만드는 표준의 대부분은 "내용 표준"[1]이지만, 더 중요한 것은 "절차적 표준"이다.

---

[1] 독일은 교육제도에 대해 전적인 책임을 지고 있고, 각각 두 개 내지는 네 개의 학교

표준을 배울 기회가 중요하고, 특히 절차적 표준이 역사적 사고 "능력"의 양성이라고 하는 목적에 더 가깝다.

"역사적 사고 능력 형성"이라는 문제와 "역사의 핵심 교육과정"이라는 문제는 같은 것이 아니며(Borries 2007), 심지어 비슷하지도 않다. (관련이 있을 수는 있지만) 만일 일상 경험으로부터, 전형적인 국사중심 문화로부터, 역사적 소설과 영화로부터, 그리고 1차 사료들로부터 역사 공부하는 법을 배운다면, 중국 소년과 영국 소년이 "역사적으로 사고"하는 데 있어서 아주 동등한 능력을 얻을 수 있다. 그러나 그들이 배우는 역사 내용, 즉 역사 지식은 아주 심하게 다를지도 모른다.

물론 영국 역사와 중국 역사에 동시에 포함될 공통된 주제들을 쉽게 나열할 수 있다. "신석기시대(농업)", "산업화", "공민권과 인권(발견과 성취)", "주거 환경에의 의존과 주거 환경의 변화", "문화적 아대륙sub-continent"(아마도 그 둘에게는 라틴아메리카, 중국에는 인도, 그리고 영국에게는 중국) 등이 있다. 그러나 이렇게 선정하는 것 자체도 꽤 규범적인 가정들일 뿐이다. 형식적으로, 역사 교육에서 내용의 선택은 보다 인위적으로 이루어진다.

이런 의견에 의문을 갖는 사람은 다음과 같은 연구 결과들을 주목해야 한다. 고대사 혹은 현대사 전공 대학교수는 그가 시저Caesar나

형태를 갖고 있는 16개의 주로 되어 있기 때문에, 중등학교에서 사용되는 50개의 역사 교수요목을 대상으로 핵심 내용을 분석하는 것은 완전히 불가능하다. 2006년에 "역사교사협회"가 "역사 표준"의 모델을 간행했다('Verband", 2006). 그러나 실제로 그것은 완성 단계는 제시하지 않은 채 일련의 "내용 표준"만을 제시하고 있다. 중요한 "수행 표준"(혹은 방법론적 표준)은 설정된 주제들에 대해 적용되지 않는다. 단순히 사회적으로(국가적으로) 수용되는 해석들만이 재생되어야 하는 것이다.

마오Mao에 대하여(버마 혹은 베닌, 젠더와 환경의 역사는 말할 것도 없이) 아는 것이 거의 없기 때문에 역사적 능력이 부족한 것이 된다. 아주 유명한 독일 교수들의 일반 지식에 있어서의 그러한 "재앙 수준의" 격차와 결점을 쉽게 보여줄 수 있다. 다른 말로 표현하면, 역사는 두 개의 세계인데, 하나는 내용, 주제, 그리고 소재이고, 다른 하나는 기술, 도구, 방법, 이론이다. 둘 다 완전히 독립적이지는 않다. 인식, 개념, 구조, 그리고 범주의 세계에서 그들 사이에는 연결점이 있다.

다중 충성심과 정체성의 세계에서 선택과 관점

아마도 서사성narrativity, 선택성selectivity, 그리고 관점성perspectivity이 역사의 가장 중요한 특성이며 따라서 보다 철저하게 논의되어야만 한다. 선택성은 결점이나 약점이 아니라 필요불가결한 조건이고 구조다. 과거의 모든 세세한 일들을 모두 기억할 수 있는 생물체나 사람은 없다. 필연적으로 산다는 것은 기억하는 일이면서 망각하는 일이다. 이것은 개인에게만 진리인 것이 아니고 가족, 공동체 혹은 집단에게도 그렇다. 그럼에도 불구하고, 이것이 거짓, 환상, 위조, 의견차, 혹은 자기만을 위한 면책특권 혹은 변명이 될 수는 없다. 기억과 역사는 도덕적으로나 지적으로 정직한 내용을 포함해야만 한다. 그러나 그런 결정(진지하고 정직한 것의)을 하기 위한 기준을 세우는 것은 아주 어렵다. 왜냐하면 사실, 99.99퍼센트를 제외시켜야 하기 때문이다.

　역사는 승자—아니면 적어도 생존자—에 의한 생존자의 이해관계에 따른 기록이라는 것을 누구나 안다. 많은 경우에, 우리는 피점령자들(미국, 중국, 아프리카)의 전통과 기록에 대한 의도적 파괴에 대해 알고 있다. 사실, 정보는 승자들의 관점에 의해 철저하게 여과된다. 그럼에도 불구하고 우리는 종종 이전 승자의 붕괴 후에 소수의 숨겨진 기록을 발견하게 된다(1943년의 바르샤바 게토 봉기에 관한 링겔블룸 기록보관소처럼).

분명히 어떤 역사든 일정한 관점으로부터, 특정한 공동체의 시각으로부터 그 공동체의 정체성을 위해 서술되고 이야기된다. 이는 "정체성의 구체성"이라 불린다(독일어로 된 J. Assmann, "Identitätskonkretheit", 1997을 보라). 2차 포에니전쟁punic war(기원전 3~2세기에 걸쳐 벌어졌던 로마와 카르타고 간의 세 차례 전쟁 중 두 번째 전쟁-옮긴이)은 리비Livy와 다른 로마인들에 의해 재해석된 적이 있다. 그리고 그리스의 한니발 Hannibal 추종자들에 의해 또다시 서술되어지기도 했다(그러나 이들 서적들은 소실되었다). 분명히 동방의 관찰자들에 의한 헬레니즘적 묘사도 있었을 것이다. 로마인들과 카르타고 인들의 공통 역사서는 상상할 수 없으며, 오직 법정에서 혹은 무대에서의 논란이나 격정적 토론만이 가능하다.

그렇다면 그것은 무엇을 의미하는가? 물론, 거짓은 금지되고, 상대편의 관점이나 시각에서 가장 중요한 "사실들"의 누락 또한 인정할 수 없다. 만일 역사의 관점적 성격(관점을 갖는 것이 불가피한 특성-옮긴이)이 그 기본 논리라면, 역사의 질은 주로 상이한 관점들이 인식되고, 논의되고, 시험되고, 포용되고, 그리고 통합되는 방식에 의해 결정되는 것이다. 이것이 역사에서 "다관점성multiperspectivity"을 요구하게 되는 중요한 이유다. 적어도 과학적 역사의 시작 이래, 모든 비난, 모든 반대, 모든 비판적 의견들을 조심스럽게 고찰해야 하며, 그것들에 대해 답을 해야만 하는 것이다. "나는 그런 형태의 1차 사료에는 관심이 없다," 혹은 "그런 인과관계의 설정은 아주 불편하게 내 해석에 혼란을 준다"는 식의 발언은 더 이상 허용되지 않는다. 역사가들은 경험적, 이론적, 논리적—그리고 도덕적—주장들에 대해 토론을 하고, 의견을 교환해야만 한다. 그렇게 해서 종종 절충해야 하는 것이다.

아마도 이런 성격은 역사라는 학문의 발생 이래 같았을 것이다. 역사상 처음으로 아이스킬로스Aeschylus(그리스의 비극시인, 기원전 525~456—옮긴이)는 살라미스Salamis(그리스 남서쪽에 있는 섬. 기원전 480년에 이곳에서의 전투에서 그리스가 페르시아를 격파했음—옮긴이) 전투에서의 그리스의 승리를 페르시아인의 (가설적) 시각에서 살펴본 후 승리자들은 오만하지 말 것을 경고했다. 이것은 역사기록학historiography의 초기 역사에서 하나의 전환점이었다. 그러나 그 중요성은 "세계적 상호 의존"의 시대에 더 커졌다. 분명히 역사는 논쟁, 합의, 그리고 절충의 문제가 되었다.

사실, "정체성의 실체"(J. Assmann 1997)로서의 역사의 질은 "다원주의"(세계에서 혹은 사회에서)와 역사의 "과학적 성격"에 딜레마를 초래한다. 다양성을 어떻게 할 것인가? 만일 역사적 서사들이 상이한 주장과 상이한 관점들을 포용함으로써, 그리고 완벽하게 과학적인 방법을 사용함으로써 타당성을 더욱 확보한다면, 그러한 역사적 서술들은 특정(특수)한 사람들이나 공동체의 일상적 삶의 방향과 관련해서는 현실적 유용성과 적합성을 잃어버릴 위험에 처하게 된다. 그런 역사는 또한 동기를 부여하는 힘도 잃게 될 것이다. 왜냐하면 그런 역사는 특정 집단에 대한 지지를 결여하고 있기 때문이다. "더 좋은" 역사는 결국 불편하게 될 수 있다(Borries 2004a).[2]

공동체란 어떤 것인가? 물론 국가와 민족만이 아니다. 국가라는 것은 아주 근래의—비록 성공적이긴 하지만—매우 이념적인 개념(Anderson 1983; Gellner 1983; Hobsbawm 1990; Hroch 2005)일 뿐이다. 그것은 결코 세계의 많은 문제들을 해결하기 위한 대책을 제시하지는 못했다. 역사기록학의 긴 역사로부터 우리는 도시, 씨족, 가족, 수녀사회, 종교 공동체, 왕국, 소수인종, 계층, 그리고 문화적 아대륙subcontinents과 같은 공동체들이 모두 자신들의 고유한 역사와 역사가를 가지고 있다는 것을 안다. 이런 모든 실체들을 생략하고 "국가/민족nations"이라는 개념으로만 인위적으로 건너뛸 수도 있다. 그러나 이는 어떤 기준에 따른 결정이지 자명한("자연스러운") 판단은 아니다. 사실은 이것은 아주 나쁜 결정일 것이다. 왜냐하면 그런 결정은 사람들에게 (다양한 상황과 관계에 적용할) 두 개 혹은 여러 개가 아니고 오직 하나의 정체성을 부여할 것이기 때문이다.

---

[2] 다른 위험성도 발생한다. 앞에서 묘사한 방식을 따른다면 "역사"는 임의적인가? 이미 언급된 것처럼 역사의 복잡성과 모호성을 받아들인다면 "역사"는 무슨 쓸모가 있는가? 그리고 포용의 한계는 어떻게 할 것인가? 동료의 의견을 완전히 거부하고 자신의 입장을 표현한 사람의 권리를 철저하게 옹호했던 볼테르Voltaire의 유명한 주장을 따라야만 하는가? 문제는 더 복잡하다. 상대방들이 "부분적인 수용"이라는 목표를 가지고 있기에 적어도 "합리성", "비공격성", 그리고 "상호 토론"을 받아들인다는 전제를 하고 있다. 만일 이런 전제가 확실하지 않다면 이 체제는 작동하지 않는다. 이 문제는 상세하게 해결되어야 한다.

모든 이런 의견들은 역사 학습에서 요구되는 절차적 표준에서는 중심적인 개념들이다. 이미 얘기했듯이, 방법론적 접근은 내용 표준 혹은 주제별 접근만큼 중요하다. 선택성, 관점성, 가설적 성격, 그리고 역사의 서사성 등에 관해 이해하는 것은 로마제국, 프랑스혁명, 독일의 종교개혁, 혹은 영국의 산업혁명에 대하여, 깊이 생각해 보지도 않고 독단적이며 편향된 어떤 지식을 갖는 것보다 더 중요하다.

　"표준" 내용이라는 것도 실제로는 매우 복잡하고 기본적으로는 논쟁 대상이라는 것을 잊지 말아야 한다. 이른바 "사실들", 종합적 "담론" 그리고 현재적 중요성("메시지")은 아무리 명료하더라도 논리적인 방식으로는 추론될 수 없다. 그것들은 상호 의존적이며 나선형 모양으로 상호 끊임없이 영향을 미치는 구조이다. 민주적이고 다원적인 사회에서 그 누구도 특정한 해석을 모든 시민 혹은 모든 학생들에게 지정해 줄 권한이나 권위를 가지고 있지 않다(Bergmann 1975). 프랑스혁명의 사례를 보자. 오늘날에 주는 의미는 무엇인가. 민주주의 혹은 독재, 인권과 시민권 혹은 자본주의, 자유주의 혹은 전체주의적 공포, 국내외에서의 전쟁 혹은 노예제의 폐지, 부르주아 사회 혹은 시민사회, 세속화 혹은 국민 형성nation building?

이중 목표:
동기를 부여하는 내용 그리고 다목적적인 연구방법

현실적으로 모든 교육과정 모형들은 이중 목표를 갖고 있다. 하나는 방법 지향적인 것이고 다른 하나는 내용 지향적인 것이다. 방법 지향적인 목표는 세 단계를 지닌다. 학습 기술, 자료의 처리, 역사의 성격과 인식론. 학교에서는 첫 번째, 잘해야 두 번째 단계에 매달릴 위험성이 아주 높다. 우리가 필요로 하는 것은 주제를 다루는 방법론적 "원리"다. 물론 이것은 아래와 같은 특별하며 동시에 움직이는 주제에 대한 사례 연구에서만 가능할 수 있다.

- 영화에 대한 역사적 그리고 역사기록학적 분석(예를 들면, "왈러얀 워벨의 향수병The Homesickness of Walerjan Wrobel" 혹은 "마르탱 게르의 귀환The Return of Martin Guerre").
- 중남미를 정복한 스페인 사람들. 적극적으로 역사를 기술하는 승자의 관점으로부터 거의 침묵하는 패자의 관점으로의 변화, 그리고 이 두 관점에 대한 토론에 초점을 맞추어서(Borries 2006, 148~161).
- 타당성이 있는 특정한 역사를 만들고 서술하기(예를 들면, 근대 초기의 마녀 박해에 대하여).
- 질문하기: "'식민주의'와 '산업화' 사이에 인과관계가 있는가?" (예를 들면, 논쟁을 묘사하고 결론을 내리기)

좀 더 상세하게 이야기하기 위해서는 **능력 구조와 능력 단계의 모형**a model of competence structure and of competence gradation을 개발할 필요가 있다(Körber, Schreiber & Schöner 2007, Schreiber & Körber 2006). 이것은 정치학이나 철학으로부터 끄집어 낼 수는 없으며, 역사인식론(혹은

다른 말로 역사기록학의 논리)에서 가져와야 한다. 역사적 사고란 시간과 변화, 그리고 위기의 경험을 이해하는 것을 의미한다. 이것은 대학 교수들에 의해서만 도달될 수 있는 마지막 단계가 아니고, 역사 학습의 처음부터 발생하는 것이다. 다시 말해서 정체성과 "생활세계 Lebenswelt(daily world)"와의 연결이 없다면, "역사"라는 주제는 쓸모없을 것이다. 이는 "초보자"가 어떻게 역사를 시작할 것인가라는 질문을 제기한다.

- "역사인식을 위하여"(Fuer Geschichtsbewusstsein, Schreiber & Körber 2006, Körber, Schreiber & Schöner 2007)에서 제시한 모형은 네 가지 능력 영역을 구분한다. "질문을 제기하는 역사적 능력", "방법에 있어서의 역사적 능력", "방향 설정에 있어서의 역사적 능력", "개념과 구조에 대한 역사적 능력" 등이다. 이 중 앞의 셋은 역사적으로 사고하는 (반복적) 과정을 묘사하며, 네 번째는 새로운 과정을 위해 사용될 그리고 새로운 과정에 의해 계속적으로 개선될 개념과 영역의 묶음을 의미한다.

- 반면, 이 모형은 다섯 수준을 갖고 있다. 모든 영역의 능력은 "인습 적a-conventional" 단계라고 할 "기초" 단계에서 출발한다. 세 번째-중간-단계는 "인습적"이라고 불리우고, 다섯 번째-정교화된-단계는 "초-인습적" 사고로 표시된다. 그 중간은 "인습의 이해"와 "인습의 비판"으로 채워진다.

- 물론 이런 모형은 "현실"이 아니고 본질적으로 하나의 인위적 구성이다. 그것은 다른 것보다 더 명쾌한 것을 만들어 보려는 하나의

시도일 뿐이다. 문제는 다른 모형들이 이 모형에 의해 쉽고 유익하게 설명되고 이해될 수 있는가이다.

- 상대적으로 쉽게 접근할 수 있는 변화의 과정과 차이의 사례들이 몇몇 분야에 존재한다.
- 지난 3(혹은 4)세대 동안의 가족, 이웃, 그리고 도시
- "아메리카 원주민red indians"(native Americans에 대한 대단히 모욕적인 표현—옮긴이)
- 미디어와 "통신의 혁명"
- 여행과 사회 이동, 먹고 마시는 습관
- 세대 간의 관계
- "the Wonder that was India"(바샴A. L. Basham이 1954년에 간행한 인도 역사에 대한 책 제목)

- 다른 형태의 과정은 더욱 복잡하다. 총체적 사회 생활의 종합적 혁명("진화적 발전")은 나중에 이해될 수 있다.
- "호모 사피엔스homo sapiens"의 발달(사람화)
- 농업사회의 출현(신석기 혁명)
- 초기 문명(국가, 도시, 성서, 계급, 그리고 전쟁)
- 합리성과 구원 종교(야스퍼스Jaspers의 "Axis Era", 1983)
- 유럽화(특히 콜럼버스Columbus(1492)와 다 가마da Gama(1498)로부터)
- 산업화(예를 들면, 1769년 와트Watt의 증기기관 발명으로부터, 그러나 그것 때문만은 아니다)
- 세계대전과 대량 학살
- 소위 "세계화"

사실 이것은 너무 긴 목록이다. 그래서 권위를 지닌 방식으로 나열될 수는 없으며, 오직 토론과 연구를 위해 제시될 수 있을 뿐이다. 역사 교수법의 첫 번째 원리는 다음과 같다. "너 자신의 이성을 과감하게 사용하라"(임마누엘 칸트Immanuel Kant). 그리고 두 번째 원리는 "우선 다르게 표현하고, 그리고 의심하라"(빌헬름 부슈Wilhelm Busch, 19세기 후반 독일의 작가 겸 화가—옮긴이).

자신의 입장을 절대화하는 단일 시각

물론 누구나 진리를 자기 자신의 관점과 동일시할 수 있다. "그게 나고, 그게 나의 관점이고, 그것이 나의 관심사이고, 그것이 나의 진리다." 매일의 일상생활에서뿐만 아니라 역사 수업에서도 이런 일이 벌어진다. 대부분 이런 행위는 다른 사람에게 해를 끼치지 않으며, 느낌을 개선하는 데 도움을 준다. 그것이 에너지, 사고, 그리고 부정적 감정의 낭비를 막는다. 어떤 경우에는 사회적 재앙으로 이끌기도 한다. 결혼한 부부가 자신만의 입장이 옳다고 안다면, 그리고 상대방의 관심사와 주장을 생각하고 반영할 수 없다면, 곧 이혼이 다가올 것이다.

국가와 종교 공동체와 같은 집단에도 통하는 진리다. 자신감이라는 힘은 종종 세계와 상황을 왜곡하고 오해하게도 만든다. 그래서 자기 자신이 지닌 입장의 절대적 타당성("단일 시각monoperspectivity", "단일 의견sole representation", "무과실성infallibility")을 견지하는 사람이나 집단은 자신의 관심사와 입장에 해를 입힐 뿐만 아니라 동시에 평화를 위태롭게 한다. 오늘날의 기술적 환경 하에서 이것은 아주 심각한 문제다. "만일 한 사람이 잘못하면 전복되고 마는 배에 모두 앉아 있다면, 배에 탄 한 사람 한 사람의 생각, 그리고 함께 탄 부부들이 있다면 그들의 관계가 어떤지가 모두의 운명을 좌우한다."

그럼에도 불구하고 이런 방식은 역사 학습에서는 전 세계에 걸쳐 보통 있는 일이다. 특히 국가의 관점을 절대적으로 만드는 일이 무의식적으로(비록 자발적이고 명시적으로는 아닐지라도) 이루어진다. 토론이나 의문 없이 이루어지는 선택이 보통은 단일 시각에 포함된다. 일반적으로 교사 교육은 너무 제약이 많아서 이런 일종의 자동기술법 automatism(의식적인 사고를 피하고 생각이 흘러가는 대로 그림을 그리는 화법-옮긴이)을 인식하지 못한다. 따라서 학생들은 다른 유효한 역사 서술이 존재한다는 것을 결코 배우지 못한다.

세 가지 유형의 지식?

산만한 지식cluttered knowledge, 규범적 지식canonical knowledge, 그리고 준거 지식frame-of-reference knowledge의 구별, 그리고 준거 지식의 문제점은 이 책의 여러 부분에서 이미 논의된 바가 있기는 하다. 첫째, 학교에서 역사 교육을 통해 규범적 지식을 획득하는 것은 아주 소수 혹은 엘리트 학생들에게조차 결코 통하지 않는다. 독일에서 1968년 이전에 이미 고등학교 졸업시험을 마치고 대학에서 공부할 준비가 되어 있는 사람들을 대상으로 한 여러 가지 경험적 연구가 행해졌다

(Borries 1988, 186ff; Borries 2004b, 138ff). 당시에 그들은 "역사"를 연대기적 방식으로 두 번 배웠었다(처음에 5년간, 다음에 4년간). 그러나 결과는 모두 아주 실망스러웠다. 역사에서 개요적 지식은 비록 넓은 범위에 걸치더라도, 하나의 착각일 뿐이다. 그것은 또한 이론적으로 불가능하다. 왜냐하면 우리가 필요로 하는 것은 하나의 개요가 아니라 여러 개의 개요(페미니스트, 자유주의자, 사회주의자, 환경주의자 등 다양한 관점에서의 개요)이며, 그 개요들 사이의 비판적인 비교다.

"준거 지식"이라는 아이디어는 이에 비해서는 조금 더 흥미롭다. 그럼에도 불구하고 준거 지식도 특별한 선택, 특별한 관심사, 그리고 특별한 관점에 의해 영향을 받고 결정된다는 점에서 다른 유형의 지식과 같다. 선택, 관점, 선도적 아이디어, 해석의 유형, 그리고 서사의 총체적 계획은 불가피하다. 이런 성격은 우리로 하여금 다음 두 가지 중 하나를 선택하도록 만든다.

- 가능한 한 철저하고 효과적으로 강화시키고자 하는 아주 잘 정의된―주로 "국가"―정체성에 집착한다. 그러면 우리는 소수자, 이민자, 반대자, 여학생 등 사회적 약자들의 정체성 형성에 기여하는 것을 거부한다는 비난, 그리고 학생들을 조종하고 세뇌시키려 한다는 비난에 직면하게 된다. 물론 새로운 초국가적(예컨대, "유럽적") 정체성("정신적 유럽 건설")은 단지 같은 의도, 구조, 논리의 또 다른 표현에 불과하다.
- 아니면 우리는 젊은 사람들이 다양한 정체성(상이한 국가 정체성, 상이한 사회 정체성, 상이한 문화적 혹은 성적 정체성 등)을 갖고 놀고

행동하는 능력을 기대한다. 이 정체성들은 자율적인 개인들(지적, 도덕적 책임을 지닌)에 의해 자유롭게 선택되고 조합될 수 있다. 이런 경우에 우리는 안정된 사회적 지향과 어린이들의 심리적 안전을 무시한다는 반대에 직면해야만 한다.

나의 경우 결정은 분명하다. 200년 동안, "역사"는 "정치계급"의, "지배하는 소수자들"의 목적을 위해 어린이들에게 피해를 주고, 어린이들을 학대하는 가장 강력한 도구였다.[3] 나는 그런 식의 역사는 전적으로 거부하려고 한다. 그래서 나는 조금은 위험하고 불안정하고, 그래서 가능성이 적어 보이고 인기도 없어 보이는 하나의 대안을 지지한다. 아마도 인간 본성—적어도 젊은 사람들의 그것—은 역사를 다관점적, 논쟁적, 그리고 다원적 방식으로 다루게 되어 있지는 않아 보인다. 그렇지만 나는 계속해서 노력하려고 한다.

이것을 다른 방식으로 표현해 보자. 과거에 학생들의 역사 학습의

---

[3] "문화적 기억"이라는 개념에서 "문화"에 대한 이해가 문제다. "상위문화", 지배 엘리트들의 문화라는 오래된 개념이 내포된 듯하다. 이는 좀 놀랍다. 왜냐하면 "대중문화"라는 개념 혹은 "상징적 실천으로서의 문화"라는 개념이 유행하고 있고, 이런 방식이 "문화"를 교육받은 사람들의 특성으로 보는 규범적 사용을 점차 대체하고 있기 때문이다. 다르게 표현하면 애쉬맨J. Assmann(1997)의 주장은 다소 민주주의 이전 사회에 해당되는 표현인 듯하다. 오늘날, 우리는 사회 안에 하나의 고정되고 단일한 문화의 존재를 믿지 않으며, 많은 수의 변화하는, 그리고 다양한 하위문화(종교, 계급, 성, 소수자, 연령 집단, 직업 등)를 받아들인다. 이들 사이에는 끝없는 혼합과 전이가 발생한다. 이는 학교에서 가르치는 "역사"에 대한 어떤 중심적이고 강제적인 결정("문화적 기억"과 "문화적 전이"로 만드는 것)도 의심스럽게 만든다. 이런 것은 비민주적이고 부당한 행동이 될 것이다.

목표는 정치체제가 바뀜에 따라(예를 들면, 독일에서는 1870/71, 1918/19, 1933, 1945/49, 1968/69, 1989/90) 자주 변경되었다. 그러나 학생들에게 기대하는 바람직한 미래 행동의 논리는 변화하지 않았다. 세뇌를 통해 강력한 존재에 대한 충성심을 바치는 것, 자신들 혹은 다른 사람들을 희생하도록 준비시키는 것. 단지 몇몇 교통 신호등만 바뀐 것이지 도로교통법 자체가 바뀐 것은 아니다. 역사는 지속적으로 "소외"를 만들어 내고 있다. 해석이 종종 바뀌었지만, 내용은 보통 동일한 상태였고, 반성적 자기결정 능력은 결여되어 있었다. 이제는 사고의 논리, 형태 그 자체가 교체되고 갱신되어야만 한다.

오해하지 말아야 한다. 정체성에 대한 역사의 기여가 "국가", "국적", 그리고 "국민—국가"와만 연결되지는 말아야 한다면, 다관점적이고 논쟁적이며 다원적 역사의 효과도 또한 국가와만 연결되어서는 안된다. 이는 여러 가지를 의미한다.

- "국가"라고 부르는 하나의 "상상의 공동체"에 대한 충성심은 개인들에게도 중요한 문제다. 그러나 많은 사람들은 두 국가에 충성심을 가질 타당한 이유를 가지고 있고, 단 한 국가에 대해서도 충성심을 갖지 않을 이유를 지닌 사람도 많다. 그리고 "국가"에 관한 여러 정의들은 상호 충돌하고, 따라서 양립할 수 없는 충성심을 요구하게 된다. 우리는 위기와 충돌의 경우에 또한 자율성을 보장할 책임이 있다.
- 하나의 예를 들어보자. 동방정교회를 믿는 세르비아 인들, 가톨릭을 믿는 크로아티아 인들, 그리고 무슬림인 보스니아 인들이 동시

에 이해하고 토론할 수 있는(완전히 수용되지는 않는) 역사를 가르치는 것은 아주 중요한 목표이기는 하지만 유일한 목표는 아니다.

- 모든 사람은 국가 정체성뿐만 아니라 사회적, (하위)문화적, 종교적, 성적, 세대적, 언어적 정체성과 입장을 갖고 있기 때문에 역사는 이들 생활의 모든 부문들과 또한 연결된다. 내 생각으로는 어린시절의 역사는 어린이들의 미래 생활—예컨대, 그들의 자녀들을 향한 행동양식—에 국가의 역사만큼이나 중요하다. 같은 논리로 환경의 역사, 경제사, 기타 역사도 중요하다. "정치"를 "역사"와 동일시하는 배타적 태도는 "국가"와 역사를 동일시하는 태도와 마찬가지로 유해하고 부족하다.

- "역사"는 하나의 사고양식이며 세계와 자신에 대한 접근 태도다. 따라서 역사는 인생의 모든 부분과 영역에 적용되고 활용될 수 있다. 이것이 역사를 가르치는 결정적 중요성을 나타낸다. "역사적 사고"는 "역사"라는 학과목을 통해서만 배우는 것이 아니고 언어와 문학 혹은 종교를 통해서도(만일 주제들이 지적인 방식으로 가르쳐진다면) 배울 수 있다는 것을 의미한다. 많은 개인들은 자신들에게 실제적으로 유익한 역사 학습이 역사 교사 한 사람에 의해서가 아니라 극작가에 의해, 박물관과 도시에 의해 소개되었던 것을 기억할 것이다.

- 많은 사람들은 이렇게 말한다. "그래, 역사는 아주 복잡하기 때문에 우리는 교육적 이유로 그것을 단순화해야 한다. 그리고 이것은 적어도 보통사람들, 그리고 초보자들에게는 국가중심 역사를 규범적이고 준거적 지식 체계로서 사용한다는 것을 의미한다." 이런

주장은 분명히 거부되어야 한다. 왜냐하면 이 주장은 폭력과 전쟁에 관심을 덜 가졌던 "다른" 아이들, 소수의 이민자 집단들, 하층계급, 여학생 등에 대한 차별을 의미하기 때문이다. …… 이렇게 단순화를 지향하는 것은 그 자체로서 이념적이고 불공평한 행동이다.

마지막으로 아주 중요한 언급이 필요하다. 다관점성 또한 하나의 관점이다. 선택과 관점의 문제를 회피하는 것은 논리적으로 불가능하다. 그럼에도 불구하고 딜레마에 대한 공개적 인정과 토론은 나름대로 부분적 해결책을 제시한다. 초보자들에게는 특히 어려워 보이기는 하지만, 저학년 학생들에게도 유익하게 활용될 수는 있다(Schreiber 2004). 극단적 선택이라는 중요한 측면이 역사교과서와 학습에서는 아주 간혹 언급될 뿐이라는 것은 정말 놀랍다. 따라서 의식적이고 명시적인 다관점성은 여전히 하나의 관점이기는 하지만 동시에 하나의 메타관점이 된다.

이민사회에서 역사적 주제 선택을 위한 네 가지 전략

민주주의 사회에서 다원주의의 발전과 개인의 자율성에 대한 요구는 전통적인 "내용중심적 교육과정"에 대한 가장 중요한 반대 이유가 된다. 다원주의 사회에서 역사를 통한 태도 결정은 시민들마다 상이하다(그리고 "비자연적 손님들non-naturalized guests"(이민자—옮긴이)도 그렇다). 소년과 소녀들, 이성애자와 동성애자, 동독인들과 서독인들은 상이한 정체성 형성과정을 거친다. 해당되는 집단 목록은 쉽게 추가할 수 있다. 다수를 차지하는 "완전한 독일인"(양 부모 모두 독일인) 집안의 아이들과 이주 배경(적어도 부모의 한 쪽이 이주자)을 지닌 아이들 사이의 상황이 가장 현저한 사례다. 약 25퍼센트—그들 중 다수가 무슬림—는 이민 배경을 갖고 있으며, 그래서 그들은 명백하게 상이한 "역사인식"을 지닌다(Borries, Körber, Baeck & Kindervater 1999, 292ff, 352ff.).[4] 독일은 "이민 국가"다. 그래서 그 역사 교육은 그런 사실을 반영해야만 한다(그러나 지금까지는 그렇지 않다).

몇 해 전에 이 문제를 해결하기 위해 네 가지 뚜렷한 모형이 제시되었는데, 각각의 모형은 장점과 약점을 갖고 있고, 그것들은 여러 가지 형태와 구조로 결합될 수 있다(Borries 2004b, Borries, Filser, Pandal & Schönemann 2004b, p.428ff.).

- "귀화로 향하는 입구로서의 국가 역사": 전통적 방법은 신화적인 국가 서사를 귀화와 통합의 조건으로 삼는 것이다. 그리고 실제로 독일어 능력뿐만 아니라 동시에—비록 초급이지만—역사에 관한 문제를 테스트하려는 시도가 이루어진다. 이 역사 문제는 대다수 독일인들도 대답할 수 없는 문제들이다. 보다 지적이고 기능적인 대안들이 또한 개발될 수 있다. 예를 들면, 18세기부터 21세기까

---

[4] 하나의 추가적인 문제를 완전히 잊어서는 안 된다. 동독에서 서독으로의 대규모 인구 이동이 있었다. 주로 1968년 이전, 그리고 1989년 이후. 이 내적 이동은 지속되고 있으며 간혹 정체성의 위기와 또한 연결된다.

지의 국민 형성 과정에 대한 "구성주의적" 설명으로서 1914/18년 과 1935/45년에 있었던 재앙들을 초래했던 그 특별한 독일식 행로를 포함한다. 이 해법을 미리 부정할 필요는 없다. 왜냐하면, 독일은 평화, 유럽 통합, 그리고 국제적 협력이라는 확실하게 변한 환경 하에서 새로운 형태의 "국민 형성"(이민자, 동독인과 서독인을 묶는)을 필요로 하기 때문이다.

- "시민의 종교로서의 인권과 시민권의 역사": 공통 종교도 전통적인 국가 이념도 독일 사회의 통합을 위한 간결한 도구 역할을 할 수는 없다. "인권과 시민권"에 대한, "민주주의적인 기본법"에 대한 헌신이 하나의 대안이다. 이것은 "헌법을 향한 애국심"이라고 불리기도 했다. 그러나 이것은 추상적이다(그리고 추상적인 형태로 는 "인권과 시민권"은 젊은 사람들에게는 분명히 지루한 주제다). "민주주의적 원리들"과 "인권"을 발견하고, 발전시키고, 실천하는 과정이 구체적인 사람들에 대한 상세한 역사적 "사례 연구"로 탐구된다면, 이것은 훌륭한 입문이 된다. 이 과정은 완성되지는 않는다(예를 들면, "자연의 보호받을 권리", "문화적 정통성의 권리" 등 다른 주제가 계속 제기된다). 또한 미래 그리고 다른 (비유럽) 지역의 공헌에 달려 있기도 하다.

- "인생의 지표가 되는 생활 세계와 이민 경험의 역사": 이미 언급했듯이, 많은 어린이들은 역사가 자신 그리고 자신의 인생과 관계가 있다는 것을 결코 이해하지 못한다. 장애인, 이민자 혹은 여학생들과 같이 사회적으로 혜택을 받지 못하는 사람들의 경우는 특히 그러하다. 이와 비슷한 환경, 비슷한 가족사를 지닌 사람들의 경

험이 반영된다면 상황은 바뀔 수도 있다. 물론 이민 아동들이 태어나 살던(혹은 영향을 받은) 모든 "나라"(혹은 "문화")의 역사를 다룬다는 것은 불가능하다. 두 개의 가장 현저한 나라(독일에서는 러시아와 터키)를 포함시키는 것조차 이루기가 어렵다. 이민 자체가 지닌 특별한 상황에 대한 집중된 관심(여러 세대에 걸친 발전과정)이 다수와 소수 모두의 상호 이해와 통합에 큰 도움이 될 것이다.

• "정체성의 연장으로서 사고방식의 역사": 개인적 그리고 집단적 정체성의 개념은 장기적 그리고 단기적 과정 속에서 크게 변화한다. 남자든 여자든 17세기 혹은 19세기에 그들이 지녔던 모습이 더 이상은 아니다. 나이든 사람이든 젊은 사람이든 자신들의 감정과 관계망을 또한 발전시켜 왔다. "국가/민족"이라는 개념은 최근 18/19세기에 형성되었고 20세기 말과 21세기 초에 그 개념과 구조가 변화하기 시작했다. 그런 변화를 공부한다는 것은 개인의 의사결정과 경험에 큰 도움이 될 수 있다. 그런 공부는 개인적인 발전을 "자연" 그리고 "숙명"의 영역에서 떼어내서 "기회"와 "결심"의 영역으로 가져온다. 아마도 그런 학습은 (전통적 문화에 익숙한) 일부 학생들에게는 정신적으로 어려울(심지어는 부담스러울) 것이다. 그래도 그런 제안을 할 필요가 있다.

이 문제를 더 상세하게 서술하거나 논의할 수는 없다. 그러나 한 가지 결론은 제시할 수 있다. 더 쉽기도 하고 더 어렵기도 한 내용들을 하나의 간단하고 고유한 연대기 순서에 따라 조직할 수는 없다는 것이다. 다른 서술 원리와 다른 지식의 구조를 함께 고려해야만 한다(Borries

1995, 2001, Borries 2004c, Borries, Körber, Baeck & Kindervater 1999).

방법지향적method-oriented
핵심 교육과정core curriculum을 향하여

결론은 무엇인가? 다음에 제시하는 것들은 오랜 사고와 함께 많은 실험—주로 대학생들을 대상으로—을 거쳐 만든 개인적인 제안이다 (Borries, Filser, Pandel & Schönemann 2004). 학교에서 가르치는 역사 수업의 시작과 끝에 특히 초점을 맞추고 있다. 이 제안들은 결코 독일에서의 논쟁을 통해 얻은 합의도 아니고, 수준과 형태가 다른 독일의 16개 주에서 사용하고 있는 교육과정 경향의 단순한 재생도 아니다. 이런 제안을 하는 것은 이전 연구가 충분하지 않은 상황에서 매우 어렵고 힘든 일이다(Handro & Schönemann 2004, Jeismann & Schönemann 1989). 따라서 이 제안은 나의 지극히 개인적 신념에 의해서 작성된 것이다(Borries 1995, 2001).

- 학생들은 시작부터 역사란 하나의 가정적 재구성, 정신적 이해 활동, 그리고 회고적 서사라는 것을 배워야 한다. 이런 의미의 역사는 일상생활의 역사나 자기 경험의 역사라는 아주 좁은 영역에서는 더 쉽다. 따라서 초기 역사 교육은 지난 3~4세대의 지역과 가족의 역사를 탐구해야 한다. 이런 방식은 "의사소통적 기억 communicative memories"(언어적으로 전수되어 온 개인의 생애사와 관련

된 기억을 말함. 오래전부터 내려온 이야기들인 "문화적 기억"과 대비되는 개념이다—옮긴이)을 활용하는 장점이 있다(J. Assmann, 1997을 보라). 극단적인 경우 젊은이들은 조부모가 어린 시절에 살던 세계와 완전히 다른 세계에 살고 있을 수 있다. 지난 50년 동안 도심, 마을 혹은 이웃은 심하게 변화했다. 예를 들면, 농업경제로부터 산업경제를 거쳐 서비스와 무역경제로 변화했다. 이런 식의 탐구과정 속에서 학생들은 자신들이 역사에 관여하고 있고, 자기의 할아버지와 할머니가 역사 속에서 살았을 뿐 아니라 역사에 영향을 미쳤다는 생각을 하게 된다. 전통적인 역사 교육을 받은 후에 우리는 종종 역사란 것이 현실적인 현재 생활과는 전혀 관계가 없는, 완전히 "외국"처럼 생각되는 것을 발견한다("정신적 소외").

• 그렇지만 연대표와 사건, 과정, 그리고 사건의 구조에 연대를 매기는 일을 잊을 수는 없다. 어린아이들에게는 사진들(피라미드, 성당, 쟁기, 기계, 의류, 무기, 일하는 사람, 발명품 등)을 조직함으로써 이런 것들을 가르친다. 물론 삽화를 넣은 연표가 명백한 결과로 나타난다. 많은 다른 현상들이 동시에(다른 분야, 지역, 대륙, 주인공들) 발생한다는 것이 아주 중요하다. 역사는 결코 "단일 주제 과정"은 아니다. 물론 이런 방법은 아동 후기의 호기심, 물건을 수집하고 그림 그리기 좋아하는 습관, 탐험, 발견, 그리고 발명에 대한 태도와 연결되어야 한다. 연대기적 순서를 만드는 어떤 능력—미래 학습을 위해—의 결과여야만 한다(전통적인 연대기적 학습으로는 성취되지 않는다). 어떤 측면에서는 "정치 역사"라기보다는 "인류학적 역사"의 한 사례라고 할 만하다.

- 아마도 1년 후에는 동기를 부여할 만한 그림들(중국, 인도, 이슬람, 일본/한국, 그리고 인도차이나/인도네시아, 시베리아와 중앙아시아뿐만 아니라 아프리카와 콜럼버스 이전의 아메리카를 상징하는 건물, 도구, 조각, 그림, 의복, 가구)을 통해 유럽 밖의 세계와 그 역사를 묘사하려는 의도를 가지고 비슷한 과정이 반복적으로 시도될 것이다. 아주 짧은 문장(시와 잠언)이 추가될 수도 있다. "식인 풍습"과 "숭고한" 야만인이라는 이미지를 간직한 "이국적"이고 "동양적"인 문화라고 하는 아주 전통적인—심지어는 판에 박은 듯하고 편견으로 가득한—인상을 전달하는 것에 대한 비난이 가능하고, 수용되고, 부분적으로는 설명되어야만 한다. "타자", "외국"에 대한 이런 묘사 속에 담긴 "메시지"와 "판단"을 조금 일찍 조사하는 것이 가능하다. 일반적으로, 유럽(그리고 그 후손인 미국) 밖의 "타자"의 역사를 처음부터 적어도 눈에 보이게 하는 것은 중요하다. 그들이 세계 인구의 약 90퍼센트를 차지한다. 물론 차별화, 그리고 선택된 문제에 대한 비판적 연구가 이후 학년에서 수반되어야 한다.

- 다른 필요성이 또한 일찍 충족되어야 한다. 긴 시간에 걸쳐 삶의 특정한 부분에서 나타났던 급격한 변화, 그리고 지난 몇 세기 동안의 (지속적인) 가속화 과정이다. 역시, 모든—혹은 대부분의—변화 양상들을 다 다루기에는 너무 복잡하다. 하나 혹은 두 개(선택은 교사들에 따라 다를 것이다)를 선택해야 한다. 어떤 사람은 "통신과 미디어"를 선호할 것이고, 어떤 사람들은 "사회 이동, 수송과 교통"을, 다른 사람들은 "인구와 예상수명"을, 또 다른 사람들은 "물리적이고 화학적인 지식" 혹은 "공학적 완성과 무기의 파괴적 영향"

혹은 "생산의 효율성과 에너지의 사용"을 선택할 수도 있다. 여기에는 물론 두 가지 큰 위험 요소가 있다. 즉 인류가 "진보했을 것이라는 환상",[5] 그리고 선택된 부문을 그것과 관련된 다른 부문들과 지나치게 구분하는 것이다. 이 두 위험은 억제되어야만 한다. 적어도 "저급학년 아동들" 사이에서, 과거의 삶의 형태가 지금과 심하게 "상위other-ness"할 수 있음을 전혀 인지하지 못하는 위험은 언급된 것보다 더 심각하다. 덧붙여, 많은 발전(무기, 환경에 대한 부정적 영향, 천연자원의 낭비, 균형의 상실과 집중)이 지닌 양면가치가 설명되어야만 한다.

- 적어도 독일에서는 어떤 학습자든 의무적으로 배우는 몇 가지—비록 많지는 않지만—"역사적 내용" 혹은 "역사적 현상"이 존재한다. 물론, "나치독재, 나치전쟁과 나치범죄"는 그런 주제에 속한다. "역사문화", "윤리학", "정치학", "국제관계학" 등의 과목들에서 다루어진다. 국가사회주의는 사실 다른 과목에서 자주 다루어지지만 역사 과목에서 너무 늦게 다루어지지 않아야 한다. 학교에서—이른바 "과학적으로"—이 주제를 완전히 배우기 전에는, 거의 모든 학생들이, 예컨대, 가족, 친구, 혹은 미디어로부터 국가사회주의에 대하여 고정된 입장을 갖게 되지는 않을 것이라는 사실을

---

[5] 역사에서 "장기적인 분야"를 분석하거나 "장기적인 연구"를 수행할 때, 맥닐McNeill(1963)의 표현, 서구의 등장the rise of the West을 피하는 것은 쉽지 않다. 그러나 적어도 타자의 관점들을 고려하고 레비-스트로스Lévi-Strauss(1972)의 *Race and History*를 언급하는 것은 가능하다. 레비-스트로스는 "타자들"의 보이지 않거나 혹은 인식할 수 없는 성취들을 암시하고 있다.

알아야 한다. "의사소통적 기억"으로 배우는 국가사회주의와 "문화적 전이cultural transference"로서 가르쳐지는 국가사회주의 사이에는 아주 심각한 차이가 있기 때문에 이는 중요하다(Welzer et al., 1997, 2002). 어찌 되었든, 이런 생각은 단순한 연대기적 구조로 역사를 가르치려는 생각에 대해서 강하게 반대하는 주장이다(Borries 1995).

• 두 번째 의무적으로 배우게 되는 역사 내용이 있다. 바로 "산업화"다. 이는 18세기 후반, 영국에서 일어났던 고립된 현상을 의미하는 것이 아니다. 장기적이고, 지속적이며, 가속화되어 일어난, 지구상의 새로운 지역, 생활의 새로운 영역, 새로운 생산 기술, 그리고 200년 이상의 긴 기간 동안 리듬 있게 진행된 국가들 사이의 새로운 균형과 불균형 등을 포함한 세계적으로 진행된 과정을 의미한다. 모든 어린이—소녀 혹은 소년, 원주민 혹은 이민자, 부자 혹은 빈자—의 생활은 최근 그리고 미래의 산업화 과정뿐만 아니라 과거의 산업화 과정 단계에 의해서도 강하게 영향을 받을 것이다.

• 역사를 이해하고 역사를 말할 수 있는 능력은 명료하게 드러내고 실천되어야 한다. 독일에는 "역사를 연구함으로써 역사를 학습하는" 일정한 전통이 있다(Dittmer & Siegfried 2005 ; Mebus & Schreiber 2005). 1970년대 이래의 "1차 자료 지향적 방식"은 약간 우회적 방법이다. 그러나 "1차 자료primary sources"라는 개념과 자료와 정보를 검토하고 심사하여 그 정당성과 유용성을 확인하는 기술을 직접 가르쳐야 한다. 아주 훌륭하고 신뢰할 수 있는 자료만을 미리 골라 놓는 것이 잘못이었다. 결국 남은 과제는 그들로부터

중요한 정보를 얻는 것뿐이었다. 이런 사실은 경험적 연구를 통해 알 수 있다(Borries, Fischer et al. 2005, Borries, Weidemann, Baeck, Grzeskowiak & Körber 1995). 불행하게도 중요한 학습 단계는 망각되거나 피상적으로 여긴다. 학생들은 완전한 원자료(부분적으로는 타당하고 부분적으로는 의심스러운)를 공부해서 어떤 현상에 대한 역사적 이해에 도달해야 하는 것이다. 다양한 분야, 이론, 학술 연구, 대중 보고서, 그리고 소설류의 문서들(단편, 중편, 장편, 영화 등) 등에서 주요한 사료(문서와 그림)를 뽑는 일이 학생이 해야 할 가장 중요한 선택 활동이다. 무엇보다도 연구 주제가 중요하고, 감동을 주고, 동기를 부여해야 한다. "근세 초기에 있었던 '마녀박해'", "1347년 이래 유럽에서의 흑사병", "독일인의 미국으로의 이주와 미국으로의 이민" 혹은 "1936~1939년의 스페인내전" 등이 그런 사례다. 이들 사례 중 몇 가지는 이미 검증되었다. 독일 학교에서 "1차 사료 지향적 학습"은 아주 오래된 모형임에도 불구하고, 대부분의 초중등 학생들—그리고 심지어는 대학생들조차—자기 스스로의 그럴듯한 역사 이야기를 만들어 내는 데 큰 어려움을 겪는다는 것은 놀랄 만한 결과다.

- 역사는 보통 1차 사료로부터 일반 시민이 스스로 만들어 낼 수 있는 것은 아니다(대학의 역사가들의 경우에는 사실이 아닐 수 있다). 역사의 일상적 사용은 미리 만들어진, 준비되고 완성된 역사 이야기를 사람들, 신문, 영화, TV, 책, 전문가, 여행안내자로부터 듣거나 보는 것이다. 1970년 이래 독일 역사 교육이 "일반 연구방법 지향" 혹은 "연구 능력 신장" 대신에 "1차 사료 기반"이라는 방식에 전적

으로 의존한 것은 큰 실책이었다. 자기 스스로의 역사를 만들어 내는 방법을 모른 채 어떻게 다른 사람이 만들어 놓은 역사를 분석하는 능력("재구성re-construction"이 아니라 "해체de-construction"라고 부른다)을 훈련할 수 있겠는가?(Körber et al. 2007; Schreiber & Körber 2006) 최상의 방법은 비교법이다.

'나치 정권'(혹은 "프랑스혁명" 혹은 "스페인의 아메리카 정복" 혹은 "독일의 종교개혁")에 대한 세 권의 문고판을 분석하라! 전달하려는 메시지(오늘날과 미래를 위한 암묵적 및 명시적 결론), 밑바탕이 되는 이론과 함께 종합적이고 문맥적인 이야기 구조, 언급되어진 확실한 "사실들"—누락되고 부인된 "사실들"도 또한—, 그리고 이 세 가지 종류의 역사 사이의 관계를 검토하라!

(물론, 이는 매우 어려운 과제로서 여러 해에 걸쳐 한 단계 한 단계 준비해야만 한다. 만일 세 가지 책이 다른 시대, 다른 시기에 집필되었다면, 분석의 과정은 조금 더 쉬울 것이다.)

● 참고문헌

Anderson, B. (1983). *Imagined communities: Reflections on the origin and spread of nationalism*. London: Verso.

Assmann, J. (1997). *Das kulturelle gedächtnis. Schrift, Erinnerung und poitische Identität in frühen Hochkulturen* [Cultural memory: Writing, memory and political identity in ancient civilization](2nd. ed.). München, Germany: Beck.

Assmann, A. (1999). *Erinnerungsräume, Formen ud Wandlungen des kulturellen Gedächtnisses* [Spaces of memory: Forms and changes in cultural memory]. München, Germany: Beck.

Bergmann, K. (1975). *Geschichtsunterricht und Identität. Aus Politik und Zeitgeschichte* [Teaching history and identity: Politics and contemporary history]. Supplement to "Parliament," 39, 19~25.

Borries, B. von (1988). *Geschichtslernen und Geschichtsbewußtsein. Empiriche Erkundungen zu Erwerd und Gebrauch von Historie* [Learning history and historical consciousness: Empirical research into acquiring and using history]. Stuttgart, Germany: Klett.

Borries, B. von (1995). Inhalte oder Kategoroen? Überlegungen zur kind-, sach-, zeit- und schulgerechten Themenauswahl für den Geschichtsunterricht [Contents or categories? Reflections on the selection of themes for history teaching, doing justice to child, subject matter, time and school]. *Geschichte in Wissenschaft und Unterricht, 46*, 421~435.

Borries, B. von (2001). Überlegungen zu einem doppelten – und fragmentarischen – Durchgang im Geschichtsunterricht der Sekundarstife [Refelctions on a double—and fragmentary—cycle of history in secondary education]. *Geschichte in Wissenschaft und Unterricht, 52*, 76~90.

Borries, B. von (2004a). Belastende Geschichte – Erinnering, Erforschung, Verarbeitung, in Fluht, Vernichtung und Vertreibung in der Euroregion Neisse−Nisa−Nysa, Wo kommen sie her? Wo sind sie geblieben? [The burdens of history: Memory, research and coming to terms with destruction, flight and expulsion in the Euro—region of Neisse—Nisa—Nysa. Where do they come from? Where have they gone?] *Deutsch— tschechisches Forum der Frauen*, Dokumentation No. 5, Berlin: private undated edition, pp. 226~236.

Borries, B. von (2004b). *Lebendiges Geschichtslernen, Bausteine zu Theorie und Pragmatok, Empirie und Normfrage* [Lively learning of history: Contributions to theory and practice, empirical and normative problems]. Schwalbach/Ts., Germany: Wochenschau.

Borries, B. von (2004c). Warum ist Geschichtslernen so schwierig? Neue Problem— felder der Geschichtsdidaktik [Why is learning history so difficult? New problems in history didactics]. In H. Behrens & A. Wagner (Eds.), *Deutsche Teilung, Repression und Alltagsleben. Erinnerungsorte der DDR—Geschichte* (pp. 69~96, 284~288). Leipzig, Germany: Forum Verlag.

Borries, B. von (2006). "So sahen sie ihre 'Entdecker'" — So sehen sie ihre 'Entdekker'! Übungsmaterial zum Perspektivenwechsel (am Beispiel Lateinamerika) ["Like this they saw their 'discoverers'—Like this they see their 'discoverers'!" Exercises in perspective change (with Latin America as an example)]. In *Durchbrüche von Wirtschaft und Wissenschaft—Krisen von Umwelt und Innenwelt? Versäumte Lektionen zur Ökologie und Mentalitätsgeschichte*. Herbolzheim: Centaurus.

Borries, B. von (2007). "Kompetenzmodell" und "Kerncurriculum" ["Model of competences" and "core curriculum"]. In A. Körber, W. Schreiber, & A. Schöner (Eds.), *Kompetenzen hisrorischen Denkens. Ein Strukturmodell als Beitrag zur Kompetenzorientierung in der Geschichtsdidaktik* (pp. 334~360). Neuried, Germany: Ars Una.

Borries, B. von, Weidemann, S., Baeck, O., Grzeskowiak, S., & A. Körber. (1995). *Das Geschichtsbewußtsein Jugendlicher. Erste repräsentative Untersuchung über*

*Vergangenheitsdeutungen, Gegenwartswahrnehmungen und Zukunftserwartungen in Ost–
und Westdeutschland* [Historical consciousness among adolescents. First representative
enquiry about interpretations of the past, observations of the present and expectations
of the future in East–and West–Germany]. Weinheim/München, Germany: Juventa.

Borries, B. von, Körber, A., Baeck, O., & Kindervater, A. (1999). *Jugend und Geschichte.
Ein europäischer Kulturvergleich aus deutscher Sicht* [Youth and history: A comparison of
cultures in Europe from a German perspective]. Opladen, Germany: Leske & Bubrich.

Borries, B. von, Filser, K., Pandel, H. –J., & Schönemann, B. (2004). Kerncurriculum
Geschichte in der gymnasialen Oberstufe [Core curriculum history in the senior stage
of the gymnasium]. In H. –E. Tenorth (Ed.), *Kerncurriculum Oberstufe, Biologie,
Chimie, Physik, Geschichte, Politik* (Vol. 2, pp. 236~321). Weinheim and Basel,
Germany: Baltz.

Borries, B. von, Fischer, C., Leutner–Ramme, S., & Meyer–Hamme, J. (2005).
*Schulbuchverständnis, Richtlinienbenutzung und Reflexionsprozesse im Geschichtsunterricht.
Eine qualitativ–quantitative Schüler– und Lehrerbefragung im Deutschsprachigen
Bildungswesen 2002* [Understanding of textbooks, use guidelines and processed or
reflection in teaching history. A qualitative–quantitative enquiry among students and
teachers in the German language education systems, 2002]. Neuried, Germany: Ars
Una.

Dittmer, L., & Siegfried, D., *Spurensucher. Ein Praxisbuch für historische Projektarbeit* [In
search traces. A practical guideline for historical projects] (New ed., revised, and expanded).
Hamburg, Germany: Edition Körberstiftung.

Gellner. E. (1983). *Nations and nationalism.* Ithaca, NY: Cornell University Press.

Handro, S., & Schönemann, B. (2004). *Geschichtsdidaktische Lehrplanforschung.
Methoden – Analysen – Perspektiven* [Educational research in history curricula:
Methods—analysis—perspectives]. Münster, Germany: Lit.

Hobsbawm, F. (1990). *Nations and nationalism since 1780: Programs, myths and reality.*

Cambridge, MA: Cambridge University Press.

Hroch, M. (2005). *Das Europa der Nationen. Die moderne nationsbildung im europäischen Verleich* [Europe of nations: The rise of nations in modern Europe, a comparative approach]. Göttingen, Germany: Vandenhoek.

Jaspers, K. (1983). *Vom Ursprung und Ziel der Geschichte* [On the origin and aim of history]. München, Germany: Piper.

Jeismann, K., & Schönemann, B. (1989). *Geschichte amtlich. Lehrpläne und Richtlinien der Bundesländer. Analyse, Verleich, Kritik* [Official History. Curricula and Guidelines of the German Federal States. Analysis, Comparison, Criticism]. Frankfurt, Germany: Diesterweg.

Kärber, A., Schreiber, W., & Schöner, A. (2007). *Kompetenzen historischen Denkens. Ein Strukturmodell als Beitrag zur Kompetenzorientierung in der Geschichtsdidaktik* [Competences of historical thinking: A structural model as a contribution to the orientation on competences in history teaching]. Neuried, Germany: Ars Una.

Lévi-Strauss, C., (1952). *Race and history.* Paris: UNESCO.

Lübbe, H. (1975). *Fortschritt als Orientierungsproblem* [Progress as a problem of orientation]. Freiburg, Germany: Herder.

McNeill, W. (1963). *The rise of the West. A history of the human community.* Chicago: University of Chicago Press.

Mebus, S., & Schreiber, W. (Eds.). (2005). *Geschichte denken statt pauken* [Thinking history in stread of rote learning]. Meißen, Germany: SALF.

Rüsen, J. (1994). *Historisches Lernen. Grudlagen und Paradigmen* [Historical learning:. Foundations and paradigms]. Köln, Germany: Böhlau.

Schreiber, W. (2004). *Erste Begegnungen mit Geschichte. Grundlagen historischen Lernens* [First encounters with history: Foundations of historical learning] (2 vols., 2nd. ed.). Neuried, Germany: Ars Una.

Schreiber, W., & Körber, A. (2006). *Historisches Denken. Ein Kompetenz-Strukturmodell*

[Historical Thinking: A structural model of competences]. Neureid: Ars Una.

Verband der Geschichtslehrer Deutschlnds (Association of History Teachers in Germany). (2006). *Bildungsstandards Geschichte. Rahmenmodell Gymnasium 5.−10. Jahrgangsstufe* [Attainment targets in history: A framework for the gymnasium, grades 5−10]. Schwalbach, Germany: Wochenchau.

Welzer, H. et al. (1997). *"Was wir für böse Menschen sind!" Der Nationalsozialismus im Gespräch zwischen den Generationen* ["How evil we are!" National−socialism in the discussion between generations]. Tübigen, Germany: Edition Diskord.

Wezer, H. et al. (2002). *"Opa war kein Nazi." Nationalsozialismus und Holocaust im Familiengedächtnis* ["Grandpa was not a Nazi." National−socialism and the Holocaust in family memory] (3rd. ed.). Frankfurt, Germany: Fischer.

12
종합논평

_ 위낸드 W. 민하르트Wijnand W. Mijnhardt
네덜란드 Universiteit Utrecht 과학철학 및 과학사 교수. *Dutch Culture in a European Perspective 2: 1800: Blueprints for a National Community*(2008)의 공동저자.

내가 이 학술회의의 폐회식에서 종합논평을 하겠다고 자발적으로 나섰을 때, 나는 이미 묘한 절충주의로 이 과제를 완수하리라는 것을 알고 있었다.[1] 광범위하고 가끔은 주제에서 벗어난 듯한 논문들, 그리고 토론에서 제기된 아주 많은 관점들로 인해 이틀간 토론에 참여했던 모든 사람들을 납득은커녕 만족시킬 수 있는 종합의견을 만들어 내는 것은 불가능하게 되었다. 당연히 나는 우리가 토론하기로 했던 세 가지 이슈들에 초점을 맞추고 싶다. 첫째, 역사 교육의 기본 결과가 되어야 한다고 생각하는 민주주의적이고 시민적인 가치를 전달하도록 해 주는 교육과정을 상상할 수 있는가? 둘째, 역사적 지식의 구성이라는 문제에 대한 해결책이 있는가? 그리고 마지막으로, 이 두 이슈들 사이에 탐색할 만한 어떤 유용한 연계가 있는가? 현명한 역사 교육과정이 가져야 할 일련의 특성들을 제시할 수 있을까? 어찌 되었든 요약을 간단하게 하려고 한다. 장장 15시간의 집중적인 발표와 토론으로 지친 참석자들을 더 힘들게 하고 싶지는 않다.

카트 윌스는 어제 아침에 다소 민감한 시각을 제시함으로써 학술회의의 시작을 장식했다. 그녀는 국가 역사national history는 적어도 20세

---

[1] 편집자들은 위낸드 민하르트의 종합논평을 그가 학술회의에서 했던 그대로 반영했다.

기 대부분의 기간 동안, 유럽의 많은 나라들에서 이미 구시대적인 것이 되었다고 주장했다. 아직 국가 역사가 교육과정의 중심적 위치를 차지하고 있는 미국에서도 국가 역사는 이제 세계사에 의해 보완되거나, 심지어는 그 속에 통합되는 과정에 있다. 더 중요한 것은, 지난 20년 동안의 논쟁의 중추는 국가 역사에 대한 지나친 강조가 아니라 소위 역사 연구 기술과 기법이 기초적 역사적 사실 지식을 대체했다는 점이었다. 많은 발표자들이 주장했듯이 이런 변화과정은 연대기적 지식의 지속적인 결핍을 가져왔다.

그러나 이전의 고등학교 학생들이 지식에 능통했었다는 이런 대부분의 주장은 어떤 경험적인 토대에 기초하고 있지 않다는 것이 드러났다. 보도 폰 보리스, 피터 리, 그리고 조크 반 델 리우-루드가 지적했듯이, 역사전공 학생들의 무식함의 정도는 지난 100년 동안 놀라울 정도로 비슷한 상태가 지속되고 있다. 1900년 혹은 1950년에 학교에 다니던 아이들이 오늘날의 무식한 학생들보다 역사에 관해 더 많이 알고 있었다는 증거는 없다. 그런데도 요즘의 역사가와 정치가들은 많은 대중들 앞에 요즘 학생들이 역사 지식에 무식하다는 것을 드러내 보이려고만 한다.

이런 맥락에서 볼 때 아주 흥미롭고 중요한 주장을 피터 리를 비롯한 여러 사람이 제기했다. 서양의 교육과정에 소위 역사학적 방법론을 도입한 것이 사실적 혹은 규범적 지식의 학습 효과를 훼손하는 데 아무런 작용도 하지 않았다는 주장이다. 리는 역사학 방법론이 문제라는 생각조차 거부한다. 역사 교사들은 숙련공이 갖고 있는 것과 비슷한 정교한 방법들을 전달하는 것보다는, 훨씬 더 중요한 것을 수행하는 데 초점을 맞추어야 한다. 그들은 학생들의 역사 원리에 대한 이해력을 발전시키고, 학생들로 하여금 역사가들이 왜 그리고 어떻게 과거에 대해 안다고 주장할 수 있는지를 깨닫도록 해 주는 것을 목표로 해야 한다. 학생들에게 변화, 증거, 설명, 혹은 해석과 같은 개념들에 대한 철학적 분석을 할 수 있는 능력을 가르치려는 것이 아니다. 이 이야기가 모든 관련된 증거를 설명하는가? 그것은 무엇을 설명하지 못하는가? 그리고 이런 측면에서 볼 때 그것은 경쟁 대상 이론과 어떻게 비교되는가? 등과 같은 의미 있는 질문을 던지도록 훈련받음으로써, 학생들은 무엇이 어떤 설명을 역사학적인 설명으로 만드는지를, 그리고 무엇이 역사적학인 설명을 전설, 설화, 혹은 신화로부터 구분하게 하는지를 판단할 수 있는 중요한 능력을 발전시키게 된다.

이런 의견을 받아들인다면, 가이스페 리쿠페라티Guiseppe Ricuperati의 주장이 지극히 타당하게 된다. 역사는 역사학 분야의 학술적 훈련을 완전히 받은 사람들에 의해 가르쳐져야 하는 것이다. 오늘날 많은 나라에서는 역사 연구 과정과 관련된 실제적 문제들을 별로 경험해 보지 못한 사람들이 점점 더 역사를 가르치고 있다. 따라서 누구나 그런 사람들이 지닌 역사 연구의 기본을 전달하는 능력, 즉 무엇이 정확하게 역사학적 설명인지를 판단할 수 있는 능력을 심각하게 의심하게 된다. 만일 우리가 역사 교육을 중요하게 여긴다면 이런 관행을 변화시켜야 한다. 그것은 아주 긴 과정이 될 것이지만, 그것을 통해 역사 교육의 질이 향상되면 역사 교육의 질을 확보한다는 목표 하에 추진되고 있는 역사 표준과 국가단위 시험에 대한 요구가 천천히 사라지는 결과를 가져올 것이다.

21세기의 시작과 더불어 사회가 해체될 수도 있다는 공포감으로 인해, 더욱 규범화된, 그리고 국가중심의 지식에 대한 요청이 과거 그 어느 때 보다도 더 크게 들릴 수 있다는 사실에 이의를 제기하는 발표자는 없다. 국가중심의 역사가 9·11 이전에는 축소되고 있었다고 하더라도, 지금은 거의 보편적으로 사회를 통합하는 과제를 부여받고 있다. 대부분의 정치가들에 의하면 종교적 분쟁과 테러리즘의 시대에 생존할 수 있는 능력은 학교에서 공통의 국가 문화를 만들어 내는 데 달려 있다고 한다. 그런 결과 프랑스 정치가들이 식민지 역사에 대한 교육과정에 개입하고, 네덜란드 장관들이 새로운 국립역사박물관을 세우기로 결정하고, 독일 정부 관리들이 시민권 취득시험에—잘 교육받은 독일인도 쉽게 답하기 어려운—역사 관련 질문을 포함시키게 되는 것이다.

모든 발표자들 사이에—모든 논평자들까지 포함해서는 아니지만—국가 표준이 결코 바람직스럽지 않다는 것에 이견이 없는 듯하다. 그러나 미래의 교육과정의 성격이 어떠해야 하는지가 그다지 명료하게 드러나지는 않았다. 비록 우리가 측정 도구로서의 역사 표준과 규범화된 지식으로서의 역사 표준을 구분할 수는 있게 되었다고 하지만, 우리가 규범을 절대로 필요로 하는지 여부를 결정하는 데 있어서는 그다지 성공한 것은 아니다. 첫날 발표들에서 제시된 대부분의 답들은 일견 넓게 의견이 갈리는 듯 보이지만, 실제로는 의견이 모아지고 있다. 우리는 보수적인 성격의 전통적 국가 표준은 혐오하지만 성격상 세계주의적이고 국제적인 성격의 규범은 찬성한다. 예를 들면, 리쿠페라티는 사상사를 새로운 교육과정의 중심에 놓을 것을 주장했다.

왜냐하면 주요 사상은 성격상 국제적이고 세계적이기 때문이라는 것이다. 그에게 르네상스, 휴머니즘, 그리고 국제적인 문단의 출현 Republic of letters(17세기와 18세기에 걸쳐 당시 문인들과 사상가들 사이에 편지를 통해 형성한 지적 네트워크를 상징하는 말—옮긴이)은 계몽시대와 마찬가지로 세계주의적 프로젝트의 핵심인 것이다.

조크 반 델 리우-루드는 우리에게 광범위한 영역에 걸쳐 해야 할 것과 하지 말아야 할 것이 무엇인지를 제공하고 있다. 그녀의 로드맵은 지역적 로드맵과 세계적 로드맵을 포함하며, 민주적 행위를 모든 역사 교육의 최종 목표로 해석하고 있다. 한나 쉬슬러는 새로운 교육과정을 뒷받침하는 철학적 전제들에 초점을 맞추고 있다. 린다 심콕스의 오늘날의 미국 교육과정의 한계에 대한 전체적 설명은 아주 구체적이고 자세하다. 그녀의 일곱 가지 처방은 18세기의 세계주의 원리의 완전한 현대화로서 국가주의적 주장에 대해 아주 저항적이다. 그녀가 제안한 세계주의는 학생의 관점을 출발점으로 하면서 세계 시민정신을 옹호한다. 린다 심콕스가 말했듯이, 교육과정은 학생을 중심으로 해서 처음에는 개인적 차원에서 출발해서 점차 지역적이고 국가적 차원을 거쳐 세계적이고 지구적인 차원에 걸친 일련의 동심원 구조로 설계될 필요가 있다. 카트 윌스도 동일한 주장을 했다. 로스던의 세계적 역사 교육과정에 대한 환상적인 개요는 잘 기획되고 잘 짜인 프로그램의 중요성을 일깨워 주었다. 그의 논문은 장기적인 현장 경험에 기초하고 있기 때문에 실제 교육 현장에서 세계사 교육과정을 개발하는 데 관여하고 있는 모든 사람들에게 전문가적 지침으로서의 역할을 할 수 있다.

우리의 제안들은 아마도 정치가들에게서 큰 갈채를 이끌어내지는 못할 것이다. 사실 역사가들이 규범이라는 인기 없는 제안 이외에 무엇을 더 내놓을 것이 있는지도 알기는 어려운 일이었다. 그러나 오늘 아침 발표에서는 이 문제를 해결하는 데 큰 진전이 있었다. 어제 발표에서 모든 발표자들이 역사 교육의 핵심 목표의 하나로 도덕적, 사회적 가치를 당연한 것으로 받아들였기 때문에 오늘 아침의 발표는 약간 놀라움을 가져왔다. 학교에서의 민주주의 교육에 대해 확실하게 반대한 것은 아니라고 하더라도, 그리고 합리적 토론에 기초한 민주적, 개방사회의 중요성에 대해 의심하는 것은 분명히 아니라고 하더라도, 피터 리, 데니스 쉬밀트, 그리고 애리 윌셔트는 명백하게 역사 교육의 전혀 다른 목적을 제안했다. 그들의 입장에서 역사 교육은 어떤 성격이든 도덕주의적 규범으로 치장한 사실과 해석에 관한 그 무엇은 아니다. 그들에게 역사 교육은 학생들에게 시간의 흐름 속에서 방향 설정을 하기 위한 수단을 제공하는 것이든지, 아니면 역사에 대한 학문적 이해력을 높이는 수단을 제공하는 것이다. 사실과 해석, 그리고 시간의 흐름 속에서 방향을 설정하는 현실적 목적과 순수한 학문적 이해 사이의 이러한 엄격한 구분에 의해 그들은 역사 교육에 매우 크게 기여할 것 같다. 그들의 연구는 역사 교육을 과학 혹은 수학 교육과 동등한 입장에 놓는 잠재력을 갖는다.

피터 리의 주장을 요약해 보자. 역사 교육이 과거에 관해 어떤 그림을 제공하더라도 그 그림들은 일관성 있게 유용해야 한다. 그 그림들은 학생들이 스스로를 시간 속에 놓고 과거가 주는 한계나 기회를 인식하도록 해야만 한다. 모든 이야기가 다 학생들에게 그렇게 유용하게 사용될 수는 없다. 이야기들이 반드시 역사적이어야 하고, 그 이야기를 활용하려면 역사적 이해에 의해 인정받아야 한다. 결과적으로 역사 수업에서 사회, 정치적 가치를 가르치는 것은 반드시 피해야 한다. 우리가 현실적 사회 혹은 정치 의제들에 맞추기 위해 이야기를 구성한다면, 우리는 학생들에게 큰 잘못을 하는 셈이다. 왜냐하면 그것은 학생들로 하여금 역사라는 것이 그들의 현재의 욕망이나 행동의 일부를 정당화하는 데 활용될 수도 있다고 생각하게 하기 때문이다. 그래서 역사는 필수적인 과목이지만, 쉬밀트가 적절히 지적했듯이, 사회공학의 수단은 아니다.

애리 윌셔트의 논문은 이런 점에서 아주 흥미로운 사례가 된다. 그의 시각에서 역사는 학생들에게 역사적 시간에서 사고하는 것을 가르쳐야 한다. 그렇지만 역사적으로 사고하는 것은 자연스럽게 다가오는 능력이 아니다. 어떤 문화에서는 시간이 아주 다른 역할을 하고 특히 시간의 거리가 역사적 사고를 반직관적으로 만들기 때문이기도 한다. 그래서 학생들에게는 도움이 필요하다. 윌셔트의 시각에서 교사들이 제공할 수 있는 가장 효율적인 도구는 과거에 관한 지도다. 사실들이 그 지도에서 일정한 역할을 한다. 물론 전통적인 방식은 아니다. 그 지도는 사실 지향적이지는 않고 학생들이 처음부터 스스로의 능력을 활용해서 연상하도록 하는 것이다. 그의 아이디어가 네덜란드의 새로운 역사 프로그램의 기초가 되었다. 그런데 종종 그의 역사 지도는 잘못 해석되어 왔다. 많은 논평자들이 그것을 역사를 오도하는 국가중심의 규범적 역사 교육의 또 다른 사례로 보았다. 그렇지만 표준을 규범적으로 강제하는 준거와 학생들이 시간 속에서 사고하도록 돕는 수준의 교육적 준거 사이에는 중요한 차이가 있다. 규범적 준거는 시민성 혹은 국가적 자긍심과 같은 특정한 태도 혹은 사고방식을 개발할 목적에 맞추어진다. 학생들이 현실적으로 살고 있는 배경이 되고, 사고의 출발점이 되는 지점이 바로 국가이기 때문에, 윌셔트의 지도는 국가라는 개념에 기초하고 있다. 그 지도는 특정한 가치에 기반한 준거를 의미하지는 않는다.

우리가 과학이나 수학 교육만큼 중요하게, 역사 교육을 하나의 가치 있고, 필수적인 도구로서 제시하기 전에, 이런 흥미로운 접근방법들은 아직도 많은 연구를 필요로 한다. 역사가 주는 중요성은 물론 철학이나 지리학이 줄 수 있는 그것과는 아주 다르다.

그러나 우리가 그런 연구 결과를 기다리면서 손을 놓고 있을 수는 없다. 키스 바튼과 보도 폰 보리스는 오늘 오후에 우리에게 아주 중요한 일련의 원칙들을 제시했는데 그것들은 새로운 역사 교육과정의 개발에 방향을 제시할 것이다. 바튼이 제시한 처방의 하나는 우리가 살고 있는 다문화 사회에 아주 큰 도움이 될 수 있을 것이다. 자신들과 비슷한 사람들이 많았고 그들이 공적 생활에서 적극적인 참여자였던 그런 역사적 시대를 다루는 것은 그런 학생들의 관심을 끌 것이다. 소수자들에게 자신들이 역사 속에서 항상 영원한 패자로서 비춰지는 것은 참을 수 없는 일임에 틀림없다.

종합적 정리를 마칠 시간이다. 이 모든 주장들은 우리를 어디로 안내하고 있는가? 내가 제안하고 싶은 것은 두 가지다. 첫째, 비록 정치적인 문제와 정치적 제약이 역사 교육에 영향을 미치는 나라가 많다는 것을 받아들인다고 해도, 사회적이고 정치적인 가치는 그것의 색

깔이나 방향과 상관없이 국가 역사 표준의 주요 부분이 되어서는 안 된다는 것이다. 쉬밀트, 보리스, 리와 윌셔트의 논문의 밑받침이 되고 있는 원리들―좀 더 완전하게 정리되는 경우―을 특정한 국가의 법률 혹은 국가 역사 표준이 규정해야 할 내용의 핵심으로 삼는다면 아주 크게 효과적일 것이다. 그러면 역사학은 과학과 수학에 버금가는 완전히 발달된 지적 활동으로서의 지위를 누리게 될 것이고, 그리고 학생들에게 가치 자체가 아니라 역사 이야기를 이용해 복잡한 정치 사회적 문제를 분석할 수 있는 기술을 제공하게 될 것이다.

가치라는 것이 학급에서 가르쳐지는 역사 과목의 한 부분이 결코 되어서는 안 된다는 것을 의미하는 것인가? 그렇지는 않다. 역사는 우리가 알듯이 과거에 관한 것일 수만은 없다; 그것은 미래의 비전에 꽤 연관되는 활동이다. 역사는 위대한 전통으로서 그 안에서 많은 흥미 있는 역사학적 서사들이 만들어지는 것이다. 장 자크 루소가 말한 통일 폴란드에 대한 애국적 전망, 칸트의 세계 평화에 대한 시각, 그리고 제퍼슨의 자유 미국에 대한 꿈이 그것이다. 이런 전통은 계속 이어져서 15년 전에 아일랜드 시인 세아무스 히니Seamus Heaney(1995년 노벨문학상을 수상한 아일랜드 시인―옮긴이)는 역사의 의미를 이렇게 표현했다.

역사는 말한다, 이승에서는 희망을 버리라고.
그러나 평생에 한 번
정의를 갈망하는 사람들이 일어난다.
그러면 희망과 역사는 함께 간다.

History says, don't hope
on this side of the grave.
But then, once in a lifetime
the longed for tidal wave
of justice can rise up,
and hope and history rhyme.

우리는 이러한 희망과 역사의 운율을 계속해서 제시하는 자유를 가져야 한다. 그것이 모든 국가 역사 표준이 역사 교사들에게 주어야 하는 특권이다. 교사들은 학생들에게 필요한 역사적 수단들을 제공하고, 그 기초 위에서 학생들이 반박을 하고 자신들의 새로운 비전을 제시할 수 있다는 조건 하에서 그렇다.

번역을 마치며

서양 문화가 지닌 표준으로서의 힘은 경계의 대상이지만, 서양의 경험은 여전히 우리에게 유용한 학습 자료임에 틀림없다. 그들이 가고 있는 길이 정상인지 비정상인지를 내가 감히 평가할 수는 없지만, 그 길을 우리도 밟고 지나갈 가능성이 많아 보이기 때문이다. 교육학자인 내가 역사학자나 역사교육학자가 아님에도 불구하고 이 책을 번역하기로 한 배경이다.

서유럽의 경우 1960년대와 1970년대에 만연했던 역사 교육 무용론을 극복하고 1980년대 이후 역사 교육의 가치에 대한 인식의 정상화를 경험하기 시작했다. 역사 교육의 가치에 대한 공감대의 형성은 바람직한 변화였지만, 관심의 확대는 이를 둘러싼 갈등의 출발점으로 작용하기도 했다. 미국이 좋은 사례가 된다. 우리보다 정확하게 20년쯤 전인 1990년대 중반에 미국은 역사 교육을 둘러싼 내부 갈등, 이른바 문화전쟁을 경험했다. 80년대 후반 이후 변화하는 세계 질서 속에서 미국의 지위를 유지 혹은 확대하고자 하는 욕망을 실현하는 과정에서 역사 교육의 중요성에 대한 시민적 공감대는 매우 단단한 편이었다. 그런 공감대는 헌법 정신인 교육의 지방자치에 작지 않은 상처를 내면서까지 미국 역사상 처음이자 마지막으로 '국가 역사 표준'을 채택하는 모험을 감행하도록 만들었다.

　모험의 결과는 내부적 갈등의 극단적 표출이었다. 국가 역사 표준을 통해 미국적 가치의 우월성을 강조하려던 시도가 학계의 다문화 지향성, 개방성과 충돌한 것이다. 국가 역사 표준을 둘러싸고 전개되었던 미국 역사전쟁의 결과에 대해서는 진보, 보수 양 진영 모두 부정적으로 평가해 왔다. 서양 문화의 우월성에 바탕을 둔 미국적 가치에 대한 엘리트 계층의 신념이 충실히 반영되지 않았다는 것에 대한 기획자들의 불만, 그리고 문화적 다양성이나 세계 시민성을 바탕으로 작성한 국가 역사 표준이 당초의 의도와는 달리 공적 권위를 상실한 것에 대한 참여자들의 불만이 제기되었다. 역사전쟁의 승자는 없었다는 것이 일반적 평가였다. 그러나 진정한 승자는 있다. 그것은 역사 교육 그 자체이다. 미국의 국가 역사 표준 논쟁 이후 역사 교육에 대한 학계, 교육계, 그리고 시민들의 관심이 확대된 것이다. 역사 교육의 가치에 대한 미국인들의 인식 수준이 높아졌다는 것은 지나칠 수 없는 효과였다. 이 전쟁의 승자가 역사 교육을 통해 무언가를 성취하고자 했던 특정 집단이 아니라 역사 교육 그 자체였다고 평가할 수 있는 이유이다. 역사 교육이 무언가의 수단이 되기보다는 그 자체가 목적이 되어야 한다는 교육학자적 관점에서 보면 미국의 1990년대 중반 역사 교육 논쟁의 결과는 매우 바람직스럽다.

미국의 역사 교육 논쟁의 핵심은 과연 어떤 표준norm이나 규범 canon을 따라 역사 교육이 전개되어야 할 것이냐 하는 점이었다. 이런 측면에서 서유럽의 경험과는 매우 다르다. 서유럽의 경우에도 1980년대 후반의 영국이나 2000년대 초반의 네덜란드 사례에서 드러나듯이 역사 교육에서 어떤 표준의 정립을 지향한 움직임이 매우 강하게 나타난 바 있었다. 그럼에도 역사 교육이 국가주의건, 민족주의건, 지역주의건, 세계주의건 특정한 표준이나 규범을 지향하는 것은 역사학의 본질과 충돌하기 때문에 경계해야 한다는 우려에 많은 학자나 교육자들이 동의하고 있는 편이다. 이 책을 통해 드러나듯이 국가별로 처해 있는 상황, 해결해야 할 사회적 과제, 그리고 역사적 경험이 매우 다름에도 불구하고 역사 교육에 관한 국가별 논쟁 속에서 이런 공통적 흐름을 감지할 수 있다.

이 책에 수록된 글을 쓴 저자들은 크게 세 집단이다. 첫째는 역사학자들이다. 문화사, 세계사, 과학사를 전공하는 학자 4명이 참여했다. 다음으로는 교육학자들이다. 교육과정과 교육사 전공 교수 4명이 참여했다. 그리고 역사교육학 전공자 3명과 역사교사 1명(유럽역사교사 모임 대표)도 필진에 포함되어 있다. 국적과 성별도 다양하지만, 전문 영역도 다양하다. 역사 교육 논쟁이 역사학자들만의 논쟁이 되는 것이 바람직하지 않음은 요리에 비유할 수 있다. 식재료의 본질에 관한 이론은 요리사가 참고로 해야 할 대상이지 요리를 지배할 수준의 것은 되지 못한다. 훌륭한 요리사는 식재료 이외에 다양한 양념을 활용하고, 합리적인 도구를 동원하고, 그동안 익힌 나름의 기술을 활용해서 자신만의 요리를 추구한다. 역사 교육에서 역사란 요리에서 식재료가 차지하는 의미와 유사하다. 식재료 전문가가 요리전문가는 아니듯이, 역사학자가 역사교육자와 동일하지는 않다. 식재료의 지배를 받는 요리사가 훌륭할 수 없는 것과 마찬가지로 역사이론의 지배를 받는 역사교육자도 바람직하지 않다. 사료의 노예가 바람직한 역사학자가 아니듯이 말이다.

역사교육자의 가장 중요한 조건은 역사 교육의 대상자인 학생들에 대한 이해이다. 굳이 이런저런 교육학 이론으로 설명할 필요도 없이 그것은 교육의 출발지점이며 상식의 범위 안에 속하는 이야기이다. 요리사가 요리를 즐길 손님의 취향이나 요구를 중요하게 생각해야 하는 것과 크게 다르지 않다.

바람직한 역사 교육의 방향을 쉽게 찾으려는 독자에게 이 책은 방해가 되기에 충분하다. 우리들에게 익숙한 역사 교육의 방법들을 넘어서는 복잡하고 난해한 주장들이 난무하기 때문이다. 이미 실천되고 있는 역사교육법, 실험 수준에 머물고 있는 역사교육법, 그리고 현실과 거리가 먼 아이디어 수준의 교육법까지 다양한 층위의 생각들이 제시되기만 할 뿐 명쾌한 결론은 없다. 역사학의 본질도 이러하다는 것을 상징적으로 보여주고 있는 듯하다.

다양한 방향의 역사 교육 이론이 등장하고, 경합하고, 타협하는 모습을 보이면서도 여기에 소개된 12편의 글 속에서 공통적인 것이 한 가지 있다. 바로 역사 교육의 대상자인 학생들의 발달 단계에 대한 깊은 고민과 학생들의 관심에 대한 배려의 정신이다. 아무리 훌륭한 요리사가 만든 요리라고 하더라도 이를 주문한 고객들이 즐기기를 거부한다면 훌륭한 요리라고 할 수는 없을 것이다. 적어도 역사 교육 속에

담기는 역사는 그런 고객 친화적인 역사여야 마땅할 것이다.

　이 책이 우리나라의 역사 교육 논쟁에 대한 해법을 제시할 것이라 기대하지는 않는다. 그저 논쟁에 방해가 되지 않기를 바랄 뿐이다. 비전문가의 거친 언어로 옮긴 짧지 않은 글을 훌륭하게 편집해 독자들에게 친숙한 모습으로 만들어 준 도서출판 푸른역사 그리고 번역을 허락해 준 정보화시대 출판사Information Age Publishing의 조지 존슨George Johnson 사장님께 감사의 마음을 전하고자 한다.

2015년 11월 16일

옮긴이 이길상·최정희

찾아보기

[ㅎ]